Heike de Boer · Heike Deckert-Peaceman (Hrsg.)

Kinder in der Schule

Heike de Boer
Heike Deckert-Peaceman (Hrsg.)

Kinder in
der Schule

Zwischen Gleichaltrigenkultur
und schulischer Ordnung

VS VERLAG FÜR SOZIALWISSENSCHAFTEN

Bibliografische Information der Deutschen Nationalbibliothek
Die Deutsche Nationalbibliothek verzeichnet diese Publikation in der
Deutschen Nationalbibliografie; detaillierte bibliografische Daten sind im Internet über
<http://dnb.d-nb.de> abrufbar.

1. Auflage 2009

Alle Rechte vorbehalten
© VS Verlag für Sozialwissenschaften | GWV Fachverlage GmbH, Wiesbaden 2009

Lektorat: Monika Mülhausen

VS Verlag für Sozialwissenschaften ist Teil der Fachverlagsgruppe
Springer Science+Business Media.
www.vs-verlag.de

Umschlaggestaltung: KünkelLopka Medienentwicklung, Heidelberg
Druck und buchbinderische Verarbeitung: Krips b.v., Meppel
Gedruckt auf säurefreiem und chlorfrei gebleichtem Papier
Printed in the Netherlands

ISBN 978-3-531-15935-5

Inhalt

4 Schlussbetrachtung

Einleitung

Heike de Boer/Heike Deckert-Peaceman

Mit der Auseinandersetzung von „Kindern in der Schule zwischen Gleichaltrigenkultur und schulischer Ordnung" wird das Verhältnis von Peerkultur und Schüler/innenkultur in der Schule fokussiert. Die Betrachtung von Kindern als kompetenten Akteuren und Experten ihrer Lebenswelten führt zur Analyse schulischer, vor- und außerschulischer Situationen, in denen Kinder als Peers und als Schüler und Schülerinnen agieren. Die in diesem Band versammelten Beiträge zeigen das Spannungsverhältnis zwischen Peersein und dem Schüler/innensein auf und nehmen die Verschränkung beider Kulturen in den Blick.

Die symbolische Konstruktion von Schule und die damit verbundenen Ordnungsprinzipien sind nicht an den Ort Schule gebunden und finden bereits weit vor dem Schuleintritt statt. Auch Kindergartenkinder bewegen sich schon im Spannungsfeld von Peer- und Schüler/innensein. Es existiert eine Verschränkung von Peer- und Schüler/innenkultur, so unsere These. Kinder sind in der Institution Schule nicht nur Schüler/innen, genauso wenig wie in außerschulischen Situationen mit Gleichaltrigen nur Peers. Dieses lässt sich zunächst historisch-systematisch in der Auseinandersetzung mit dem Schülerbegriff begründen. Nach Wünsche (1994) findet sich der Begriff auch in nicht-instutionalisierten Kontexten, in denen ein Lehr-Lern-Verhältnis zwischen Individuen entsteht, das auf einer Verknüpfung von Wissenserwerb und persönlicher Beziehung, wenn nicht gar Bindung, basiert. Wünsche resümiert, dass die Suche nach dem Verhältnis von Kind und Schüler/in die neuzeitliche Pädagogik präge und sich die Bestimmung des Schülers bis heute offen und kontrovers gestalte. Trotz eindeutiger Definitionen, z.B. als Rechtssubjekt, und vielfältiger Anstrengungen, das Innenleben des Schülers zu verstehen (Friedrich Verlag 1984, 151ff.), um daraus didaktische Konsequenzen ziehen zu können, bleibe der Begriff Schüler eine Kunstfigur, die sich dem institutionellen und personalen Zugriff verweigere (Friedrich Verlag 1984; Wünsche 1994).

Gilt die beschriebene Auseinandersetzung mit dem Verhältnis von Kind und Schüler/in für die als Moderne gekennzeichnete Epoche, einschließlich ihrer strukturellen und ideengeschichtlichen pädagogischen Entwicklungen, verdichtet sie sich angesichts gesellschaftlicher Veränderungen der Postmoderne.[1] Das Verhältnis von Kind und Schüler/in ist eingebettet in die Frage nach dem Verhältnis von Individuum und Gesellschaft. Diese Parameter sind jedoch im Zuge der Postmoderne im Umbruch und von Ungewissheit gekennzeichnet. Folglich ist die Frage nach dem Verhältnis von Kindsein und Schule, nach der Figur des Schülers, neu zu stellen.

So werden in diesem Band empirische Beispiele aus dem Elementar- und Primarbereich vorgestellt und hinsichtlich ihrer Bedeutung für peerkulturelle und schülerinnenkulturelle Fragen analysiert. Davon erhoffen wir uns Erkenntnisse nicht nur über das Verhältnis von Peer- und Schüler/innenkultur, sondern auch über die verschiedenen Dimensionen schulischer Ordnung. Ausgangspunkt dieser Reflexion ist die empirische Auseinandersetzung mit der kindlichen Perspektive auf die Institution Schule.

Beck und Scholz (1995) beobachteten den komplexen Schulalltag einer Grundschulklasse über einen Zeitraum von vier Jahren. Dabei prägten sie den Begriff „Kultur einer Klasse". Die Kultur einer Klasse sei das Ergebnis eines Prozesses zwischen Kindern und der Lehrerin. Die Lehrerin sei Repräsentantin der Kultur der Erwachsenenwelt und vertrete die Institution Schule. Die Gruppe der Kinder habe ihre eigenen Handlungs- und Deutungsmuster und dementsprechend ihre eigene Kultur (vgl. Beck/Scholz 2000, 158). In der Schulklasse träfen „die Kultur der Erwachsenen und die der Kinder aufeinander" (Beck/Scholz 1995, 196). Erst die Differenzierung in Deutungen von Lehrerin und Kindern gebe den Blick frei auf Deutungshoheiten und Machtansprüche. Auch Zinnecker macht in seinen Überlegungen zur „Schule als Lebenswelt des Kindes" (vgl. Zinnecker 2001, 153) darauf aufmerksam, dass Lehrende und Schüler/innen in Schule und Unterricht keine gemeinsame Lebenswelt teilen. Während sie handeln und zusammen sind, durchleben sie getrennte schulische Welten und handeln ihre gemeinsam geteilte soziale Wirklichkeit durchaus mit Anstrengung aus.

---

[1] Postmoderne wird hier im Anschluss an die internationale Terminologie als Arbeitsbegriff verstanden und nicht in Referenz auf kultur- und sozialwissenschaftliche Diskurse ausdifferenziert. Den vielfältigen Auflösungsprozessen der Moderne soll damit Rechnung getragen werden, ohne jedoch die Bedeutung der Aufklärung für die Erziehungswissenschaft zu negieren. Insofern wird hier an Impulse der reflexiven Erziehungswissenschaft (Krüger 1995, 325) angeschlossen, die die Auflösungsprozesse der Moderne wahrnimmt, ihre paradoxen Wirkungen erkennt und empirische Forschungen aus erziehungswissenschaftlicher Perspektive fordert. Gleichwohl sehen wir das Verhältnis von Individuum und Institution deutlicher durch die in den postmodernen Diskursen herausgearbeiteten gesellschaftlichen Veränderungen, wie die „Krise des Subjekts", die „Krise der Repräsentation", u. a. in Frage gestellt als in Krügers Ansatz. Vor diesem Hintergrund stellt sich die Frage nach der Funktion von Schule besonders pointiert.

Wir möchten über diese von Beck/Scholz und auch Zinnecker eingenommene Perspektive auf die generationale Ordnung in der Schule als Differenz von Erwachsenen und Kindern hinausgehen. Die in diesen Studien vorgenommene Gleichsetzung von Kindern und Peers differenzieren wir aus und betrachten Kinder als Schüler und Schülerinnen und Kinder als Peers. Damit stellen wir nicht die generationale Ordnung der Schule als Rahmenbedingung in Frage. Jedoch interessieren wir uns genau für jene Dimensionen, die nicht eindeutig durch die Differenz von Kindern und Erwachsenen erklärt werden können, in denen die klare Gegenüberstellung von schulischer Ordnungsmacht, repräsentiert durch Erwachsene, und kindliche Subkultur als Widerstand gegen diese Ordnungsmacht zweifelhaft erscheint.

Unser heutiger Begriff des Schülers ist primär mit dem verpflichtenden Besuch der Institution Schule und mit schulischem Lernen verknüpft. Die Betrachtung der Kinder als Peers bedeutet hingegen sich für Schule als Ort der Entstehung, Aufrechterhaltung und Weiterentwicklung einer von schulischen Zielsetzungen auch unabhängigen Peerkultur zu interessieren (vgl. Beidenstein 2004). Mit „Peer-group" und „Peer-culture" ist nach Breidenstein die Gruppe der Gleichaltrigen angesprochen, deren Altersgleichheit hinsichtlich spezifischer Beziehungen sozial relevant wird (ebd., 921). Der Peerbegriff wird verstanden als die „Gleichen", die in einer Schulklasse zusammengefasst werden und sich tagtäglich aufeinander beziehen und zueinander ins Verhältnis setzen. Ferner werden unter den Peers auch die Gleichartigen verstanden, das heißt es geht um eine Kinderkultur, die sich vielfältig real und symbolisch präsentiert und auf die sich die Gleichaltrigen auch in ihren unmittelbaren Alltagspraktiken fortlaufend beziehen. Zugleich verstehen wir die Begriffe Peerkultur und Schüler/innenkultur als analytische Arbeitsbegriffe und Konstruktionen, mit denen wir neue Erkenntnisse über das komplexe Feld Schule explizieren können.

Die Auseinandersetzung mit Kindern in der Schule, zwischen Gleichaltrigenkultur und schulischer Ordnung, berührt damit auch die Frage der Forschungszugänge. Die gegenwärtige Diskussion um Kindheitsforschung und Schul- und Unterrichtsforschung vermittelt den Eindruck, dass es klare Grenzziehungen und eine strikte Trennung der Forschungsperspektiven gibt, die u. a. darin zum Tragen kommen, dass in empirisch-qualitativen Untersuchungen entweder Lernprozesse oder Peerkultur-Praktiken fokussiert werden. Breidenstein/Prengel (2005) fragen danach, ob Schulforschung und Kindheitsforschung einen Gegensatz darstellen. Sie konstatieren, dass mit Schulforschung Erkenntnisse gesammelt würden, um die Gestaltung von Schule und Unterricht wissenschaftlich begründen und reflektieren zu können, mit dem Ziel, Schule zu verbessern. Die neuere Kindheitsforschung habe sich dagegen zum Teil in Abgrenzung zur Schulpädagogik profiliert und suche die Annäherung an die Perspektiven der Kinder; sie frage nach deren Eigenlogik und der Andersartigkeit kindlicher Erfahrungen (vgl. Breidenstein/Prengel 2005, 8). Fölling-Albers konstatiert, dass in den Studien von Krappmann/Oswald (1995) und Breidenstein/Kelle (1996) beispielsweise durchaus Kinder in der Schule beobachtet worden seien, jedoch ohne schulpädagogische Reflexionen vorgenommen zu haben; Lehrer-Schüler-Interaktionen, Lehr-Lernprozesse und Unterrichtsinhalte blieben außen vor (vgl. Fölling-Albers 2003, 39). In diesem Zusammenhang spricht Zinnecker gar von „antipädagogischen Grundpositionen", da sich die Forscher/innen innerhalb eines pädagogischen Feldes nur für die sozialen Interaktionen interessieren und die interagierenden Lehrenden ausklammern würden (vgl. Zinnecker 1996, 48). Auch Brügelmann/Panagiotopoulou halten fest, dass eine Verknüpfung der Forschungsschwerpunkte eher selten sei (vgl. Brügelmann/Panagiotopoulou 2003, 11). Wiesemann konstatiert, dass es die thematischen Selektionen seien, die zu unterschiedlichen Situationsbeschreibungen führten und gezielt hervorgebrachte Leerstellen und Ausblendungen der Perspektive der Kindheits- oder der Schul- und Unterrichtsforschung nach sich zögen (vgl. Wiesemann 2005, 32). Grunert und Krüger (2006) formulieren das beschriebene Desiderat als eine der zentralen zukünftigen Aufgaben der erziehungswissenschaftlichen Kindheitsforschung. Ziel ist demnach „...die Untersuchung der Lern- und Sozialisationsprozesse von Kindern im interdependenten Kontext unterschiedlicher Bildungsorte" (ebd., 231f.). Notwendig sei es „...Frage- und Themenstellungen der Kindheits- sowie der Schulforschung stärker miteinander zu verbinden und etwa zu untersuchen, welche ähnlichen oder unterschiedlichen kognitiven und sozialen Kompetenzen Heranwachsende im schulischen Unterricht bzw. in schulischen oder außerschulischen Peer-groups erwerben." (ebd, 232)

   Diese gegenwärtige Diskussion in Deutschland zeigt, dass es durchaus verschiedene Ansätze gibt, kindliche Perspektiven in Verbindung mit der alltäglichen Schulpraxis hinsichtlich pädagogisch relevanter Fragen zu untersuchen. So betont Huf (2005) in ihrer ethnografischen Feldstudie, dass ihr Interesse ausdrücklich jenen Alltagspraktiken verpflichtet sei, die dem schulischen Lernen gelten. Sie fokussiert Lernsituationen und rekonstruiert „Alltagspraktiken, Bedeutungsmuster und Handlungsperspektiven" (Huf 2005, 12), ohne Peerkultur-Prozesse, die sich neben oder außerhalb des Unterrichtsgeschehens abspielen, mit einzubeziehen. Panagiotopoulou (2003) fokussiert Lernbiografien im Kontext der Lernkultur einer Schulklasse mit dem Schwerpunkt Schriftspracherwerb. Auch Wiesemann (2000) interessiert sich in ihrer ethnografischen Studie an einer freien Schule für Lernpraktiken, ohne Peerkultur-Fragen nachzugehen. Ebenso rekonstruiert Deckert-Peaceman (2002) ohne Peerbezug kindliche Perspektiven und Bedeutungsaushandlungen zum Thema Holocaust im Unterricht mittels ethnographischer Feldforschung in den USA.

Breidenstein betont hingegen in seiner ebenfalls ethnografisch angelegten Feld-forschung zum „Schülerjob" (2006) ausdrücklich, dass es ihm nicht um schuli-sches Lernen gehe, sondern um alltägliche soziale Praktiken der Schüler/innen als Handlungsroutinen (vgl. Breidenstein 2006, 17).[2] Ihn interessiert die „Per-formanz" des unterrichtlichen Alltags im praktischen Vollzug von Unterricht (vgl. ebd., 19). So erstaunt nicht, dass er aus dieser Perspektive zu dem Schluss kommt, Schüler/innen gingen nicht zur Schule, um zu lernen, sondern um ihren „Job" zu tun (vgl. ebd., 262). Breidenstein konstatiert in diesem Kontext, dass „die Ausübung jedes Jobs auf ein gehöriges Maß an Pragmatismus, auf Routinen und die Selbstverständlichkeit des Tuns, die nicht von aktueller und situativer Motiviertheit abhängig ist", angewiesen ist (ebd., 263).

Diese strikte Trennung der empirischen Forschungsgegenstände suggeriert, dass es eine quasi natürliche Unterscheidung zwischen schulischen Lehr- und Lernsituationen und alltäglichen Handlungsroutinen im Kontext von Schü-ler/innenpraktiken gibt. Auch der oben zitierte Band von Breidenstein/Prengel ordnet die verschiedenen Aufsätze entweder „dem Blick der Schulforschung auf Schule" oder „dem Blick der Kindheitsforschung auf Schule" zu; Ansätze, die beide Perspektiven verknüpfen, werden nicht aufgeführt.

Doch ist diese Grenzziehung nicht vor allem eine methodologische, die ge-nau jene Aspekte, die im Grenzbereich liegen, ausblendet? So formuliert Röhner, dass gerade die Schnittstelle von Kindheitsforschung und Schulforschung, im Sinne der Verknüpfung von Strategien und Handlungspraktiken der Schü-ler/innen mit darin enthaltenen Lernprozessen, von besonderem Interesse sei (vgl. Röhner 2003, 276). Sie weist in ihrer Studie „Kinder zwischen Selbstsozia-lisation und Pädagogik" auf eine Verschränkung von Peer- und Lernkultur hin, die ähnlich von Heinzel (2003) herausgearbeitet wird. Ebenso zeigen die Studien von Scholz (1996) und Laging (1999) über Kinder in freien und reformorientier-ten Schulen Lernprozesse auf, die sich gerade in so genannten Peerpraktiken abspielen. De Boer expliziert in diesem Kontext (2006; 2007; 2008) in ihrer empirischen Studie zum Klassenrat eine Verknüpfung von peerkulturellen und lernprozessorientierten Fragen und sieht in der Analyse dieses Spannungsfeldes eine Chance, der Komplexität schulischer Lernprozesse näher zu kommen. Den Einfluss von Peers auf Schulleistungen sowie den Zusammenhang von Freund-schaftsbeziehungen und schulischen Leistungen analysieren Krüger, Köhler, Zschach und Paff in ihren Untersuchungen von Bildungsbiographien und Peer-kontexten (2008). Umgekehrt reflektiert du Bois-Reymond (2005) Lernprozesse

---

[2] Interessanterweise greift Breidenstein frühere Auseinandersetzungen zum „Schülersein als Beruf" (Muth 1966) nicht auf, in denen die Schülertätigkeit systematisch-normativ bestimmt wird. Dies könnte ein erneuter Beleg dafür sein, dass die an die soziologische Kindheitsforschung orientierte Untersuchung schulischer Wirklichkeiten erziehungswissenschaftliche Erkenntnisse ausblendet.

in außerschulischen Peerbeziehungen. Sie macht in ihren Reflexionen zum Zusammenhang von neuen Lernformen und veränderten Generationenverhältnissen
auf die besondere Bedeutung der Peergruppe aufmerksam. Für sie erschaffe die
Peergruppe „kulturelles und soziales Kapital" und werde zum Ort, an dem „informelles Lernen" stattfände und ein „Lernhabitus" grundgelegt werde, der für
die Zukunft richtungsweisend sei (vgl. du Bois-Reymond 2005, 238). Wenn
Lernprozesse in außerschulischen Peerbeziehungen Beachtung geschenkt wird,
warum dann nicht auch in innerschulischen Zusammenhängen?

Kindheits- und Schulforschung operieren letztlich mit derselben Leerstelle,
allerdings mit der je eigenen Perspektive. Die soziologisch orientierte Kindheitsforschung ignoriert, dass die schulische Ordnung immer auch eine inhaltliche
Seite hat, in der es um Bedeutungsaushandeln im Prozess von Vermittlung und
Aneignung von Kultur geht. Die an der Verbesserung des Unterrichts und an den
individuellen Lernergebnissen orientierte Schulforschung ignoriert die soziokulturelle Dimension des Lernens und damit ihre Bedingtheit von sozialen Ordnungsprozessen. Möglicherweise stoßen beide Ansätze an eine Grenze, die Wünsche (1994) bezogen auf den Stand der 1990er Jahre beschreibt: Auf der einen
Seite finden sich über einen Zeitraum von 200 Jahren gesammelte Erfahrungen
mit der Schülerfigur, auf der anderen Seite mangelt es an empirischen Studien
zur Schülerrolle. Gleichzeitig steht die Forschung vor dem Paradoxon, dass die
schulische Ordnung den Blick auf das „wahre Schülerselbst"[3] unwiderruflich
versperrt, das sich in Wünsches historischer Rekonstruktion aus Zögling, Schüler
und Kind zusammensetzt. Dieses Paradoxon wird sich auch im vorliegenden
Buch nicht auflösen lassen; dennoch versprechen wir uns von einem systematischen Blick auf Zwischenräume und Relationen einen Erkenntnisgewinn.

Anders als Forscher/innen unterscheiden Kinder nicht zwischen beiden
Sichtweisen auf Unterricht und Lernen. Sie verstehen sich auch nicht in unterschiedlichen Rollen als Schüler/Schülerin oder Peer. Allerdings haben sie gelernt, auf die Unterscheidungen der Erwachsenen zu reagieren und sich jeweils
dazu zu positionieren. Mit dem Begriff der Positionierung verweisen wir auf den
fluiden und hybriden Charakter des Peer- und Schüler/innenseins und seine Kon-

---

[3] Die Suche nach dem „wahren Schülerselbst" geht davon aus, dass Kinder in der Schule primär auf
die schulische Ordnung reagieren und ihre tatsächlichen Bedürfnisse, Wahrnehmungen und Empfin-
dungen verbergen. Letztlich verleugnen sie ihr „wahres Selbst", um in der Schule zurechtzukommen.
In diesen Ansatz fließen psychoanalytische, rollentheoretische und sozialpsychologische Annahmen
mit ein, die heutzutage ihre Gültigkeit verloren haben. Insofern unterscheidet sich unser Anliegen,
die Herstellungsprozesse der Position von Kindern in der Schule zwischen Schüler- und Peerkultur
als gemeinsamer Prozess der beteiligten Akteure zu untersuchen. Gleichwohl verweist der Rückgriff
auf frühere Auseinandersetzungen mit der Schülerfigur auf Kontinuitäten und Diskontinuitäten.

textgebundenheit.[4] Komplizierter wird dieses Positionieren dadurch, dass es sich um unterschiedliche Anerkennungsprozesse handelt, die Kinder in der Schule häufig vor Dilemmata stellt. Unklar ist, ob dadurch Lern-, Entwicklungs- und Sozialisationsprozesse behindert oder gefördert werden. Die Annäherung an die kindliche Perspektive in den Facetten der Positionierung zwischen Kind- und Schüler/innensein zur schulischen Ordnung und dem darin enthaltenen generationalen Verhältnis kann hier zum Erkenntnisgewinn beitragen. Damit verbunden ist auch die Frage nach der Schule als Institution.

Vor dem Hintergrund dieser Überlegungen gliedert sich die Publikation in drei wesentliche Teile, die von einem einleitenden Kapitel und einem Schlusswort gerahmt werden. Der Zusammenhang von Peersein und schulischen Ordnungen wird im ersten Kapitel reflektiert. Sunnen beschreibt peerkulturelle Handlungen in einer vorschulischen Situation, die zu didaktischen Erläuterungen der Erzieherin führen. Röhner diskutiert verpasste Lernchancen im Übergang vom Elementar- zum Primarbereich aus, Sujbert weist von Kindergartenkindern gemeinsam erstellte Ordnungen auf und und Deckert-Peacemann setzt sich mit schulischen Ordnungen und Peerkultur in der Ganztagsschule auseinander.

Im folgenden Teil der Publikation werden peerkulturelle Prozesse im Unterricht am Beispiel der Ergebnisse verschiedener qualitativ empirischer Einzelprojekte ausdifferenziert. Das verbindende Element der Beiträge liegt in der Frage nach dem Verhältnis von Peerkultur und schulischer Ordnung im Unterricht.

Während de Boer Lernprozesse im Spannungsfeld von Peersein und SchülerInnensein diskutiert, setzt sich Bennewitz mit der peerkulturellen Handlung des „Zettelns" im Unterricht auseinander Breidenstein zeigt auf, wie die Lehrperson zur Ressource für Schülerkultur wird. Labede und Reh fokussieren soziale Ordnung im Wochenplanunterricht, Wiesemann beschreibt, wie Kinder als Akteure von Unterricht und Schule, schulische Situationen gestalten und modifizieren. Ein Vergleich zwischen finnischen und deutschen Schülern und Schülerinnen mit der Sicht auf Schulkultur aus der Perspektive von 12-13jährigen reflektiert Kraus.

---

[4] Der Begriff lässt sich zum einen im Kontext der Cultural Studies verorten. Zum anderen findet er sich in praxistheoretischen Ansätzen (siehe dazu Labede/Reh). So schreibt Hall in „Culture and Diaspora": „...cultural identity is not a fixed essence at all, lying unchanged outside of history and culture. ... Cultural identities are the points of identification, the unstable points of identification or suture, which are made, within the discourses of history and culture. Not an essence but a *positioning* (Hervorhebung im Original)(1993, 395)." Mit dem Verweis auf den Identitätsbegriff der Cultural Studies ist jedoch keine Thematisierung des gesamten Diskurses im vorliegenden Projekt verbunden. Es gilt, zwischen essentialistischen und relationalen Annahmen zu vermitteln und auf die Prozesshaftigkeit aufmerksam zu machen. Ferner soll verdeutlicht werden, wie sehr die Herausbildung von Schüleridentitäten zwischen Schüler- und Peersein ein kollektiver Akt ist, eingebettet in Kultur und Geschichte der Schule, und deshalb nicht getrennt von ihr gedacht werden kann.

Das Nachdenken über Schule und ihre Ordnungsprinzipien aus der Perspektive von Schülern und Schülerinnen, Eltern und Lehramtkandidaten/-kandidatinnen schließt sich im dritten Teil des Buches an. De Boer und Scholz setzen sich mit der Sicht von Studierenden auf Kinder und kindliche Perspektiven auseinander. Während de Boer den Prozess von der Konstruktion des „normalen" Schülers zur Rekonstruktion der kindlichen Perspektive beschreibt, reflektiert Scholz, woher das Kind weiß, was es sagen soll und bezieht sich in seiner Analyse auf Gespräche zwischen Studierenden und Kindern. Deckert-Peaceman richtet den Blick auf Kinder in integrativen Settings und diskutiert das Verhältnis von Peerkultur und Integrationspädagogik. Um die Kindersicht auf schulische Selektionsprozesse geht es in Zschachs Analysen. Wie Schüler/innen schulische Ordnungen und Lehrerverhalten deuten und welche Strategien und Taktiken sich in diesem Prozess entwickeln, zeigen Stecher/Maschke in ihrer Reflexion zu Schüler-Strategien zwischen Anpassung und Selbstbehauptung. Lehmann-Rommel rekonstruiert Gespräche über Schule im familiären Kontext und fokussiert auf die Rolle des Zuhörens in der Lehrer-Schülerinteraktion.

Im Schlusswort werden resümierend alle aufgeführten Analysen gebündelt, ausgewertet und hinsichtlich notwendiger Konsequenzen für die Institution Schule in Theorie und Alltagspraktiken reflektiert. Wir hoffen, mit diesem Band zu einer differenzierteren Kenntnis des Verhältnisses von Schüler/innen- und Peerkultur und damit auch zu einem besseren Verständnis von Lernprozessen zu gelangen.

Literatur

Beck, G./Scholz, G. (1995): Beobachten im Schulalltag. Ein Studien und Praxisbuch. Frankfurt am Main: Cornelsen Scriptor.

Beck, G./Scholz, G. (2000): Teilnehmende Beobachtung von Grundschulkindern. In: Heinzel, F. (Hrsg.) (2000): 147-171.

Breidenstein, G. (2008): Peer-Interaktion und Peer-Kultur. In: Helsper, W./Böhme. J. (Hrsg.) (2008): 921f.

Breidenstein, G. (2006): Teilnahme am Unterricht. Ethnographische Studien zum Schülerjob. Wiesbaden: VS Verlag für Sozialwissenschaften.

Breidenstein, G./Kelle, H. (1995): Geschlechteralltag in der Schulklasse. Weinheim und München: Juventa.

Breidenstein, G./Prengel, A. (Hrsg.) (2005): Schulforschung und Kindheitsforschung – ein Gegensatz? Wiesbaden: VS Verlag für Sozialwissenschaften.

Breidenstein, G./Prengel, A. (Hrsg.) (2005): Schulforschung und Kindheitsforschung – ein Gegensatz? In: Breidenstein, G./Prengel, A. (Hrsg.) (2005): 7-15.

Breidenstein, G./Schütze, F. (2008): Paradoxien in der Reform der Schule. Neue Sicht-weisen durch qualitative Forschung. Wiesbaden: VS Verlag für Sozialwissenschaften.

de Boer, H. (2006). Klassenrat als interaktive Praxis. Auseinandersetzung – Kooperation – Imagepflege. Wiesbaden: VS Verlag für Sozialwissenschaften.

de Boer, H. (2007): Lernen im Spannungsfeld von schulischer Ordnung und Gleichaltri-genkultur. In: www.widerstreit-sachunterricht.de/Ausgabe Nr.8/März 2007.

de Boer, H. (2008): Klassenrat im Spannungsfeld von schulischer Autorität und Hand-lungsautonomie. In: Breidenstein, G./Schütze, F. (2008): 127-141.

Deckert-Peaceman, H. (2002): Der Holocaust als Thema für Grundschulkinder? Ethnog-raphische Feldforschung zur Holocaust Education am Beispiel einer Fallstudie aus dem amerikanischen Grundschulunterricht und ihre Relevanz für die Grund-schulpädagogik in Deutschland. Frankfurt/M. u. a.: Peter Lang Verlag.

du Bois-Reymond, M. (2005): Neue Lernformen – neues Generationenverhältnis. In: Hengst, H./Zeiher, H. (Hrsg.) (2005): 227-245.

Friedrich Verlag Jahresheft 1984: Schüler. Herausforderungen für Lehrer. Seelze.

Fölling-Albers, M. (2003): Grundschulpädagogik, Grundschulforschung und Kindheit. In: Panagiotopoulou, A./Brügelmann, H. (Hrsg.) (2003): 34-44.

Grunert, C./Krüger, H.-H. (Hrsg.) (2006): Kindheit und Kindheitsforschung in Deutsch-land. Opladen: Verlag Barbara Budrich.

Hall, S. (1993): Cultural Identity and Diaspora. In: Williams, P./Chrisma, L. (Hrsg.) (2003): 392-403.

Heinzel, F. (Hrsg.) (2000): Methoden der Kindheitsforschung. Weinheim und München: Juventa.

Heinzel, F. (2003): Zwischen Kindheit und Schule – Kreisgespräche als Zwischenraum. ZBBS 1. 105-122.

Helsper, W./Böhme. J. (Hrsg.) (2008): Handbuch Schulforschung, Wiesbaden: VS Verlag für Sozialwissenschaften.

Helsper, W./Krüger, H.-H. (Hrsg.) (1995): Einführung in Grundbegriffe und Grundfragen der Erziehungswissenschaft. Opladen: Leske & Budrich.

Hengst, H./Zeiher, H. (Hrsg.) (2005): Kindheit soziologisch. Wiesbaden: VS Verlag für Sozialwissenschaften.

Honig, M.-S./Leu, H. R./Nissen, U. (Hrsg.) (1996): Kinder und Kindheit. Soziokulturelle Muster – sozialisationstheoretische Perspektiven. Weinheim und München: Juventa.

Huf, Ch. (2005): Didaktische Arrangements aus der Perspektive von SchulanfängerInnen. Bad Heilbrunn: Klinkhardt.

Krappmann, L./Oswald, H. (1995): Alltag der Schulkinder. Beobachtungen und Analysen von Interaktionen und Sozialbeziehungen. Weinheim: Juventa.

Krüger, H.-H. (1995): Erziehungswissenschaft in den Antinomien der Moderne. In: Hels-per, W./Krüger, H.-H. (Hrsg.) (1995): 319-326.

Krüger, H.-H./Köhler, S.-M./Zschach, M./Pfaff, N. (2008): Kinder und ihre Peers. Freundschaftsbeziehungen und schulische Bildungsbiographien. Opladen und Far-mington Hills: Verlag Barbara Budrich.

Laging, R. (1999): Altersgemischtes Lernen in der Schule. Grundlagen, Schulmodelle, Unterrichtspraxis. Hohengehren: Schneider.

Lenzen, D. (Hrsg.) (1994): Erziehungswissenschaft. Ein Grundkurs. Reinbek bei Hamburg: Rowohlt.

Muth, J. (1966): Schülersein als Beruf. Heidelberg: Quelle & Meyer.

Panagiotopoulou, A. (2003): „Charly braucht dringend neue Buchstaben": Schriftkulturelle Alltagspraktiken und Deutungsmuster von SchulanfängerInnen. In: Panagiotopoulou, A./Brügelmann, H. (Hrsg.) (2003): 150-155.

Panagiotopoulou, A./Brügelmann, H. (2003): Grundschulpädagogik meets Kindheitsforschung: zum Wechselverhältnis von schulischen und außerschulischen Erfahrungen der Grundschule. In: Panagiotopoulou, A./Brügelmann, H. (Hrsg.) (2003): 11-22.

Panagiotopoulou, A./Brügelmann, H. (Hrsg.) (2003): Grundschulpädagogik meets Kindheitsforschung. Jahrbuch Grundschulforschung 7, Opladen: Leske & Budrich.

Reinert, G.-B./Zinnecker, J. (Hrsg.) (1978): Berichte u. Bilder vom Lernalltag, von Lernpausen u. vom Lernen in d. Pausen. Reinbek: Rowohlt.

Scholz, G. (1996): Kinder lernen von Kindern. Grundlagen der Schulpädagogik. Band 19, Hohengehren: Schneider.

Tillmann, K.-J. (1997): Ist die Schule ewig? Ein schultheoretisches Essay. In: Pädagogik 49./H 6. 6-10.

Wiesemann, J. (2000): Lernen als Alltagspraxis. Lernformen von Kindern an einer Freien Schule. Bad Heilbrunn: Klinkhardt.

Wiesemann, J. (2005): Wohin führt die Forschung im Klassenzimmer? In: Breidenstein, G./Prengel, A. (Hrsg.) (2005): 15-36.

Williams, P./Chrisma, L. (Hrsg.) (2003): Colonial Discourse and Post-Colonial Theory. A Reader. Harlow Longman.

Wünsche, K. (1994): Der Schüler. In: Lenzen, D. (Hrsg.) (1994): 363-383.

Zinnecker, J.: Stadtkids (2001): Kinderleben auf der Straße. Weinheim und München: Juventa.

Zinnecker, J. (1996): Soziologie der Kindheit oder Sozialisation des Kindes? Überlegungen zu einem aktuellen Paradigmenstreit. In: Honig, M.-S./Leu, H. R./Nissen, U. (Hrsg.) (1996): 31-54.

Zinnecker, J. (1978): Die Schule als Hinterbühne oder Nachrichten aus dem Unterleben der Schüler. In: Reinert, G.-B./Zinnecker, J. (Hrsg.) (1978): 29-11.

1 Peersein und schulische Ordnung

Kinder und Schule – Rekonstruktionen der kindlichen Perspektive und ihre Bedeutung für die schulische Ordnung

Heike de Boer/Heike Deckert-Peaceman

Nach Ellen Key (1900; 1905) werden die kindlichen Seelen in der Institution Schule ermordet. Ihre vernichtende Kritik im Jahre 1900 reagiert auf eine Institution, die ihre wesentliche Prägung erst im Laufe des 19. Jahrhunderts erfahren hat. Diese Prägung ist in vielen Grundzügen bis heute in Deutschland strukturell und symbolisch erhalten geblieben. Vor allem unser kulturelles Gedächtnis von Schule ist noch stark im 19. Jahrhundert verankert und lässt sich implizit in Diskursen und Handlungsroutinen nachweisen.[5] Die Schule als öffentliche Pflichtschule ist untrennbar mit der Entwicklung moderner Nationalstaaten verbunden. Sie ist eingebunden in eine Aufgabenverteilung und damit ein Machtverhältnis von Staat und Familie bezogen auf die generationale Ordnung. Es geht dabei um die Verfügungsgewalt über die nächste Generation, letztlich um die Frage nach der Gestaltung der gesellschaftlichen Zukunft. Die reformpädagogische Entdeckung des Kindes und die Reklamation seiner Bedürfnisse ist auf den ersten Blick ein radikaler mentaler Wechsel, auf den zweiten entpuppt sie sich als Mythosbildung, die primär einer programmatischen Vorstellung über die gesellschaftliche Zukunft dient (Oelkers 2005).

Im Laufe des 20. Jahrhunderts hat sich der Status von Kindern in der Gesellschaft und ihre Bedeutung für Erwachsene stark gewandelt. Dafür gibt es vielfältige Gründe, z.B. die demographische Entwicklung, eine veränderte Geschlechterordnung, komplexe und pluralistische Lebenslagen in einer postmodernen Welt. Kinder werden in vielen gesellschaftlichen Bereichen zunehmend als Akteure ihres Lebens und als soziale Gruppe mit Eigenrecht gesehen. Ihr Verhältnis zu Erwachsenen wird durch eine gleichwertigere Kommunikation bestimmt, wovon beispielsweise die Untersuchungen zum Wandel der Familie

---

[5] Beispielsweise zeigt sich das in der Art und Weise, wie Kinder Schule spielen. Es ist im Kern immer die autoritäre Schule des 19. Jahrhunderts. Ihr Spiel unterscheidet sich vordergründig von der Schule aus ihrer Erfahrungswelt.

hin zum Verhandlungshaushalt zeugen (du Bois-Reymond 1995). Auch an ökonomischen Entscheidungen partizipieren Kinder, weshalb die Werbung sie gezielt anspricht. Selbst bei lokalpolitischen Prozessen werden sie zunehmend als
Ansprechpartner einbezogen, insbesondere wenn es sich um ihre Angelegenheiten handelt. In der Sozialberichterstattung werden Kinder inzwischen als eigene
gesellschaftliche Gruppe untersucht (Kränzl-Nagl/Mierrendorf/Olk 2003), mit
wichtigen Erkenntnissen für entsprechende politische Forderungen. Hat sich ihr
Status in der Schule in äquivalenter Art und Weise geändert? Und wenn, in welchem Maße verändert sich dadurch die schulische Ordnung?

    Die reformpädagogische Programmatik arbeitet mit Bild und Gegenbild,
mit Dichotomien: auf der einen Seite die grausame Institution, die die kindlichen
Seelen mordet, auf der anderen Seite die heilige Natur des Kindes, das Fähigkeit
und Aufgabe zugleich hat, die Gesellschaft von Grausamkeit zu erlösen. Diese
romantische Verklärtheit des Kindes beeinflusst bis zum heutigen Tag die Art
und Weise, wie Kinder in Forschung, pädagogischer Programmatik, Bildungspo-
litik und in der Alltagspraxis wahrgenommen werden. Weiterhin hält sich das
Bild der lebensfernen und die kindliche Natur unterdrückenden Institution, das in
immer neuen Varianten aufgeladen wird. Gleichzeitig wird dieser Prozess als
notwendige gesellschaftliche Anpassung angesehen, als Sozialisationsprozess
zur Reproduktion und Weiterentwicklung von Kultur. Aus dieser Perspektive
heraus ist der Gegensatz zwischen Kind und Schule unüberwindbar. Mit dem
Erwachsenwerden vollzieht sich die genannte Anpassung. Es bleibt der erwachsene Traum der Unverfügbarkeit im kindlichen Dasein und damit die Erlösung
von der Fremdbestimmung durch Institutionen. Der entscheidende Unterschied
zwischen Kindern und Erwachsenen ist trotz aller Veränderung des kindlichen
Status die generationale Ordnung, die die Schule verdichtet repräsentiert. In
Anlehnung an Ennew (1986) enthält die Schule zwei konstitutive Elemente von
Kindheit in der Moderne: eine rigide Altershierarchie, die eine klare Trennung
von Kindern und Erwachsenen beinhaltet, sowie den Mythos der Kindheit als
„golden age" als Gegenbild zur Schule, der die Institution zugleich mit herstellt
(vgl. Ennew 1986, 18). Mit dieser doppelten Wirkung der generationalen Ordnung ist der institutionelle Zugriff auf Kinder einschneidend bis hin zu einer
Disziplinarisierung ihrer Körper (Rumpf 1981).

    Aktuelle Tendenzen wie der scheinbar offenerer Umgang, die größeren Ent-
faltungsmöglichkeiten in der Schule und die Zunahme an Partizipation stehen
einer zunehmend institutionalisierten Kindheit gegenüber. Schule hat heute einen
zentralen Stellenwert für das Leben von Kindern und Jugendlichen. Sie organisiert, markiert und definiert die Lebensphasen und wirkt vielfältig auf den Alltag
in- und außerhalb der Institution, nicht zuletzt auch durch ihre zunehmend ganz-

tägige Organisation.[6] Schule ist wesentlich an der sozialen Konstruktion von Kindheit und Jugend beteiligt (James/Prout 1997). Sie trägt dazu bei, dass trotz des Statusgewinns Kindheit immer noch als defizitär, pädagogisiert und heteronom konstruiert wird (Overtrup 2000; Helsper/Böhme 2002). Insgesamt lässt sich festhalten, dass die Schule in vielfältiger Art und Weise Zwang auf Kinderleben ausübt. Damit verbunden sind Gewinne und Verluste. Die Schulpflicht befreit die Kinder von der Erwerbstätigkeit und bietet einen geschützten Raum zum Aufwachsen. Gleichzeitig reguliert sie das Leben der Kinder auf verschiedenen Ebenen bis hin zu einer Kolonialisierung ihrer Lebenswelt (vgl. Helsper/Böhme 2002, 572).

In vielen schultheoretischen Positionen wird das Verhältnis von Schule und Kindheit bzw. Jugend als spannungsreiches gesehen (vgl. Helsper/Böhme 2002, 568), bei dem das Kind entweder den institutionellen Bedingungen und gesellschaftlichen Ordnungen deterministisch unterworfen ist oder diesen offen oder durch inneren Rückzug widersteht. Die Kinder selbst verbleiben aus dieser Perspektive vergleichsweise passiv. Neuere interaktionistische, kritisch-kommunikative und sozial-konstruktivistische Ansätze sehen Kinder als schulische Akteure mit Eigensinn, die den institutionellen Rahmen mit beeinflussen, wenn nicht sogar ko-konstruieren (Christensen/James 2001). Während in den metaphorischen Gegenüberstellungen der Reformpädagogik immer nur das einzelne Kind in den Blick gerät, dessen Widerstandsressource angeblich in seiner „Natur" liegt, und sich auch in anderen Erklärungsansätzen zum Verhältnis Kindheit und Schule die Konzentration auf das Individuum findet, ist es nun die Kindergruppe. Darüber hinaus gerät die Gleichaltrigenkultur nicht mehr nur außerhalb der Institution in den Fokus empirischer Forschung, sondern auch als integraler Bestandteil derselben.

Es erscheint zunächst als eine paradoxe Logik, dass in Zeiten, in denen es sehr viele Gleichaltrige gab und die Gleichaltrigenkultur wesentliche Erfahrungsräume bot, sich die Aufmerksamkeit auf das Individuum richtete[7], während mit abnehmender Kinderzahl und eingeschränkteren peerkulturellen Erfahrungsmöglichkeiten die Kindergruppe in den Blick gerät sowie die Peerkultur einen Bedeutungszuwachs erfährt. Einschränkend kann konstatiert werden, dass es sich um Zuschreibungen von Erwachsenen handelt, die bestimmte kulturelle Entwicklungen widerspiegeln. Kelle verweist darauf, dass die neuere Kindheitsforschung von „Kindheiten" oder von „Kindern" im Plural spricht und sich damit bewusst von der individualistischen Perspektive entwicklungspsychologischer,

---

[6] Ähnliches gilt inzwischen für den Kindergarten.
[7] Eine Ausnahme hierbei bilden die Studien von Muchow (1998; Originalausgabe 1935; Studien wurden vor 1933 durchgeführt) die wegen ihrer Untersuchung der Kinderkultur als eine Vorläuferin der modernen Kindheitsforschung bezeichnet wird.

phänomenologischer oder anthropologischer Ansätze abgrenzt (vgl. Kelle 2005, 144). Vermutlich existiert eine Wechselwirkung zwischen dem veränderten gesellschaftlichen Status von Kindern und dem vermehrt soziologisch beeinflussten Blick der Wissenschaft auf Kinder und Kindheit.

Ob die Bedeutung der Peerkultur für Kinder zu- oder abgenommen hat, lässt sich historisch kaum nachweisen. Offensichtlich ist jedoch die Veränderung der Peerkultur durch neue Medien und Konsumwelt. Der unmittelbare Erfahrungsraum der Gleichaltrigen, beispielsweise im Freispiel auf der Straße, hat sich entscheidend durch neue Kommunikationsformen und medial vermittelte Lebenswelten erweitert. Letztlich interagieren Kinder bezogen auf eine globalisierte Kinder- und Jugendkultur. Diese virtuellen Erfahrungsräume und Symbolsysteme spielen auch in der direkten Kommunikation der Gleichaltrigen eine große Rolle und beeinflussen und verändern Peerkultur.

Demographisch betrachtet ist davon auszugehen, dass Kinder statistisch immer weniger auf Gleichaltrige treffen. Die wachsende Zahl von geschwisterlos aufwachsenden Kindern, im Jahr 2002 immerhin 19% (vgl. Alt 2005), ist z. B. ein Indiz hierfür. Dennoch zeugen Untersuchungen auch davon, dass sich Familien mit Kindern auf bestimmte Wohngegenden konzentrieren.[8] Das bedeutet, dass Kinder durchaus andere Kinder ihres Alters treffen, auch wenn sich die räumlichen Bedingungen und deren Bedeutung für die Lebenswelt von Kindern geändert haben. Allerdings bekommt die Schule als Zentrum zur Gewinnung und Praktik von Peerbeziehungen einen zunehmenden Stellenwert. So wird beispielsweise die Zugehörigkeit zu funktionierenden Klassengemeinschaften und Freundschaften als die wichtigste Schulerfahrung im 8. Kinder- und Jugendbericht in NRW (vgl. Behnken u. a. 2005, 19) genannt. Schulalltag hat damit aus der Sicht der Akteure sozialen Ereignischarakter. Umgekehrt spielt die Schule in den außerschulischen Peerpraktiken als Referenzpunkt für Vergemeinschaftungsprozesse eine wichtige Rolle (vgl. Du Bois- Reymond 2005, 239).

Durch diesen Bedeutungszuwachs ergibt sich die Frage nach dem Raum für Peerpraktiken in der Schule. Klassisch werden sie in die Pause und auf den Schulweg verortet. Zinnecker beschäftigte sich bereits 1978 systematisch mit den Peeraktivitäten im Unterricht und prägte die Unterscheidung von Vorder- und Hinterbühne. Auf der vorderen Bühne, so Zinnecker, spiele sich das offizielle Geschehen ab und auf der hinteren Bühne agierten die Kinder und Jugendlichen und verarbeiteten in heimlich gehaltenen Gesprächen das offizielle Geschehen (vgl. Zinnecker 1978). Andere Untersuchung fokussieren auf Peerinteraktionen im Unterricht (Breidenstein 2006). Mit der Aufmerksamkeit für peerkultu-

---

[8] Siehe dazu beispielsweise: www.prognos.com/fileadmin/pdf/Atlanten/Familienatlas_07/ Familienatlas2007_Broschuere.pdf, 21.11.2008

relle Aktivitäten im Unterricht ergibt sich ein semantisches Problem oder Dilemma. Setzt man die Tür als Schwelle (Wagner-Willi 2005), wird der Peer mit
Eintritt in den Unterricht zum Schüler/zur Schülerin. Diese räumliche Unterscheidung ist jedoch fragwürdig, u. a. auch weil die schulische Ordnung primär
nicht raumgebunden ist. James und Prout hinterfragen diese Grenzziehungen
grundsätzlich. Ihren Studien zufolge sind Transitionen in der Kindheit komple-
xer sowie länger andauernd und nicht an rituelle Momente gebunden (vgl. Ja-
mes/Prout 1997b, 246). Jedoch beziehen sich ihre Ausführungen primär auf
Statuspassagen im Lebenslauf und nicht auf einen Statuswechsel vom Peer zur
Schüler/in und umgekehrt[9]. Genau hier entsteht die Frage nach dem Verhältnis
von Peer- und Schülerkultur, das bislang noch kaum Beachtung fand.

Darüber hinaus ergeben sich Konsequenzen für das Verständnis von Unterricht und Lernprozessen. Scholz stellt in diesem Zusammenhang fest, dass für
die Gestaltung von Unterricht entscheidend sei, ob das, was in den 1970er Jahren
als „Unterleben" auf der Hinterbühne galt, als Störung betrachtet wird oder als
Erziehungsaufgabe der Schule (vgl. Diehm/Scholz 2003, 47). Mitte der 1980er
Jahre machten Krappmann/Oswald mit ihren Studien zum Alltag der Schulkinder
auf die Bedeutung der Peer-Interaktionen für schulische Lernprozesse aufmerksam. Dabei gehen sie von der entwicklungspsychologischen Annahme aus, dass
Gleichaltrige günstige Voraussetzungen haben, um ko-konstruktive Lernprozesse
zu vollziehen. Sie heben besonders die Bedeutung von Freundschaften und stabi-
len sozialen Beziehungen für produktive Problemlösungsprozesse hervor (vgl.
Krappmann/Oswald 1995, 155). Auch Youniss weist darauf hin, dass symmet-
risch kommunikative Beziehungen des Subjekts förderlich für eine soziale Konstruktion von Wissen seien.[10] Beide, Krappmann/Oswald und Youniss, rekurrie-
ren darauf, dass besonders das Aushandeln gemeinsam geteilter, gültiger Regeln
des sozialen Handelns in der eher auf Symmetrie und Reziprozität angelegten
Gleichaltrigenbeziehung gelingen kann.

Kinder verfügen über kindspezifische Problemlösungen und über kindspezifische Bewertungen der Zulässigkeit von Argumentations- bzw. Deutungsmustern. Für unterschiedliche Deutungsmuster ist die Schule jedoch nicht der geeignete Platz. Scholz schreibt dazu: „Unterricht organisiert die Durchsetzung eines
Deutungsmusters in Bezug auf einen Inhalt" (vgl. Scholz 2006, 239), das – so

---

[9] Im englischen Sprachraum findet sich keine systematische Bearbeitung des Peerbegriffs in seiner
Differenz zum Schüler. Geht es um die Perspektive der Kinder als Akteure, so wird in der Regel von
Kindern und Kinderkultur in der Schule gesprochen (Christensen/James 2001). Kinder- und Peerkul-
tur wird nicht selten synonym verwendet. Damit wird auch die Distanz zu älteren rollen- und soziali-
sationstheoretischen Erklärungsansätzen demonstriert.
[10] Davon unbeeinflusst ist die Tatsache, dass der kognitive Impuls für Lernen wesentlich auch durch
Asymmetrien konstituiert wird, z. B. im Sinne des Bewegens in der Zone der nächsten Entwicklung
(Vygotski).

Scholz weiter – in vieler Hinsicht unabhängig von den wissenschaftlichen, gesellschaftlichen und kulturellen Entwicklungen ist. Seiner Ansicht nach bestimmt sich Schule nicht primär dadurch, „...dass es nur ‚richtig' und ‚falsch' gibt, nicht dadurch, dass allein der Lehrer über Wissen verfügt, sondern dadurch, dass die Schule definiert, was Wissen ist." (vgl. Scholz, 2006, 239f.)

Nach Diehm und Scholz (2003) leben Grundschulkinder in einer Beziehungswelt und verbinden Sachauseinandersetzungen mit Beziehungsfragen. Dieses trifft zwar auch auf Erwachsene zu, jedoch sind sie ein konstitutives Element der Kinderkultur (ebd., 49). Die Schule bildet dazu einen Kontrapunkt, weil sie genau diesen Beziehungsaspekt von den Inhalten abspaltet.

> „Schule als die Einrichtung, die die Wechsel von einer Generation zur nächsten organisiert, setzt damit einen Habitus, ein Welt- und Selbstverständnis durch, das vor der Schulpflicht in Jahrhunderten mühsam von Erwachsenen gelernt werden musste. Ich meine die Aufspaltung in Wissen und Können und die damit verbundene Notwendigkeit, in der Lage zu sein, eine Distanz zu sich selbst herstellen zu können." (Scholz 2006, 240)

Unter dieser Perspektive könnte man das Schülerwerden und -sein als Prozess der Internalisierung dieses Habitus verstehen. Demnach gibt es keine Aufspaltung von Peer- und Schüler/innenkultur, sondern ein relationales Verhältnis, das sich je nach Situation und Person anders darstellt und grundsätzlich fluiden Charakter hat. Kinder können gleichzeitig mit ihrem Oberkörper den Schülerhabitus einnehmen und sich mit ihrem Unterkörper peerkulturellen Aktivitäten widmen. Welchen Platz gibt jedoch die schulische Ordnung diesem Verhältnis? Beschränkt sich die Peerkultur tatsächlich nur auf Räume und Sphären der Hinterbühne, des Freizeitbereichs, auf die Nischen, die die schulische Ordnung letztlich stabilisieren und durchsetzen helfen? Hat die peerkulturelle Dimension der Schule Einfluss auf den Prozess von Vermittlung und Aneignung? Bislang wird ihr lediglich Einfluss auf soziale Prozesse eingeräumt. Doch zeigen beispielsweise die empirischen Untersuchen von Miller (1986), dass letztendlich alle Lernprozesse sozialer und vor allem kollektiver Natur sind. Daraus folgt, dass die Peerkultur nicht nur einen aktiven Anteil an der Aufrechterhaltung und Durchsetzung der schulischen Ordnung hat, sondern ebenso Impulse für Lernprozesse setzt.

Unter schulischer Ordnung werden in diesem Sinne Vorgaben und Regelungen der Institution Schule verstanden (vgl. Fend 2006), die das Handeln der Lehrenden und Schüler/innen tagtäglich beeinflussen. Lehrpersonen und Schüler/innen sind nicht frei, in dem was sie tun oder lassen können. Schulklassen sind administrativ gebildete Zweck- und keine Wahlgemeinschaften; das gesamte Schulwesen steht unter staatlicher Aufsicht, Unterrichtsinhalte und Methoden sind in weiten Teilen durch die Institution vorgegeben. Es ist festgelegt, was die

Schüler/innen wissen sollen und wie dies überprüft wird. Vogt bezeichnet Unterricht deswegen als Herstellung, Aufrechterhaltung und Aufhebung einer Gruppenöffentlichkeit zum Zwecke der Organisation von Lehr- und Lernprozessen (vgl. Vogt 2002, 77). Um diese Aufgaben zu erfüllen, bedarf es einer thematischen, einer kommunikativen und einer disziplinarischen Ordnung. Schüler/innen und Lehrer/innen müssen in diesen auf institutionellem Wege gebildeten Klassenzusammenhängen zusammenarbeiten. Diese zwangsförmig organisierte Rahmung (vgl. Helsper u. a. 2001, 60) ist auch durch den an Schule herangetragenen doppelten Anspruch von Fördern und Selektieren gekennzeichnet. Schüler/innen sehen sich damit einer andauernden Beobachtung und Bewertung ausgesetzt. Die an diese schulischen Bedingungen geknüpften Forderungen von Anwesenheitspflicht und Erfüllung der normativen, sozialen und inhaltlichen Ziele werden mit disziplinarischen Mitteln kontrolliert. Die Schule nimmt nicht nur Einfluss auf die Lernzusammenhänge, sondern auch auf das sonstige Verhalten der Schüler/innen in der Schule. Die Schulordnung legt z. B. genauestens fest, wo sich die Schüler/innen aufhalten dürfen, was sie zu tun und zu unterlassen haben. Vogt (2002) beschreibt aus dieser Sicht Schulunterricht als Handlungsraum, der alle Kennzeichnen einer Disziplinaranlage im Sinne Foucaults (1977) aufweist und damit einen leistungsfähigen Apparat zur Herstellung von Normalität darstellt (vgl. Vogt 2002, 72):

> „Die Techniken der guten Abrichtung", nämlich der hierarchischen Überwachung und der normierenden Sanktion, sichern diese Ordnung gegen Störungen und dienen damit der Herstellung von Normalität. Zwischen beiden konstituiert sich also ein Machtverhältnis. In dieser Sichtweise erscheinen Schüler als strukturell in ihren Handlungsmöglichkeiten eingeschränkte Subjekte, während Lehrer die Disziplinaranlage repräsentieren." (ebd.)

Schüler und Schülerinnen haben Praktiken entwickelt, mit den an sie gestellten schulischen Anforderungen umzugehen und sich als Person zugleich abzugrenzen. Die Erwartungen der Institution Schule an die Kinder und Jugendlichen als Schüler und Schülerinnen beeinflussen damit das Handeln der Schüler/innen, lösen Spannungen aus und führen zu besonderen Verhaltensweisen, die das alltägliche Miteinander beeinflussen und modifizieren. Die mit Foucault als „unfrei" zu kennzeichnenden Handlungen der Schülerschaft entwickeln in dem System Schule Umgangsformen, mit denen sie die schulische Ordnung einerseits manifestieren und andererseits gleichzeitig modifizieren. Der alltägliche Umgang mit der schulischen Ordnung vollzieht sich als Routineprozess, der sich durch die Selbstverständlichkeit des Tuns auszeichnet und zu einem Tacit knowledge führt; ein Wissen, was unexplizit bleibt, weil es selbstverständlich ist. Soeffner (2004) spricht vom kognitiven Stil der Alltagspraxis, der auf die problemlose

und ökonomische Ko-Orientierung (vgl. ebd., 22) abzielt und zur Normalisierung führt. Normalität beschreibt er als „fundamentale intersubjektive Erfah-
rungs-, Wissens- und auch Organisationsform des alltäglichen Milieus" (ebd.). In
diesem alltäglichen Prozess entstehen die Normen des Normalen, die unexplizit
bleiben und mit denen die schulische Ordnung modifiziert und auch unterlaufen
wird. Da die Schüler/innen im Gegensatz zu den Lehrenden nicht für die Aufrechterhaltung der thematischen und kommunikativen unterrichtlichen Ordnung
verantwortlich sind, können sie auf das unterrichtliche Geschehen mit Zwischen-
rufen, Einwürfen, spontanen Kommentierungen reagieren oder sich mit benach-
barten Schülern und Schülerinnen über unterrichtsferne Themen austauschen.
Vogt bezeichnet „Handlungen und praktische Aktivitäten der Schüler/innen, die
sich auf die Öffentlichkeit beziehen, aber nicht im Rahmen der jeweils etablierten kommunikativen und thematischen Ordnung evoziert werden", als Hinter-
grundhandlungen. Er unterscheidet diese in zugelassene und auf den Unterricht
bezogene (z. B. direkte Kommentierungen unterrichtlichen Geschehens) und
nicht zugelassene Handlungen, die sich um private Themen oder komplett andere
Fragen (z. B. Handyspiele). Die soziale Ordnung des Unterrichts, so Vogt (vgl.
ebd., 2002, 80), wird kommunikativ und thematisch hergestellt, aufrechterhalten
und beendet. Es entwickelt sich eine institutionenspezifische Kommunikation.
Der Rahmen der Institution Schule und die Ausgestaltung der einzelnen Lehrperson, z. B. ob kooperativ, auf die Schüler/innen bezogen, abwertend oder autori-
tär, spielt hier eine entscheidende Rolle und trägt dazu bei, wie sich die kommunikative und unterrichtliche Ordnung entwickelt und welche Dynamik sich innerhalb der zugelassenen und nicht zugelassenen Hintergrundshandlungen zeigt.
Lehrer/innen setzen mit ihrer Verteilung von Erfolg und Misserfolg, Anerkennung und Sanktion Maßstäbe für die soziale Ordnung in der Klasse, die von den
Schüler/innen wahrgenommen werden.

Die Rekonstruktion der Perspektive der Schüler und Schüler in ihren Aushandlungen mit den Gleichaltrigen, den schulischen Inhalten und den Lehrpersonen gibt folglich wichtige Hinweise auf die Deutungen der Situation durch die
Schüler/innen. Sie ermöglichen, den Ursachen der Differenz von Intention und
Praxis nachzugehen und Modifizierungen durch die Schüler/innen zu erkennen
und sie zu verstehen. Möglicherweise finden Lernprozesse in anderen als den
intendierten Zusammenhängen statt und zeigen, was die Schüler/innen mit den
schulischen Erwartungen machen. Die Rekonstruktion der kindlichen Perspektive führt damit weg von dem normativen unterrichtlichen Fokus hin zur interaktiven Gestaltung der alltäglichen unterrichtlichen Praxis und kann wichtige Hinweise auf notwendige Modifizierungen und Unterrichtsentwicklungsprozesse
geben.

In der Rekonstruktion schulischer Situationen aus der Schüler/innensicht wird auch genauer erkennbar, wie die pädagogische Generationenbeziehung hergestellt wird. Lehrende und Schüler/innen kooperieren in der Gestaltung des Unterrichts und bringen in diesem Prozess die generationale Ordnung interaktiv hervor (vgl. de Boer 2006, 221). Die Bezogenheit von Schüler/innen und Lehrer/innendeutungen als integraler Bestandteil der Herstellung von schulischer Ordnung, die gleichzeitig immer wieder Differenzen von Kindern und Erwachsenen in Status- und Machtfragen generiert, betonen auch Christensen/James (2001). In diesem Prozess zeigt sich folgerichtig das Schüler/innenbild der Lehrpersonen und auch das Lehrer/innenbild der Schüler/innen. Die jeweils voneinander konstruierten Bilder unterliegen gegenseitigen Zurechnungsschemata, die produziert und reproduziert werden. Die Rekonstruktion dieses Prozesses führte zur Explizierung der wechselseitigen Normalitätsunterstellungen und Erwartungen. Die Auseinandersetzung mit der Perspektive der Schüler und Schülerinnen unterstellt allen Praktiken generell Sinn, Strukturiertheit und Ernstcharakter und kann damit sichtbar machen, dass die Institution Schule nicht nur aus Kindern Schüler/innen macht, sondern sich diese gleichsam an dem Prozess des Schüler/innenwerdens aktiv beteiligen.

Kelle visiert in diesem Kontext als Brücke zwischen Kindheitsforschung und Schulpädagogik eine kulturanalytische Perspektive an, als eine Praxeologie der Schulwirklichkeit in Bezug auf alle kulturellen Praktiken, die in der Schule vorkommen (vgl. Kelle 2005, 148). Scholz geht mit seinem kulturtheoretischen Ansatz darüber hinaus. Er fordert eine ethnologische basierte Fundierung der Schultheorie, die die diskursive und performative Legitimation von Schule untersucht. Schule und Unterricht versteht er in Anlehnung an Deckert-Peaceman (2002) als Teil einer Kultur, in der sich die Kultur selbst repräsentiert und diese Repräsentation wiederum zum Verständnis ihrer Kultur benötigt (vgl. Scholz 2006, 243). Ihn interessieren besonders die unreflektierten kulturellen Repräsentationen durch Schule. Scholz fordert eine Verbindung von Mikro- und Makroebene in der akteursbezogenen Schulforschung. Ähnlich argumentiert James zusammen mit Prout im Anschluss an die Strukturtheorie von Giddens zunächst grundsätzlich für die Kindheitsforschung:

> „There must be theoretical space for both the contstruction of childhood as an institution and the activity of children within and upon the constraints and possibilities that the institutional level creates." (James/Prout 1997a, 27)

Ferner schließt sie sich gemeinsam mit Christensen Shilling an, der folgendes Verständnis von Schule vorschlägt:[11]

> „...understanding school as emergent and emerging institutions, as in process rather than fixed sites of constraint; and understanding children and adults as having certain rules and resources which they employ and produce in everyday interactions and negotiations. Reproduced, over time, these become sedimented as the institution which is called 'school', but 'school' is always nonetheless contingent upon the everyday decisions and actions of children and there teachers. (Christensen/James 2001, 72)

In diesem Sinne wird die Institution Schule immer wieder neu in den Alltagspraktiken gemeinsam von Kindern und Erwachsenen hergestellt. Der hier auf den Zusammenhang von Mikro- und Makroebene erweiterte soziologische Begriff von Schule blendet jedoch die inhaltliche Dimension sowie ihre spezifische Bedeutung im Prozess von Vermittlung und Aneignung aus. Der Kulturbegriff hingegen eröffnet den Blick auf den Zusammenhang von sozialen Ordnungsprozessen und der Kulturvermittlung als genuine Spezifika der Institution Schule. Die Untersuchung der Perspektive von Kindern auf diesen Zusammenhang ermöglicht – so eine These – zugleich Hinweise auf das Spannungsfeld von Vermittlung und Aneignung.

Nach dem Verhältnis von Peerkultur und Schülerkultur zu fragen, bedeutet das Spektrum an Deutungsmöglichkeiten und den Prozess der Durchsetzung bestimmter Deutungen herauszuarbeiten. Zwar setzt die Schule letztlich eine Deutung durch, beispielsweise durch ihr System von Fördern und Bewerten, jedoch ergeben sich im Prozess der Durchsetzung vielfältige Lernmöglichkeiten, die immer mehrere Deutungsmöglichkeiten zulassen. In der Auseinandersetzung der Schüler mit schulischem Wissen jenseits des formalen Lernens findet Bedeutungsaushandeln statt. Dieses wird wechselseitig in die Peer- und Schüler/innenkultur transferiert und damit transformiert. In diesen informellen Lernsituationen vollziehen die Schüler wichtige Lernprozesse.[12] Insofern bestimmt zwar das formale Lernen letztlich das schulische Wissen. Jedoch kann die Schule nur bedingt beeinflussen, was Kinder tatsächlich lernen und welchen Sinn sie diesem Lernprozess verleihen.

Ändert sich durch die Anerkennung der Kinder als Schüler/innen und als Peers die schulische Ordnung und damit das Verhältnis von Schule und Kultur?

---

[11] Hierbei bezieht sie sich auf Shilling (1992), der sich wiederum auf Giddens bezieht (1981).
[12] Auf die zunehmende Bedeutung informellen Lernens für den Kompentenzerwerb und das lebenslange Lernen sowie der dadurch veränderte Stellenwert des formalen Lernens verweisen beispielsweise Hungerland und Overwien (2004).

Durch die Rekonstruktion der Herstellungsprozesse schulischer Ordnung und der forschenden Beobachtung der Vermittlung und Aneignung von Kultur aus der Perspektive der Kinder entsteht die Chance, neues Deutungswissen zu eruieren und damit schulische Ordnungen zu modifizieren. Möglicherweise überwindet die Schule in diesem Prozess ihre strukturelle und symbolische Verankerung im 19. Jahrhundert und findet Anschluss an postmoderne Gesellschaften, in denen ja längst wieder Stimmen nach der Abschaffung der Schulpflicht und damit der Abschaffung des großen Projekts der Moderne laut werden (Tenorth 2008).

Literatur

Alanen, L./Mayall, B. (Hrsg.) (2001): Conceptualizing Child-Adult-Relations. London/New York: Routledge/Falmer.

Andresen, S./Diehm, I. (Hrsg.) (2006): Kinder, Kindheiten, Konstruktionen. Erziehungswissenschaftliche Perspektiven und sozialpädagogische Verantwortungen. Wiesbaden: VS Verlag für Sozialwissenschaften.

Behnken, I./Jaumann, O. (Hrsg.) (1995): Kindheit und Schule. Kinderleben im Blick von Grundschulpädagogik und Kindheitsforschung. Weinheim und München: Juventa.

de Boer, H. (2006): Klassenrat als interaktive Praxis. Auseinandersetzung-Kooperation-Imagepflege. Wiesbaden: VS Verlag für Sozialwissenschaften.

Bois-Reymond, M. du (1995): Alte Kindheit im Übergang zu neuer Kindheit. Umgangsformen zwischen Kindern und Erwachsenen im Wandel dreier Generationen. In: Behnken, I./Jaumann, O. (1995): 145-158.

Bois-Reymond, M. du (2005): Neue Lernformen – neues Generationenverhätnis? In: Hengst, H./Zeiher, H. (Hrsg.) (2005): 227-245.

Breidenstein, G./Prengel, A. (Hrsg.) (2005): Schulforschung und Kindheitsforschung – ein Gegensatz? Wiesbaden: VS Verlag für Sozialwissenschaften.

Breidenstein, G. (2006): Teilnahme am Unterricht. Wiesbaden: VS Verlag für Sozialwissenschaften.

Christensen, P./James, A. (2001): What are schools for? The temporal experience of children's learning in Nothern England. In: Alanen, L./Mayall, B. (Hrsg.) (2001): 70-85.

Cope, B. /Kalantzis, M. (Hrsg.) (2000): Multiliteracies, Literacy learning and the design of social future. London/New York: Routledge.

Deckert-Peaceman, H. (2002): Holocaust für Grundschulkinder? Ethnographische Feldforschung zur Holocaust Education am Beispiel einer Fallstudie aus dem amerikanischen Grundschulunterricht und ihre Relevanz für die Grundschulpädagogik in Deutschland. Frankfurt: Peter Lang Verlag.

Diehm, I./Scholz, G. (2003): Vom Lernen der Kinder – ein Paradigmenwechsel in Kindergarten und Schule. In: Laging, R. (2003): 39-54.

Ennew, J. (1986): The Sexual Exploitation of Children. Cambridge: Polity Press. Fend, H. (2006): Neue Theorie der Schule. Einführung in das Verstehen von Bildungssystemen. Wiesbaden: VS Verlag für Sozialwissenschaften.

Fürstenau, P. (1978/1964): Zur Psychoanalyse der Schule als Institution. Argument Studienheft 13. Berlin: Argument.

Gee, J. P. (2000): New people in the new worlds: networks, the new capitalism and schools. In: Cope, B. /Kalantzis, M. (Hrsg.) (2000): 43-68.

Giroux, H. A. (1988): Schooling and the Struggle for Public Life. Critical Pedagogy in the Modern Age. Minneapolis: University of Minnesota Press.

Helsper, W./Böhme, J./Kramer, R.-T./Lingkost, A. (2001): Schulkultur und Schulmythos. Rekonstruktionen zur Schulkultur I. Opladen: Leske & Budrich.

Helsper, W./Böhme, J. (2002): Jugend und Schule. In: Krüger, H.-H./Grunert, C. (2002): 567-596.

Hengst, H./Zeiher, H. (Hrsg.) (2000): Die Arbeit der Kinder. Weinheim und München: Juventa.

Hengst, H./Zeiher, H. (Hrsg.) (2005): Kindheit soziologisch. Wiesbaden: VS Verlag für Sozialwissenschaften.

Hungerland, B./Overwien, B. (Hrsg.) (2004): Kompetenzentwicklung im Wandel. Auf dem Weg zu einer informellen Lernkultur. Wiesbaden: VS Verlag für Sozialwissenschaften.

James, A./Prout, A. (Hrsg.) (1997): Constructing and Reconstructing Childhood. Contemporary Issues in the Sociological Study of Childhood. London/Philadelphia: Falmer Press.

James, A./Prout, A.(1997a): A New Paradigm for the Sociology of Childhood? Provenance, Promise and Problems. In: James, A./Prout, A. (1997): 7-33.

James, A./Prout, A.(1997b): Re-Presenting Childhood: Time and Transition in the Study of Childhood. In: James, A./Prout, A. (1997): 230-250.

Kelle, H. (2005): Kinder und Erwachsene. Die Differenzierung von Generationen als kulturelle Praxis. Wiesbaden: VS Verlag für Sozialwissenschaften.

Key, E. (1900): Die Seelenmorde des Kindes. In: Dies. (1905): 221-229.

Key, E. (1905): Das Jahrhundert des Kindes. Berlin: Fischer.

Kränz-Nagl, R./Mierrendorff, J./Olk, T. (Hrsg.) (2003): Kindheit im Wohlfahrtsstaat. Gesellschaftliche und politische Herausforderungen. Frankfurt/New York: Campus Verlag.

Krappmann, L./Oswald, H. (1995): Alltag der Schulkinder. Beobachtungen und Analysen von Interaktionen und Sozialbeziehungen. Weinheim und München: Juventa.

Krüger, H.-H./Grunert, C. (Hrsg.) (2002): Handbuch der Kindheits- und Jugendforschung. Opladen: Leske & Budrich.

Krüger, H.-H./Köhler, S.-M./Zschach, M./Pfaff, N. (2008): Kinder und ihre Peers. Freundschaftsbeziehungen und schulische Bildungsbiographien. Opladen und Farmington Hills: Verlag Barbara Budrich.

Laging, R. (2003): Altersgemischtes Lernen in der Schule. Hohengehren: Schneider.

Miller, M (1986): Kollektive Lernprozesse. Studien zur Grundlegung einer soziologischen Lerntheorie. Frankfurt: Suhrkamp.

Muchow, M./Muchow, H. H. (1998): Der Lebensraum des Großstadtkindes. Neuausgabe. Herausgegeben und eingeleitet von J. Zinnecker. Weinheim und München: Juventa.

Oelkers, J.(2005): Reformpädagogik. Eine kritische Dogmengeschichte. 4., vollständig überarbeitete und erweiterte Auflage. Weinheim und München: Juventa.

Opp, G./Teichmann, J. (Hrsg.) (2008): Positive Peerkultur. Best Practices in Deutschland. Bad Heilbrunn: Klinkhardt.

Qvertrup, J. (2000): Kolonialisiert und verkannt: Schularbeit. In: Hengst, H./Zeiher, H. (Hrsg.) (2000): 43-46.

Reinert, G.-B./Zinnecker, J. (Hrsg.) (1978): Berichte u. Bilder vom Lernalltag, von Lernpausen u. vom Lernen in d. Pausen. Reinbek: Rowohlt.

Rumpf, H. (1981): Die übergangene Sinnlichkeit. Drei Kapitel über die Schule. München: Juventa.

Scholz, G. (2006): Was ist eigentlich ein Schüler? Pädagogische Ansätze für eine ethnologische Bildungsforschung. In: Andresen, S./Diehm, I. (2006): 229-247.

Schümer, G./Tillmann, K.-J./Weiß, M. (Hrsg) (2004): Die Institution Schule und die Lebenswelt der Schüler. Vertiefende Analysen der PISA-2000- Daten zum Kontext von Schülerleistungen. Wiesbaden: VS Verlag für Sozialwissenschaften.

Soeffner, H. G. (2004): Auslegung des Alltags – Der Alltag der Auslegung. Weinheim und Basel: UVK Verlagsgesellschaft.

Tenorth, H.-E. (2008): Kurze Geschichte der allgemeinen Schulpflicht. In: Le Monde Diplomatique September 2008.

Tillmann, K.-J. (1997): Ist die Schule ewig? Ein schultheoretisches Essay. In: Pädagogik 49. H 6. 6-10.

Unger, N. (2008): Positive Peerkultur im schulischen Kontext. In: Opp, G./Teichmann, J. (Hrsg.) (2008): 59-84.

Vogt, R. (2002): Im Deutschunterricht diskutieren. Zur Linguistik und Didaktik einer kommunikativen Praktik. Tübingen: Niemeyer.

Youniss, J. (1994): Soziale Konstruktion und psychische Entwicklung. Herausgegeben von Lothar Krappmann und Hans Oswald. Frankfurt am Main: Suhrkamp.

Wagner-Willi, M. (2005): Kinder-Rituale zwischen Vorder- und Hinterbühne. Der Übergang von der Pause zum Unterricht. Wiesbaden: VS Verlag für Sozialwissenschaften.

Zinnecker, J. (1978): Die Schule als Hinterbühne oder Nachrichten aus dem Unterleben der Schüler. In: Reinert, G.-B./Zinnecker, J. (Hrsg.) (1978): 29-11.

„Wir haben das Mega-Orange gemacht!" – Vorschulkinder inszenieren sich als Lernende an der Schnittstelle von Schul- und Gleichaltrigenkultur

Patrick Sunnen

> „Jede Farbe ist anders. Manche sind miteinander
> befreundet, andere vertragen sich nicht. Wenn sie
> sich mischen, geschehen seltsame Dinge – Farben
> verschwinden, neue Farben entstehen."
> Eva Heller

1 Einleitung

In diesem Beitrag versuche ich an einem konkreten Fall, mich der Komplexität von Situationen anzunähern, in denen Vorschulkinder sich als Lernende inszenieren, und werde dabei ihr Peersein und Schüler/innensein in den Blick nehmen.

Da die hier untersuchte Szene aus dem Datenbestand eines Forschungsprojektes zur Mehrsprachigkeit von Schulkindern in Luxemburg stammt (vgl. Portante u. a. 2007), gebe ich an dieser Stelle einige Hinweise zur luxemburgischen Vorschule. Eine ihrer Spezifitäten besteht darin, dass sie Teil der öffentlichen Schule ist. Sie besteht aus der fakultativen einjährigen Früherziehung (‚éducation précoce') und der obligatorischen zweijährigen Vorschule (‚éducation préscolaire'). Während erstere 1998 als Angebot für dreijährige Kinder eingeführt wurde, sind die Kommunen seit 1963 dazu verpflichtet öffentliche Vorschulen für die Vier- bis Sechsjährigen zu unterhalten (MEN 1991, 3). In beiden Formen arbeiten Lehrer/innen[13], die in der Regel ein Hochschulstudium in Elementarpädagogik[14] absolviert haben.

Die pädagogische Ausrichtung des aktuellen Rahmenplans der Vorschule (MEN 1991) lehnt sich an Pestalozzi, Fröbel und vor allem an Piagets entwick-

---

[13] In der Früherziehung arbeitet noch zusätzlich ein/e Erzieher/in.
[14] Der 2005 eingeführte ‚Bachelor en Sciences de l'Education' der Universität Luxemburg bereitet gleichermaßen auf die Lehre in Vor- und Grundschulen vor.

lungspsychologischen Ansatz an. Im Unterschied zum systematischen und fach-
gebundenen Unterricht der Grundschule sollen die Kinder durch erfahrungs- und
spielorientierte pädagogische Methoden ganzheitlich und individuell gefördert
werden (vgl. ebd.; Oberhuemer/Ulich 1997, 187). In den verschiedenen Bereichen, die die Fächer der Grundschule spiegeln, wie Kunst oder Sachunterricht[15],
werden bestimmte Lerninhalte vorgegeben, die auf die Grundschule vorbereiten
sollen.[16]

Den Datenausschnitt, den ich für meine Untersuchung zurückbehalten habe,
entspricht dem ersten Drittel einer 45-minütigen Aufnahme, die ich selbst in
einer der teilnehmenden Vorschulklassen mit einer Videokamera aufgezeichnet
und anschließend protokolliert habe. Eine Gruppe von drei vierjährigen Kindern
bemalt Puppenbühnen, die sie aus einem Schuhkarton hergestellt haben. Diese
sollen dazu dienen, das in der Klasse behandelte Märchen ‚Frau Holle' nachzus-
pielen. Irena, Paul und Igor sitzen um eine Tischgruppe herum, die sich neben
dem einzigen Waschbecken des Klassenraumes befindet. Auf den Tischen stehen
ihnen in farbigen Bechern und auf einem runden Plastikdeckel verschiedene
wasserverdünnbare Plakatfarben[17] zur Verfügung. Das Magenta bezeichnen die
Kinder als „Rosa". Die Kinder sind angewiesen vor dem Benutzen einer neuen
Farbe, ihren Pinsel im Waschbecken zu reinigen, was sie gewohnt sind selbstständig zu tun. Die übrigen Kinder gehen verschiedenen anderen Tätigkeiten
nach.

Es kommt wie, es kommen muss, die Kinder fangen an mit den Farben im
Waschbecken zu experimentieren. Dies wird aus zwei Gründen nicht von der
Lehrerin unterbunden. Erstens, filme ich das Geschehen mit einem breiten Lä-
cheln, und die Vertrauensbeziehung, die zwischen mir als Forscher und der Lehrerin besteht, erlaubt es den Kindern bzw. mir Freiräume zu geben. Zweitens,
erkennt die Lehrerin zunehmend das didaktische Potential der Situation und wird
versuchen dieses aufzugreifen.

Wenn Kinder wie hier als Lernende agieren, dann setzen sie Phänomene,
die eine Frage[18] stellen, in eine Vielfalt von Beziehungen: Sie untersuchen, was
sich machen lässt und was nicht, und geben ihnen so aus ihrer Perspektive Sinn
und Bedeutung (vgl. Scholz 2006a, 73, 91; Lambrich/Scholz 1992, 290). Aufgrund der wechselseitigen Überlagerung und Durchsetzung von Unterrichts- und
Gleichaltrigenkultur (vgl. Breidenstein/Kelle 2002, 321) stellen derartige Lernsi-

---

[15] Die übrigen sind: Körper, Musik, Logik und Mathematik, Sprache.
[16] Das Vor- und Grundschulwesen in Luxemburg befindet sich momentan in einer Umbruchsituation. Ein neues Schulgesetz soll das von 1912 ablösen. Kompetenzorientierte Bildungsstandards sollen eingeführt werden (MENFP 2006, 2008).
[17] Weiß, Zitronengelb, Magenta, Braun, Dunkelblau, Dunkelgrün und Schwarz
[18] Hier: Was passiert wenn wir unsere Farbreste im Wasser mischen?

tuationen spezifische Anforderungen an die Beteiligten, die sich aus ihrem Status als Peer und ihrem Status als Schüler/in ergeben.

- Für Breidenstein/Kelle (2002, 319ff.) sind die Mitglieder einer Klasse ein Paradefall von Peers, an deren Verhalten sich Kinder orientieren. Sie müssen jeden Tag miteinander zurechtkommen und sich zueinander in Beziehung setzen. Die Öffentlichkeit des Geschehens sowie der Zwang der Vergemeinschaftung bzw. der Abgrenzung zu den anderen Mitgliedern des Klassenverbandes stellen die Kinder fortlaufend vor große Herausforderungen. In diesem Sinne wird die Gleichaltrigenkultur nicht von außen in den Unterricht hineingetragen, sondern findet eben auch dort statt (ebd., 321).
- Für Scholz (2006b, 244) besteht die zentrale Anforderung an die Kinder als Schüler/in zu lernen, dass sie ihre eigenen Bedeutungen zurückstellen müssen und dies zugunsten einer „Sicht auf die Welt, die das Konkrete als Exempel eines Abstrakten versteht" (245). Auch wenn die Vorschule sich durch größere Freiräume auszeichnet, so trifft dies zumindest im Ansatz auch schon für diese zu, wie ich an einem Beispiel zeigen werde.

Ich beschreibe und interpretiere im Folgenden den angekündigten Ausschnitt, den ich in drei Episoden unterteilt habe. Um eine bessere Lesbarkeit zu gewähren, habe ich die Aussagen der Kinder vom Luxemburgischen ins Deutsche übertragen.[19] In der ersten Episode geht es den Kindern um die Schönheit bzw. Stärke von „Rosa". In der zweiten machen die Kinder gemeinsam „Mega-Orange" und in der dritten inszeniert die Lehrerin eine Lehr-Lernsituation. Anschließend greife ich in Anlehnung an Bachtin und Wertsch (1991, 1996) auf das Konzept der ,Stimme' zurück, um die beschriebenen Realisierungen von Unterrichts- und Gleichaltrigenkultur zueinander in Beziehung zu setzen.

2   „Rosa ist schön"

2.1   Teil 1a des Beobachtungsprotokolls zur Videoaufnahme vom 4. März 2005

Igor und Irena stehen am Waschbecken und rühren mit ihren grün bzw. gelb eingefärbten Pinseln im stehenden Wasser des Beckens. Durch vorhergehende Reini-

---

[19] ,Lëtzebuergesch' ist ein moselfränkischer Dialekt mit französischen Einflüssen, der durch das Sprachgesetz vom 24. Februar 1984 den Status der Nationalsprache erhalten hat und seitdem neben Französisch und Deutsch ebenfalls als administrative und gerichtliche Sprache genutzt werden kann. Siehe Hansen-Pauly (2003), Fehlen (2008) und Horner/Weber (2008) für eine Beschreibung der Sprachsituation in Luxemburg.

gungsaktionen hat dieses sich magentarot eingefärbt und verdunkelt sich jetzt durch die Tätigkeit der beiden Kinder. Irena und Igor kommentieren ihre Kreation mit den Sätzen „Wir machen Gelbgrün" bzw. „Ja wir kochen etwas!" Durch Irenas Rufen, das ihrer Freundin Jana gilt, werden sowohl diese als auch Paul angezogen. Beide bestaunen die entstandene Tinktur. Irena erklärt Jana wie es dazu gekommen ist. Jana schlägt vor „doch lieber Rosa" zu machen, was Irena bejaht. Igor, Paul und Irena kehren kurzfristig zu ihren Plätzen zurück und auch Jana geht weg.
Drei Minuten später stehen Paul, Igor und Irena wieder am Waschbecken und rühren im Wasser, das jetzt nur noch leicht rosa eingefärbt ist. Vor allem unter dem Einfluss von Pauls schwarzer Farbe verdunkelt sich das Wasser. Diesen Vorgang beschreibt Paul mit dem angefangenen Satz „Das Schwarze ist mehr", der von Irena mit „stark[20] als Rosa!" vervollständigt wird.

Ich interpretiere das Handeln der Kinder als ein „Lernen durch gemeinsames Forschen" im Sinne von Lambrich/Scholz (1992, 298f.). Diese Lernform beginnt normalerweise mit der Entdeckung von etwas Überraschendem, das eine Vielfalt von Handlungsmöglichkeiten bietet. Irena und Igor entdecken hier, dass die verschiedenen Farben, die von ihren benutzten Pinseln stammen, im Wasser miteinander reagieren.

Da Farbe für Kinder eine sinnlich wahrnehmbare und deshalb bedeutsame ästhetische Eigenschaft von Dingen darstellt (vgl. Scholz 1991, 42), besitzen wasserverdünnbare Farben in Kombination mit einem Waschbecken eine hohe Aufforderungsintensität, d.h. sie rufen regelrecht dazu auf, mit ihnen zu experimentieren. Eine Leistung der Kinder besteht zudem darin, das ‚Abfallprodukt' oder „Spin-off" (vgl. Wertsch 1998, 58ff.; Sunnen 2006, 58ff.) eines Arbeitsprozesses – hier: die 'Farbreste im Wasser' – aus der etablierten Ordnung herauszureißen (vgl. Scholz 1996, 130) und sie in einen Forschungsgegenstand zu transformieren.

Hierbei agieren sie von Anfang an in zwei Welten. Irena beschreibt ihr und Igors Tun eher real mit „Wir machen gelbgrün" und Igor beschreibt es mit „Wir kochen etwas" als eine Fantasiegeschichte (vgl. Scholz 1996, 130; Lambrich/Scholz 1992, 298). Beide Zuschreibungen geben ihrem Tun einen Sinn und erlauben es ihnen, sich als Akteure/innen zu definieren, denn sie bieten fortwährend Spielraum für vielfältige Assoziationen, wie der weitere Verlauf noch zeigen wird.

Die Kinder stehen nun vor der delikaten Aufgabe, ihre Entdeckung im öffentlichen Raum des Klassenverbandes publik zu machen. Dies ist einerseits unabdingbar, denn der Motor jedes Entdeckungs- und Experimentierprozesses ist das Interesse, anderen, also den Peers, etwas zeigen zu wollen (vgl. Scholz 1996,

---

[20] Im Luxemburgischen wird der Komparativ mit „méi" (dt: mehr) gebildet, wobei das Adjektiv unverändert bleibt.

129). Andererseits ist die Veröffentlichung nicht unriskant, denn noch wissen sie nicht, wie die Lehrerin mit dieser kreativen Verfremdung (vgl. Breidenstein/Kelle 2002, 327) umgehen wird. Die Kinder gehen relativ geschickt vor. Irena ruft gezielt ihre Freundin Jana an, wodurch auch Paul angezogen wird. Diese Halböffentlichkeit eröffnet zudem der Lehrerin die Möglichkeit, das Geschehen zunächst nicht zu beachten (vgl. ebd. 323). Erst als die Kinder sich ihrer Sache relativ sicher sind, werden sie die Lehrerin hinzu rufen (siehe Teil 2).

zolle LP

2.2 Teil 1b des Beobachtungsprotokolls zur Videoaufnahme vom 4. März 2005

Als Igor das Wasser ablaufen lässt, kommt Maria – ein bisher unbeteiligtes Mädchen – gerade noch rechtzeitig hinzu, um das farbige Wasser zu betrachten und zu fragen, wer das gemacht hat. Hierauf erwidert ihr Irena: „Also ja und sie machen die ganze Zeit ekliges Wasser und wir versuchen ... zu machen." Irena kehrt zu ihrem Platz zurück, tränkt ihren Pinsel in der magentaroten Farbe und kehrt mit den Worten „Rosa ist schön" zum Waschbecken zurück. Dort steht mittlerweile nur noch Igor. Irena dreht den Wasserhahn auf und taucht ihren Pinsel ins Wasser. Dabei beantwortet sie Igors Frage ob gelb „schön" ist mit „auch schön." Igor geht an seinen Platz zurück.
Irena ruft Jana, um ihr das Wasser zu zeigen. Jana kommt aber nicht. Irena holt sich wieder neues Magenta und kehrt zum Waschbecken zurück. Igor kommt hinzu und taucht seinen gelben Pinsel ins Wasser. Als sein Gelb das magentarote Wasser durchdringt, kommentiert Irena den Vorgang nacheinander mit „Oh nein, jetzt wird es grün!", „Es wird eine Rosagrün!" und „Sieh, das wird jetzt Orange!" Erneut ruft Irena ihre Freundin Jana und geht dabei zu ihrem Platz zurück.
Kurz danach kehrt Irena mit ihrem Plastikdeckel, auf dem sich magentarote Farbreste befinden, zum Waschbecken zurück. Sie spült diesen im Wasser und stellt fest, dass „jetzt das Ganze rosa" wird. Wieder ruft sie Jana hinzu und erzählt ihr, dass das Wasser wieder rosa geworden ist. Als diese „Und jetzt?" erwidert, schlägt Irena vor „noch ein bisschen Rosa" zu machen. Die beiden gehen wieder.
Nachdem die zwei Mädchen weg sind, kommt Paul zum Waschbecken. Noch vor dem Eintauchen seines blauen Pinsels ruft er Irena. Als sich das Wasser violett zu verfärben beginnt, sagt er: „Blau ist stärker." Irena geht zu Paul und vermutet: „Vielleicht wird es jetzt violett. Das ist auch schön." Sie ruft Jana. Kurz vor Jana trifft Igor ein und taucht seinen gelben Pinsel ins Wasser. Irena erklärt Jana, wer was hinzugefügt hat und schließt ihre Erläuterungen mit „Schön, nicht wahr!" Alle Kinder kehren zu ihren Plätzen zurück.
Etwas später nimmt Irena ihren Deckel mit Magenta und geht erneut zum Waschbecken. Sie lässt etwas Wasser hineinlaufen und legt ihren Deckel hinein. Als das Wasser sich entsprechend verfärbt, ruft sie Jana, damit diese sich das „Rosa" anschauen soll. Sowohl Jana als auch Igor kommen hinzu und betrachten das gefärbte Wasser. Kurz danach dreht Igor sich um, sagt, dass er „keine Rosa mehr" will und

geht weg. Ohne den Blick vom Wasser abzuwenden, antwortet Irena ihm: „Ich aber! Nicht wahr, *wir* wollen aber Rosa!" Das „Wir" bezieht sich auf sie und Jana.

Parallel zu oder besser verwoben mit dem Interesse am Phänomen stellt sich das Problem der Vergemeinschaftung und Abgrenzung (vgl. Breidenstein/Kelle 2002, 321). Dies wird hier über Irenas und Janas wiederholtes Zuordnen zu „Rosa" und deren Definition als „schön" geleistet. Aus den vielen Äußerungen in Bezug auf „Rosa" sowie aus Janas positivem Reagieren auf die meisten Appelle Irenas wird deutlich, dass Irena und Jana sich hier als ‚ähnlich' also als Freundinnen inszenieren. Über ein gemeinsames Ziel – ‚Rosa machen' – schaffen sie ein „Klima des Einverständnisses", d.h. „eine Situation in der sie sich so verhalten und fühlen können, als seien sie dem anderen sehr ähnlich" (Lambrich/Scholz 1992, 294).

Fragt man in diesem Zusammenhang nach der Bedeutung von „schön", so liegt es nahe, die Frage umzuformulieren in „Für *wen* ist die Farbe schön?" Rosa ist für Irena *und* Jana schön und die beiden demonstrieren über dieses Wort ihre Zusammengehörigkeit. Sie grenzen sich gegenüber den beiden Jungen ab, mit denen sie eine Art Wettkampf um die Ästhetik des Wassers austragen. Um es in Irenas Worten zu sagen: Igor und Paul machen „ekliges Wasser" und sie und Jana versuchen „schönes Rosa" zu machen. Igor und Paul finden ihre Geschlossenheit, indem sie das „Rosa" der Mädchen kontinuierlich herausfordern, um sie zu necken und/oder aus Interesse an den entstehenden Farbvariationen.

2.3 Teil 1c des Beobachtungsprotokolls zur Videoaufnahme vom 4. März 2005

Jana verlässt den Schauplatz und Paul rückt mit seinem schwarzen Pinsel an. Seine Absicht erkennend ruft Irena „Oh nein, schwarz!" Sie umfasst Pauls Pinsel als dieser ihn lächelnd ins Wasser taucht. Dann lässt Irena den Pinsel los und ruft ihre Freundin: „Jana! Schwarz!" Paul rührt weiter im Farbwasser und beschreibt das Ergebnis mit „Ei, ist violett!" Irena bejaht dies und ruft Jana zu: „Das Violett ist gekommen! Das Violett!" Als Jana hinzukommt, meint sie: „Rosa ist ja stärker geworden!"
Etwas später stehen Irena und Jana wieder am Waschbecken und betrachten das Wasser. Dieses ist inzwischen aufgrund des Hinzufügens von grüner und gelber Farbe durch die beiden Jungen noch dunkler geworden, was Irena „gar nicht schön" findet. Nachdem Jana den Stöpsel herausgezogen hat, kommt Igor hinzu und schafft es gerade noch, seinen gelben Pinsel ins ablaufende Wasser zu tauchen. Es kommt zu einer kurzen Diskussion zwischen ihm und Irena, ob gelb „schön wird".
Igor: „Gelb wird schön."
Irena: „Gelb wird überhaupt nicht schön."

Igor: „Doch. (.)[21] Hier ein bisschen gelb." Er lächelt verlegen.
Als sich kein Wasser mehr im Waschbecken befindet, wird ihre Diskussion hinfällig.

Die schmerzliche Erfahrung, dass Vergemeinschaftungen vom Publikum abhängig sind, muss Igor machen, als er erneut einen Versuch unternimmt, um *sein* Gelb von Irena als „auch schön" anerkennen zu lassen. Beim ersten Mal hat er dies in einem günstigen Moment getan (s. Teil 1b), als weder Jana noch Paul anwesend waren und so beide ihr Gesicht wahren konnten: Irena musste sich nicht von Jana abwenden und Igor sich keine Blöße geben, ein Mädchen um Anerkennung gebeten zu haben. Als Jana hier wieder der Situation beiwohnt, wird Igors riskanter Antrag auf erneute Anerkennung abgelehnt. Irena definiert sich hier als „Bestimmerin" (vgl. Scholz 2008, 83), d.h. sie entscheidet, wenn auch nicht unbeeinflusst, wann eine Farbe schön ist und wann nicht, und somit auch, wer in dem Moment dazu gehört. Wichtig für das Lernen der Kinder erscheint hier, dass diese Vergemeinschaftungen das Interesse am Sachthema der Kinder nicht einschränken. Sie gehen kontinuierlich der Frage nach, was passiert, wenn *sie* die verschiedenen Farben im Waschbecken miteinander vermischen. Folgende Fragen leiten dabei ihr Handeln, auch wenn sie so nicht von den Kindern ausformuliert werden: Was passiert mit dem Rosa, wenn ich eine Farbe hinzufüge? Wird aus Rosa Violett, wenn jemand Blau hinzufügt? Kommt eine eklige oder eine schöne Farbe? Wird die neue Farbe auch meiner Freundin gefallen? Eine Frage, die sie gewissermaßen wortwörtlich stellen, ist die, *welche Farbe stärker ist*. Paul und Irena stellen gemeinsam fest, dass Schwarz stärker als Rosa ist, und etwas später freut sich Paul darüber, dass auch blau stärker ist. Damit ist zunächst die Feststellung gemeint, dass sich Magenta unter dem Einfluss der beiden Farben verdunkelt. Jana kehrt diese Deutung um und deklariert, dass „Rosa (...) ja stärker geworden" ist, d.h. für sie entspricht das entstandene Violett einem kräftigen Rosa. Durch diesen Vergleich wird auch deutlich, dass die Kinder die Beziehung nicht zwischen den Gegenständen (den Farben) suchen, sondern die Beziehung zwischen den Gegenständen und sich. Hinter der Frage, was stärker ist, verbirgt sich auch die Person des Kindes, das sich auf seine körperlichen Erfahrungen beruft, die es in Situationen gemacht hat, wo es stärker oder schwächer als ein anderes Kind bzw. ein Erwachsener war. Der Wettkampf zwischen den beiden Parteien wird zu einem Spiel in dem das Gegeneinander und das Miteinander in Einklang stehen. Am deutlichsten wird dies, als Paul seinen schwarz getränkten Pinsel ins Wasser taucht und Irena den Griff umklammert, ohne allerdings das Eintauchen wirklich verhindern zu *wollen*. So

---

[21] Die paralinguistischen Zeichen ‚(.)' bzw. ‚(...)' bezieht sich auf die Dauer der Sprechpausen: kurze Pause (max. 1'') und längere Pause (max. 3'') (vgl. Krummheuer 1997, 110)

kann sie sich weiterhin mit Jana identifizieren und gleichzeitig ihre Neugier befriedigen, d. h. herausfinden, was als nächstes passieren wird. In der zweiten, anschließenden Episode wird dies noch deutlicher.

3   „Wir haben das Mega-Orange gemacht!"

3.1   Teil 2 des Beobachtungsprotokolls zur Videoaufnahme vom 4. März 2005

Kurze Zeit später sitzt Irena an ihrem Platz und benutzt die weiße Farbe. Sie taucht ihren Pinsel hinein, geht zum Waschbecken und schlägt vor „weiß und gelb" zu „machen". Sie dreht den Wasserhahn auf und streicht mit ihrem weißen Pinsel über den Boden des Waschbeckens. Das einlaufende Wasser löst einen Teil von verklumpten magentaroten Farbresten auf. Ein helles Rosa entsteht.
Igor kommt mit seinem gelben Pinsel hinzu, schlägt vor „es zusammen" zu „machen". Er taucht seinen Pinsel ins Wasser und singt dabei „Das wird gelb! Das wird gelb!" Irena wendet nichts dagegen ein und beide rühren im Wasser. Erstaunt stellt Irena fest: „Das wird orange!" Sie dreht sich um und ruft freudig nach Jana: „Das wird hellorange!" Igor kommentiert die Farbkreation mit: „Das wird mega orange!" Angelockt durch diese Ausrufe kommen Jana und Paul hinzu. Paul taucht auch seinen gelben Pinsel ins Wasser und spricht dabei eine Art Beschwörungsformel „Egalodalegada". Während Igor, Irena und Paul mit ihren Pinseln im Wasser rühren, beobachtet Jana aufmerksam das Wasser. Auch Irena greift nun auf eine Zauberformel zurück: „Alegadedara Simsalabim!" Nachdem Irena den Wasserhahn zugedreht hat, äußern die Kinder sich nacheinander begeistert über ihre gemeinsame Farbkreation: Paul: „Mega so!"; Jana: „Schön wird das so!"; Irena: „Ja, das wird mega orange!"
Igor und Jana verlassen nacheinander das Waschbecken. Paul trocknet seinen Pinsel mit einem Papiertuch. Irena ruft nun die Lehrerin: „Wir haben das Mega-Orange gemacht!" Die Lehrerin reagiert, indem sie zuerst die gewonnene Farbe als „schön" bewundert und dann Irena fragt, woran die Farbe sie erinnert. Irena beantwortet die Frage nach kurzem Zögern mit „Goldmarie", was die Lehrerin bejaht. Irena holt den Pinsel aus dem Wasser, hält ihre Hand darunter und kehrt zu ihrem Arbeitsplatz zurück.
Eine knappe Minute später rührt Igor wieder mit seinem gelben Pinsel im orangefarbenen Wasser. Irena hat ihren Plastikdeckel mit der weißen Farbe geholt und steht neben Igor. Sie taucht den Deckel ins Wasser und ruft aus: „Das wird mega, mega, mega schön!" Angelockt durch diese Ausrufe der Bewunderung stößt Jana wieder zu ihnen und stimmt mit ein: „Wow! (..) Schön wird das!" Irena erinnert die Farbe wieder an die „Goldmarie".

Auch hier ist die Freundschaftsinszenierung der beiden Mädchen ein konstitutiver Bestandteil des kindlichen Forschungsprozesses. Trotz Irenas Abwertung von „Gelb", schlägt sie selbst vor, diese Farbe, die gerade in dem Moment von den beiden Jungen benutzt wird, zusammen mit ihrem Weiß zu mischen. Sie greift auch Igors Vorschlag auf, die Farben gemeinsam zu mischen. So kann nach dem ‚schönen Rosa' auch das ‚Machen' des Hellorange zum Forschungsgegenstand werden. Um dieses Hellorange zu beschreiben, greifen nacheinander Igor, Paul und Irena auf das Wortbildungselement „mega" zurück sowie dessen emphatische Steigerung. Im Gegensatz zu „schön" scheint mir die Bedeutung von „mega" sich weniger an ‚Freundschaft' als am gemeinsamen Gestalten zu orientieren. Übersetzt, könnte man das so ausdrücken: Wir, die Kinder aus dieser Gruppe, haben etwas Besonderes – das Mega-Orange – aus unserem Stoff – den Farben im Wasser – gemacht. Dieses Besondere unterscheidet uns von den anderen und zeichnet uns aus. Wir haben nicht nur etwas, was die anderen nicht haben, sondern etwas das so noch nicht gemacht wurde (vgl. Scholz 1987)! Entgegen der vorhergehenden Differenzierungen untereinander, kommt es nun zu einer Vergemeinschaftung dieser vier Kinder über ihre gemeinsame Sache: das Mega-Orange.

Ihre Kreation wird zudem Teil einer fiktionalen Welt, die immer weiter ausdifferenziert und zum Ausgangspunkt für originelle sprachliche Assoziationen sowie Spielhandlungen wird. Durch Pauls und Irenas Aufsagen von zwei z.T. erfundenen Zauberformeln beim Umrühren des Farbwassers wird ein Hexenspiel aufgeführt. In dieses Spiel passt auch der durch die Lehrerin initiierte Bezug zum Märchen ‚Frau Holle'. Diese magischen Elemente stehen in Einklang mit ihrem Handeln und ihren Theorien, die sie gleichzeitig als Akteur/innen und als Beobachter/innen von erstaunlichen Ereignissen definieren. Dies spiegelt sich auch in ihrem Sprachgebrauch. Einerseits *machen* sie ständig etwas, aber die Farben *kommen* auch bzw. *werden schön*, so als hätten sie ein Eigenleben.

Unmittelbar im Anschluss an diese Episode entsteht eine hochkomplexe Situation, als die Lehrerin, nachdem sie von Irena angerufen wurde, eine Lehr-Lernsituation inszeniert, auf die ich im Folgenden eingehe.

4 „Hm. Da fehlt noch etwas!"

4.1 Teil 3 des Beobachtungsprotokolls zur Videoaufnahme vom 4. März 2005

Auf Janas Vorschlag, der Lehrerin das Hellorange zu zeigen, ruft Irena diese auch kurz darauf. Die Lehrerin kommt hinzu, stellt fest, dass die Farbe „anders geworden" ist und fragt, was sie gemacht haben. Sie sieht Irena einmal kurz an, die dann auch als erste antwortet.
Irena: „Hm, Weiß und Gelb, das wird ja Orange."
Lehrerin: „Ja. (..) Weiß und Gelb und? (..) Und? Was noch?"
Igor: „Weiß!"

Lehrerin: „Hm. Da fehlt noch etwas!"
Irena: „Und ehm Schwarz."
Lehrerin: „Weiß und Gelb?"
Igor: „Schwarz."
Lehrerin: „Ich sehe dort noch ein bisschen etwas anderes."
Irena: „Hm."
Lehrerin: „Sag mir! Weiß und Gelb, das wird?"
Sie zeigt dabei auf helle gelbe Farbreste am Rande des Wachbeckens. Irena murmelt
etwas Unverständliches. Igor geht weg. Die Lehrerin hakt nach: „Aber was brauchen
wir denn jetzt noch für so ein schönes Orange?" Jana meldet sich zuerst mit einem
„hm" und schließlich mit der gewünschten Antwort „Rosa" zu Wort. Die Lehrerin
bestätigt diese Antwort nickend und fragt die beiden Mädchen, ob sie es noch einmal versuchen wollen. Dieser Vorschlag wird aber mit einem prompten „Nö" von
Irena abgelehnt, was die Lehrerin lachend zur Kenntnis nimmt.

Das Lernziel der Lehrerin besteht hier darin, dass die Kinder lernen sollen, dass
man aus Gelb und Rosa (Magenta) Orange mischen kann. Als sie schließlich von
Jana die gewünschte Antwort erhält, suggeriert sie den Kindern, es noch einmal
zu versuchen, was Irena lapidar ablehnt. Das Lernziel der Kinder besteht eben
nicht im Verarbeiten der offiziellen Farbenlehre, sondern darin zu untersuchen,
was passiert, wenn *sie* ihre konkreten Farbreste ins Wasser tun und *wen* sie damit
ärgern bzw. erfreuen können. Sie verbinden ihr Tun mit der Konkretheit der
Situation und es geht nicht um das Lernen von allgemeinen Regeln und Geset-
zen. Irenas Absage gilt nicht einem erneuten Mischen der Orange, sie wird es im
weiteren Verlauf der Szene noch mehrmals vorschlagen, sondern der Sichtweise,
ihre konkrete Farbschöpfung als Exempel eines Allgemeinen zu begreifen
(Scholz 1994, 167). Vielmehr ist es für sie und die anderen Kinder ein komple-
xes Ganzes, bei dem weniger das Ergebnis zählt als die faszinierende sinnliche
Erfahrung, *wie* die Farben einander durchdringen, sich ausbreiten, leuchten und
sich verdunkeln, sich miteinander vermischen und sich verwandeln.

Durch diese im Lehrgespräch vorgenommene Reduktion der Deutungsmöglichkeiten des Phänomens werden die Kinder von der Lehrerin als ‚Schüler'
positioniert (vgl. Scholz 2006b). Dies gilt vor allem für Irena, die durch den
Blickkontakt von der Lehrerin direkt angesprochen und somit auch ein stückweit
exponiert wird (vgl. Breidenstein/Kelle 2002, 328). Aus dieser Perspektive lässt
sich ihre Ablehnung auch als Widerstand gegenüber dieser Schüler-Definition
interpretieren, der es ihr erlaubt, sich von der Lehrerin zu differenzieren und ihre
Souveränität zurück zu erlangen (ebd. 321, 327). Dies ist wiederum nur möglich,
weil Jana durch das Geben der ‚richtigen' Antwort kurz zuvor die Lehr-
Lernsituation gerettet hat und die Lehrerin mit einem entspannenden Lachen auf
Irenas Erwiderung reagiert. So kann diese Lehr-Lern-Situation ohne Gesichtsver-
lust für alle Beteiligten abgeschlossen werden.

5   Schlussbemerkungen

Ich habe hier empirisches Material untersucht, um die Vielschichtigkeit von
Situationen darzustellen, in denen Vorschulkinder sich als Lernende an der
Schnittstelle von Schul- und Gleichaltrigenkultur inszenieren. Blickt man auf die
drei beschriebenen und interpretierten Episoden zurück, so könnte man geneigt
sein, die beiden ersten als eine ausschließliche Realisierung von Gleichaltrigenkultur zu sehen und die dritte als eine Realisierung der bestehenden schulischen
Ordnung. Eine solche Sichtweise würde aber riskieren, einer gewissen Peer-
Romantik zu verfallen, und verkennen, dass in allen Episoden beide Perspektiven untrennbar miteinander verwoben sind und in einem dialogischen Verhältnis
zueinander stehen. Man kann allerdings danach fragen, welche Kultur in welchem Moment in den Vordergrund tritt. Nimmt man in Anlehnung an Michail
Bachtin ‚Stimme' als Ausdruck von Kultur (vgl. Wertsch 1991, 51 ff.), so lautet
die Frage: Wessen Stimme wird in welchem Moment lauter, die der Lehrerin
oder die der Kinder?

Das Konzept der ‚Stimme' geht hier über dessen Verständnis als rein akus-
tisches[22] Phänomen hinaus und meint die sprechende Persönlichkeit oder das
sprechende Bewusstsein (Holquist 1981, 434). Äußert sich jemand, so sind jeweils mehrere Stimmen zu hören, die eigene und die der Adressat/innen, die
derjenigen, die durch die Äußerung evoziert werden, sowie die vieler anderer
(Wertsch 1991, 52). Es ist fast so, als würde ein ganzer Chor von Stimmen mit-
singen, von denen allerdings einige sich stärker in den Vordergrund drängen
oder gedrängt werden als andere und in einen Dialog zueinander treten (Holquist
1997, 391). Die „Stimmen, die im Dialog miteinander in Kontakt kommen", sind
sozialgeschichtlich spezifisch, d. h. es „sind nicht die von isolierten, ahistori-
schen Individuen; sie sind ideologische Perspektiven [...], die nur im Rahmen
eines spezifischen sozialgeschichtlichen Zusammenhangs angemessen verstanden werden können" (Wertsch 1996, 271).

In den ersten beiden Episoden scheint die Stimme der Kinder sich durchzusetzen. Sie nutzen den spontan entstandenen Freiraum geschickt und erfinderisch
aus, um das Pinselreinigen in ein forschendes Lernen umzudeuten. Diese Transformation erlaubt es ihnen, situiertes Wissen zu generieren indem sie neue Bedeutungen und neue Beziehungen herstellen. Sie untersuchen die Eigenschaften
von Farben im Wasser aus ihrer Perspektive heraus, z.B. in Bezug auf ihre Stärke und Schönheit. Parallel hierzu positionieren sie sich als Peers innerhalb kürzester Zeit immer wieder neu zueinander.

---

[22] Allerdings war Bachtin auch an dessen Qualität interessiert.

Gleichwohl ist die Stimme der Lehrerin präsent, denn sie hat die Ausgangssituation organisiert und den materiellen und diskursiven Rahmen ausgerichtet. Hierüber verfügen die Kinder ein implizites Wissen, das es ihnen erlaubt, damit umzugehen oder – um die Metapher der Stimme weiter zu treiben – so im Chor zu singen, dass ihre Stimme zum Tragen kommt, ohne aber zu sehr in den Vordergrund zu drängen. Sie tun dies, indem sie, erstens, die Lehrerin zunächst nicht hinzu rufen und, zweitens, ihr Experimentieren als Pinselreinigen ‚tarnen‘: Sie simulieren, dass es weiterhin um das Reinigen ihrer Malutensilien geht und dass die Farbkreationen im Wasser ‚nur‘ ein interessantes Nebenprodukt hiervon sind. Erst im weiteren, hier nicht mehr dargestellten Verlauf der Szene werden die Handlungen der Kinder immer gewagter und sie schütten gegen Ende sogar die Farbe aus den Bechern bzw. den Flaschen direkt ins Wasser.

Erneut in Anlehnung an Bachtin (2004) kann man die dritte Episode als Realisierung eines spezifischen Kommunikationsgenres[23] (oder sprachlicher Gattung) interpretieren, die im didakischen Jargon als ‚fragend-entwickelndes Gespräch‘ (vgl. Meyer 2006, 281) bezeichnet wird. Kommunikationsgenres strukturieren vor, wie wir ein Gespräch beginnen, gestalten und vollenden (Friedrich 1993, 164f.). Der Rückgriff auf dieses schulspezifische Kommunikationsgenre, das eine leitende Lehrer- und eine reagierende Schülerstimme beinhaltet, bringt die Lehrerin in eine dominierende Position. Dies zeigt sich auch im Verlauf des Gesprächs: Die Lehrerin stellt die Ausgangsfrage; die Kinder antworten; die Lehrerin variiert ihre Impulse und gibt didaktischen Hinweise (Verweis auf die Sinne: „Ich sehe da ...“, Zeigen auf die Farbreste); ein Kind gibt die richtige Antwort; die Lehrerin bestätigt. Die Kinder werden folglich von der Lehrerin zu ‚Schülern/innen gemacht’. Allerdings lassen sich auch hier Stimmen aus der Gleichaltrigenkultur vernehmen. Jana trägt durch ihre ‚richtige‘ Antwort nicht nur zur Aufrechterhaltung der Lehr-Lernsituation bzw. des Lehrgesprächs bei, sondern sie rettet auch ihre Freundin Irena, die sich mit ‚falschen‘ Antworten ihrer Positionierung als Schülerin zu widersetzen scheint. Auch hier sind die Stimmen aus beiden Kulturen miteinander verwoben, selbst wenn sie nicht gleichberechtigt sind.

Meine Untersuchung weist darauf hin, wie eng Schul- und Gleichaltrigenkultur bereits in einer frühkindlichen Bildungsinstitution miteinander verwoben sein können und wie geschickt Kinder sich in diesem Spannungsverhältnis bewegen. Dabei ist auch deutlich geworden, dass die Positionierungen untereinander (und auch zur Lehrerin) nicht festgelegt sind und innerhalb kürzester Zeit neu verhandelt werden. Nicht zuletzt deswegen sind sie in der Lage, sich facettenrei-

---

[23] Als Beispiele gibt er u. a.: militärische Kommandos, Grüßen, Sich-Verabschieden, Gratulieren, Genres für Tischgespräche, intime Gespräche zwischen Freunden.

chen Phänomenen, wie dem Mischen von Farben, als Lernende zu nähern. Die Sensibilisierung für die Verflechtungen von Peersein und Schüler/innensein kann somit zu einem differenzierten Verständnis von kindlichen Lernprozessen in (vor)schulischen Institutionen beitragen.

Zum Schluss möchte ich ausdrücklich darauf hinweisen, dass es mir weder darum geht, das Handeln der Kinder zu romantisieren noch das der Lehrerin zu diskreditieren. Auch wenn ich die Intervention der Lehrerin hier problematisiert habe, so hat auch sie einen entscheidenden Beitrag zur Verwirklichung der kindlichen Lernprozesse in Bezug auf Farben geleistet, indem sie u. a. innerhalb des institutionellen Rahmens der Vorschule, den Kindern Raum, Zeit und Materialien zur Verfügung gestellt hat, um gestalterisch tätig zu werden.

Anmerkung:
An dieser Stelle möchte ich mich ausdrücklich bei der Lehrerin bedanken, die meine Teilnahmen an ihrem Vorschulalltag und meine anschließenden Deutungen ausgehalten hat. Für kritische Anmerkungen und Hinweise bedanke ich mich bei Heike de Boer, Viviane Bourg, Heike Deckert-Peaceman und Pierre Fixmer.

6 Literatur

Andresen, S./Diehm, I. (Hrsg.) (2006): Kinder, Kindheiten, Konstruktionen. Erziehungswissenschaftliche Perspektiven und sozialpädagogische Verortungen. Wiesbaden: VS Verlag für Sozialwissenschaften.
Bachtin, M. (2004): Das Problem der sprachlichen Gattungen. In: Ehlich, K./Meng, K. (Hrsg.): 447-484.
Breidenstein, G./Kelle, H. (2002): Die Schulklasse als Publikum. Zum Verhältnis von Peer Culture und Unterricht. In: Die Deutsche Schule. 94. Jg. H. 3. 318-329.
Cole, M./Engeström, Y./Vasquez, O./ (Hrsg.) (1997): Mind, Culture, and Activity. Cambridge: Cambridge University Press.
Ehlich, K./Meng, K. (Hrsg.) (2004): Die Aktualität des Verdrängten. Studien zur Geschichte der Sprachwissenschaft im 20. Jahrhundert. Heidelberg: Synchron Publishers.
Fehlen, F. (2008): Multilingualismus und Sprachenpolitik. In: Lorig, W. H./Hirsch, M. (Hrsg.): 45-61.
Friedrich, J. (1993): Der Gehalt der Sprachform. Paradigmen von Bachtin bis Vygotskij. Berlin: Akademie Verlag.
Hansen-Pauly, M.-A. (2003): Der Sprachgebrauch im Alltag der Luxemburger. In: Schmeling, M./Duhem, S. (Hrsg.): 83-99.
Heller, E. (2007): Die wahre Geschichte von allen Farben. 16. Auflage. Lappan Verlag: Oldenburg.
Holquist, M. (1981): Glossary. In: ders. (Hrsg.): 423-434.

48 Patrick Sunnen

Holquist, M. (Hrsg.) (1981): The Dialogic Imagination. Four Essays by M. M. Bakhtin. Austin: University of Texas.
Holquist, M. (1997): The politics of representation. In: Cole, M./Engeström, Y./Vasquez, O. (Hrsg.): 389-408.
Horner, K./Weber, J. J. (2008): The Language Situation in Luxembourg. In: Current Issues in Language Planning. 9. Jg., H. 1. 69-128.
Krummheuer, G. (1997): Narrativität und Lernen. Mikrosoziologische Studien zur sozialen Konstitution schulischen Lernens. Weinheim: Deutscher Studien Verlag.
Lambrich, H.-J./Scholz, G. (1992): „Schau mal ..." – Kinder lernen mit Kindern. In: Neue Sammlung. 32. Jg. H. 2. 287-300.
Lorig, W. H./Hirsch, M. (Hrsg.) (2008): Das politische System Luxemburgs. Wiesbaden: VS Verlag für Sozialwissenschaften.
MENFP-Ministère de l'Education Nationale et de la Formation Professionelle (2006): Einführung von Bildungsstandards in das Luxemburger Schulwesen. http://www.men.public.lu/priorites/competences/060712_einfuehrung_bildungssta ndards.pdf. Luxemburg: MENFP. [5.5.2008].
MENFP-Ministère de l'Education Nationale et de la Formation Professionelle (2008): L'approche par compétences. Enseignement primaire. Généralités. Luxemburg: MENFP.
MEN-Ministère de l'Education Nationale (1991): Eis Spillschoul. Plan-cadre pour l'éducation préscolaire au Grand-Duché de Luxembourg. Luxemburg: MEN.
Meyer, H. (2006): Unterrichts-Methoden II: Praxisband. 13. Auflage. Berlin: Cornelsen Scriptor.
Mitgutsch, K./Sattler, E./Westphal, K./Breinbauer, I. M. (Hrsg.) (2008): Dem Lernen auf der Spur. Die Pädagogische Perspektive. Klett-Cotta Verlag.
Oberhuemer, P./Ulich, M. (1997): Kinderbetreuung in Europa. Weinheim: Beltz.
Portante, D. /Arend, B. /Boualam, R./Fixmer, P./Max, C./Elcheroth, S./Maurer-Hetto, M.-P./Roth-Dury, E./Sunnen, P. (2007): Le plurilinguisme auprès des enfants jusqu'à 9 ans: Diversité linguistique, apprentissage du luxembourgeois et entrée dans la littératie. Nicht publizierter Abschlussbericht. Luxemburg: Fonds National de la Recherche.
Schmeling, M./Duhem, S. (Hrsg.) (2003): Sprache und Identität in frankophonen Kulturen. Opladen: Leske & Budrich.
Scholz, G. (1987): Kinder lernen von Kindern. Beobachtung, Beschreibung und Interpretation von Lernprozessen unter Kindern. Werkauftrag des „Hessischen Instituts für Bildungsplanung und Schulentwicklung" im Projekt „Wissenschaftliche Begleitung der Freien Schulen". Berlin.
Scholz, G. (1991): Kinder lernen voneinander. In: Schule und Beratung. H. 2. 38-43.
Scholz, G. (1994): Die Konstruktion des Kindes. Opladen: Westdeutscher Verlag.
Scholz, G. (1996): Kinder lernen von Kindern. Hohengehren: Schneider Verlag.
Scholz, G. (2006a): Experimente mit Kindern. In: Scholz, G. (Hrsg.): 72-101.
Scholz, G. (Hrsg.) (2006): Bildungsarbeit mit Kindern: Lernen ja – Verschulung nein! Mühlheim an der Ruhr: Verlag an der Ruhr.
Scholz, G. (2006b): Was ist eigentlich ein Schüler? Pädagogische Ansätze für eine ethnologische Bildungsforschung. In: Andresen, S./Diehm, I. (Hrsg.): 229-247.

Scholz, G. (2008): Der Sprung über die Bank. Oder: Lernen kann man beobachten. In: Mitgutsch, K./Sattler, E./Westphal, K./Breinbauer, I. M. (Hrsg.): 78-96.

Sunnen, P. (2006): Lernprozesse am Computer. Theoretische und empirische Annäherungen. Frankfurt/Main: Peter Lang Verlag.

Wertsch, J. (1991): Voices of the Mind. Cambridge: Harvard University Press.

Wertsch, J. (1996). Vygotskij und die gesellschaftliche Bildung des Bewußtseins. Marburg: BdWi-Verlag.

Wertsch, J. (1998): Mind as Action. New York: Oxford University Press.

Kinder zwischen Gleichaltrigenkultur und schulischer Ordnung oder: Verpasste Chancen im Übergang vom Elementar- zum Primarbereich

Charlotte Röhner

Während man in der neueren Grundschul- und Kindheitsforschung von einer Vernetzung von Lern- und Peerkultur in Schule und Unterricht ausgeht, die sich produktiv auf die Gestaltung von Lernprozessen auswirkt (Krappmann 2000; Heinzel 2003; Röhner 2003), belegt die nachfolgende Studie, dass die schulische Realität den wissenschaftlichen Erkenntnissen nur bedingt folgt und Lernen vielfach noch als eine Kultur des Lehrens und der Anpassung an die schulische Ordnung inszeniert wird, bei dem die ko-konstruktiven Leistungen von Kindern in der Gestaltung von Lern- und Aneignungsprozessen wenig Beachtung finden.

Da an die Kultur der selbstständig explorierenden Aneignung von Wissen und Welt, wie sie im Elementarbereich vorherrscht, in der Alltagspraxis von Grundschulen nicht konstruktiv angeknüpft wird, erfahren Kinder schulisches Lernen als Bruch ihrer bisherigen (Lern-) Erfahrungen und als einseitige Einbindung in die Lern- und Interaktionsordnung der Schule. Eine Durchlässigkeit und Parallelität beider Interaktionsordnungen der Schule (Goffman 1994) kann im untersuchten Unterricht empirisch nicht belegt werden.

1 Selbstsozialisation in der Gleichaltrigengruppe im Übergang vom Elementar- zum Primarbereich. Zur Forschungsfrage und methodischen Anlage der qualitativen Studie

Die forschungsleitende Fragestellung nach selbstsozialisierenden, ko-konstruktiven Aneignungs- und Aushandlungsprozessen unter Kindern folgt in einer kindheitstheoretisch-erziehungswissenschaftlichen Perspektive dem Verständnis von Selbstsozialisation und Selbstbildung, wie es Zinnecker (2000) entwickelte. Er verweist auf drei wissenschaftliche Bilder sozialisatorischen Handelns, die für das theoretische Verständnis von Prozessen der Selbstsozialisation und der

Selbstbildung, wie sie von den Heranwachsenden strukturiert und gestaltet werden, aufschlussreich und erklärungskräftig sind:

1.   Selbstsozialisation als Selbstinitiation
Im Ansatz der Ethnologie und der Kulturanthropologie hat das Paradigma der Selbstsozialisation einen hohen Stellenwert und meint die Gestaltung von Statuspassagen des Aufwachsens durch die Kinder und Jugendlichen selbst.

2.   Selbstsozialisation als „Selbstkultivierung"
In diesem Ansatz wird Selbstsozialisation „als eigentätige Auseinandersetzung mit kulturellen Objekten und Umwelten verstanden" (Zinnecker). Dieser Begriff von Selbstsozialisation, der sich sowohl auf die kulturhistorische Schule Wygotskys wie auf die Kulturtheorie Georg Simmels bezieht, ist meiner Ansicht insbesondere für ein vertieftes anthropologisch-kulturtheoretisches Verständnis des Lernens im Sinne umfassender Enkultivierungsprozesse von Bedeutung.

3.   Selbstsozialisation als Erzeugung eigener Entwicklungsumwelten
Selbstsozialisation bezieht sich hier nicht mehr auf das eigene Selbst, „sondern darauf, die Umwelt so umzugestalten, daß sie für die eigene Person und deren Entwicklung paßt" (Zinnecker 2000, 280).

Jürgen Zinnecker zieht bei diesem Ansatz eine aufschlussreiche Parallele zur kinderwissenschaftlichen Entwicklungspsychologie William Sterns und Kurt Lewins, die im Konzept der „personalen Welt" des Kindes oder des „personalen Raumes" die „Eigenleistung des Subjektes im Rahmen des Sozialisationsprozesses" verankerten (ebd.). Diese handlungstheoretischen Zugänge des Begriffs der Selbstsozialisation stellen nur eine Facette seiner Definition und erkenntnistheoretischen Bedeutung dar. Offen bleibt in dieser Perspektive die Frage nach den personalen Ressourcen, „die Kinder und Jugendliche benötigen, um – in den Worten von Klaus Hurrelmann – die innere und äußere Realität ‚produktiv' verarbeiten zu können" (Zinnecker 2000, 281). Die personalen Anteile des Selbst werden Dollase folgend als „dritte, die Entwicklung steuernde Faktorengruppe erkannt, die durchaus gleichberechtigt neben den beiden anderen (Anlage und Umwelt) stehen kann" (Dollase, zitiert nach Zinnecker 2000, 281).
    Einer integrativen Sicht von Entwicklung und Sozialisation folgend verknüpfen Krewert und Eckensberger Vorstellungen der kognitiven Psychologie und der Handlungstheorie zum Konzept des Selbst als „agency" (Zinnecker). Selbstentwicklung ist „zunächst vor allem der Erwerb der Vorstellung von sich selbst als Akteur, d.h. als handelndes Subjekt, das für die Folge seines Tuns verantwortlich ist" (Krewert/Eckensberger 1991, 577, zit. nach Zinnecker 2000,

281). Die „Verarbeitung von Handlungserfahrungen" durch „ein reflektierendes Subjekt als erlebende, planende und handelnde Instanz („agency") ... führt zu einer Selbstobjektivierung, die sich durch einen kognitiven (Selbstkonzept), einen affektiven (Selbstwert) und einen konativen (Selbstvertrauen, Kontrollbewußtsein) Aspekt auszeichnet" (Krewert/Eckensberger 1991, 576).

Neben diesem psychologischen Konzept der Selbstentwicklung als Bildung eines aktiven Persönlichkeitskerns hat der Begriff der Selbstsozialisation im Kontext der *Peer Culture* Forschung eine herausragende Bedeutung. Peersozialisation wird von Zinnecker als Aktivität einer Gruppe oder einer ganzen Generation verstanden, „also den Tatbestand, daß Kinder und Jugendliche sich selbst sozialisieren, auch ohne Beihilfe der älteren Generation" (Zinnecker 2000, 282). Kulturtheoretisch wird die kofigurative Weitergabe von Kultur in der Peergesellschaft als zunehmende Tendenz der Vergesellschaftung ausgewiesen, „welche das know how und Wissen der älteren Generation" (ebd.) wie postfigurative Modelle des kulturellen Transfers zunehmend entwerten.

Unter diesen theoretischen Folien werden im Folgenden Protokolle aus teilnehmender Beobachtung in Kindergarten und Grundschule untersucht, die bei derselben Gruppe von Kindern aus Migrationskontext (je 10 Mädchen und je 10 Jungen) im Laufe des letzten Kindergartenjahres und des 1. Schuljahres erhoben wurden. Die Kinder wurden im Rahmen eines Sprachbeobachtungsprojekts (Röhner 2005; Röhner/Oliva 2007) teilnehmend beobachtet und in ihren sprachlichen Äußerungen wie auch nonverbalen Interaktionen und Handlungen im Kindergartenalltag wie im 1. Schuljahr protokolliert. Zwar wurden die Kinder als Einzelne unter sprachanalytischen Aspekten beobachtet, gleichwohl wurden sie in ihren Interaktionen mit anderen im Feld protokolliert, sodass die Interaktionen unter Kindern in das Blickfeld rückten.

Die vorliegenden Daten aus teilnehmender Beobachtung wurden nicht unter der Forschungsfragestellung nach selbstsozialisierenden Aushandlungsprozessen unter Gleichaltrigen erhoben und können damit forschungsmethodologisch als nicht-reaktiv (Marotzki 1995) bezeichnet werden. Die Protokolle werden einer Sekundäranalyse unterzogen und daraufhin untersucht, welche selbstsozialisierenden Aktivitäten und sozialkommunikativen Handlungen in der Gleichaltrigengruppe im Kindergarten und der Schule zu beobachten sind.

Die Protokolle (N= 56) aus dem Elementarbereich wurden an fünf Kindertagesstätten der Stadt Wuppertal erhoben, die einen hohen Migrantenanteil aufweisen. Die 20 Mädchen und Jungen wurden im 1. und 2. Schuljahr an den jeweils gewählten städtischen Grundschulen (N= 10) weiterbeobachtet. Der vergleichenden Analyse liegen die Protokolle aus dem 1. Schuljahr (N= 89) zugrunde. Die Protokolle wurden inhaltsanalytisch nach den beobachteten Aktivitäten und sozialen Interaktionen in Kindergarten und Grundschule erfasst und ausgewertet. Die Ergebnisse der Analyse werden im Folgenden dargestellt.

2 Selbstsozialisation und explorative Aneignung von Wissen und Welt im Kindergarten

In der Alltagspraxis des Kindergartens nehmen freie Spiel- und Aktivitätszeiten in der Gleichaltrigengruppe großen Raum ein. Sie sind pädagogisches Programm und folgen dem Konzept der Selbstbildung des Kindes und seiner freien Entfaltung, die in der deutschen Frühpädagogik auf eine lange Tradition verweisen kann. Erst im Kontext der Schuleffektivitätsdebatte wird diese Ausrichtung der Kindergartenpädagogik problematisiert (Faust-Siehl 2001; Elschenbroich 2001) und eine stärkere Lern- und Bildungsorientierung im Elementarbereich gefordert, wie sie sich in den zahlreichen neuen Bildungsplänen für diese Altersstufe dokumentiert. Gleichwohl wird der Anspruch der Kinder auf freie Exploration und Spiel dadurch nicht grundlegend in Frage gestellt.

Pädagogisch sind die ausgewählten kommunalen Kindergärten an dem in Nordrhein-Westfalen anerkannten Konzept der Selbstbildung des Kindes orientiert, wie es von Schäfer (Schäfer 2003) in dem Bildungsplan für die Drei- bis Fünfjährigen entwickelt ist.

In der vorliegenden Studie wurden zwanzig Kinder in den freien Spiel- und Aktivitätszeiten beobachtet, um ihre sprachliche Kompetenz in den alltäglichen Kommunikationssituationen des Kindergartens erfassen zu können. Unter dem Sprachaspekt kann mit diesem Ansatz erfasst werden, welche pragmatischen und diskursiven Qualifikationen Kinder in die Gestaltung der kommunikativen Handlungen und Sprechakte einbringen. Unter der pragmatischen Qualifikation versteht man nach Ehlich (2005) die Fähigkeit, Sprache angemessen zum Erreichen eigener Handlungsziele einsetzen sowie bei anderen deren Handlungsziele zu erkennen und darauf angemessen eingehen zu können. Die diskursive Qualifikation meint die Befähigung zum egozentrischen handlungsbegleitenden Sprechen und zur sprachlichen Kooperation im Zusammenhang mit aktionalem Handeln sowie zur Narration, zum kommunikativen Aufbau von Spiel- und Phantasiewelten. Diese sprachlichen Basisqualifikationen sind unmittelbar handlungsrelevant, damit Kinder mit anderen Kindern spielen, sich austauschen und kooperieren können.

Schlüsselt man die freien Aktivitäten und Spielhandlungen auf, wie sie sich in den 56 Protokollen aus teilnehmender Beobachtung im Kindergartenalltag zeigen, ergibt sich folgendes Bild:

Art der Aktivität	Anzahl der beobachteten Episoden
Karten- und Brettspiele	26
Bauen mit technischem Material (Lego, Playmobil)	12
Mutter-Kind-Spiele, Puppenspiel	9
Malen/Basteln	12
Beschäftigung mit Büchern	4
Bewegung im Freien	4

Tabelle 1: Spielhandlungen und frei gewählte Aktivitäten

Die tabellarische Übersicht gibt einen Einblick in die dominierenden Spielhandlungen und frei gewählten Aktivitäten der Kinder, die sich nach unserer Beobachtung in zwei nachfolgenden Kohorten in ihrer Ausrichtung und Tendenz durchaus als typisch bezeichnet werden können: Während Karten-, Brett- und Tischspiele sowohl von Mädchen als auch von Jungen gleichermaßen häufig gespielt werden, sind das Spielen in der Puppenecke und das symbolische Mutter-Kind-Spiel die Domäne der Mädchen, während Jungen überwiegend in der Bauecke zu finden sind, wobei häufig technische Objekte wie Autos, Flugzeuge oder auch Waffen mit Lego oder Playmobil hergestellt und kämpferische Spielhandlungen und Auseinandersetzungen mit der Außenwelt inszeniert werden. Spielen Mädchen in der Bauecke, bauen sie eher Häuser und gestalten damit symbolisch den sozialen Nahbereich der Familie. Auch das Malen und Basteln, bei dem die Feinmotorik geschult wird, stellt eher eine Domäne der Mädchen dar (Röhner 2007). Freie kulturelle Aktivitäten im Umgang mit Büchern können in der untersuchten Gruppe insgesamt eher wenig beobachtet werden.

Prozesse der Selbstsozialisation und der Selbstbildung in Brett- und Kartenspielen

In der tabellarischen Übersicht der freigewählten Aktivitäten und Spielhandlungen nehmen die Tisch- und Brettspiele quantitativ großen Raum ein. Schlüsselt man sie nach klassischen generationenübergreifenden Gesellschaftsspielen wie „Mensch ärgere dich nicht" und altersspezifischen Spielen wie Memories, Puzzles oder Farb-, Form- und Mengenauffassungsspielen auf, lässt sich eine Bevorzugung alterstypischer Spiele feststellen.

Beim Regelspiel wird Sprache in ihrer diskursiv-pragmatischen Dimension gefordert und entwickelt, da die Spieler sie angemessen zum Erreichen eigener Handlungsziele im Spiel einsetzen und sprachlich adäquat auf die Handlungsbeiträge der anderen eingehen müssen, wenn der Spielablauf gewährleistet werden soll. Sozialkognitiv muss ein Bewusstsein der Regelhaftigkeit des Spiels erzeugt und unter den Peers im Spiel handlungsrelevant realisiert werden. Die Regelhaftigkeit des Spiels stellt für die Aushandlungen unter Kindern zugleich eine funktionale Entlastung dar, da die Möglichkeiten und Grenzen des Handelns im Rahmen des Spiels definiert sind. Auf das Einhalten und Durchsetzen der Regeln legen die Kinder in den Spielabläufen erfahrungsgemäß großen Wert. Verstöße gegen die Regeln werden stets reklamiert und in den Spielprozess regulierend eingebracht.

Bei allen protokollierten Regelspielen wird der Spielablauf von den Kindern selbst reguliert. In Tisch- und Kartenspielen sozialisieren sich die Kinder wechselseitig in der Einhaltung von Regeln und können ihr personales Bedürfnis nach sozialer Anerkennung (Sieger/Gewinner sein) im kommunikativen Handlungskontext des Spiels realisieren. Das Gewinnen können hat eine herausgehobene Bedeutung für die Kinder und wird sprachlich durchgehend zum Ausdruck gebracht. Im Regelspiel sind die Bedingungen für alle gleich und es kann jede(r) einmal dominieren, während dies in der realen sozialen Hierarchie unter Gleichaltrigen nicht immer möglich ist. Dies macht vermutlich den sozialen Reiz des Regelspiels aus.

Ko-konstruktive Leistungen beim Spiel

Während das soziale Verhaltensrepertoire bei den Karten- und Brettspielen durch die Regeln weitgehend festgelegt ist, bieten Puzzles aufgrund ihrer größeren Offenheit mehr Möglichkeiten der Ko-Konstruktion im Spiel. Dies zeigt exemplarisch eine Spielszene mit Parijat und Cem, die nach einer Phase des einzelnen Puzzelns in die Kooperation übergehen:

> Protokollauszug Parijat und Cem 15.1.2004
> Parijat (P.) sitzt mit Cem (C.) auf dem Bauteppich und legt ein Puzzle. C.: „Eh, eh, wo kommt das?" „Oh, muß wie rum?" (er probiert ein Teil aus). „Das alle auch." „Das alles schon gemacht." (zu Parijat). „Hab schon gemacht." „Eh, das kommt nicht da!" „Das auch, eh." Sie legen beide ihre gepuzzelten Stücke zusammen und machen gemeinsam weiter. P. legt ein paar Stücke zusammen und versucht dann, anzulegen. C. zu Parijat: „Da kann man so rum machen. Da kommt Wasser auf. Das kommt da, mach doch! Ich hab schon gefunden, hab gefunden." P.: „Ja, hier. Ich hab den da." (Er zeigt C. ein Teil). C. zu Parijat: „Oh laß! Da!" P.: „Mach du, kann nicht." C.: „Hab gefunden, eh." P.: „Dahin" und zeigt auf eine freie Stelle. C.: „Haben wir schon fertig? Komm, wir machen kaputt, alle." Beide klopfen das fertige Puzzle glatt und zerkleinern es dann.

Die Szene dokumentiert die diskursiv-pragmatischen wie sozial-konstruktivistischen Leistungen im Spiel. Sie zeigt, wie die beiden Jungen auf die Handlungen des jeweils anderen eingehen (Cem zu Parijat: „Eh, das kommt nicht da."

[Z 4]), bei anderen deren Handlungsziele erkennen und darauf angemessen eingehen können (Parijat zu Cem: „Mach du, kann nicht." [Z 9-10]). Cem und Parijat sind zur sprachlichen Kooperation im Zusammenhang mit aktionalem Handeln fähig und kooperieren im gemeinsamen Spiel.

Da Brett- und Kartenspiele kinderkulturelle Objekte darstellen und in der Form der didaktischen Spiele zum Mengen-, Form-, Zahl-, Farb-, Symbol und Sprachverständnis im engeren Sinn kulturbedingtes wie kulturspezifisches Lernen evozieren, kann das freie Spielen und die eigentätige Auseinandersetzung mit diesen nach Zinnecker als Form der *Selbstkultivierung im Umgang mit kulturellen Objekten und Umwelten* verstanden werden.

Selbstsozialisation im Rollenspiel und beim freien Spielen und Bauen

Während Brett- und Kartenspiele Regelspiele sind, die den interaktionellen wie sprachlichen Rahmen abstecken und begrenzen, sind Rollenspiele, die im Elementarbereich als grundlegender Zugang des Kindes zu Welt betrachtet werden können, in ihrem Freiheitsgrad potentiell unbeschränkt. Im Rollenspiel können die Kinder ihre Spielwelt frei und unbegrenzt gestalten und sich mit ihrer äußeren und inneren Welt symbolisch handelnd auseinandersetzen. Die kommunikative Verständigung über den Spielsinn und die Aufrechterhaltung des Spiels sind schwieriger als beim Regelspiel, da das Rollenspiel eine prinzipielle Offenheit aufweist. Um die Spielbalance zu gewährleisten ist eine höhere sprachlichinteraktive Abstimmung erforderlich, die Anforderungen an die Empathiefähigkeit und die Fähigkeit zur Perspektivübernahme der Kinder stellt. Das freie Rollenspiel stellt einen zentralen Erprobungsraum unter *Peers* bereit.

Wie das Rollenspiel ist das freie Spielen und Bauen durch Offenheit und einen hohen Freiheitsgrad gekennzeichnet. Freies Spielen auf dem Bauteppich ist die Domäne der Jungen, bei dem sie über selbstgebaute Spielfiguren, Fahrzeuge und Flugmaschinen Spielhandlungen unter Gleichaltrigen inszenieren und sprachlich gestalten. Selbstsozialisierende Prozesse beim Bauen sind in zwei Varianten zu beobachten: Zum einen spielen Jungen konzentriert für sich selbst und beziehen andere nur zur Erfüllung eigener Spielideen mit ein, zum anderen bauen sie ko-konstruktiv und verständigen sich über den gemeinsamen Spiel- und Bauprozess.

Die Variante des eher selbstbezogen Spiels ist bei Cem zu beobachten, der handlungsbegleitend spricht, sein Handeln kommentiert und die Aufmerksamkeit und Hilfe anderer Jungen einfordert:

Protokollauszug Cem 4.12.2003

Cem befindet sich mit zwei weiteren Jungen auf dem Bauteppich. Sie spielen mit der Carrera-Bahn. Es findet eine angeregte Unterhaltung statt, wobei Cem eher in die Gruppe spricht als mit den Spielpartnern einen Dialog entwickelt: Cem: „Gib mal, bin ganz starke." „Das hab ich nur gemacht!" „Warte, wir fahrn mal."…„Darf ich mal denen probieren, den beide, ja, den muss ganz weg." …„Da! Warte, und alle weg, leg mir den und hier, ich probier den, warte, und..." „Noch was!" „He, ich habe schon gemacht, guck mal! Leg mir den (*Auto*) mal hier, ich probier den." „Mach mal, mach mal, mach mal!" mit Ausdruck zu einem Jungen. „Ooh, ooh, drück mal Gas." „Gas, nein, das muss nicht so sein, das muss so sein!" mit Ausdruck und bestimmend zu einem Jungen. Cem: „Warte mal, ich probier mal. Warte und Gas drücke." „Drück mal, Gas, Gas drücken!" Cem wird ungeduldig: „Ja. Lass! Lass, okay? Lass!" Cem spielt an der Weiche: „Ja, warte mal. Warte mal! Ich mach! Nicht da, da!" Cem wird etwas lauter und ungeduldiger. „Hm?" „Mach mal den (*Auto*)!" Zu einem Jungen: „Lass!" Zu einem anderen Jungen: „Den stoppe ich!"

Im Vordergrund der Handlungssituation steht der Wille die eigenen Spielideen zu realisieren und sich zu behaupten. Die Spielsituation ist weniger durch Kooperation als durch aktionales Handeln und kommentierendes Sprechen gekennzeichnet, in das die anderen einbezogen werden. Den Typus der Selbstsozialisation, der sich in diesem Beispiel zeigt, kann man Zinnecker folgend als Verarbeitung von Handlungserfahrungen im Sinne des Akteurskonzeptes des Kindes verstehen. Beim aktionalen Handeln erwirbt Cem eine Vorstellung von sich selbst als Akteur, d.h. als handelndes Subjekt, das sich mit anderen in Beziehung setzt und sich in Abgrenzung oder Identität mit den Spielabsichten und -wünschen der anderen inszeniert und als selbstwirksam erlebt.

Kooperation beim Bauen

Die Peersozialisation zwischen Älteren und Jüngeren beim Bauen wird im folgenden Beispiel belegt. Es zeigt, wie ein älterer Junge gemeinsam mit einem Jüngeren eine Straße baut, auf der sie Autos fahren lassen:

Protokollauszug Emir 9.1.2004

Emir spielt mit mehreren Jungen in der Bauecke. Ein Junge will einen Baustein auf ihn werfen. Emir ruft: „Nein!" Er weist einen Jungen auf dessen Bausteine hin: „Guck mal deine." Er nimmt einen aus Bausteinen gebauten Gehstock und stützt sich darauf und läuft durch den Raum. Dann sagt er zu seinem Freund Kenan: „Guck mal, alte Oppa. …(unverständlich)…Darum muß ich jetzt mit ein alter Oppastock…"(unverständlich). Zurück in der Bauecke wollen die Jungen einen Turm bauen. „Emir, du kannst schon mal bauen", sagt einer der Jungen zu ihm. Emir jedoch schlägt gegen einen bereits aufgebauten Turm. „Ey lass!", schimpft sein Freund. Sie

bauen weiter. Dabei sagt Pascal zu einem anderen Jungen: „Guck dir Emir mal an, harmloser Emir." „Harmloser Pascal.", entgegnet Emir. Emir sammelt Bausteine. Zwischendurch feuert er sie ab oder schießt damit. „Weißt du wie der, Kenan, geflogen ist? Guck mal so sch...", imitiert Emir das Geräusch beim Fliegen.
Einige Zeit später bauen die Jungen mit Bauklötzen eine Straße, auf der sie dann Autos fahren lassen. „Kenan, dein Auto ist da stecken geblieben. Er (*das Auto*) kann nicht fahren." Emir repariert die kaputtgegangene Straße. „Jetzt kann er fahren." Kenan schreit aufgeregt: „Emir, Emir." „Schrei nicht immer so ‚Emir'. Beruhige dich mal." Kenan fragt erneut: „Emir?" Dieser entgegnet: „Was?" Noch immer spielen sie mit den Autos auf der selbstgebauten Straße. Sie haben auch eine Ampel mit aufgebaut, an der Emir mit seinem Auto vorbei fahren will. „Ampel, Kenan, rot, ne"? Die anderen Jungen haben währenddessen Tiere auf die Fahrbahn gestellt. Emir fragt Kenan: „Der kann alle Tiere töten?" „Wer?" „Der Auto." „Die Tiere sind alle tot.", sagt Kenan. „Nein, die sind immer noch hier die Stadt." (*in der Stadt*). Im weiteren Verlauf wollen die Jungen zusammen die Straße vergrößern. „Kenan, bis hier war die Straße. Kenan, du musst auch die Platten da tun. Pascal, tu die Platten auch da, nicht nur ich. Kenan, guck mal, wie groß ist die Straße. Komm, tu auch eine Platte hier. Guck mal, wie groß die ist. Hier, Kenan." Emir turnt auf der Heizung rum, die sich auch in der Bauecke befindet. „Ey, wir brauchen noch diese, ey, und Kenan hier ist die andere." Emir will sich das Auto von Kenan nehmen. „Darf ich mit das hier spielen?" Kenan weint. Emir gibt ihm sein Auto zurück. „Hier! Dann wein dann nicht." Sie bauen weiter. „Kenan, Kenan, wir brauchen noch Klötze." Kenan bringt Klötze. „Aber die hier brauchen wir nicht. Die kleinen sind die Klötze. Weißt du, wie ich das meinte? Guck mal..." Emir beginnt zu erklären. „Kenan, hier hört diese Straße aus. Jetzt müss ma hier weitermachen."

Im Spiel dominiert der ältere Emir, gleichwohl bezieht er sich konstruktiv auf den jüngeren Kenan, wenn er beispielsweise sagt: „Kenan, dein Auto ist da stecken geblieben. Er (*das Auto*) kann nicht fahren." [Z 13]. Er fordert ihn zum Bauen an einem gemeinsamen Produkt auf: „Komm, tu auch eine Platte hier [Z 23]...Kenan, Kenan, wir brauchen noch Klötze!" [Z 27] und erklärt ihm, welche Handlungsabsichten er hat: „Kenan, hier hört die Straße auf. Jetzt müssen ma hier weitermachen." [Z 29] Auch mit den Emotionen, die der jüngere Kenan äußert, kann Emir sozial angemessen umgehen, wenn er ihm beispielsweise sagt, er solle sich beruhigen oder auf sein Weinen hin das Auto zurückgibt. Der Jüngere wird als wertvoller Spielpartner einbezogen und erlebt, dass der ältere Rücksicht auf ihn nimmt, während sich der Ältere als konstruktiv anleitend zeigt. In der Kooperation entsteht eine beeindruckende Spiellandschaft als gemeinsames Werk.

2.1 Selbstsozialisation in der Peerkultur sowie als Anpassung von Entwicklungswelten

Spielhandlungen zwischen Jungen werden auch genutzt, um körperliche Stärke und Dominanz zu zeigen und Aggressionen auszutragen. Körperliche Aggressionen und das Spiel mit Waffen sind im pädagogischen Feld nicht gewünscht und ausdrücklich untersagt, gleichwohl nutzen die Jungen die Freiräume, um sich mit Dominanz und Aggression als Themen der männlichen Identitätsentwicklung (Böhnisch/Winter 1993) auseinanderzusetzen. Über die pädagogischen Normen setzen sich die Jungen immer wieder hinweg, wenn sie mit Lego in der Bauecke Objekte bauen, mit denen Kampfhandlungen inszeniert werden können. Insofern erzeugen Jungen in der weiblich dominierten Kultur eigene Entwicklungsumwelten, in denen sie sich als Jungen zeigen und behaupten können. Selbstsozialisation bezieht sich hier nicht mehr auf das eigene Selbst, „sondern darauf, die Umwelt so umzugestalten, daß sie für die eigene Person und deren Entwicklung paßt" (Zinnecker 2000, 280). Der offensichtliche Verstoß gegen die Normen der Erwachsenen ist den Jungen dabei bewusst und wird auch als solcher gegen die Erwachsenen behauptet, wie die folgende Spielszene belegt:

Protokollauszug Emir 23.3.2004
Emir spielt mit Daniel im Bauraum, sie reden kaum. Beide gehen frühstücken. Als Emir sieht, dass Daniel zu Ende gegessen hat, packt er sein Frühstück auch weg, obwohl er noch nicht fertig ist. Dann spielen sie wieder im Bauraum. Danach gehen sie zum Kasperle-Theater. Emir und Daniel stehen dahinter mit den Figuren in der Hand, Jimmy steht als Zuschauer davor. Daraufhin wollen Emir und Jimmy auf den Flur. Jimmy fragt die Erzieherin um Erlaubnis. Jimmy, Emir und Daniel dürfen auf den Flur, sie kämpfen dort und rennen rum. Jimmy liegt auf dem Boden und Emir tut so, als würde er ihn schlagen. „Jetzt hast du Blut auf Kopf!", sagt Emir. „Feuerfaust, dsch dsch (Geräusch des Schlagens)..." Emir hält Jimmy fest und schlägt ihn mit der Faust. „Deine Energie geht raus", ruft er Jimmy zu und boxt ihm in den Bauch. Jimmy wehrt sich daraufhin, es entsteht eine kleine Meinungsverschiedenheit. Emir will sich rechtfertigen: „Du hast mich aus gehaut hier (auch gehauen)", sagt er zu Jimmy und zeigt auf seine Hand. Sie rennen weiter. „Die Schnelltunnel...Gummibären!", ruft er Daniel zu. Daniel antwortet: „Hier ist der Schnelltunnel." Sie rennen hin und her durch den'Schnelltunnel'. „Helf mir Emir Eisfaust!", ruft Daniel, als Jimmy ihn attackiert. Emir schlägt daraufhin Jimmy und ruft: „Ich bin mit Eis! Messerschlag!" Er schlägt Jimmy noch mal. Dann ruft er ihm zu: „Metallfeuerfaust...Basketball!" Dann sagt er wiederum zu Jimmy: ...(unverständlich)..."Amigo, bist du bereit zu töten?" Jimmy bejaht. Nach einer Weile fährt Emir Roller auf dem Flur. „Schieb mich", fordert er Daniel auf. Dann packt er Jimmy am Bein und schleift ihn über den Flur. Zum vorbeikommenden Mario sagt er: „Du spielst nicht mit." Erschöpft lehnt Emir sich in der Ecke an. Jimmy sagt zu Daniel: „Emir ist tot." Emir versucht Jimmy zu ermutigen: „Komm, du musst auch kämpfen,

ich bin schon tot. Jetzt hol ich mein Schwerter…(unverständlich)…Jetzt lebst du immer." Kurz darauf schauen sie sich Yugiyokarten an. Emir zeigt auf eine Figur: „Ich bin der." Der Kampf eskaliert. Jimmy und Emir stoßen zusammen, Jimmy weint. Die Erzieherin Claudia kommt raus auf den Flur und spricht die drei auf ihr Verhalten an. Sie nehmen sie nicht ernst und kitzeln sich in ihrer Anwesenheit, sprechen dann aber wieder von verprügeln. Jimmy zu Emir: „Sollen wir wieder reingehen?" Emir antwortet ihm: „Ich geh noch nicht raus, ich meinte rein."

Die Lust am Spiel mit der Aggression beherrscht das Interaktionsgeschehen bis an den Rand der körperlichen Erschöpfung. Die Analyse des Interaktionsgeschehens legt nahe, das Kämpfen und Töten als symbolisches Spiel mit der Aggression zu verstehen (Erikson 1978; Schäfer 1986), das den Jungen hilft, ihre aggressiven und destruktiven Impulse zu integrieren. In der Inszenierung von Kampfhandlungen setzen sich die Jungen mit ihren aggressiven Impulsen auseinander, mit denen sie auch aufgrund ihrer biologischen Disposition in anderer Weise konfrontiert sind als Mädchen (Meyer-Bahlburg 1980). Die Kultivierung des Aggressionstriebes stellt für heranwachsende Jungen eine Entwicklungsaufgabe dar, bei der sie ihre aggressiven Triebe modellieren und mit den ethischen Normen der Gesellschaft in Einklang bringen müssen.

In sozialisationstheoretischer Perspektive setzen sich Jungen mit den kulturellen Leitbildern von Männlichkeit auseinander. Macht, Herrschaft und Kontrolle zu erlangen zählen in unserer Kultur zu männlichen Formen der Realitätsaneignung (Böhnisch/Winter 1993). In das Spiel sind auch kinderkulturelle Produkte wie die Yugiyo-Karten einbezogen, die in der Peerkommunikation zwischen Mädchen und Jungen als „Jungenspiel" codiert sind. Die Jungen inszenieren sich im Kampfspiel und behaupten sich gegenüber der Erzieherin, indem sie deren Verhaltensnorm negieren und an ihrem Bedürfnis nach körperlicher Konfrontation festhalten.

Verallgemeinert ist jener Typus der Selbstsozialisation erkennbar, der als Ausdruck von *Peer Culture* verstanden werden kann, als Aktivität einer Gruppe oder einer ganzen Generation, „also den Tatbestand, daß Kinder und Jugendliche sich selbst sozialisieren, auch ohne Beihilfe der älteren Generation" (Zinnecker 2000, 282).

2.2 Selbstsozialisation in der Gleichaltrigengruppe als zentrale Aneignungsform

Entwicklung und Lernen im Kindergarten vollzieht sich primär unter den Gleichaltrigen, die als Spiel- und Kommunikationspartner ein wechselseitiges Anregungs- und Entwicklungspotential darstellen. Selbstsozialisierende Prozesse sind

in unterschiedlichen Erscheinungsformen zu beobachten, zum einen als Selbst-
kultivierung, welche als eigentätige Auseinandersetzung mit kulturellen Objekten und Umwelten verstanden wird und insbesondere bei Regelspielen, beim
Umgang mit Büchern sowie beim Malen und Basteln stattfindet und als Enkulti-
vierung in den Modus des Lernens verstanden werden kann.

Bei den frei gewählten Aktivitäten können sich Kinder als handelnde Subjekte erleben und eine Vorstellung von sich selbst als Akteur erwerben. Kind-
heitstheoretisch kann man dies in das Akteurskonzept des Kindes (*agency*) ei-
nordnen. Die sprachliche Verarbeitung von Handlungserfahrungen, welche sich
im handlungsbegleitenden Sprechen der Kinder zeigt, „führt zu einer Selbstobjektivierung, die sich durch einen kognitiven (Selbstkonzept), einen affektiven
(Selbstwert) und einen konativen (Selbstvertrauen, Kontrollbewußtsein) Aspekt
auszeichnet" (Krewert/Eckensberger 1991, 576).

Zum anderen wird Selbstsozialisation als *Peer Culture* in der Gruppe der
Gleichaltrigen praktiziert, wenn Peers sich wechselseitig, ohne Einflussnahme
der Erwachsenen, sozialisieren. Sie findet auch in der Form der Erzeugung eigener Entwicklungsumwelten statt, in der sich Peers als solche wie in ihrem Geschlecht in Form des *doing gender* sozialisieren und auch gegenüber Erwachsenen behaupten.

Die ko-konstruktiven Prozesse der Aushandlung unter Kindern, die in unterschiedlichen Erscheinungsformen zu beobachten sind, tragen dazu bei die
diskursiv pragmatischen Kompetenzen (Ehlich 2005) zu fördern, die Kinder in
die Lage versetzen, Sprache angemessen zum Erreichen eigener Handlungsziele
zu nutzen sowie bei den anderen deren Handlungsziele zu erkennen und darauf angemessen eingehen zu können. Neben, auf die Person bezogenem handlungsbe-
gleitendem Sprechen, spielt die sprachliche Kooperation im Zusammenhang mit
aktionalem Handeln eine große Rolle und dient zum kommunikativen Aufbau
von Spiel- und Phantasiewelten. Diese beobachteten sprachlichen Basisqualifikationen sind unmittelbar handlungsrelevant, damit Kinder mit anderen Kindern
spielen, sich austauschen und konstruktiv zusammen arbeiten können.

3   Zur Konstruktion des Kindes als Lerner – Einübung in den Habitus des Schülers und die soziale Ordnung der Schule

Beim Übergang in die Schule verlieren die Prozesse der Selbstsozialisation in
der Gruppe der Peers ihre herausgehobene Rolle und Bedeutung. Entgegen der
These einer Vernetzung von Lern- und Peerkultur belegen die nachfolgenden
Befunde, dass Lernen vielfach noch als eine Kultur des Lehrens und der Anpassung an die schulische Ordnung inszeniert wird, bei dem die ko-konstruktiven

Leistungen von Kindern in der Gestaltung von kulturellen und sozialen Aneig-
nungs- und Lernprozessen wenig Beachtung finden. Da die Kinder bei ihrem
Übergang in die Grundschule weiter beobachtet werden konnten, kann dieser
Bruch in der Aneignung von Wissen und Welt bei der gleichen Untersuchungs-
gruppe belegt werden. Da die Sprachbeobachtung im Übergang vom Elementar-
zum Primarbereich den Kindern folgte, liegt kein Einfluss der Forschenden auf
die Auswahl der Grundschulen vor. Insofern erfolgte eine spezifische Form der
Zufallsauswahl.

3.1 Lehrerzentrierter Unterricht und Einzelarbeit – Zur Dominanz der Lehrkultur im Grundschulunterricht

Analysiert man die 89 Protokolle aus teilnehmender Beobachtung, die im Laufe
eines 1. Schuljahres bei 20 Kindern an 10 städtischen Grundschulen erhoben
wurden, nach den praktizierten Unterrichtsformen, ergibt sich folgendes Bild: In
56 Unterrichtssequenzen wurde Einzelarbeit – eingekleidet in Frontalunterricht
oder Wochenplanarbeit – beobachtet, in 4 Sequenzen Partnerarbeit sowie einmal
eine Gruppenarbeit. Dieses Ergebnis zur methodischen Monostruktur des Unterrichts wird auch durch die ethnographische Unterrichtsstudie von Breidenstein
(2006, 94 f.) belegt, der in der Sekundarstufe zu 70-80% Frontalunterricht und
Einzelarbeit als dominierende Unterrichtsformen vorfand.

  Auch die eher offenere Wochen- und Tagesplanarbeit, die an zwei Schulen
zu finden ist, wird in Form der Einzelarbeit organisiert. Wenn Breidenstein
(2006, 174) für den Unterricht in der Sekundarstufe feststellt: „Die Sozialform
der „Einzelarbeit" kommt im Unterrichtsalltag in einer großen Variationsbreite
vor. Sowohl kurze Übungsphasen von wenigen Minuten, die in den frontalen
Unterricht eingestreut sind, als auch etwa die Arbeit an „Wochen- und Monats-
plänen", die sich über viele Stunden erstreckt, zählen dazu", kann diese überwie-
gende Struktur des Unterrichts auch für die untersuchten ersten Schuljahre bestätigt werden, wobei man ‚Wochen- und Monatspläne' nur durch 'Tages- und
Wochenpläne' ersetzen muss.

  Breidenstein bemerkt zutreffend, dass zunächst weit auseinander liegend er-
scheinende Arbeitsformen wie das Lösen einer einzelnen Mathe-Aufgabe und
die komplexere Form der Freiarbeit strukturell gleiche Anforderungen an das
Schülerhandeln stellen: „Man hat in einer vorgegebenen Zeit eine bestimmte
Aufgabe zu erledigen, sei es eine zu lösende Aufgabe, ein zu übersetzender Text
oder ein auszufüllendes Arbeitsblatt" (ebd.). Bemerkenswert ist in diesem Zusammenhang, dass die strukturelle Gleichheit der Anforderungen bei Einzelarbeit und Wochenplanarbeit sich auch in den Protokollen aus dem 1. Schuljahr

zeigen lässt, die in der Darstellung der Schülerhandlungen im Unterricht dies auch in der Form belegen können.

Raum für informelles Lernen unter Gleichaltrigen konnte im Untersuchungszeitraum lediglich zweimal vor dem Unterrichtsbeginn sowie einmal in der Pause beobachtet werden. Freie Gespräche unter Peers im Unterricht konnten nur noch in Phasen des Kunstunterrichts geführt werden, der für diese Form der Kommunikation noch offen ist. Raum für die Entwicklung von Peerkultur findet nur auf den „Hinterbühnen" in den Randbereichen vor und nach dem Unterricht statt.

3.2 Die Codierung des Kindes als Lerner

Analysiert man die Inhalte der Kommunikation zwischen Kindern, wie sie sich in den Sprachbeobachtungsprotokollen zeigen, kann man feststellen, dass sie sich in überwiegenden Anteil auf die Ausübung und Gestaltung schulischer Lernaufgaben und die Einhaltung schulischer Verhaltensanforderungen und Normen bezieht. In der unterrichtlichen Rahmung von lehrerzentriertem Unterricht und Einzelarbeit treten ko-konstruktive Prozesse und Formen des Lernens nur noch in marginaler Form auf und sind im vorliegenden Datenmaterial nur sehr vereinzelt zu beobachten. Die Codierung des Kindes als Lerner bestimmt das Bild und die Kinder erfahren die Enkulturation in die Schule als sozialisatorische Anpassung an Lernanforderungen und Normen.

Lernaufgaben ausführen: 'Leise- vor- sich- hin- lernen'

Lernen wird in den vorliegenden Unterrichtsprotokollen als individuell abrufbare Einzelleistung des Individuums codiert und als Einzelarbeit organisiert, bei der die Schüler leise vor sich hin arbeiten. Die Kommunikation und die Interaktion unter den Lernenden beschränkt sich auf den Austausch von Arbeitsmitteln und das Zeigen von Arbeitsergebnissen. Die stille Einzelarbeit als schulische Lernnorm führt dazu, dass die Schülerinnen und Schüler diese auch für sich akzeptieren, sich gegenüber den anderen Lernenden abgrenzen und nicht kooperativen Lernformen den Vorzug geben.

Arbeitsbezogene Kommunikation und Kooperation beim Lernen unter Kindern

Ist der soziale Ordnungsrahmen des Lernens weniger restriktiv organisiert, lässt er informelle Kommunikation unter den Peers zu. Sie ist überwiegend ko-konstruktiv auf die Lösung unterrichtsbezogener Aufgaben gerichtet ist, wie die nachfolgende Szene exemplarisch dokumentiert:

> Protokollauszug Maria und Angelika, 19.1.2005
> Frau T.: „Bitte nehmt den grünen Schnellhefter heraus und euren Kleber und die Schere." Maria holt ihre Sachen heraus. Maria schaut auf den Schnellhefter von Angelika: „Ein grünes Heft." Sie bemerkt, dass sie stattdessen den roten Schnellhefter hervor geholt hat. Sie spielt gemeinsam mit Angelika an der Klinge ihrer Schere: „Guck mal, tut gar nich weh." „Gar nich." „Guck! Aua." Dann bemerkt sie, dass sich in ihrem Schnellhefter ein Schnitt befindet: „Oh man, wer hat geschnitten da?" Maria findet einen Schnipsel: „Wem gehört das?" Angelika: „Mir." Die beiden Mädchen schauen sich die Unterlagen in ihren Ordnern an. Maria: „Soll ich dir zeigen?" Angelika begutachtet Marias Arbeitsblatt zum Thema „Blätter". Maria beginnt sofort nach Erhalt des Arbeitsblattes mit der Arbeit. M.: „Der ist da. Der ist hier." (*Sie meint die Personen, die auf das Arbeitsblatt geklebt werden sollen*). „Dann muss da Kleber drauf." „Jetzt mach ich noch ein ..." Sie spricht während der Arbeitsphase gemeinsam mit ihrer Freundin die Arbeitsschritte durch. M.: „Frau T., Frau T.! Geht der dahin oder dahin?" Frau T. reagiert nicht auf die Zurufe von Maria, da sie gerade einem anderen Kind behilflich ist. M.: „Ist doch egal. Eh, jetzt hab ich auch... Ihhh. Jetzt muss ich warten." Die beiden Kinder haben zu viel Kleber benutzt. Frau T. wendet sich nun Angelika und Maria zu und sagt: „Jetzt schneiden wir das auch." M.: „Fahrrad?" Sie beginnt das Fahrrad auszuschneiden und murmelt leise vor sich hin. „Eh man. Hab ich das auf deine geklebt. Man bin ich doof, ne?" (klebt das Fahrrad aus Versehen auf Angelikas Blatt). Zu Angelika: „Jetzt, was machen wir denn jetzt?"...Maria hat einen „Geisterfahrer" in ihr Bild geklebt. Maria zeigt ihr Bild Angelika und sagt: „Guck mal. Die stoßen zusammen." Beide Kinder lachen. Anschließend entdeckt M. ein Kind, welches denselben Fehler gemacht hat: „Die hat das auch falsch gemacht."

Diese Form der unterrichtsbegleitenden Kooperation, die sich auf den Austausch von Arbeits- und Hilfsmitteln beschränkt, stellt den Alltagsfall der Interaktion unter Schülerinnen und Schülern während des Unterrichts dar, wie auch die Studie von Breidenstein (2006) belegt.

Die im Elementarbereich erworbene Kompetenz der Kooperation im Spiel und im aktionalen Handeln wird von den Kindern in die schulischen Lernsituationen eingebracht. Die in Kooperations- und Aushandlungsprozesse unter Kindern erworbenen Fähigkeiten stützen das schulische Lernen und sind unmittelbar lernrelevant, wie die fortlaufende Arbeitsbesprechung zwischen Maria und Angelika exemplarisch dokumentiert. Sie belegt die Sichtweise Lothar Krappmanns

(2000), dass sich die sozialen Qualifikationen, die Kinder in den Prozessen der Ko-Konstruktion mit Gleichaltrigen erwerben, günstig auf das schulische Lernen auswirken und insofern auch einen wichtigen Beitrag für das Lernen der Kinder leisten. Was Kinder in der Peergroup an sozialer Handlungsfähigkeit erwerben und konstruktiv in die Gestaltung ihres Lernens einbringen, kann als eigenständiger Beitrag der Kinder zu ihrer Selbstentwicklung gedeutet werden. Insofern findet hier Selbstsozialisation in der Form einer Selbst*kultivierung* des Lernens statt.

3.3 Wie Schülerinnen und Schüler symbolisch Schule spielen

Spiegel der Einübung in die soziale Ordnung der Schule

Wie Schülerinnen und Schüler selbst Schule erleben und im freien Spiel darstellen, belegt die nachfolgende Szene. Der Protokollauszug stellt einige der wenigen Szenen der Selbstsozialisation im *Peerkontext* dar, welche ausschließlich im informellen Bereich von Pause und Gleitzeit zu beobachten waren.

> Protokollauszug Giovanna, 18.1.2005
> Heute ist Regenpause. Die Kinder bleiben im Klassenraum und dürfen in die Spielecke. „Nein, ich spiel nicht mehr!", ruft G. Meral zu. Sie sucht sich ein Buch, dann ganz viele und verteilt auch welche an M. „Komm!" Die beiden kommen zum Tisch zurück und sortieren die Bücher irgendwie. Ein drittes Mädchen kommt dazu. „Ach ihr Lieben." G. schlägt ein Buch auf. „Neeeeiiiin!" ruft sie, weil das Mädchen ein Buch vom Stapel genommen hat. Die beiden sprechen kurz zusammen, was ich aber nicht verstehen kann. „Raffael ist heute nicht da." Sie wendet sich erneut an das Mädchen: „Ehrlich, hat die keine Füße." Sie schaut sich ein Bild von ‚Ariel, der Meerjungfrau' an, die auf dem Bild Füße hat. Dann ermahnt sie Meral: „Meral setz dich!" Sie fragt das Mädchen: „Willst du mitspielen? Schule?" „Meral!" G. klingt wie eine ungehaltene Lehrerin. Während des Spiels: „Schlag ich mal neue Seite auf." „Musst du wiedergeben." „Weißt du waaass?" Sie zeigt beiden Mädchen, was sie tun haben: „Musst du zählen eins, zwei, drei, vier, fünf." Sie sucht Seite fünf in einem Buch. „Ach hier ist die fünf." „Dann klappst du den zu." Sie schlägt das Buch des Mädchens zu. „Und dann liest du den." „Wer will mal jetzt lesen?" „Ja?" „Jetzt bist du dran zu lesen!" „Klappt die Bücher zu und gebt die mir – dann könnt ihr rausgehen und spielen." Sie schreit das Mädchen an: „Geh raus!" „Du musst rausgehen. Spieeeellen!!" „So … klingelingeling, so reinkommen." „Reinkommen! Meral, reinkommen." „Packt die Bücher aus. Aufschlagen, Seite drei." „Ich hab mich vertan, Entschuldigung, ich hab mich vertan. Geh wieder raus. Jetzt musst du in die Bücherei gehen, Bücherei gehen." Alle Kinder fangen an aufzuräumen, weil die Pause beendet ist. Die nächste Stunde beginnt.

Giovanna, die bereits in der Kindertagestätte durch Selbstbewusstsein und besondere sprachliche Produktivität aufgefallen ist, inszeniert in ihrem ‚Schulespiel' die vorgefundene symbolische Ordnung der Schule. In ihrer Kommunikation als Lehrerin mit ihren ‚Schülerinnen und Schülern' überwiegt ein anordnend direktiver Stil („Klappt die Bücher zu und gebt die mir – dann könnt ihr rausgehen und spielen." [Z 15-16] „Packt die Bücher aus. Aufschlagen, Seite drei!" [Z 18]) und die Reglementierung des Lernens durch die Lehrenden ist die vorherrschende Norm („Und dann liest du den." [Z 14] „Wer will mal jetzt lesen?" „Ja?" „Jetzt bist du dran zu lesen!" [Z 14-15]).

Man kann die Szene als Selbstsozialisation im Sinne der Anpassung an die schulischen Verhaltensnormen oder als latent-manifeste Auseinandersetzung mit ihnen verstehen. Ich selbst neige der letzteren Auffassung zu, da die Verarbeitung vorgefundener Verhaltensweisen und Verhaltensnormen der Lehrerin das Bild bestimmen, während Selbstsozialisation ein selbstentwickelndes Element für das Kind beinhaltet, welches nicht erkennbar ist. Insofern spiegelt Giovanna in ihrem Spiel die symbolische Ordnung der Schule und übernimmt die Rolle der Lehrerin, um sich im Freiheitsraum des Spiels als selbstbestimmt und machtvoll erleben zu können, während ihr dies in der Realität als Schülerin nur bedingt gestattet ist.

4   Verpasste Chancen im Übergang vom Elementar- und Primarbereich

Die vorgestellte Analyse von Unterrichtsprotokollen aus teilnehmender Beobachtung an Regelgrundschulen zeigt, dass die schulische Realität vielfach noch als eine Kultur des Lehrens und der Anpassung an die schulische Ordnung inszeniert wird, bei dem die ko-konstruktiven Leistungen von Kindern, wie sie in der modernen Kindheitsforschung belegt sind, in der Gestaltung von Lern- und Aneignungsprozessen wenig Beachtung finden. Die Prozesse der Selbstsozialisation und der produktiven Selbstbildung in freien Aktivitäten und Regelspielen, wie sie für den Elementarbereich konstitutiv sind, verlieren im Übergang zur Schule an Bedeutung und weichen einer schultypischen Form des Lernens, welche den selbst- und ko-konstruktiven Leistungen der Kinder untereinander keine Bedeutung mehr zu misst. Da an die Kultur der selbstständig explorierenden Aneignung von Wissen und Welt, wie sie im Elementarbereich vorherrscht, in der Alltagspraxis von Grundschulen nicht konstruktiv angeknüpft wird, erfahren Kinder schulisches Lernen als einseitige Einbindung in die Lern- und Interaktionsordnung der Schule. Den stillen Beitrag der Schulkinder zur Lernkultur, auf den Lothar Krappmann (2000) in der pädagogischen Diskussion seiner kinderwissenschaftlichen Forschung hinweist, setzt die Schule voraus, ohne diesen als solchen wahrzunehmen und anzuerkennen.

Nach meiner Analyse mit Oliva (Röhner/Oliva 2007) an demselben Datenkorpus geht damit eine deutliche Reduktion der sprachlichen und sozialkognitiven Produktivität von Kindern im Übergang vom Elementar- zum Primarbereich einher, sodass das spezifische Anregungspotential der Peers für die Gestaltung und Effizienz von Lernprozessen nicht genutzt wird. Die sprachliche Produktivität unter Peers, die nach unserer Studie aus 2007 qualitativ und quantitativ höher ist als die zwischen Lehrenden und Lernenden, bleibt in der Monostruktur des lehrerzentrierten Klassenunterrichts und der Einzelarbeit ungenutzt.

In sozialisations- und kindheitstheoretischer Perspektive zeigen die Befunde, wie der Typus des Kindes als Lerner in den sozialen Praxen der Schule hergestellt und konstruiert wird. In einem sozialwissenschaftlich orientierten Blick kann die interaktive Bewältigung der Unterrichtsanforderungen auch in der Metapher der Schülertätigkeit als ‚Schülerjob' (Breidenstein) gefasst werden, auf die der Unterricht in den untersuchten Grundschulen von Anfang an ausgerichtet ist.

5 Literatur

Ahrenholz, B. (Hrsg.) (2007): Deutsch als Zweitsprache. Voraussetzungen und Konzepte für die Förderung von Kindern und Jugendlichen mit Migrationshintergrund, Freiburg i.Br.: Fillibach.
Bartmann, Th./Ulonska, H. (Hrsg.) (1996): Kinder in der Grundschule. Bad Heilbrunn: Klinkhardt.
Bildungsreform (2005): Anforderungen an Verfahren der regelmäßigen Sprachstandsfeststellung als Grundlage für die frühe und individuelle Förderung von Kindern mit und ohne Migrationshintergrund. Band 11. Berlin/Bonn.
Böhnisch, L./Winter, R. (1993): Männliche Sozialisation. Bewältigung männlicher Geschlechtsidentität im Lebenslauf. Weinheim und Basel: Juventa.
Breidenstein, G./Kelle, H. (1998): Geschlechteralltag in der Schulklasse. Weinheim/München: Juventa.
Breidenstein, G./Prengel, A. (Hrsg.) (2005): Schulforschung und Kindheitsforschung – ein Gegensatz? Wiesbaden: VS Verlag für Sozialwissenschaften.
Breidenstein, G. (2006): Teilnahme am Unterricht. Ethnographische Studien zum Schülerjob. Wiesbaden: VS Verlag für Sozialwissenschaften.
de Boer, H. (2007): Lernen als soziale Interaktion. In: de Boer, H./Burk, K./Heinzel, F. (Hrsg.) (2007): 44-54.
de Boer, H./Burk, K./Heinzel, F. (Hrsg.) (2007): Lehren und Lernen in jahrgangsgemischten Klassen. Beiträge zur Reform der Grundschule. Band 123. Frankfurt a. M.: Grundschulverband Arbeitskreis Grundschule.

Ecarius, J. (Hrsg.) (1998): Was will die jüngere mit der älteren Generation? Generationsbeziehungen in der Erziehungswissenschaft. Opladen: Leske & Budrich.

Ehlich, K. (2005): Sprachaneignung und deren Feststellung bei Kindern mit und ohne Migrationshintergrund. Was man weiß, was man braucht, was man erwarten kann. In: Bildungsreform (2005): 11-75.

Elschenbroich, D. (2001): Weltwissen der Siebenjährigen. Wie Kinder die Welt entdecken können. München: Antje Kunstmann Verlag.

Fölling-Albers, M. (1997): Kindheitsforschung und Schule. Zehn Thesen zu einem ungeklärten Verhältnis. In: Glumpler, E./Luchtenberg S. (Hrsg.) (1997): 34-43.

Faust-Siehl, G. (2001): Konzept und Qualität im Kindergarten. In: Faust-Siehl, G./Speck-Hamdan, A. (Hrsg.) (2001): 53-78.

Faust-Siehl, G./Speck-Hamdan, A. (Hrsg.) (2001): Schulanfang ohne Umwege. Beiträge zur Reform der Grundschule. Band 111. Frankfurt a. M., Arbeitskreis Grundschule e.V.

Glumpler, E./Luchtenberg S., (Hrsg.) (1997): Jahrbuch Grundschulforschung. Band 1. Weinheim: Deutscher Studien Verlag.

Goffman, E./Knoblauch, H. (1994): Interaktion und Geschlecht. Frankfurt: Campus-Verlag.

Heinzel, F. (Hrsg.) (2000): Methoden der Kindheitsforschung, Weinheim/München: Juventa.

Heinzel, F. (2003): Zwischen Kindheit und Schule – Kreisgespräche als Zwischenraum, ZBBS 1. 105-122.

Heinzel, F. (2007): Altersstufen, Altersmischung und Generationenbeziehungen in der Grundschule – eine Aufforderung zu einem anderen Blick auf „Veränderte Kindheit". In: de Boer, H./Burk, K./Heinzel, F. (Hrsg.) (2007): 32-43.

Hurrelmann, K./Ulrich, D. (Hrsg.) (1991): Neues Handbuch der Sozialisationsforschung. Weinheim: Beltz.

Krappmann, L./Oswald, H. (1995): Alltag der Schulkinder. Beobachtungen und Analysen von Interaktionen und Sozialbeziehungen. Weinheim/München: Juventa.

Krappmann, L. (2000): Alltag der Schulkinder – Von der Einbettung des Lernens in Sozialerfahrungen unter Kindern. Vortrag. Halle.

Krewert, B./Eckensberger, L. (1991): Selbstentwicklung und kulturelle Identität. In: Hurrelmann, K./Ulrich, D. (Hrsg.) (1991): 573-594.

Krüger, H.-H./Marotzki, W. (Hrsg.) (1995): Erziehungswissenschaftliche Biographieforschung. Opladen: Leske & Budrich.

Lenzen, D./Luhmann, N. (Hrsg.) (1997): Bildung und Weiterbildung im Erziehungssystem. Lebenslauf und Humanontogenese als Medium und Form. Frankfurt/M.: Suhrkamp.

Luhmann, N. (1997): Erziehung als Formung des Lebenslaufes. In: Lenzen, D./Luhmann, N. (Hrsg.) (1997): 11-29.

Marotzki, W. (1995): Forschungsmethoden der erziehungswissenschaftlichen Biographieforschung. In: Krüger, H.-H./Marotzki, W. (Hrsg.) (1995): 55-89.

Reinert, G.-B./Zinnecker, J. (Hrsg.) (1978): Schüler im Schulbetrieb. Reinbek: rororo.

Richard, B./Krüger, H. H. (1998): Mediengeneration: Umkehrung von Lernprozessen? In: Ecarius, J. (Hrsg.) (1998): 159-181.

Röhner, Ch. (2003): Kinder zwischen Selbstsozialisation und Pädagogik. Zur personalen und sozialen Bedeutung des Schreibens in der Grundschule. Opladen: Leske & Budrich.

Röhner, Ch. (Hrsg.) (2005): Erziehungsziel Mehrsprachigkeit. Diagnose von Sprachentwicklung und Förderung von Deutsch als Zweitsprache. Weinheim/München: Juventa.

Röhner, Ch. (2007): „Jetzt bin ich starke Männer". Zur Konstitution von Geschlecht in der Peerkommunikation des Kindergartenalltags. In: Diskurs Kindheits- und Jugendforschung. 2. Jg.. Heft 3. 323-343.

Röhner, Ch./Oliva, A. (2007): Zweitsprachliche Produktivität von Migrantenkindern im Übergang vom Kindergarten zur Grundschule. In: Ahrenholz, B. (Hrsg.) (2007): 75-93.

Schäfer, G. (2003): Bildung beginnt mit der Geburt. Ein offener Bildungsplan für Kindertageseinrichtungen in Nordrhein-Westfalen. Weinheim/Basel/Berlin: Beltz.

Stern, E. (2006): Lernen. Was wissen wir über erfolgreiches Lernen in der Schule? In: Pädagogik. 58. Jg.. Heft 1. 45-49.

Wiesemann, J. (2000): Lernen als Alltagspraxis. Lernformen von Kindern an einer Freien Schule, Bad Heilbrunn: Klinkhardt.

Zinnecker, J. (1978): Die Schule als Hinterbühne oder Nachrichten aus dem Unterleben der Schüler. In: Reinert, G.-B./Zinnecker, J. (Hrsg.) (1978): 29-116.

Zinnecker, J. (1996): Grundschule als Lebenswelt des Kindes. Plädoyer für eine pädagogische Ethnographie. In: Bartmann, Th./Ulonska, H. (Hrsg.) (1996): 41-74.

Zinnecker, J. (2000): Selbstsozialisation – Ein Essay über ein aktuelles Konzept. In: Zeitschrift für Soziologie der Erziehung und der Sozialisation. 20. Jg.. Heft 3. 272-290.

Absprachen, Regeln, Sanktionen: Ordnungen unter Peers im Elementarbereich

Monika Sujbert

1   Zum Verhältnis von Peer Culture und Kindergartenkultur

Zum Thema Peer Culture in Verbindung mit dem Elementarbereich gibt es in der Forschung trotz wachsendem Interesse auch im deutschsprachigen Raum bislang nur vereinzelte Arbeiten. Die Gründe dafür sind vielschichtig. Ein möglicher Grund könnte in den Definitionen *Peers, Peer Group* und *Peer Culture* liegen. Wie werden diese Begriffe definiert und welche Funktion wird diesen zugeschrieben? Unter Peers, auf Deutsch Gleichaltrige (die Bezeichnung steht üblicherweise im Plural), ist ein Konzept zu verstehen, das in der Regel verschieden verwendet wird. Beispielsweise verstehen Krappmann und Oswald unter diesem Sammelbegriff „nichts anderes als jede Ansammlung gleichaltriger Kinder und Jungendlicher, die in einer wie auch immer gearteten Beziehung zueinander stehen" (Oswald/Krappmann 1991, 204). Breidenstein und Kelle verstehen unter Peers diejenigen Gleichaltrigen, „an denen man sich in alltäglicher Interaktion orientiert" (Breidenstein/Kelle 2002, 319). Hierbei handelt es sich nicht nur um lokale, sondern auch um symbolisch-mediale (Onlinetreff) Zusammenschlüsse mit Anderen, die für die „Orientierung des eigenen Verhaltens relevant sind" (ebd., 319). Besonders Krappmann und Oswald schreiben der Gruppe der Peers eine wichtige sozialisierende und entwicklungsfördernde Funktion zu.

Der Begriff Kultur wird hier als die von und für Menschen hergestellte Ordnung verstanden; in diesem Sinne wird Peer Culture von Breidenstein/Kelle als ein Phänomen gefasst, „das im *Zusammenhang seiner interaktiven Hevorbringung und Reproduktion* zu denken ist", welches sich auf einen bestimmten Kontext bezieht (ebd.). Der Kontext, in dem dieses Phänomen analysiert wird, geschieht innerhalb und außerhalb schulischer Zusammanhänge. Oswald und Krappmann (1991, 1995) setzen sich vor allem mit sozialen Aushandlungsprozessen im Schulalltag auseinander. Auch de Boer (2006) fokussiert schulische Interaktionen am Beispiel der didaktischen Situation Klassenrat und interessiert sich für Aushandlungen im Spannungsfeld von Lern- und Peerprozessen.

Darüber hinaus sind hier einige Untersuchungen zu nennen, die die Kultur der
Peers am Übergang vom Kindergarten in die Grundschule aus schulrelevanten
Gesichtspunkten analysieren (s. Röhner in diesem Buch; Lash 2008). Demgegenüber sind im deutschsprachigen Raum kaum systematische Arbeiten, die sich
mit den Begriffen Peers, Peerkultur in familiären Kontexten (in Nachbarschaft,
am Spielplatz usw.) bereits vor der Schule, im Kindergarten, auseinandersetzen.
Es gibt kaum Studien, die beispielsweise das Verhältnis zwischen Kindergarten-
kindsein und Peersein im Kindergarten in Hinblick auf *Kindergartenkultur,* gewissermaßen analog zu der Thematik Schülersein und Peersein in Bezug auf
Schulkultur, eruieren. Es ist unklar, ob man überhaupt zwischen Kindergartenkindern und Peers unterscheiden kann, ob von Peerkultur im Kindergarten gesprochen werden kann und weiterführend, ob der Gruppe der Kindergartenpeers
– wie seit langem in schulischen Kontexten erkannt – eine sozialisierende und
entwicklungsfördernde Funktion zugeschrieben werden kann. Hier zeigt sich ein
Desiderat. Daneben ist auch anzumerken, dass diese Forschung wohl möglich –
um einen weiteren Grund für diese Forschungslücke zu verdeutlichen – unter
anderem dadurch erschwert bzw. missverständlich wird, dass der Elementarbereich im nationalen sowie im internationalen Kontext unterschiedliche Struktur-
merkmale aufzuzeigen vermag. So weist der Elementarbereich häufig bereits
schulische Merkmale auf (der Kindergarten ist häufig als Teil der Schule definiert: Pflichtbesuch, der Lehr-Lernprozess wird von LehrerInnen organisiert
usw.; vgl. dazu Sunnen in diesem Buch).

2   Zur Peerkultur im Elementarbereich: Annahmen

Bisherige Forschungsansätze (besonders im angloamerikanischen und skandina-
vischen Raum) im Elementarbereich zur Peer Culture stützten sich vor allem auf
die Studien des amerikanischen Kindheitsforschers William Corsaro, dessen
Arbeiten die nachfolgenden Forschungen stark beeinflusst haben. Corsaro und
die mit seinen Ansichten verbundenen Wissenschaftler gehen von der Annahme
aus, dass der Einfluss der Peers und die Peer Culture bereits in der frühen Kindheit ein bedeutungsvolles Charakteristikum für den Sozialisationsprozess darstellt. Corsaro verdeutlicht in seiner Sozialisationstheorie (die dem idealisierten
und linearen Modelldenken völlig entgegensteht), dass Kinder in zwei Kulturen
gleichzeitig eingebunden sind, nämlich in der Kultur der Erwachsenen und der
der Peers. Daher „müssten [sie] sich in diesem Spannungsfeld ihren gesellschaftlichen Platz und ihre gesellschaftliche Anerkennung in ‚interpretativer Reproduktion erkämpfen'" (Schweizer 2007, 258). Die interpretative Reproduktion
(2005, 2003) als Konzept geht nicht von der Annahme aus, dass Kinder – wie

oben angedeutet – als Individuen in die Welt der Erwachsenen *hinein* sozialisiert werden, sondern betrachtet Kinder als Partizipanten verschiedener Gleichaltrigenkulturen, die sich aktiv, innovativ und kreativ Informationen zum Teil aus der Erwachsenenwelt aneignen (imitieren und internalisieren und somit reproduzieren sie diese), und zum Teil produzieren sie eigene (modifizierte) Informationen (vgl. Olesen 2005). Somit kreieren sie ihre eigene Welt, um diese und die Welt der Erwachsenen zu betrachten und zu verstehen. Kinder bewegen sich ständig in und nehmen aktiv an der Welt der Erwachsenen teil, deren soziale Ordnungen sie nicht immer und vollständig verstehen. Mithilfe der Informationen aus den Interaktionen mit den Erwachsenen und unter Peers stellen sie ihre Peer Culture her: einerseits dient dies zur Bewältigung ihrer Angelegenheiten in der Peer Culture, andererseits trägt es zur Reproduktion, aber auch zum Wandel der Erwachsenenwelt bei, so Corsaro (1990). Es wird in diesem Konzept deutlich, dass das Verhältnis zwischen Kind und Erwachsenem als konstitutiv für die Entstehung von Peer Culture betrachtet wird.

Ausgehend von den genannten Ansichten sind für diesen Beitrag besonders folgende Annahmen als Ausgangspunkt von Interesse: Es wird zwischen Peers und Kindergartenkindern unterschieden. Infolgedessen stellt sich die Frage, welche Ordnung gilt in der Welt der Peers im Elementarbereich? Welche Regeln und Bedeutungssysteme spiegelt diese Ordnung wider? Wie kommt diese Kultur zum Ausdruck, wie kann sie charakterisiert werden? Diese ausgewählten Elemente sollen in Hinblick auf ihre organisatorische Bedeutung innerhalb der Peers und als ein Beitrag zu der Reproduktion der Erwachsenenwelt analysiert werden. Der vorliegende Artikel fokussiert auf Umgangsformen, genauer auf Regeln, Produkte, Haltungen und Sanktionen im Elementarbereich, bei denen Erwachsene geringe Steuerungsfunktion einnehmen.

Um die interaktiven Prozesse der Peers, mit denen sie Ordnungen generieren, aufzuzeigen, werden im Folgenden einige Beispiele angeführt. Diese Beispiele stammen aus einer empirischen Studie (vgl. Weyers/Sujbert/Eckensberger, 2007)[24], die in mehreren Kindergärten durchgeführt wurde. Im Fokus standen soziale Interaktionen mit eigenen und fremden Gegenständen unter Kindern bezüglich der Entstehung und Entwicklung von Rechtsstrukturen bzw. Rechtsnormen. In diesem, durch Erwachsene inszenierten bzw. bewusst hergestellten qualitativen Experiment (Kleining, 1980) nehmen Erwachsene, hier Kindergärtnerinnen und Forscher, eine zurückhaltende Position ein. In diesem Beitrag sollen Ausschnitte aus dieser Datensammlung ausgehend von einem neuen Fokus re-analysiert werden: Die Frage ist: „Wie gehen Peers in dieser gestellten Situa-

---

[24] Das Projekt „Entwicklung sozialer Verhaltensnormen als Vorformen von Rechtsnormen" wurde von der Volkswagen-Stiftung gefördert und am Deutschen Institut für Internationale Pädagogische Forschung unter der Leitung von L.-H. Eckensberger und E.-J. Lampe durchgeführt.

tion mit *Ressourcenknappheit* im Miteinander um? Es stehen nicht (Rechts-) Strukturen, sondern Aushandlungsprozesse unter Peers im Fokus (vgl. Sujbert 2004, 2006). Für die Umsetzung dieser Frage wurde ein Brettspiel konzipiert, in dem mehrere Kinder im Alter von drei bis sechs Jahren miteinander agierten. Das den Kinder gezeigte Brettspiel hatte keine Spielfigur. Um das Spiel spielen zu können, sollte nun eine Papierfigur gebastelt werden. Zum Basteln bekam jedes Kind im Sitzkreis eine Tüte mit unterschiedlichem Inhalt. Einige Kinder hatten in ihrer Tüte beispielsweise eine Schere, Papier, einen roten Stift; ein anderes Kind hatte Kleber, wieder andere Glitzerstifte und Filzstifte oder kleine Süßigkeiten und Aufkleber. Sie durften diese Sachen behalten. Zusätzlich wurden Bastelmaterialien auf den Tischen ausgelegt, die „allen" Kindern gehörten. Es wurde in einem separierten Bereich in den Einrichtungen und dort an zwei Tischen gearbeitet. Aus Ressourcen-Knappheit und um basteln bzw. anschließend spielen zu können, mussten sich die Kinder in Austauschprozessen die fehlenden Gegenstände von anderen Kindern besorgen, einen Platz für das Arbeiten finden.

Das Spiel wurde auf Video aufgezeichnet (vgl. Marotzki/Schäfer 2003; Denzin 2003), zwei Erwachsene waren passiv anwesend. Auf die methodischen Schwierigkeiten und die Grenzen dieser bewusst hergestellten Situation wird an dieser Stelle nicht näher eingegangen.

3   Peers und Peerkultur: Das Problem der Ressourcenknappheit

Im Folgenden werden drei Sequenzen vorgestellt, die als ausgewählte Themen die kindlichen Ordnungen verdeutlichen sollen. Zunächst werden die Szenen mit Hilfe von Transkriptionen dargestellt und abschließend gedeutet.

Der ‚richtige' Umgang

Lisa, Simone, Nina und Diana sitzen an einem Quadrattisch. Sie haben bereits ihre Tüten und deren Inhalt gesichtet und basteln arbeitswillig an ihren Papierfiguren. Diana und Lisa bevorzugen das lila Papier für die Puppe und die dazu passenden lila Kleber. Der Verschluss des Klebers fällt auf den Boden. Diana schaut unter dem Tisch, Lisa sucht und findet ihn. Sie basteln weiter. Nina sichtet ihre Tüte erneut, schaut zu den anderen Kindern. Simone schneidet mir ihrer Schere ein grünes Blatt an, dabei blickt sie kurz in die Gruppe. Lisa malt mit einem Stift: „Manno, das habe ich aber verschmiert", sagt sie vor sich hin und schmiert mit ihren Händen noch etwas auf das Blatt. Die anderen drei Kinder beachten Lisas Satz nicht, sie basteln weiter mit Blick auf den Tisch. Simone legt die Schere auf den Tisch. „Meine Mama kann auch was machen", sagt sie. Während sie sich etwas aufrichtet und das grüne Blatt in ihren Händen dreht, schaut sie jedes Kind an. Die Blicke treffen sich. „Nicht so, Du musst noch malen", zeigt Diana auf das grüne Blatt und erklärt Simone den richtigen Bastelvorgang. Simone hört zu. Während dessen arbeiten Nina und Lisa wieder konzentriert. Lisa legt ihren Stift auf den Tisch und greift in Richtung Simones Schere. Doch sie zieht ihre Hand zurück und führt sie zu ihrem Kopf. Währenddessen schaut sie kurz in die Runde und wendet ihren Blick in die Gegenrichtung von Simone, Richtung Decke. „Manno, ich habe keine Schere, kann ich die Schere?" Spielt mit der Hand an einer Haarsträhne, und danach schaut sie Diana an. „Ich hab keine Schere", sagt Diana. „Ich hab auch keine Schere", schließt sich Nina an. Simone stellt das grüne Blatt auf den Tisch: „Ich aber", und legt ihre Hand auf die Schere und nimmt das Blatt wieder. „Kann ich mal die kurz haben?" fragt Lisa. Simone schaut suchend auf dem Tisch herum. Nunmehr greifen beide gleichzeitig in Richtung Schere. Lisa nimmt die Schere, Simone zieht ihre Hand zurück und hebt sie zu ihren Ohren. Dabei dreht sie sich in Richtung Lisa und schaut sie gebannt an. Als Lisa anfängt zu schneiden, nimmt Simone wieder das grüne Papier und schaut Diana an. Kurz bewegt sie ihre Augen (nicht ihren Kopf) Richtung Lisa und zurück. Als sie fertig ist, lässt Lisa die Schere auf den Tisch fallen. Simone nimmt die Schere in die Hand, zieht sie zu sich. Kurz darauf schneidet sie das grüne Blatt.

Nachdem das Problem, das Fehlen der Figuren zum Brettspiel, erkannt wurde, setzten sich alle vier Kinder an den Tisch, um diese zu basteln. Auch die Platzordnung bzw. Platzwahl erfolgte reibungslos. Die Ressourcenknappheit wurde mit einer Regel gelöst, die als eine reproduzierte Regel der Erwachsenenwelt angesehen werden kann, nämlich eine rechtliche Regel: Simones Eigentum geht in den Besitz von Lisa über, so lange wie sie es braucht. Die rechtlichen Verhältnisse werden von beiden Seiten erkannt und anerkannt. Lisa ist klar, welche Arbeitsschritte folgen. Sie hat den Arbeitsauftrag verinnerlicht und in diesem Moment benötigt sie die Schere. Sie ordnet dieses Objekt Simone zu (dies zeigen auch die Blicke). Ihre Frage nach der Erlaubnis für die Benutzung adressiert sie nicht explizit an Simone. Dennoch fühlt sich Simone als Adressantin angesprochen, dies markiert sie auch nonverbal: sie legt ihre Hand kurz auf die Schere. Daraufhin überschlagen sich die Ereignisse, beide Kinder greifen nach der Schere. Lisa ist schneller, sie nimmt die Schere und schneidet. Simone zeigt etwas Unverständnis und Unsicherheit für das Geschehene. Vielleicht fehlte ihr ein Schritt: Der Transfer, der hier stattfindet, ist eine Leihe. Die Regel der Leihe besagt, dass man, um das gewünschte Objekt zu bekommen, fragen muss. Erst nach einer Zusage darf man das Objekt nehmen, man verpflichtet sich aber auch zur Rückgabe. Hier wird vermutlich auf diese Regeln des Umgangs hingewiesen. Simone weist andere Kinder nonverbal auf die Regeln des Umgangs mit Objekten hin; damit betont sie die Achtung vor der Eigentumsnorm.

Übernahme von Verantwortung, sachlicher Klärungsversuch

An dem linken Tisch basteln Maria, Janus, Robert und Jakob. Robert und Jakob benötigen den Kleber, der pro Tisch als Gemeinschaftseigentum vorhanden ist. Der
Tisch von Jakob hat den lila Kleber, der andere den weißen. Sie knien auf den Stüh-
len. „Wo ist der Kleber? Wo ist der Kleber? Wo ist er hingeflogen?" fragt Jakob. Sie
stehen auf und gehen zum anderen Tisch. Maria schließt sich an. Am anderen Tisch
basteln Simone, Diana, Nina und Lisa. Ein Erwachsener beugt sich über den Tisch.
„Hier ist ein Kleber, das ist unser Kleber. Ey, ihr habt unseren Kleber geklaut", pro-
testiert Jakob. Der Erwachsene verlässt den Tisch. „...hab auch den da", zeigt Diana
auf Simone, die gerade mit dem weißen Kleber arbeitet. „Krieg ich den jetzt?" fragt
Jakob. Simone schüttelt ihren Kopf. „Ihr habt/Wir haben den", sagt Diana. „Wir
brauchen den aber", schließt sich Simone an. „Wir haben den noch", zeigt Diana auf
den lila Kleber, der vor Nina auf dem Tisch liegt. Jakob schaut in die Gruppe: „Wir
haben nur eins, wir haben nur null. Soll ich dir mal zeigen, wie viele wir haben?" Er
zeigt mit den Fingern eine Zwei an und mit der Faust eine Null, schaut jedes Kind
von links nach rechts an. Sie beobachten Jakob still. „Gar keinen bedeutet das, und
ihr habt .... Soll ich euch mal zeigen, wie viele ihr habt zwei. Wir haben so viel",
erklärt er weiter und zeigt die Faust. Diana schüttelt ihren Kopf: „Hab keins, wir haben noch den da" und zeigt den lila Kleber. „Hach, danke", nimmt Jakob den lila
Kleber vom Tisch und geht in Richtung seines Tisches. Maria dreht sich auch um.
„Nein" sagt Diana. Er bleibt kurz stehen, geht dann weiter. „Nein, ihr bekommt den
weißen, ... nein", ruft Diana nach. Robert begleitet Jakob zurück. „Ich brauch auch
noch", sagt Nina zu Simone, und ein Erwachsener hockt sich zum Tisch. „Nein",
unterbricht sie Simone, „ich brauch noch Augen". Lisa lässt ihre lila Puppe in der
Luft tanzen und singt: „Ich habe rosa, ich habe rosa". Jakob setzt sich auf seinen
Platz und klebt seine Puppe. Dann kommen die anderen Kinder an die Reihe.

Dieses Beispiel zeigt, dass ein Kind bereits im Kindergarten über so etwas wie
Vermittlungsfähigkeiten verfügt. Jakob erkennt das Problem der Ressourcenknappheit und macht das Problem den anderen klar, verständlich und nachvollziehbar. Mit dieser Aktion übernimmt er auch für andere Kinder, die an ihrem
Tisch basteln, die Verantwortung. Er wird von ihnen dabei mit Beistand unterstützt. Jakob greift bei seiner Argumentation auf die Sprache und auf das Demonstrieren mit nonverbalen Elementen zurück (Faust). Bei ihm gibt es eine
freundliche, dennoch sachliche Lösung des Problems der ungleich verteilten
Bastelobjekte. Seine Strategie führt zum Erfolg.
    In dieser Szene sind Scheitern und Überzeugen von zentraler Bedeutung.
Außerdem wird die Bedeutsamkeit der Valenz, die affektive Bedeutung der Gegenstände unter den Teilnehmenden deutlich. Es ist zunächst festzustellen, dass
die Merkmale, so Farbe oder Form der Objekte tatsächlich eine hohe Relevanz
haben. Für die Kinder scheint es von Bedeutung zu sein, ob ein Bastelmaterial
wie der Kleber, lila gefärbt oder ein üblicher Kleber ist, ob die Schere eine rote

oder eine grüne Farbe hat. Die Funktion (kleben) tritt in den Hintergrund der Auseinandersetzung.

Das Schlichten des Erwachsenen scheint seitens der Kinder nicht nötig zu sein. Er schaltet sich nicht in die Auseinandersetzung der Kinder ein. Auch als er zurückkehrt, werden ihm weder das Geschehen geschildert noch weitere Maßnahmen gefordert.

Die gemeinsam hergestellte Norm und die Sanktion

> Corinna, Zita, Veronika und Susanne sitzen am Tisch und beginnen zu basteln. Zita ist bereits am Arbeiten. Corinna sagt in die Runde: „Ich will Gelb, ich will Gelb" und greift nach Veronikas gelbem Papier. „Das ist mir. Oh Mann, gehört mir, guck mal", sie schreit und weint. „Ja, du hast ja schon", sagt Corinna, aber sie bekommt kein Papier. Einige Zeit später braucht Zita von Corinna den Kleber. „Da", reicht sie den Kleber rüber. „Danke", antwortet Zita. „Kann ich den Kleber haben", fragt kurz darauf Veronika und blickt dabei einen Erwachsenen an: „Ich habe keinen, wer hat", so die Reaktion. „Susanne und Corinna", antwortet Veronika. Eine Weile passiert nichts. Corinna blickt in die Runde: „Ich will Gelb". Schaut Veronika an: „Veronika? Kriege ich Gelb?" Veronika schüttelt ihren Kopf. Ein Erwachsener bietet Corinna als Möglichkeit an, eine andere Farbe statt Gelb zu nehmen. Sie lässt sich kurz darauf ein, ein blaues Papier zu nehmen, dann gibt sie diese Möglichkeit jedoch auf. Zita, die eigentlich konzentriert an ihrer Figur arbeitet, schaltet sich auch ein und wiederholt die angebotene Möglichkeit, eine andere Farbe zu nehmen. Corinna lehnt dies ab, sie will ein gelbes Papier. Sie wendet sich erneut an Veronika, die erneut mit nein antwortet. Diese Ereignisse wurden von Zita beobachtet, während sie gebastelt hat. Einige Zeit später sagt sie: „Wenn die sagt ‚Kann ich den Kleber?', dann kannst du ja auch sagen ‚Nein'". Alle Kinder basteln scheinbar weiter, keine reagiert. Zita weiter: „Wenn du ihr kein Gelb gibst, kann sie dir auch kein … die ... Kleber geben. … So ist das halt", sie blickt Veronika an. Daraufhin nimmt Veronika das gelbe Papier und gibt es Corinna. Etwas zeitversetzt ergreift Corinna den Kleber und legt ihn vor Veronika hin. Sie nimmt ihn und arbeitet. „So ist das halt", sagt Zita.

Anders als die vorher dargestellten Beispiele zeigt dieses einen längeren Aushandlungsprozess. An diesem Prozess sind vier Kinder involviert, die am gleichen Tisch sitzen und eine kleine Gruppe bilden. Gleich zu Beginn wird das Problem der Ressourcenknappheit erfahren. Corinna und Veronika können sich nicht einigen. Immer mehr Fragen und Bitten werden formuliert. Corinna will noch immer Gelb, bekommt es aber nicht. Veronika will Kleber und bekommt keine Reaktion. Die Aushandlung führt zu keinem Erfolg. Corinna scheint Veronikas Entscheidung zu akzeptieren, sie unternimmt nichts mehr. Das Problem steht im Raum und ist ungelöst. Dann erreicht der Verlauf einen Wendepunkt: Zita gibt Corinna ihren Kleber zurück und macht eine Bemerkung, nun jedoch nicht konkret an eine Person adressiert: Wenn man (du) um etwas gebeten wird (wirst), kann man (kannst du) es ablehnen bzw. verweigern. Sie hat ja keinen Grund, warum sie es sagen muss. Wahrscheinlich ist der Satz an Corinna adressiert, als Unterstützung wegen Veronikas misslungenen Handlungen. Die Situation zwischen den beiden, die sich nicht einigen können, hat Zita, die eigentlich nicht daran beteiligt ist, verfolgt. Es folgen Anweisungen, die das Basteln betreffen. Zita bietet eine Art Tausch an: Die Übergabe erfolgt nicht bedingungslos, man muss sich mit etwas revanchieren. Dies ist an sich ein starkes Motiv, das Papier zu geben, und zudem eine sehr kompetente Lösung des Ausgangsproblems. Darauf verstärkt Zita ihre vorherige Aussage, diesmal in negativem Zusammenhang, und richtet sie dabei an Veronika: Wenn sie kein Gelb gibt, dann kann Corinna ihr auch keinen Kleber geben. Vermutlich, und das unterstützt der Abschlusssatz mit „so ist das halt", wird das Tauschprinzip von Zita als (geltende) Norm angesehen, die nicht besser oder mehr erklärt werden kann und gegen die man nichts tun kann. Die Lösung wird schon während der Sequenz forciert: eine Ablehnung kann man mit einer Revanche begleichen. Wenn man eine Gegenleistung anbietet, bekommt man das gewünschte Objekt; der Impuls ist dabei die Notwendigkeit.

Zita bleibt Stellvertreter, und sie löst damit das Problem weder für sich noch für Veronika. Sie beobachtet ganz genau und leitet eine Lösung für die Gruppe ab. Tauschen heißt etwas geben, wofür man etwas bekommt. Sonst gibt es keine Möglichkeiten, das Problem zu lösen. Dieser ‚Tausch' ist aber zeitweilig zugelassen. Die Wertigkeit wird dabei nicht als zentral angesehen, deshalb bleibt der Vorgang auch auf einer überschaubaren Ebene: Das gelbe Papier ist genauso viel wert wie die Glitzersterne. Diese Realität ist starr an die Situation gebunden und wird von den anderen Kindern akzeptiert. Zita lässt sich nicht in die Problematik der ‚rechtlichen' Zuordnung der Dinge ein, also wem was gehört. Die Zuordnung der Sachen wird am Ende der Einheit relevant (beim Aufräumen), beim Umgang nicht.

Die detaillierte Analyse dieser Gruppeninteraktion zeigt, dass sich nach einem relativ temperamentvollen Streit um einen Gegenstand ein drittes Kind, das Mitglied der Gruppe ist, in einen Konflikt zwischen zwei Kindern einschaltet und den aktuellen Konflikt löst, indem sie eine Norm formuliert. Diese lautet: Wenn du nichts gibst, bekommst du auch nichts. Nach dieser Regel wird ein sozusagen „Hand-zu-Hand-Leih-Tausch" erzwungen. Dies geschieht noch gleichzeitig. Interessant dabei ist, dass sich die Norm auch für einen längeren Zeitraum durchsetzt: Wird von da an ein Objekt ausgeliehen, so ist der Nehmer verpflichtet, dem Geber zu einem späteren Zeitpunkt auch etwas auszuleihen, wenn dieser etwas braucht. Diese Norm bestimmt alle folgenden Transfers, und ihr zufolge müssen Objekte von da an gegenseitig zeitversetzt ausgeliehen werden.

Es liegt hier zwar keine Bereitschaft vor, sich an eine regelnde Instanz zu wenden, jedoch wird diese Hilfe von den Kindern, die sich in der Problemsituation befinden, nicht abgelehnt. Der Verstoß gegen diese Regel wird auch zu einem späteren Zeitpunkt sanktioniert:

> „Krieg ich mal kurz Sterne?" sagt Corinna zu Sarah. Diese schüttelt ihren Kopf. „Sarah, ich hab dir auch Kleber gegeben." Sarah reagiert nicht. „Ich wasche meine Hände, kriege ich dann Sterne?" „Nein", so Sarah und schüttelt ihren Kopf. „Ich hab dir auch Kleber gegeben". Corinna akzeptiert scheinbar die Situation. Kurz darauf möchte Sarah von Corinna etwas: „Kann ich mal bitte Kleber?", „Ja" sagt Corinna betont, wendet ihren Kopf etwas zur Seite und gibt Sarah den Kleber. Minuten später möchte Corinna von Sarah erneut die Glitzersterne: „Krieg ich mal kleine Glitzerspäne?" Sarah lehnt erneut ab: „M-m". Daraufhin steht Corinna von ihrem Platz auf, geht zu Sarah und nimmt ihren Kleber zurück.

Die kurz vorhin aufgestellte Regel wurde verletzt, es besteht ein Verstoß gegen die Regel. Corinna erinnert Sarah an die Abmachung und Auslegung der Regel. Sie formuliert ihr Anliegen erneut. Als dieses nichts bewirkt hat, nimmt sie ihren Gegenstand zurück. Damit setzt sie eine Sanktion ein. Diese wird von Sarah akzeptiert.

4   Zusammenfassung

Der Beitrag hat einige szenische Interaktionen im Elementarbereich gezeigt. Er ging von der Annahme aus, dass Peerkontakte bereits im frühen Kindesalter bestehen. Dies wurde durch die gezeigten Beispiele verdeutlicht. In den Interaktionen orientieren sich Kinder in dem gegebenen Kontext am Verhalten der anderen, treten aktiv in Kontakt miteinander und gestalten kollektiv die Geschehnisse der Gruppe. Sie bemühen sich um die Erarbeitung gruppeneigener Bedeutungssysteme, gestalten ihre Aktivitäten, stellen Produkte her und setzen ihre Werte (vgl. Corsaro 1985).

Im Hinblick auf den Umgang mit Ressourcenknappheit wurden drei Regelungsformen der Peers, mit denen sie ihre Ordnung versuchen zu konstruieren, expliziert. Zum einen ging es um eine Interaktion zwischen zwei Mädchen, die eine Norm des kindlichen Austauschens zeigte. Diese Regelung entspricht einer Regel der Erwachsenenwelt, nämlich der der Leihe. Die nachfolgende Szene, an der mehrere Kinder von zwei Gruppentischen involviert waren, machte einen sachlich-freundlichen und verantwortungsvollen Klärungsversuch deutlich. Dabei formulierte ein Junge als kompetenter Vertreter seiner Gruppe deren Bedürfnisse. Die dritte Szene zeigte einen längeren Aushandlungsprozess, in dem die durch die Mitglieder erarbeitete Norm nicht nur eine Situation, sondern alle danach kommenden Austauschhandlungen regeln und kontrollieren soll. Diese Beispiele der situativen, szenischen Interaktionen (Zinnecker 1995) im Verlauf machen besondere Voraussetzungen der Kultur der Peers transparent: Für ein Kind im Kindergartenalter, hier besonders unmittelbar nach dem Übergang von der Familie in den Kindergarten, ist es wegen der hohen Anforderungen an die kognitiven Fähigkeiten des Kindes schwer und komplex, Mitglied einer Gruppe zu werden. Ab zwei Jahren werden ausgedehnte Austauschprozesse und geteilte Routinen zwischen Kindern, u. a. durch neue Impulse der Sprachentwicklung, realisierbarer. Diese bilden möglicherweise die Anfänge einer Peerkultur.

Die initiierten Situationen zeigen, dass sich Kinder zunächst der eigenen Arbeit widmen. Dies wurde durch den impliziten Arbeitsauftrag gelenkt (jedes Kind hat erkannt, dass um das Brettspiel ausführen zu können, eine Figur gebastelt werden soll). All die Objekte in der Tüte, die sie bekamen, wurden von den Kindern schon nach kurzer Zeit als „eigen" angesehen, da sie, kurz nachdem sie sie bekommen hatten, sagten, „das ist meins". Dies zeigt bereits eine Regel, einen normativen Charakter, und kann als ein Skript betrachtet werden, das Verhalten organisiert. Corsaro betrachtet dies und die oben genannte Routine als interne Komponente einer Routine von Peer Culture (vgl. Corsaro, 1988). Er vertritt die Meinung, dass die Routinen der Peers sowohl eine interne kognitive als auch eine externe Verhaltenskomponente aufweisen. In diesem Beitrag ist der Fokus auf das Verhalten gelegt. Im weiteren Verlauf der Bastelarbeit orientieren sich Kinder aneinander, treten in Kontakt miteinander, suchen nach Lösungen. Die gegebene Situation, die Ressourcenknappheit, erfordert eine bestimmte Ordnung: den Umgang miteinander und mit Objekten. Die dargestellten Beispiele zeigen, dass die Ordnung, die kindliche Regelung des Objekttransfers miteinander gleichzeitig sowohl Regeln der Erwachsenen (dieses wird in der Szene zwischen Lisa und Simone erkennbar, in der sie leihen; und ansonsten ein breites Spektrum an anderen rechtlichen Äquivalenzen), Regeln der Einrichtung Kindergarten (Gegenstände gehören allen, freundliche Umgang miteinander) als auch kindereigene, transformierte Regeln reflektiert. Letzteres wird an der Interaktion unter Verena, Corinna und Zita deutlich: Der Objektaustausch, der in dieser Situation hergestellt wurde, ist im Grunde eine modifizierte Leihe, insofern als die Objekte nach der Benutzung zurückgegeben werden. Und gleichzeitig ein Tausch, da beide Beteiligten geben und nehmen. Damit basiert dieser Transfer auf Gegenseitigkeit und wurde von den Mitgliedern unter Gruppenzwang, aber in Dyaden im Verlauf des Bastelns kontrolliert.

Diese Erkenntnis spiegelt im Sinne von Corsaro einen kreativen, komplexen und interpretativen Prozess der Peers wider, der einerseits als reproduktiver, andererseits als produktiver bezeichnet werden kann (vgl. Corsaro 1990). Es ist anzunehmen, dass die Mitglieder Informationen aus der Kindergartenkultur, aus der Welt der Erwachsenen sowie aus den Peergruppen, an denen sie beteiligt sind, nutzen. Die ersten beiden werden als reproduktive Prozesse, letztere als produktiver Prozess verstanden.

Corsaro beschreibt in seiner amerikanisch-italienischen Vergleichsstudie (1988), dass die Peerkultur durch das andauernde Bestreben der Kinder, Kontrolle und Einfluss über die Geschehnisse zu gewinnen und diese mit anderen zu teilen, charakterisiert ist. Diese Aussagen sind im vorliegenden Beitrag ervorzuheben: die gemeinsame Beteiligung bzw. soziale Teilhabe und die Kontrolle, das gemeinsame Kontrollgefühl sind also wichtige Themen dieser Kultur. Die Inhalte der interaktiven Prozesse werden situativ im „Hier und Jetzt" (vgl. Prengel/Breidenstein 2005) von den partizipierenden und aktiv gestaltenden Mitgliedern einer Gruppe ausgehandelt: Es wurde situativ ausprobiert, was sich am besten bewährt. Es wurde entdeckt, was wahr, was richtig und was vertretbar ist (Krappmann 2001). Demzufolge ist diese Kultur weniger als ein starres Gerüst, sondern vielmehr als eine dynamische und flexible Struktur konturiert (Löfdahl 2006). Es bleibt hierzu festzuhalten, dass Aushandlungsprozesse unter Kindergartenpeers eine günstige und stimulierende „Probebühne", einen „Übungsraum" bieten, in dem die Akteure ihre Informationen und Handlungen reflektieren und prüfen müssen. Der Raum fungiert als Lehr-Lernraum. Nicht nur die eigene, sondern auch die gemeinsame Perspektive soll fortlaufend erfahren, ausgehandelt und abgestimmt werden. Die Erkenntnisse belegen – wie oben angedeutet – ein breites Spektrum der sozialen und personalen Kompetenzen der Kinder im Elementarbereich. Die Zusammenarbeit, wie sie initiiert und beobachtet wurde, fördert sozial-kommunikative Fähigkeiten wie Verantwortung und Respekt für das Selbst und für die Gruppengemeinschaft sowie das Verständnis von Normen und Regeln des Umgangs mit Objekten und miteinander.

Die Ergebnisse stärken auch die Thesen von Piaget (1932), Krappmann (1996) und Youniss (1994): Peers haben eigene Vorstellungen und sind aktive Konstrukteure ihrer Gruppengeschehnisse. Wie erwähnt, es wird davon ausgegangen, dass die Kinder bereits mit Vorstellungen am Spiel teilgenommen haben, mit Regeln, die sie bereits in unterschiedlichen Bereichen gesammelt haben, z. B. in familiären Kontexten (vgl. Hollstein/Bria 1998; Kreppner 1991, 1997) und diese re-konstruiert haben oder in verschiedenen Peergruppen konstruiert oder ausprobiert haben. Im gegebenen Handlungsraum suchten die Kinder nach Wissen und Regeln und entwickelten diese gleichzeitig. Mit Hilfe dieser Erkenntnisse wird einerseits die These Corsaros belegt, dass die interpretative Produktion und Reproduktion von Kultur bereits in der frühen Kindheit beginnt, andererseits wird der Stellenwert der Peerkultur im Elementarbereich ersichtlich.

5 Literatur

Bohnsack, R./Marotzki, W./Meuser, M. (Hrsg.) (2003): Hauptbegriffe Qualitativer Sozialforschung. Weinheim und Basel: Leske & Budrich. UTB.

Breidenstein, G./Kelle, H. (2002): Die Schulklasse als Publikum. Zum Verhältnis von Peer Culture und Unterricht. Die Deutsche Schule. 94. Jg. 2002. H. 3. 318-329.

Corsaro, W. (1988): Routines in the Peer Culture of American and Italian Nursery School Children. Sociology of Education. Nr. 61. 1-14.

Corsaro, W./Eder, D. (1990): Children's Peer Culture. Annu. Rev. Sociol. 1990. 16. 197-220.

Corsaro, W. (2003): We're Friends, Right?: Inside Kids' Culture. Washington, D. C.: Joseph Henry.

Corsaro, W. (2005): The Sociology of Childhood. Thousand Oaks, 2. Ed. CA: Pine Forge Press.

de Boer, H. (2006): Klassenrat als interaktive Praxis: Auseinandersetzung – Kooperation – Imagepflege. Wiesbaden: VS Verlag für Sozialwissenschaften.

Denzin, N. K. (2003): Reading Film – Filme und Videos als sozialwissenschaftliches Erfahrungsmaterial. In: Flick, U./Kardorff, E./Steinke, I. (2003): 416-428.

Edelstein, W./Oser, F./Schuster, P. (Hrsg.) (2001): Moralische Erziehung in der Schule: Entwicklungspsychologie und moralische Praxis. Weinheim: Beltz.

Flick, U./Kardorff, E./Steinke, I. (2003): Qualitative Forschung. Ein Handbuch. Reinbek bei Hamburg: Rowohlts Taschenbuchverlag GmbH.

Hengst, H./Zeiher, H. (Hrsg.) (2005): Kindheit soziologisch. Wiesbaden: VS Verlag für Sozialwissenschaften.

Heinzel, F. (Hrsg.) (2000): Methoden der Kindheitsforschung. Ein Überblick über Forschungszugänge zur kindlichen Perspektive. Weinheim: Juventa.

Hollstein, B./Bria, G. (1998): Reziprozität in Eltern-Kind-Beziehungen? Theoretische Überlegungen und empirische Evidenz. Berl. J. Soziol. H. 1. 7-22.

Honig, M.-S./Leu, H. R./Nissen, U. (Hrsg.) (1996): Kinder und Kindheit. Soziokulturelle Muster – sozialisationstheoretische Perspektiven. Weinheim, München: Juventa.

Huhn, N./Dittrich, G./Dörfler, M.,/Schneider, K. (2000): Videografieren als Beobachtungsmethode in der Sozialforschung. In: Heinzel, F. (Hrsg.) (2000): 185-202.

Krappmann, L. (1996): Streit, Aushandlungen und Freundschaften unter Kindern. In: Honig, M.-S./Leu, H. R./Nissen, U. (Hrsg.) (1996): 99-116.

Krappmann, L. (2001): Die Sozialwelt der Kinder und ihre Moralentwicklung. In: Edelstein, W./Oser, F./Schuster, P. (Hrsg.) (2001): 155-176.

Lash, M. (2008): Classroom Community and Peer Culture in Kindergarten. Early Childhood Education Journal 36/1. 33-38.

Löfdahl, A. (2006): Grounds for values and attitudes: children's play and peer-cultures in pre-school. Journal of Early Childhood Research. Vol. 4. Nr. 1. 77-88.

Marotzki, W./Schäfer, E. (2003): Film und Videoarbeit. In: Bohnsack, R./Marotzki, W./Meuser, M. (Hrsg) (2003): 62-67.

Olesen, J. (2005): Das Kinderpublikum positionieren In: Hengst, H./Zeiher, H. (Hrsg.) (2005): 159-176.

Oswald, H./Krappmann, L. (1991): Der Beitrag der Gleichaltrigen zur sozialen Entwicklung von Kindern in der Grundschule. In: Pekrun, R./Fend, H. (1991): 201-216

Pekrun, R./Fend, H. (1991):Schule und Persönlichkeitsentwicklung: Ein Resümee der Längsschnittforschung. Stuttgart: Enke.

Piaget, J. (1932 in 1983): Das moralische Urteil beim Kinde. München: Klett-Cotta

Schweizer, H. (2007): Soziologie der Kindheit. Verletzlicher Eigen-Sinn. Wiesbaden: VS Verlag für Sozialwissenschaften.

Sujbert, M. (2004): Development of norms concerning object acquisition in 3 to 10 year old children: an observational study. In: Trends in Bildung international. Nr. 8. Dipf-Online-Journal.

Sujbert, M. (2006): Geschenkt ist geschenkt. Rechtsanaloge Strukturen in kindlichen Interaktionen am Beispiel von Objekttransfers. Berlin: Weißensee.

Weyers, S./Sujbert, M./Eckensberger, L. H. (2007): Recht und Unrecht aus kindlicher Sicht. Die Entwicklung rechtsanaloger Strukturen im kindlichen Handeln und Denken. Münster: Waxmann.

Youniss, J. (1994): Soziale Konstruktion und psychische Entwicklung. Frankfurt am Main: Suhrkamp Taschenbuch.

Zwischen Unterricht, Hausaufgaben und Freizeit. Über das Verhältnis von Peerkultur und schulischer Ordnung in der Ganztagsschule

Heike Deckert-Peaceman

Die Erforschung der Peerkultur wendet sich zunehmend von den Untersuchungsfeldern Straße und Spielplatz hin zur Schule. Erklären lässt sich dieses Interesse mit der gestiegenen Bedeutung der Schule als zentralem Treffpunkt von Gleichaltrigen und damit als Raum für Peer-Interaktion. Die Schule erscheint als Bühne, ohne dass jedoch deren Bedingungsfaktoren für Peer-Praktiken in allen Dimensionen berücksichtigt werden. Der Blick richtet sich folglich auf die Sphären, die sich der schulischen Sozialisation unmittelbar entziehen, wie Pausenhöfe oder das Geschehen unter der Bank bzw. die Hinterbühne des Unterrichts (Zinnecker 1978; Wagner-Willi 2005). Zwar gibt es auch vereinzelt Studien, die das paradoxe Verhältnis von Schüler- und Peerkultur anerkennen (Wiesemann 2005; de Boer, Scholz beide 2006) und auf die institutionelle Dimension beziehen, jedoch zeigt sich noch keine systematische theoretische Entwicklung eines solchen Ansatzes.

Eine Erklärung für dieses Phänomen könnte die Hypothek der Pionierforschung aus den 1970er Jahren sein. Schule und Peers erscheinen in den Arbeiten von Willis (1977) u. a. als klar formulierte Dichotomien: auf der einen Seite ein Herrschafts- und Zwangssystem, auf der anderen Seite entweder Anpassung unter Aufgabe der peerkulturellen Eigenarten oder Widerstand unter Nutzen peerkultureller Ressourcen. Damit wird impliziert, dass es sich jeweils um eindeutige Entitäten von Rolle und Institution handelt. Im Dreieck Peer, Schüler und Schule wirkt das Schülersein als die äußere und häufig auch innere Aufgabe des Widerstands gegen die Unterdrückung, währenddessen das „wilde, natürliche und dadurch widerspenstige" Kind- und Jugendlichsein geradezu romantisch verklärt scheint (siehe auch de Boer/Deckert-Peaceman, in diesem Band, 23). Auch wenn neuere Studien das Bild der Akteure differenzieren konnten, wurde das Wirkungsgefüge von institutioneller Rahmenbedingung und Akteuren bislang wenig in seiner Komplexität in den Blick genommen. Ein möglicher Ansatz könnte in der Erfassung der institutionellen Dimension mit dem Begriff des „institutionellen Akteurs" liegen, wie Fend (2006, 153ff.) das neuerdings versucht. Damit wäre die Chance für eine relationalere Begrifflichkeit auf allen Ebenen gegeben und für eine Untersuchung des Wechselgefüges.

Die vergleichsweise starre Setzung der Schule resultiert aus ihrer Prägung und Verankerung im 19. Jahrhundert, die in vielerlei Hinsicht bis heute andauert und strukturell nachweisbar ist. Allerdings bestimmt sie auch unser kulturelles Gedächtnis (Assmann 1992) und beeinflusst somit eine bestimmte Vorstellung von Schule in Öffentlichkeit und Forschung, die möglicherweise institutionelle Veränderungsprozesse sowie ihre Auswirkung auf die Schulkultur „übersieht". Schulkultur ist nach Helsper u. a. (2001) ein Konstrukt, in dem reale, symbolische und imaginäre Aspekte vielfältig miteinander wirken. Verändert sich die schulische Ordnung in der Realität, so gerät das genannte Wirkungsgefüge in Bewegung. Allerdings wird die Veränderung nicht notwendigerweise zeitgleich und im selben Ausmaß auf allen Ebenen vollzogen. Am Beispiel der Ganztags-schule möchte ich auf solche Veränderungsprozesse in ihrer Auswirkung auf das Kindsein in der Schule zwischen Peer- und Schülerkultur diskutieren. Dabei nähere ich mich dieser Frage zunächst makro-, dann mikroanalytisch.

1   Erste Annäherung an das Kindsein zwischen Peer- und Schülerkultur vor dem Hintergrund der Ganztagsschulreform

Betrachtet man die Ganztagsschulentwicklung in Deutschland der letzten Jahre, so zeigt sich auch hierbei keine klare Ursache-Folge-Wirkung hinsichtlich der aufgeworfenen Fragestellung. Es handelt sich bei dem Ganztagsschulmodell nicht nur um eine bildungspolitische Setzung, die in gewissem Maße schulische Grenzen verrückt, auf die nun die Kinder in der Schule reagieren und damit ihre Positionierung zwischen Peer und Schüler neu ordnen. Die Ganztagsschule selbst ist eine Antwort auf gesellschaftliche Veränderungsprozesse, die in hohem Maße das Aufwachsen von Kindern und damit ihre Peerkultur beeinflussen. An einem Beispiel möchte ich diesen paradoxen Zusammenhang verdeutlichen.

Die Schule ist zum zentralen Treffpunkt von Peers geworden. Die Hauptur-sache für diese Entwicklung verorte ich in der ständig abnehmenden Kinderzahl. Zum einen wird durch weniger Gelegenheiten und z.T. erhebliche Distanzen das Zusammentreffen erschwert, zum anderen ist postmoderne Kindheit vielfach durch Erwachsenenkontrolle geprägt. Kinder sind zum kostbaren Gut gewor-den.[25] Eingeständige Erfahrungsräume außerhalb der Schule, wie Schulwege und

---

[25] Es handelt sich hierbei um einen ideellen und emotionalen Wert, der im Laufe der modernen Kindheit an Bedeutung gewann, während der ökonomische nahezu bedeutungslos wurde. Allerdings scheint der materielle Wert der nächsten Generation vor dem Hintergrund der demographischen

nicht verplante Nachmittage in den durchaus zahlreich vorhandenen außerhäuslichen Spielräumen, werden ihnen nicht selten aus Fürsorge und Fördereifer genommen.[26] Jedoch sind nicht alle Eltern in der Lage, diese Art von Kontrolle zu leisten. Gerade in Zeiten eines zunehmenden Arbeitskräftemangels sprechen volkswirtschaftliche Gründe eindeutig gegen ein Modell, bei dem eine Mutter für ein bis zwei Kinder vollständig für deren Fürsorge und Förderung freigestellt wird.[27] Folglich wird das Modell einer umfassenden Betreuung und Kontrolle von Kindheit in eine Institution ausgelagert.[28]

Hinzu kommt eine Vernachlässigungsdebatte, die suggeriert, dass ein gewisser Anteil von Kindern und Jugendlichen viel zu sehr sich selbst überlassen bliebe und zunehmend ein gesellschaftliches Problem darstellte (schlechtes Abschneiden bei PISA, zunehmende Gewalt und Drogenabhängigkeit, etc.). Damit wird klar ein gesellschaftlicher Trend gegen einen eigenständigen Raum für Peers, der sich tatsächlich der Kontrolle von Erwachsenen entzieht, sichtbar – eine Tendenz, die sich in anderen OECD-Staaten schon seit längerem und viel pointierter wahrnehmen lässt. Ferner zeigt sich Angst vor dem schlechten Einfluss von Peers, besonders im jugendlichen Alter. Diese Angst steht in Verbindung zu einem Erziehungsdiskurs, der von „Notstand" spricht.[29] Demnach scheinen die Eltern die Erziehungskontrolle über ihre Kinder verloren zu haben, die sie unfreiwillig und zum Schaden für ihre Kinder an andere Sozialisationsinstanzen wie Medien und Gleichaltrige abgeben müssen. Gleichzeitig weiß man mehr denn je um die förderliche Wirkung von Gleichaltrigen für das Aufwachsen von Kindern durch eine erhöhte Aufmerksamkeit für die kindliche Entwicklung in Forschung und Öffentlichkeit (Opp/Teichmann 2008).

Um vor dem unkalkulierbaren und möglicherweise negativen Einfluss einer eigenständigen Peerkultur zu schützen und dennoch die positiven Effekte als entwicklungsförderlich nutzen zu können, wird in der Schule ein Raum dafür geschaffen. Das Schlagwort, die Ganztagsschule sei auf dem Weg vom Lernort

---

Entwicklung wieder an Bedeutung zu gewinnen, wenngleich sich die Verteilungsfrage nicht auf die Familien direkt bezieht (Beispiel: Diskurs über Renten und generationale Verteilungskämpfe).

[26] Die beschriebenen Phänomene sind nicht ein Ausdruck der Postmoderne. Sie galten schon immer für das Bürgertum, wie zahlreiche Zeugnisse belegen. Allerdings wird heutzutage davon der größte Teil der Kinder erfasst. Bei erstaunlichen Gemeinsamkeiten, z. B. Überbürdungsdebatte, Schundliteratur, etc, sind jedoch auch Unterschiede zum Bürgertum des ausgehenden 19. Jahrhunderts und beginnenden 20. Jahrhunderts sichtbar. Medien, Globalisierung sowie für die Postmoderne typische Kennzeichen von Vielfalt und Unsicherheit sind wichtige Faktoren.

[27] Hierbei sind in der Gesellschaft vorherrschenden Mütterideologien ein weiterer Einflussfaktor, der auch dem Wandel unterzogen ist, jedoch nicht ausgeführt werden

[28] Vgl. zum Zusammenhang einer zunehmend institutionalisierten Kindheit und ökonomischen Prozessen, wie Deregulierung von Arbeitszeit und Verteilung von Zeit auf Familie und Arbeit, Zeiher (2005)

[29] Vgl. zur Krisensemantik Oelkers (2006)

zur Lebenswelt, deutet eine solche neue Funktion an, wenngleich damit auch andere Dimensionen impliziert werden. Dieser Raum entsteht jedoch nicht in einer Institution, die sich durch die zeitliche Ausdehnung in zentralen Punkten verändert hat, sondern in einem hybriden Gebilde, dessen Kern unangetastet geblieben ist.

2   Zwischen Schule und Nicht-Schule – Ganztagsschulreform in Deutschland als hybrides Gebilde

Die Ganztagsschulreform in Deutschland basiert auf dem Prinzip der Freiwilligkeit, durch das ein zusätzliches Element zur Unterrichtsschule entsteht, das nicht für alle gilt. Dies bedeutet bezogen auf die Peerkultur, dass sich nicht nur innerhalb der Schule etwas ändert, sondern Einschnitte der nachmittäglichen Freizeitgestaltung zu verzeichnen sind. Die Tatsache, dass manche Kinder am Nachmittag die Ganztagsschule besuchen und andere nicht, bedeutet einen Verlust an Gelegenheiten für Freundschaften und Aktivitäten, der dem möglichen Gewinn innerhalb der Schule gegenübergestellt werden muss. Deutlich wird dieses Wechselverhältnis in dem Kommentar einer Schülerin zur neu eingeführten Ganztagsschule:

> „Hallo, ich bin Metin. Ich bin 9 Jahre alt. Wir gehen in die Ganztagsschule. Früher durften alle Kinder auf de Schulgelände spielen, aber jetzt dürfen nur die Ganztagsschüler auf de Schulgelände spielen. Und wenn sie nach Hause gehen wollen, dann können sie bis 16 Uhr nicht nach Hause gehen. Weil das Tor ist geschlossen. Und das andere Tor von der Außenseite ist auch geschlossen."[30]

Ergänzend ist noch hinzuzufügen, dass der Schulhof bis zur Umwandlung in eine Ganztagsschule nachmittags als Spielplatz zur Verfügung stand und vielfältig genutzt wurde, auch als sinnvolle Abkürzung von einer Stelle des Stadtteils zu dem anderen. Mit dem Schließen der Tore entfiel diese Abkürzung. Gerade Jugendliche auf Fahrrädern äußerten ihren Unmut über diese Beschränkungen, wie die Beobachtungen in den ersten Wochen der Umwandlung zeigten.

   Insgesamt lässt sich festhalten, dass durch das Prinzip der Freiwilligkeit hinsichtlich des ganztägigen Angebots die bestehende schulische Ordnung weitestgehend erhalten bleibt. Weder das Curriculum, noch die Stundentafel, noch die Standards, in der Regel noch nicht einmal die Arbeitszeit der Lehrer ändern

---

[30]Es handelt sich hierbei um den Kommentar eines Mädchens im Film: „Ein ganzer Tag in der Schule", dessen Re-Analyse im Zentrum dieses Beitrages steht und der im Folgenden noch genauer beschrieben wird.

sich durch die Reform. Je nach Bundesland gibt es unterschiedliche Formen der Verzahnung zwischen der Unterrichtspflichtschule am Vormittag und dem nachmittäglichen Betreuungsangebot, das häufig nicht nur oder kaum von Lehrkräften durchgeführt wird. Für die Frage nach dem Verhältnis von Schüler- und Peerkultur ist relevant, inwiefern die Zeit außerhalb des Unterrichts überhaupt als Schule verstanden wird, wenn sie viele Kennzeichen der schulischen Ordnung entbehrt. Offensichtlich ist die schulische Ordnung nicht an den Ort gebunden. Sie kann am Ort Schule in manchen Sphären nicht wirksam werden sowie an außerschulischen Orten herstellbar sein, z.B. in einer Waldschule.[31]

Gleichzeitig lässt sich der Ort als Bezugspunkt nicht ignorieren. Ein Hort (oder Betreuungsangebot, Freizeitaktivität) im Kinderzentrum ist ein anderes Handlungsfeld als ein Hort in der Schule. Zwar öffnet sich die Schule zunehmend der Lebenswelt von Kindern und integriert neue Aufgaben und Aktivitäten. In gleichem Maße verliert sie ihren Stellenwert als zentrale Vermittlungsinstanz von Bildung an außerschulische Kontexte, beispielsweise durch die Scholarisierung von Freizeit (Fölling-Albers 2000; Olk 2003). Dennoch hat das Schuldispositiv (Pongratz 2004) seine große Wirkungsmacht behalten, die Praktiken transformiert. Am Beispiel des Freizeitangebots von Vereinen in der Ganztagsschule lässt sich das verdeutlichen. Klares Unterscheidungsmerkmal ist wiederum die Freiwilligkeit. Zwar ist der Besuch von Ganztagsschulen keine Pflicht, aber eine Anmeldung setzt formal eine verbindliche Teilnahme voraus.[32] Somit wird die Fußball-AG in der Schule zu einer Pflichtveranstaltung, während der Besuch desselben Vereins zum außerschulischen Training den Kindern diese Entscheidung überlässt. In dem Versprecher eines Kindes (s. dazu auch später Interviewausschnitt): „Mein Lieblings*fach* in der Ganztagsschule ist die Erste-Hilfe-AG" zeigt sich ein Einfluss schulischer Ordnungsprinzipien, der sich auch bei genauerer Analyse der Realverläufe bestätigt.

Ein weiteres Problem bei einer schultheoretischen Verortung des Ganztagsschulmodells sind gesellschaftliche Entgrenzungstendenzen, die traditionelle Funktionen von Sozialisationsinstanzen und deren Aufgabenverteilung verändern. Ein Beispiel hierfür ist das Mittagessen. Die Beobachtung mangelhafter Tischsitten führte zu der Frage, ob man diese am Vormittag unterrichten sollte.[33]

---

[31] Ich verweise hier auch auf den Diskurs über die Scholarisierung von außerschulischen Feldern (Fölling-Albers 2000), der nicht näher ausgeführt werden kann.

[32] Die untersuchte Schule liegt im Bundesland Rheinland-Pfalz, das die Freiwilligkeit insofern einschränkt, als die Anmeldung zum Angebot die Teilnahme für ein Jahr verpflichtend macht. Aus der subjektiven Perspektive von Schülern und Eltern handelt es sich dann um eine Art Schulpflicht, obwohl juristisch weiterhin das für alle Bundesländer geltende Prinzip der Freiwilligkeit gegeben ist.

[33] Es handelt sich hierbei um Überlegungen an der untersuchten Schule, die in informellen Gesprächen und in Konferenzen geäußert wurden. Zudem wurde ein solcher Unterricht beobachtet. Ferner

Weitergehend kann man fragen, ob die Vermittlung von Tischsitten eine schulische Aufgabe sei, auf die man mit schulischen Mitteln reagieren sollte. Die Ver-
lagerung eines Vermittlungsprozesses, der sich in der Familie implizit in der
sozialen Situation vollzieht, nämlich beim gemeinsamen Essen, in einen Lehr-
gang, getrennt von der eigentlichen Situation, ist ein Paradebeispiel für das Phänomen der Scholarisierung seit der Aufklärung. Hierbei deutet sich an, dass mit
der Ganztagsschulreform weiterreichende Konsequenzen für die schulische Ordnung verbunden sein könnten, als der erste Blick auf strukturelle Veränderungen
offenbart. Gleichzeitig macht das Beispiel deutlich, dass die Reform zu einer
Affirmation der Schule als Institution des 19. Jahrhunderts beitragen könnte, die
notwendige Neuorientierungen in der Postmoderne eher verhindert.

Interessant ist gerade bezogen auf das Mittagsessen die Frage, ob Kinder
sich hierbei mehr als Peer oder als Schüler verstehen bzw. ob die Handlungsroutinen eher auf Peer- oder Schülerkultur verweisen oder ob es zu neuen, bisher
unbekannten Hybridformen kommt. Denn mit der Erweiterung eines Raums für
Kinder und Jugendliche in der Schule, der sich nicht nur unmittelbar auf Unterricht bezieht, ist nicht notwendigerweise eine Zunahme an peerkulturellen Aktivitäten verbunden. Sicherlich verändert schon alleine die zeitliche Präsenz das
Bewegen zwischen Peer- und Schülersein, das für die Halbtagsschule kenn-
zeichnend ist, allerdings ist das Verhältnis neu zu verorten.

Neben der institutionellen Rahmung ist für dieses Verhältnis die Beziehung
zu den Erwachsenen in der Ganztagsschule von Bedeutung. Denn gerade bei
jüngeren Kindern sind bei einem mehr als achtstündigen Aufenthalt Erwachsene
wichtige Bezugspersonen. Zudem ist das Bewegen zwischen Peer- und Schülerkultur eingebunden in einen Dialog mit der Erwachsenenkultur, die eben an einer
Ganztagsschule wiederum nicht nur schulischen Charakter hat. Das seit Jahrzehnten bestehende Spannungsverhältnis zwischen Schulpädagogik und Jugendhilfe spiegelt sich in manchen Ganztagsschulmodellen der Bundesländer. Weiterhin gibt es am Nachmittag eine Vielzahl von Erwachsenen, die zwar die Schule nicht repräsentieren, aber ihre symbolische Ordnung von Schule verhandeln
und herstellen. So wirkt beispielsweise der Ort auf die Praktiken des Fußballtrai-
nings in der Schule nicht nur über bestimmte zeitliche und räumliche Strukturen.
Die Tatsache, dass das Training in der Schule als Teil von Schule stattfindet, ruft
bei dem Trainer unbewusst bestimmte Vorstellungen hervor, die die Veranstaltung schulisch überformen. Ausgehend von der Bestimmung der Schule als Ausdruck und Bestätigung des generationalen Verhältnisses müsste dieses vor dem

finden sich im Diskurs über die Ganztagsschulreform viele Hinweise auf die Bedeutung der Vermittlung von Tischsitten.

Hintergrund veränderter Kinder- und Erwachsenenkulturen in der Ganztagsschule näher untersucht werden.

Am Beispiel einer Re-Analyse eines Forschungsprojekts, das im Zeitraum 2003-2004 an einer Ganztagsgrundschule in Rheinland-Pfalz von mir durchgeführt wurde, möchte ich mich diesem Verhältnis im zweiten Schritt mikroanalytisch nähern.[34]

3   Zweite Annäherung an das Kindsein zwischen Peer- und Schülerkultur in den Alltagspraktiken einer Ganztagsgrundschule

Die Studie erforschte die lokale Ganztagsschulpraxis am Beispiel einer Grundschule von 2003 bis 2004 ethnographisch. Das bedeutete die direkte Teilhabe an dieser Praxis in einem längeren Zeitraum (ganztägig über ein Jahr an ein oder zwei Tagen in der Woche, beginnend mit dem Ende des Schuljahres als Halbtagesgrundschule) sowie die Erhebung schulischer Realverläufe mittels Beobachtung, Interview und Videographie. Im Zentrum stand die Perspektive von Kindern bezüglich der aktuellen Schulentwicklung in Richtung eines ganztägigen Aufenthalts in dieser Institution, eine Fragestellung, die bis zu dem damaligen Zeitpunkt weitgehend ignoriert wurde und damit ein Desiderat darstellte.

Die Ganztagsgrundschule wird additiv, in Form von Unterricht am Vormittag für alle und Nachmittagskonzept mit Mittagessen, Hausaufgaben und Arbeitsgemeinschaften (rheinland-pfälzisches Modell) für 40% der Schüler, geführt. Leitmotiv meiner Forschung war die Rekonstruktion des gesamten Tages aus der Perspektive einzelner Schüler mit seinen Brüchen und Übergängen vor dem Hintergrund zweier Schulwirklichkeiten, dem Vor- und dem Nachmittag. Im Mittelpunkt stand die teilnehmende Beobachtung, zum Teil videogestützt, der Alltagspraxis einzelner Kinder bzw. Kindergruppen. Hinzu kamen zahlreiche informelle Gespräche mit allen Akteuren der Schule, die Teilnahme an außerunterrichtlichen Veranstaltungen sowie ein Interview mit der Schulleitung. Besonders hervorzuheben ist ein von der Forschung inszeniertes Projekt, Kinder als Forscher ihrer eigenen Alltagspraxis einzusetzen.

---

[34] Es handelt sich um eine explorative Studie vor dem Hintergrund kulturtheoretischer Überlegungen. Die Mikroebene der Feldforschung wurde mit einem diskursanalytischen Verfahren kontrastiert und diskutiert. Angenommen wurde, dass die Untersuchung einer lokalen Alltagspraxis nur im Wechselspiel mit der Analyse des kulturellen Kontexts, das heißt mit den historisch, kulturell und sozial gewachsenen Voraussetzungen für diese Alltagspraktiken, angemessen deutbar ist (Deckert-Peaceman 2005). Die Re-Analyse bezieht sich vor allem auf den schon erwähnten Film der Kinder „Ein ganzer Tag in der Schule."

Anlass war der Ideenwettbewerb „Zeit für mehr – so stellen wir uns unsere Schule vor!" des Bundesministeriums für Bildung und Forschung. Eine Arbeitsgemeinschaft aus dem vierten Schuljahr nahm auf unsere Anregung hin an diesem Wettbewerb teil, indem sie die Veränderungen an der Schule erforschte und in Form eines Videos „Ein ganzer Tag in der Schule" dokumentierte. Wir unterstützen die Schüler bei diesem Vorhaben und beobachteten sie gleichzeitig, zum Teil mit einer zweiten Kamera. Diese Inszenierung war u. a. notwendig, weil aus den Beobachtungen und informellen Gesprächen in den Monaten zuvor deutlich geworden war, dass die Schüler zwar in Form von Handlungen auf die Veränderung ihres Alltags reagierten, aber kaum Aussagen über sie treffen konnten. Beispielsweise antwortete ein Schüler, der am Programm teilnahm, auf meine Frage nach Veränderungen in der Schule: „Normal!" Auch nach mehrfach gezieltem Nachfragen blieb er bei seiner Ansicht, dass Schule vorher wie nachher „normal" sei. Seine Wahrnehmung einer im Prinzip unveränderten Schule deckt sich mit der Analyse der Ganztagsschulreform (vgl. dazu beispielsweise Burk/Deckert-Peaceman 2006). Sie zeigt auch, dass Veränderungen in der Schule, hier Mensaausbau, Mittagessen, AGs, etc., von den Schülern als von der Schule gegeben hingenommen werden. Alle Entscheidungsprozesse von Schule geschehen ohne die Mitwirkung von Schülern. So wird auch diese einschneidende Veränderung als „normal" gesehen. Zudem werden wohl Alltagsaktivitäten durch die Einbettung in die Schule zur schulischen Veranstaltung. Aus der Perspektive des Schülers war Schule eben unverändert Schule, auch wenn er jetzt länger dort blieb, zu Mittag aß, Hausaufgaben machte und verschiedene Arbeitsgemeinschaften besuchte.

Jedoch interessierte uns die Erfahrung der Schüler mit der veränderten Schule genauer. Dazu versuchten wir mittels einer Inszenierung, die Kinder in die Lage zu versetzen, über ihre Erfahrungen zu reflektieren und sie zu versprachlichen.[35] Durch den „sinnvollen Anlass" Wettbewerbsteilnahme wurde die Veränderung der Schulwirklichkeit für die Kinder erst zum Thema. Sie befragten andere Kinder in diesem Zusammenhang und reflektierten ihre eigene Position während des Handelns. Tätigkeiten waren das Erstellen eines Drehbuchs, Interviewen, Filmen und Szenen auswählen.

Um sich der Perspektive der Kinder nähern zu können, wurde ihre peerkulturelle Kompetenz genutzt, beispielsweise indem Kinder andere Kinder zur Ganztagsschule interviewten. Der entstandene Film ist allerdings nicht Ausdruck von Peerkultur, sondern ist zum einen Forschungsinstrument und zum anderen

---

[35] Die Handlungsebene erschloss sich vielfältig durch die teilnehmende Beobachtung und ermöglichte die Rekonstruktion der kindlichen Perspektive. Jedoch wollten wir die Kinder darüber hinaus in Anlehnung an die neue Kindheitsforschung auch zum Ausdruck ihrer Stimme befähigen (vgl. beispielsweise James/Prout 1997).

Ergebnis einer schulischen Veranstaltung „Arbeitsgemeinschaft", die sich kaum vom Unterrichtsgeschehen unterscheidet. Dennoch enthält das Produkt Hinweise auf das Verhältnis von Peer- und Schülerkultur in der Ganztagsschule. Ich möchte das am Beispiel der Hausaufgaben ausführen, die in dem Film der Kinder einen großen Stellenwert einnehmen.

4 Hausaufgabenpraxis an der Ganztagsschule aus der Perspektive von Kindern

Von den drei Stunden der nachmittäglichen Betreuung ist grundsätzlich eine für die Hausaufgaben eingeplant. Folgerichtig besuchte das Filmteam ein Beispiel für die Hausaufgabenbetreuung, um den Tagesablauf angemessen zu dokumentieren. Dort wurden Kinder in situ interviewt. Ferner befragte das Filmteam einige Kinder grundsätzlich zu ihrer Meinung über die Veränderung hin zur Ganztagsschule. Beides geschah am selben Tag, zum Teil handelte es sich um dieselben Schüler. Die erste Interviewsituation fand mit vier Viertklässlern in einem bis dahin nicht genutzten kleinen Raum in der Pause nach dem Mittagessen statt. Die Eingangsfrage des Filmteams „Wie war's früher?" bezog sich auf die Einschätzung der Schüler, bevor die Ganztagsschule eingeführt wurde. Zu dem Zeitpunkt hatten die Viertklässler drei Jahre Schulerfahrung im Halbtagsbetrieb und ca. ein Schulhalbjahr mit Ganztagsbetreuung. Die beiden unterschiedlichen Antworten verweisen exemplarisch auf aus Kindersicht zentrale Veränderungen, die sich in einer mehr oder minder ambivalenten Haltung ausdrücken:

> Andy: Früher da sind wir nach Hause gegangen und wenn es geschneit hat, dann haben wir noch Schneeballschlacht gemacht.

> Ben: Früher als ich noch nicht in der Ganztagsschule war, da habe ich auch immer mit Freunden gespielt. Aber es kann auch manchmal doof sein. Weil man sich dann zu Hause langweilt und sich nur an die Glotze hängt.

Der erste Junge macht deutlich, dass er die Ganztagsschule als Einschränkung seiner Autonomie, als Einschnitt in seine Freizeitgestaltung empfindet. Allerdings muss man berücksichtigen, wie stark der unmittelbare Moment auf das Antwortverhalten von Kindern wirkt. An jenem Tag hatte es zum ersten Mal in diesem Winter geschneit. Jedoch taucht das Gefühl von Einschränkung immer wieder bei ihm und anderen Kindern auf. Der zweite Junge hingegen sieht zwar auch den Verlust von Freiheit, von Spielmöglichkeiten mit Freunden, relativiert aber seine Aussage. Für ihn hat der selbstbestimmte und -gestaltete Nachmittag nicht nur positive Seiten. Diese Nachmittage können auch Einsamkeit und Langeweile bedeuten. Da die Frage Halb- und Ganztagsschule gegenüberstellt, impliziert die Antwort eine durchaus positive Sicht auf die in der Schule verbrachten Nachmittage – ohne Einsamkeit und Langeweile. Eine solch ambivalente Haltung kommt auch hinsichtlich der Hausaufgaben zum Ausdruck.

Nach der Eingangsfrage interessiert sich das Filmteam genauer für die Vor- und Nachteile der Ganztagsschule.

5   Hausaufgaben in der Schule

> Interviewer: Was gefällt dir an der Ganztagsschule?
> Andy: Der Toberaum und ...dass man auch noch AG hat und dass man auch noch eine Spielpause hat.
> Interviewer: Was gefällt dir nicht an der Ganztagsschule?
> Andy: Dass man Jacken anziehen muss.

> Interviewer: Was gefällt dir an der Ganztagsschule?
> Ben: Mein Lieblingsfach in der Ganztagsschule, meine Lieblings-AG besser gesagt, ist die Erste-Hilfe-AG. Und den Toberaum, den finde ich auch sehr schön. Nur ich find halt schade, dass man nicht auf die Hängematte springen darf.
> Interviewer: Was magst du nicht an der Ganztagsschule?
> Ben: Hausaufgaben. Hausaufgabenbetreuung.

> Interviewer: Was magst du an der Ganztagsschule?
> Alisa: Ich mag den Toberaum, aber da durften wir nur einmal reingehen und das finde ich schade.
> Interviewer: Was gefällt dir nicht an der Ganztagsschule?
> Alisa: Ich mag die Hausaufgabenbetreuung nicht so.

> Interviewer: Was magst du an der Ganztagsschule?
> Maria: Eigentlich alles. Alles.
> Interviewer: Was gefällt dir nicht an der Ganztagsschule?
> Maria: In der AG gibt es manchmal Kinder, die sind so laut. Da kann man sich nicht richtig konzentrieren.

Alle interviewten Kinder nehmen die neuen Möglichkeiten, die ihnen die Ganztagsschule bietet, als durchaus attraktiv wahr, vor allem Aktivitäten, die in der Regel nicht zur Schule gehören, wie z.B. Toben. Allerdings haben sie gelernt, dass auch solche Aktivitäten schulisch überformt werden. Anders als in der Freizeit, in einem Raum ohne direkte Erwachsenenkontrolle, kann man in der Schule nicht wirklich toben. Man kann sich nicht nach dem Lustprinzip entscheiden, wann („da durften wir nur einmal rein") und wie man tobt (darf nicht auf die Hängematte springen). Die Aktivität ist in hohem Maße kontrolliert und regu-

liert. Der Toberaum verspricht zwar zunächst, die Selbstdisziplinierung des Körpers, die ja den Schülerhabitus ausmacht (Rumpf 1981), für einen Moment aufgeben zu können. Jedoch wird diese Erwartung weitgehend enttäuscht. Die Körper werden im Toberaum vielfach mehr und stärker reglementiert als in anderen
schulischen Situationen, wie beispielsweise Beobachtungen am Boxsack erga-
ben. Die Kinder dürfen sich nur insoweit loslassen, um später umso nachhaltiger
diszipliniert werden zu können. Hiermit ist nicht unbedingt eine bewusste Intention der Pädagogen beschrieben, sondern ein Wirkungsmechanismus von pädagogischen Praktiken in der Institution Schule. Denn der Achtstundentag innerhalb dieser Institution beinhaltet in dieser Hinsicht eine enorme Disziplinierungs-
leistung der Kinder. Es gibt fast keine Möglichkeit des Rückzugs oder einfach
des Loslassens von Selbstkontrolle und -disziplin. Ein Ventil befähigt die Kinder
zu dieser Leistung, macht Ganztagsschule in dieser Form überhaupt möglich.

In Kontrast zu dem Toberaum werden die Hausaufgaben gesehen. Sie stehen für die schulischen Aufgaben, die Arbeit, den Zwang. Sie sind das Gegenteil
von Freizeit und Lust. Jedoch verändern sich die Hausaufgaben eigentlich nicht,
die ja unabhängig vom Halb- oder Ganztagsbetrieb erledigt werden müssen.[36]
Sie finden nun anstatt zu Hause (oder im Hort) in der Schule statt. Man könnte
vermuten, dass die Antworten lediglich die peerkulturelle Rhetorik widerspiegeln, die ein Erstklässler schon wenige Wochen nach Schulbeginn lernt. Wenn
man ein „richtiges Schulkind" sein möchte, dann genügt es nicht, Hausaufgaben
machen zu müssen (Kindergartenkinder sehnen sich danach als klares Kennzeichen eines Statusgewinns), man muss sich zudem vor den Peers so positionieren,
dass man Hausaufgaben „blöd" findet. Hierbei wird auch deutlich, wie sehr die
Positionierung der Kinder in der schulischen Peerculture zur Herstellung ihres
Schülerhabitus beiträgt. Jedoch sind es nicht nur die Hausaufgaben, die an der
Ganztagsschule nicht gefallen. Es ist vor allem die Hausaufgabenbetreuung.

6   Hausaufgabenbetreuung in der Schule

Das Filmteam wechselte am selben Tag zu einer solchen betreuten Hausaufgabenstunde, die in Klassenräumen stattfindet. Zum Teil wurden dieselben Kinder
befragt. Alle interviewten Kinder antworteten auf die Frage, wo es besser wäre,
die Hausaufgaben zu machen mit: „ In der Schule." Folgenden Begründungen
wurden gegeben:

---

[36] An anderer Stelle habe ich beschrieben, dass sich die Tatsache, dass ein Teil der Schüler nun die
Hausaufgaben in der Schule macht, diese doch entscheidend verändern kann (Deckert-Peaceman
2005; 2007).

Hier ist es Spaß und die Lehrer können mir helfen.

Weil man hier mehr Ruhe hat. Wegen meinem Bruder. Der nervt immer.

Wenn ich zu Hause meine Hausaufgaben mache, dann guckt meine Mutter meistens nie nach und dann hab ich sie am nächsten Tag nicht. Und dann krieg ich Ärger. Aber in der Hausaufgabenbetreuung, da gucken sie immer nach, die Lehrer. (Ben)

Also meine Mutter versteht nicht so viel Deutsch und mein Vater, der kommt immer spät abends. Und wenn ich etwas nicht weiß, dann kann er mir nicht so gut helfen, weil ich dann meistens schon schlafen gehen muss. Und hier in der Ganztagsschule sind ja immer Lehrer da. Und wenn ich Fragen habe, dann beantworten sie die. Auch richtig. (Maria)

Die Begründungen offenbaren eine andere Sicht der Kinder auf die schulische Hausaufgabenbetreuung als zuvor unter den Peers zum Ausdruck gebracht.[37] Übereinstimmend äußern sie sich positiv darüber. Durchgängig wird auf die besseren Bedingungen in der Schule hingewiesen. Vor allem schätzen die Kinder die Unterstützung durch kompetente Erwachsene, die die schulischen Anforderungen beherrschen. Die Antworten machen auch deutlich, wie hilflos Familien aus armen, bildungsfernen und nicht-deutschen Milieus (Schule ist im sozialen Brennpunkt, sehr hoher Migrantenanteil) diesen Anforderungen gegenüber stehen. Die Kinder sind dieser Hilflosigkeit doppelt ausgeliefert. Sie müssen das ständige Scheitern zu Hause und den daraus folgenden Ärger in der Schule tragen. Insofern hilft ihnen die Hausaufgabenbetreuung doppelt: Sie vermeidet das Scheitern zu Hause und vor allem den Ärger in der Schule. Sie vermittelt Sicherheit im Umgang mit der schulischen Ordnung.

Betrachtet man die unterschiedlichen Aussagen der Kinder (in zwei Fällen sogar dieselben Kinder) zu der Hausaufgabenbetreuung, dann könnte man die Widersprüche auch als zwei Positionierungen wahrnehmen, die zusammengehören und sich gegenseitig bedingen. Im ersten Interview galt es, sich in der Peerkultur zu behaupten. Es fand in einer Art Nische innerhalb der Schule statt, ein Spiel zwischen Jungen und Mädchen war Teil der Interaktion, man war darauf bedacht, insgesamt „cool" zu wirken sowie Gemeinsamkeiten zu teilen, in der Situation eine kollektive Identität herzustellen. Für eine Positionierung als Peer in der Schule sind die Hausaufgaben ein wichtiger „negativer" Referenzpunkt". Für die Positionierung als Schüler und damit selbstverständliches Mitglied der

---

[37] Die Interviewer waren weiterhin die Peers. Dennoch positionierten sich die interviewten Kinder unterschiedlich. In der ersten Interviewsituation handelte es sich um eine Pause in einer räumlichen Nische, die nie zu schulischen Zwecken benutzt wird, in der zweiten um eine Tätigkeit, die genuin mit Schule verbunden wird (Hausaufgaben) und die in einem Klassenraum betreut wurde.

schulischen Gemeinschaft zu sein sind jedoch die Hausaufgaben und ihre erfolgreiche Bewältigung ein zentrales Merkmal.

Zwar gibt es zwischen den beiden Polen, die Hausaufgaben abzulehnen (z.B. auch nicht zu erledigen, abzuschreiben) und der positiven Einstellung gegenüber den Hausaufgaben (z.B. sie immer und mit Sorgfalt zu erledigen) ein großes Spektrum, das gerade im Jugendalter viele Spielarten kennt. Jedoch sind die beiden Pole auf eine gewisse Balance angewiesen. Derjenige, der als Schüler scheitert, weil er sich den schulischen Anforderungen verweigert, ist irgendwann auch nicht mehr für die Peerkultur „cool".[38] Die Frage der Annerkennung geht also in beide Richtungen. Die Überschneidung liegt in der Bedeutung von Zugehörigkeit zum Kollektiv. Vollwertige Mitgliedschaft in der schulischen Gemeinschaft erwirbt man nur durch Anerkennung durch die schulische Ordnung und durch die Peers. Damit ist ein fragiler Balanceakt eines Bewegens zwischen Peer- und Schülersein verbunden, der von Paradoxien geprägt ist.

Im Laufe der teilnehmenden Beobachtung konnten wir heimliche Hausaufgabenpraktiken der Kinder entdecken, die solche Paradoxien besonders deutlich machten.

7 Paradoxien im Umgang mit Raum und Zeit

Schon relativ bald nach Einführung der Ganztagsschule mit der Hausaufgabenbetreuung in der Zeit von 14 – 15 Uhr konnten wir beobachten, dass eine Reihe von Schülern ihre Spielpause verkürzte und schon etwa 15 Minuten vor Beginn der Hausaufgabenstunde verbotenerweise das Haus betrat. Die Schüler setzten sich an Tische in den Fluren und begannen, mit erstaunlicher Schnelligkeit und Konzentration ihre Hausaufgaben anzufertigen. Dabei wurde ein relativ großes Pensum an Aufgaben selbständig, ohne Abschreiben und ohne Hilfsmittel, erledigt. Alles vollzog sich innerhalb einer höchst dynamischen Situation, die von Gesprächen untereinander und mit neu hinzukommenden Schülern geprägt war. Interessantweise gab es dieses Phänomen nicht nur einmal, sondern wir konnten verschiedene Gruppen unterschiedlicher Jahrgänge entdecken, die dieselbe Praktik unabhängig voneinander ausübten.[39] Konzentriert hatten wir uns auf eine

---

[38]Das mag im Einzelfall anders sein, besonders im Jugendalter und ist abhängig von der jeweiligen Peerkultur. Dieser Aspekt kann hier jedoch nicht ausgeführt werden.

[39] Eine ähnliche Praktik an einer anderen Schulart und in einer anderen Altersstufe unter gleichen Ganztagsrahmenbedingungen konnten Idel und Kunze aus dem Mitschnitt einer Dienstbesprechung rekonstruieren. Man hatte eine Art Pufferzone zwischen Unterrichtsschule und Nachmittagsbetreuung eingerichtet, in der sich die Schüler der Realschule erholen sollen. Diese konterkarierten jedoch den vergleichsweise unregulierten Handlungsspielraum, indem sie die Hausaufgaben machten, für deren Erledigung anschließend Zeit vorgesehen war und für die sie sich regenerieren sollten. Die

Gruppe aus dem Jahrgang 3, von der eine Reihe von Kindern schon seit längerem im Focus unseres Interesses war.

Mit Einverständnis der Schüler konnten wir an dieser heimlichen Praxis teilnehmen und sie sogar manchmal dabei filmen.[40] Voraussetzung war, dass wir diese Regelverletzung tolerierten und nichts „verrieten". Interessanterweise wurde die Regelverletzung auch von den aufsichtsführenden Erwachsenen weitgehend „übersehen". Die Gründe hierfür sind vielfältig. Allerdings war eine weitgehend unbewusste Grundtendenz bei allen Erwachsenen feststellbar, den Kindern inoffizielle Nischen in einem höchst standardisierten und kontrollierten Tagesablauf zuzugestehen. Wiederum ist die Motivation wahrscheinlich vielschichtig von Humanität bis hin zu einer effektiveren Durchsetzung des regulierten Tages durch Ventilfunktionen.[41]

Das Paradoxe an der beobachteten heimlichen Hausaufgabenpraxis war, dass die Schüler keinen Gewinn hatten, weil sie in der anschließenden Hausaufgabenbetreuung, unabhängig vom noch zu bewältigenden Arbeitspensum, bleiben mussten und dort auch keine interessante Alternative hatten. In der Regel langweilten sie sich und störten die anderen. Das heißt, sie erwirtschafteten sich durch die heimliche Verkürzung ihrer Spielpause keinen Gewinn an Freizeit. Im Gegenteil provozierten sie damit eigene Phasen des Leerlaufes und der Langeweile. Diese Handlungen schienen weitgehend unbewusst zu passieren, denn die Kinder konnten sie kaum reflektieren.

Zusammenfassend kann man festhalten: Die Szenen weisen Kennzeichen von Peerkultur auf. Sie finden ohne Erwachsenenkontrolle mit „eigensinnigen" Handlungs- und Deutungsmustern" statt. Die Art und Weise, wie die Kinder ihre Hausaufgaben auf den Fluren vor der Hausaufgabenbetreuung erledigten, entspricht nicht annähernd den Vorstellungen von Erwachsenen. Alles geschieht in permanenter Bewegung, ununterbrochener Kommunikation und unter ständigen Störungen. Es gibt nicht genügend Platz zum Sitzen und Schreiben. Jedoch scheinen die Kinder das „Multi-Tasking" zu beherrschen und das „heimlich Hausaufgaben machen" mit Lust zu spielen. Interessanterweise dominieren gerade die Schüler diese Hausaufgabenpraxis, die sich schulischen Anforderungen häufig verweigern und schon viel Wert auf einen jugendlichen Habitus legen. Es ist cool, die Hausaufgaben auf dem Flur zu machen. Jedoch wird damit ein Arbeitethos verbunden. Es gilt, die Hausaufgaben selbständig, schnell und richtig

---

Analyse der Daten verweisen auf ähnliche Interpretationen, besonders auch hinsichtlich der Spiegelung des rheinland-pfälzischen Modells (Idel/Kunze 2008).

[40] Die Ausführungen beziehen sich auf dichte Beschreibungen, denen Protokollausschnitte und einige kurze Filmsequenzen zugrunde liegen.

[41] Aufgrund unserer Schweigepflicht gegenüber den Kindern konnten wir der Frage nicht durch Interviews mit den betroffenen Erwachsenen nachgehen.

zu erledigen. Zwar gibt es eine gegenseitige Hilfestellung während des Arbeitens, aber „einfaches Abschreiben" vom Nachbarn ist nicht erlaubt. Die Tätigkeit reduziert sich nicht auf das Erledigen eines Jobs, sondern sie wird gleichzeitig als Lernsituation identifiziert (z.B. für das Diktat üben).

Das rasche Erledigen der Hausaufgaben ist auch unter anderen Umständen für Kinder erstrebenswert, wie Beobachtungen zeigen. Die hier erfasste Situation lässt sich aber dadurch nicht genügend erklären. Denn in der Regel ist ein tatsächlicher Zeitgewinn damit verbunden, z.B. wenn man im Unterricht schon die Hausaufgaben beginnt, heimlich oder erlaubt, hat man am Nachmittag weniger zu erledigen. Man könnte nun vermuten, dass die Hausaufgabenbetreuung noch so neu war, dass die Kinder den fehlenden Zeitgewinn noch gar nicht realisiert hatten. Zudem wirkt das für moderne und postmoderne Gesellschaften typische Phänomen, Zeit zu sparen um des Sparens willen, den nicht zu gewinnenden Wettlauf gegen die Zeit gewinnen zu wollen. Jedoch greifen solche Interpretationen zu kurz, weil sie die spezifische Perspektive von Kindern nicht berücksichtigen.

Am Beispiel der erhobenen Praktik wird deutlich, dass sich Kinder von Erwachsenen bezogen auf den Lustgewinn unterscheiden. Das tatsächliche Ziel, Zeitgewinn und Effektivität, ist zweitrangig. Das scheinbar „chaotische Hausaufgabenerledigen", in kürzester Zeit und in permanenter Bedrohung durch das Entdecktwerden, macht Spaß. Es wird zum Spiel. Insofern hat die Praktik an sich einen großen Wert für die Kinder. Sie transformiert die schulische Ordnung zu einem Teil der Peerkultur, der ihnen das Bewegen als Schüler erst ermöglicht. Dabei eignen sie sich schulisches Wissen[42] durch spezifische Handlungs- und Deutungsmuster an. Denn die Situation zeigt neben dem Spaß, dem Lustgewinn auch einen Ernstcharakter. Ein Arbeitsethos wird innerhalb der Peergroup entwickelt, der im engen Bezug zur Schülerkultur steht. Letztlich sind es permanente Übersetzungsleistungen zwischen den Kulturen, die die Kinder vorweisen. Voraussetzung hierfür ist ihre dynamische Positionierung zwischen Peer und Schüler.

Neben dem Lustgewinn kann man die Praktiken als Streben nach Autonomie interpretieren. Es ist die Suche nach den individuellen und kollektiven Gestaltungsmöglichkeiten in einem hochgradig standardisierten Tagesablauf, häufig in Form von Gegenbewegungen. Es findet seinen Ausdruck in einer spezifischen Aneignung von Zeiten und Räumen. Allerdings sind die Gegenbewegungen keine klassischen Widerstandsrituale. Sie sind eher spielerische Möglichkeiten des Verhaltens und der Aushandlung innerhalb des schulischen Rahmens, um

---

[42] Schulisches Wissen hat zwei Bedeutungshorizonte: das Wissen, sich in der schulischen Ordnung angemessen zu verhalten und einen bestimmten Status zu erhalten sowie eine bestimme Wissensform, die den Kindern Lernprozesse in einer anderen Art als im wirklichen Leben eröffnet.

letztlich innerhalb der schulischen Ordnung den eigenen Platz zu finden. Zwar geht es auch um Machtfragen zwischen Kindern und Erwachsen, zwischen Kinderkultur und schulischer Ordnung. Jedoch steht wiederum das Spiel im Vordergrund und nicht die Frage, wer gewinnt. Das heißt, der Widerstand durch die heimliche Hausaufgabenpraxis ist primär zweckfrei. Es geht nicht um eine fundamentale Änderung der bestehenden Regeln. Die schulische Ordnung setzt hier sowieso ihre Grenzen. Bestimmte Spielregeln können von den Akteuren nicht in Frage gestellt werden. Es sind eher Versuche, Sphären auszuloten, in denen Positionierungen zwischen Peer- und Schülerkultur in der Kindern „eigensinnigen" Art und Weise ermöglicht werden, in denen sie ihre eigenen Handlungs- und Deutungsmuster erproben und weiterentwickeln können.

8   Schluss

In den vier kindlichen Statements des Schülerfilms zu den positiven und negativen Auswirkungen der Ganztagsschule spiegelt sich ein Spektrum an möglichen Positionierungen zur veränderten schulischen Ordnung.[43] Während im ersten Fall eine klare Trennung zwischen Schüler- und Peersein favorisiert und ein ausreichend großer Raum für peerkulturelle Aktivitäten jenseits der Erwachsenenkontrolle erhofft (keine Jacken anziehen) wird, ist im letzten Fall eine nahezu durchgehende Positionierung als Schülerin erkennbar (alles gefällt, nur die Störung beim „Lernen in der AG" durch andere nicht). Die beiden anderen Fälle zeigen hingegen eher ein Bewegen zwischen Peer- und Schülersein in seinen Ambivalenzen.

Während die traditionelle Unterrichtsschule den peerkulturellen Aktivitäten eindeutige Grenzen setzt bzw. ihnen klare Zeiten, Räume und Situationen zuweist (außerhalb des Unterrichts, in der Pause, unter den Bänken), stellt die neue Ganztagsschule an Kinder weitaus komplexere Anforderungen. Ihre hybride Struktur zwischen Schule und Nicht-Schule, ihre Mischung aus traditioneller Unterrichtsschule und Freizeitaktivitäten, die aber schulisch überformt werden, erfordert von den Schülern eine hohe Leistung des häufigen Wechsels ihrer Positionierung. Sie finden dafür interessante und „eigensinnige" Lösungen, die sich aus der Sicht der Erwachsenen als paradoxe Handlungen darstellen. Die Reform eröffnet aber auch die Chance für die Herausbildung transkultureller Fähigkeiten zwischen Peerkultur und schulischer Ordnung. Damit verbunden ist das Potenzial, die unterschiedlichen Lernmuster, die sich in den jeweiligen Kulturen heraus-

---

[43] Selbstverständlich ist das hier eine Interpretation, die sich nur auf die genannte Fälle beziehen kann. Das Datenmaterial erlaubt eine solche Typenbildung nicht.

gebildet haben, miteinander zu verknüpfen und zu nutzen. Die beobachte heimliche Hausaufgabenpraxis liefert dafür Hinweise. Allerdings wäre es höchst problematisch, solche peerkulturellen Stärken pädagogisch zu nutzen. Ihren Wert kann die Lernerfahrung zwischen Peer- und Schülersein nur in einer schulischen Ordnung entfalten, die Kindern eine gewisse Autonomie zugesteht und ihre eigen-sinnigen Handlungs- und Deutungsmuster als Lernen anerkennt.

9   Literatur

Andresen, S./Diehm, I. (Hrsg.) (2006): Kinder, Kindheiten, Konstruktionen. Erziehungswissenschaftliche Perspektiven und sozialpädagogische Verortungen. Wiesbaden: VS Verlag für Sozialwissenschaften.

Assmann, J. (1992): Das kulturelle Gedächtnis. Schrift, Erinnerung und politische Identität in frühen Hochkulturen. München: C.H.Beck.

Breidenstein, G. (2004): Peer-Interaktion und Peer-Kultur. In: Helsper et al. (2004): 921-940.

Breidenstein, G./Prengel, A. (Hrsg.) (2004): Schulforschung und Kindheitsforschung – ein Gegensatz. Wiesbaden: VS Verlag für Sozialwissenschaften.

Burk, K.-H./Deckert-Peaceman, H. (Hrsg.) (2006): Auf dem Weg zur Ganztags-Grundschule. Frankfurt: Grundschulverband-Arbeitskreis Grundschule.

de Boer, H. (2006): Klassenrat als interaktive Praxis. Auseinandersetzung-Kooperation-Imagepflege. Wiesbaden: VS Verlag für Sozialwissenschaften.

Deckert-Peaceman, H. (2005): Hausaufgaben in der Ganztagsgrundschule aus der Perspektive von Kindern im Spannungsfeld zwischen Individualisierung und Standardisierung. In: Götz, M. /Müller, K. (Hrsg.) (2005): 77-83.

Deckert-Peaceman, H. (2007): Haus-Aufgabe in der Schule?. In: Lernende Schule 10/2007/39. 18 – 19.

Fend, H. (2006): Neue Theorie der Schule. Einführung in das Verstehen von Bildungssystemen. Wiesbaden: VS Verlag für Sozialwissenschaften.

Fölling-Albers, M. (2000): Entscholarisierung von Schule und Scholarisierung von Freizeit? Überlegungen zu Formen der Entgrenzung von Schule und Kindheit. In: Zeitschrift für Soziologie der Erziehung und Sozialisation. 20. Jg. H.2. 118-131.

Göttlich, U./Mikos, L./Winter, R. (Hrsg.) (2001): Die Werkzeugkiste der Cultural Studies. Perspektiven, Anschlüsse und Interventionen. Bielefeld: transcript.

Götz, M./Müller, K. (Hrsg.) (2005): Grundschule zwischen den Anprüchen der Individualisierung und Standardisierung. Wiesbaden: VS Verlag für Sozialwissenschaften.

Helsper, W./Böhme, J./Kramer, R.-T./Lingkost, A. (2001): Schulkultur und Schulmythos. Rekonstruktionen zur Schulkultur I. Opladen: Leske & Budrich.

Helsper, W./Böhme, J. (Hrsg.) (2004): Handbuch der Schulforschung. Wiesbaden: VS Verlag für Sozialwissenschaften.

Hengst, H./Zeiher, H. (Hrsg.) (2005): Kindheit soziologisch. Wiesbaden: VS Verlag für Sozialwissenschaften.

Idel, T.-S./Kunze, K. (2008): Entwicklungsaufgabe Ganztagsschule. Neue Zuständigkeiten und professionelle Anforderungen – am Beispiel Rheinland-Pfalz. In: Die Deutsche Schule, 100. J. H. 1. 97-108.

James, A./Prout, A. (Hrsg.) (1997): Constructing and Reconstructing Childhood. Contemporary Issues in the Sociological Study of Childhood. London/Philadelphia: Falmer Press.

Nilshon, I. (1995): Schule ohne Hausaufgaben? Eine empirische Studie zu den Auswirkungen der Integration von Hausaufgabenfunktionen in den Unterricht einer Ganztagsgrundschule. Münster u. a.: Waxmann.

Oelkers, J. (2006): Man muss auch anders können: Über den Umgang mit der Krisensemantik in der Erziehung. In: Andresen et.al. (2006): 249-271.

Opp, G./Teichmann, J. (Hrsg.) (2008): Positive Peerkultur. Best Practices in Deutschland. Bad Heilbrunn: Klinkhardt.

Pongratz, L. A. (2004): Freiwillige Selbstkontrolle. Schule zwischen Disziplinar- und Kontrollgesellschaft. In: Ricken et al. (2004): 243-259.

Reinert, B./Zinnecker, J. (Hrsg.) (1978): Schüler im Schulbetrieb. Reinbek: Rowohlt.

Ricken, N./Rieger-Ladich, M. (Hrsg.) (2004): Michel Foucault: Pädagogische Lektüren. Wiesbaden: VS Verlag für Sozialwissenschaften.

Rumpf, H. (1981): Die übergangene Sinnlichkeit: Drei Kapitel über die Schule. München: Juventa.

Scholz, G. (2006): Was ist eigentlich ein Schüler? Pädagogische Ansätze für eine ethnologische Bildungsforschung. In: Andresen et.al. (2006): 229-247.

Wagner-Willi, M. (2005): Kinder-Rituale zwischen Vorder- und Hinterbühne. Der Übergang von der Pause zum Unterricht. Wiesbaden: VS Verlag für Sozialwissenschaften.

Winter, R. (2001): Ethnographie, Interpretation und Kritik. Aspekte der Methodogie der Cultural Studies. In: Göttlich, U./Mikos, L./Winter, R. (Hrsg.) (2001): 43-62.

Wiesemann, J. (2005): Wohin führt die Forschung im Klassenzimmer? In: Breidenstein et al. (2005): 15-36.

Willis, P. E. (1977): Learning to Labour. How Working Class Kids Get Working Class Jobs. London:. Saxon House.

Wulf, C../Göhlich, M./Zirfas, J. (Hrsg.) (2001): Grundlagen des Performativen. Eine Einführung in die Zusammenhänge von Sprache, Macht und Handeln. Weinheim und München: Juventa.

Zeiher, H. (2005): Der Machtgewinn der Arbeitswelt über die Zeit der Kinder. In: Hengst, H./Zeiher, H. (Hrsg.) (2005): 201-226.

Zinnecker, J. (1978): Die Schule als Hinterbühne oder Nachrichten aus dem Unterleben der Schüler. In: Reinert, B./Zinnecker, J. (Hrsg.) (1978): 29-121.

Zinnecker, J. (2004): Schul- und Freizeitkultur der Schüler. In: Helsper et al.(2004): 501-525.

2 Peerkultur und Unterricht

Peersein und Schülersein – ein Prozess des Ausbalancierens

Heike de Boer

In die Schule kommen und Schulkind werden bedeutet eine Vielzahl institutioneller Regelungen, impliziter und expliziter Art, lernen zu müssen. Kinder werden zu Schülern und Schülerinnen, indem sie schulische Arbeitsweisen kennen und flexibel, d. h. in Abhängigkeit von Personen und Situationen anwenden lernen. Kinder als schulische Akteure lernen, ihr Handeln am Rahmen der Institution Schule, ihrer Regeln, Normen und Rechte auszurichten. Auch die unterschiedlichen Handlungs- und Leistungserwartungen müssen durchschaut werden. Ihr schulisches Handeln ist damit kein freies Handeln, sondern ein auf die schulische Ordnung abgestimmtes. Die schulische Ordnung besteht in diesem Sinne aus jenen Regelungen und Hierarchien, die festlegen, wie in der Schule gehandelt werden soll. Fend (vgl. Fend 2006, 152) spricht aus diesem Grund von institutionellen Akteuren.

Gleichzeitig handeln Kinder in der Schule in sozialen Kontexten mit Freunden und Freundinnen; sie reagieren als Peers in der Gleichaltrigengruppe, die sich zueinander ins Verhältnis setzen und dabei peereigene soziale Ordnungen schaffen, die kaum an der schulischen orientiert sind. Dabei werden Differenzen in Form von Abgrenzungen oder auch Vergemeinschaftungen ausgehandelt (vgl. Breidenstein/Kelle 2002). Es kommt zu Imagepflege und Selbstinszierungsprozessen (vgl. Goffman 1986). So gibt es in der Schulklasse viele Interaktionen während des Unterrichts, die sich auch um Peerfragen drehen und dazu führen, dass der Unterricht zur Peerbühne wird. Es sind nicht nur die „heimlichen" Interaktionen, wie Briefe schreiben (vgl. Bennewitz in diesem Band), SMS verschicken, Zeitschriften lesen, die Zinnecker in seinen Forschungen aus den siebziger Jahren der Hinterbühne zurechnete. Peerthemen mischen sich auch in die Unterrichtskommunikation und führen zu doppelbödigen Gesprächen und doppelten Adressierungen von Nachrichten (vgl. Kalthoff/Kelle 2000). Schüler/innen lernen bereits in der Grundschule, zwischen Peer- und zwischen Unterrichtsthemen hin und her zu springen und ihr Handeln als Peer und als Schüler oder Schülerin auszuloten (vgl. de Boer 2006). Gleichzeitig deuten sich manche Dilemma-

Situationen an. Denn Schüler und Schülerinnen werden von den Gleichaltrigen für andere Eigenschaften anerkannt als von den Lehrpersonen im Unterricht. Kinder als Peers und Kinder als Schüler/innen zeigen mitunter konträre Verhaltensweisen und entwickeln Strategien und Handlungsmuster, um diese Situationen auszubalancieren. Schulischer Unterricht wird überformt von peerkulturellen Prozessen und umgekehrt. Doch wie vollziehen sich diese Prozesse und zu welchen Lernformen kommt es dabei?

So steht im Mittelpunkt dieses Beitrages die Frage nach dem Prozess des Ausbalancierens vom Peersein und vom Schüler/innensein. Einerseits wird die Perspektive der Kinder fokussiert, mit dem Interesse an der Analyse und kritischen Reflexion schulischer Wirklichkeit und die Mitwirkung der Schüler und Schülerinnen am Verlauf einer spezifischen Unterrichtssituation. Das Verhalten der Schüler/innen wird in den Blick genommen und es wird danach gefragt, welche Handlungsmuster und Lernformen sichtbar werden und welche Deutungen der Schüler und Schülerinnen über schulische Erwartungen sich zeigen. Zum anderen werden peerkulturelle Normen und Verhaltensweisen, die eine Distanzierung vom Unterricht als Teil einer Peerkultur erkennbar machen, fokussiert.

Im Folgenden werde ich am Beispiel eines Klassenratsgesprächs den Prozess des Ausbalancierens vom Peersein und Schülersein sichtbar machen, reflektieren, welche Lernprozesse sich zeigen und wie diese zu bewerten sind.

1   „Ja, haben wir es dir überhaupt erlaubt?" – Zwischen Peersein und Schülersein

Die hier vorgestellte Sequenz zeigt den Ausschnitt eines Gesprächs im Klassenrat, das am Ende des dritten Schuljahres stattfand.[44] Die Schüler/innen sind zu diesem Zeitpunkt circa neun Jahre alt und blicken auf eine dreijährige Klassenratserfahrung zurück. Der Klassenrat ist eine Konstruktion von Erwachsenen für Schüler und Schülerinnen. Mit ihm soll ein Forum geschaffen werden, in dem

---

[44] Die Studie fand im Rahmen einer teilnehmenden Beobachtung einer Regelschulklasse vom ersten bis zum vierten Schuljahr statt. Im Sinne einer ethnografisch orientierten Feldforschung wurde die teilnehmende Beobachtung nicht nur auf Klassenratssitzungen beschränkt, sondern auf Projekttage, Klassenunterricht und pädagogische Tage ausgeweitet, um ein möglichst facettenreiches Bild von der Kultur des Feldes zu erhalten. Das Datenmaterial besteht aus 18 videografierten und analysierten Klassenratsstunden, 62 Klassenratsprotokollen aus vier Schuljahren, Protokollen teilnehmender Beobachtung sowie einem Interview mit der Klassenlehrerin zum Klassenrat und einer anonymen, das vierte Schuljahr abschließenden, schriftlichen Befragung der Schüler/innen. Im Mittelpunkt der empirischen Analyse stehen 9 ausgewählte videografierte Klassenratsszenen, die in Anlehnung an die ethnomethodologische Konversationsanalyse bearbeitet wurden. Die übrigen Daten fließen als ethnografisches Kontextwissen in die Analyse ein.

die Besprechung von alltäglichen Konflikten im Sinne sozialen Lernens und der Beteiligung an der Planung und Gestaltung des Schulalltags stattfinden kann. Vermutlich käme jedoch kein Kind von sich aus auf die Idee, ein solches Gremium einzurichten, mit dem die ganze Klasse an der Lösung von interindividuellen Konflikten beteiligt wäre. Aus schulpädagogischer Sicht ist der Klassenrat als ritualisiertes Gremium normativ aufgeladen. Mit ihm verknüpft sich nicht nur die Idee, Kinder zu moralischen, verantwortungsvollen Menschen zu erziehen, sondern auch die Vorstellung, über schulische Bildung die demokratische Gesellschaft mit ihren gewachsenen demokratischen Leitideen zu reproduzieren. Der Klassenrat in der beforschten Klasse wird von den Schülern und Schülerinnen geleitet, dabei gehen sie nach einer festen Tagesordnung vor. Zunächst wird ein Wochenrückblick vorgenommen. Dann folgt das Gespräch über angemeldete Probleme. Dieser Punkt ist von allen der zeitaufwändigste und führt in der Regel dazu, dass die sich anschließende Runde mit Wünschen für die Folgewoche nur noch sehr gerafft stattfinden kann.[45] Abschließend werden Rückmeldungen für die leitenden Schüler/innen, Präsidenten genannt, formuliert. In der folgenden Szene geht es nun um ein Problem zwischen zwei Kindern, Tuba und Felix; es ist einer von drei angemeldeten Problemfällen, die ihren Ursprung in der Pause hatten. Lisa und Fatih leiten den Klassenrat. Sie fragen danach, wer mit seinem Anliegen beginnen möchte, und geben Tuba das Wort.

Tuba:		Ähem (4) Felix, du hast immer, als ich gespielt hab',
	<[46]	mein' Ball weggenommen. Wieso hast du den Ball...
Felix:	<	Hab' ich nicht.
Tuba:	<	...weggenommen?
Tuba:		Doch. Als ich mit der Maren gespielt hab' und mit der Nina.
Felix:	f	Ich hab' mir, hab' n euch aber nach 'ner kurzen Zeit wieder gegeben.
Tuba:		Aber wir war'n richtig sauer. Wir haben, ähm, Felix, wir ha'm... Felix, du sagst: darf ich einmal mal schießen,

Tuba wirft Felix vor, ihr in der Pause unerlaubt den Ball weggenommen zu haben, und macht damit auf einen Regelverstoß aufmerksam, den sie offensichtlich im Klassenrat geahndet sehen möchte. Hier wird etwas eigentlich „Privates", der

---

[45] Dies zog die Konsequenz nach sich, dass der Klassenrat vor allem zum Gremium für die Aushandlung interindividueller Konflikte wurde.
[46] Folgende Transkriptionszeichen wurden verwendet: „<" Redeüberlappung, „pp" sehr leise, „ff" sehr laut, „f" laut, „p" leise, „(4)" vier Sekunden Pause, „(..)" zwei Sek. Pause, „*die*" betont, „n e i n" gedehnt

Pausenkonflikt zwischen Tuba und Felix, zu einem öffentlichen Thema im schulisch-institutionellen Kontext. Das bedeutet in diesem Kontext, dass die ganze Klasse und die Lehrerin von der wie auch immer gearteten Begebenheit zwischen Felix und Tuba erfahren. Die Pause bietet im Gegensatz zum Unterricht unbeobachtete Interaktionsräume, in denen andere Regeln gelten. Indem nun ein Thema aus Pauseninteraktionen, also einem (fast) lehrerinnenfreien Raum, in den Unterricht geholt wird, besteht die Gefahr, einen Imageschaden vor der Lehrerin oder den Mitschülern/Mitschülerinnen zu erfahren. Goffman spricht von einem „Image", das als positiver Zielpunkt einer Verhaltensstrategie gesehen werden kann, mit dem eine einzelne Person in einer bestimmten Interaktion ein mit anerkannten Eigenschaften einhergehendes Selbstbild zu zeigen versucht (vgl. Goffman 1986, 10). Die Kinder verhalten sich in der Pause anders als im Unterricht. Möglicherweise differiert auch ihr Pauseimage von dem des Unterrichts. Hier werden sie von den Mitschülern/Mitschülerinnen für andere Eigenschaften anerkannt als im Unterricht von der Lehrerin, obwohl die Ordnung der Peerkultur auch im Unterricht wirksam wird. Im Sinne Goffmans erhält die „Wirklichkeitsfrage" (vgl. ebd., 59) des zu verhandelnden Problems in diesem Kontext verschiedene Facetten: Es gibt erstens die Handlungen, die im Pausenrahmen (in situ) geschehen sind und von jedem einzelnen beteiligten Kind individuell aufgefasst und gedeutet wurden. Diese Handlungen werden zweitens in der Öffentlichkeit des Klassenrats nachträglich besprochen und in einen schulisch-institutionellen Kontext gebracht. Da den Pauseninteraktionen ein anderer Rahmen zugrunde liegt als dem Unterricht, müssen die Kinder mit einer Rahmendifferenz umgehen. In der Klassenöffentlichkeit wird das Geschehene rückblickend (ex post) aus der Perspektive jeder einzelnen Person rekonstruiert. In diese Rekonstruktionen fließen die individuellen Deutungen der durch die Kinder wahrgenommen „Rahmendifferenz" ein und führen zu einer Reihe von unterschiedlichen Strategien.

Dementsprechend dementiert Felix Tubas Vorwurf und argumentiert geschickt, dass Wegnehmen eine Rückgabe ausschließt, und er deswegen den Ball nicht weggenommen, sondern geliehen habe. Für ihn geht es weniger um konkrete Regeln, als um das korrekte Auslegen des situativen Rahmens. Kalthoff/Kelle verweisen im Kontext ihrer Untersuchungen darauf, dass um die Angemessenheit der Reaktionen der Beteiligten und um die Verhältnismäßigkeit der Mittel gestritten wird (vgl. Kalthoff/Kelle 2001, 704). So ist auch Felix' Intervention zu verstehen.

Fatih:		Was sagst du dazu, Felix?
Junge:		Ja, ja, ja (Hintergrundrauschen im Kreis)
Felix:	pp	(unverständlich) Ich wollt' nicht spielen. Ich wollt' nur schießen schnell. Aber das hatten wir ja schon mal. Ich

		fang an, bei euch mitzuspielen… (4)
Fatih:		Hast du die gefragt?
Felix:	pp	Ja.
Tuba:	f	Nein, hast du uns nicht.
Felix:	ff	Doch, hab' ich schon. Ich hab' gefragt, ob ich mitspielen darf.
Tuba:		Ach, doch, stimmt. Aber wir ha'm gesagt, Felix, wir wollen es nicht (3)
Felix:	pp	Ach (3) die haben mich nicht mitspielen lassen (unverständlich)
Tuba:		Na, vielleicht das nächste Mal (..) Geht ja auch, net nur, also, an dem Tag. Du kannst das ja schon, wir wollen halt (Hintergrundgemurmel)
Maren:		Aber Felix, wir ha'm ja auch geübt, aber wenn du dann dazukommst noch üben.
Felix:	pp	Ja, (unverständlich. (5) Wünsch' dir was von mir.

Der Moderator Fatih versucht, das Gespräch voranzubringen und rekurriert auf die schulisch etablierte Regel, dass neu zum Spiel hinzukommende Kinder die bereits spielenden um Erlaubnis bitten müssen. Felix' Antwort zeigt, dass ihm die schulischen Handlungsregeln bekannt sind und er der Regel genüge getan hat. Auch hier verweist seine Aussage darauf, dass es um ein korrektes Auslegen der Situation geht, da das regelkonforme Fragen aus seiner Sicht nicht impliziert, dass auch die Antwort abgewartet wird. Die Reaktion der beiden Mädchen Tuba und Maren zeigt, dass der Regelverstoß für beide in seiner Missachtung ihrer Antwort liegt. Sie liefern ihm zwei Begründungen für ihr Handeln und machen ihre Ablehnung transparent. Dem scheint Felix nichts mehr hinzufügen zu wollen, er rekurriert auf das ritualisierte Wünscheritual, in dem sich die Fallgeber etwas von dem Beschuldigten wünschen können und versucht, das Verfahren abzukürzen. Damit akzeptiert er die Begründung der Mädchen ohne weiteren Widerspruch. Seine Bereitschaft einzulenken könnte einerseits auf die Erkenntnis zurückgehen, dass ihn Tubas Rationalisierungspraxis überzeugt hat. Andererseits weiß er, dass das Verfahren vorsieht, dass am Ende ein Schadensausgleich steht und dass zügiges Einlenken schneller zum Beenden des Gesprächs führt als lange Rechtfertigungen. Felix' insgesamt sehr leise gesprochene Beiträge erzeugen den Eindruck, dass es ihm unangenehm ist, Mittelpunkt des Gesprächs zu sein. Er wird hier auf die Bühne gestellt, die nicht nur Unterrichtsbühne, sondern auch Peerbühne ist. Hier stehen sich zwei Facetten seines Handelns gegenüber: Zum einen zeigt sich Felix als verspielter Peer, der in der Pause seinen Spaß haben möchte, gerne Fußball spielt und an seinem Verhalten auch im Nachhinein nichts verkehrt findet. Mitschülern oder Mitschülerinnen kurzzeitig den Ball abzunehmen und zu zeigen, wie geschickt man ist, gehört durchaus zu üblichen Pausenspielen und wird in der Regel bei den Gleichaltrigen als implizit geduldetes Handlungsmuster akzeptiert. Doch diese Handlung erhält auf der Unterrichtsbühne den Charakter eines Regelverstoßes. So zeigt sich Felix zum anderen eben auch als normkonform handelnder Schüler, der durch frühzeitiges Einlenken das Verfahren abkürzt.

Christian:		Felix, ich find', also (.) finde mal, also (..) du wünschst dir, dass keiner dir den Ball ab-, weg-, also, abnimmst.
Felix:	<	Nein. Ich nicht. Die.
Christian:	<	Ja.
Tuba:		Nein (3)
Lisa:		Tuba.
Tuba:		Felix, ähm, der Christian meinte, wenn jemand dir den Ball abnimmt, würdest du auch von dem wünschen, dass er net den Ball ab-, also abnimmt. Oder?

Obwohl Felix bereits das Schlussprozedere eingeleitet hat, bringt sich Christian in das Gespräch ein und fordert von Felix einen Perspektivwechsel, indem er ihn darauf aufmerksam macht, dass er auch nicht den Ball abgenommen bekommen möchte. Implizit macht er ihn darauf aufmerksam, dass er die Mädchen so behandeln sollte, wie er selbst behandelt werden möchte. Obwohl Christian selbst wiederholt in ähnliche Konflikte verwickelt ist, solidarisiert er sich nicht mit Felix, sondern mit Tuba. Mit seiner Intervention zeigt er, dass ihm die schulisch erwarteten Handlungsmuster, mit Konflikten dieser Art umzugehen, bekannt sind. Seine Aussage hat hier eine doppelte Adressierung. Er wendet sich mit seinem Beitrag an Felix und zugleich implizit an die Lehrerin, indem er zeigt, dass er die schulisch anerkannte Argumentation für solche Situationen kennt. Hier wird sichtbar, dass die öffentliche Aushandlung einen Balanceakt darstellt. Auf der einen Seite steht die Erfüllung schulisch geforderter Handlungsmuster, regelgeleitet und friedlich Konflikte zu besprechen. Auf der anderen Seite befindet sich die Reaktion der kritischen Klassenöffentlichkeit, die sich jederzeit einmischen und das öffentliche Gespräch für Selbstprofilierungen gegenüber der Lehrerin oder den Peers nutzen kann. Die Klassenöffentlichkeit stellt ein permanent anwesendes Publikum dar. Gerade die Altershomogenität und der pädagogisch normative Gleichheitsanspruch (vgl. Breidenstein/Kelle 2002) führen dazu, dass sich die Mitglieder vergleichen und ihr Image pflegen. Damit wird erkennbar, dass sich nicht wie pädagogisch intendiert ein generelles Mitfühlen mit den Betroffenen zeigt (vgl. Stähling 2003, 199), sondern sich eine kollektiv und situativ ausgehandelte Reaktion auf den vorgetragenen Fall entwickelt, die von strategischen Verhaltensweisen überformt wird.

Felix:		(verneinender Laut) Ich bin zu euch mal kurz hingegangen. Ich hab' einen kleinen Schuss gemacht und am Ball, bin ich schon wieder abgehauen. Oder?
Tuba:		Ja, haben wir es überhaupt erlaubt?
Felix:	p	N e i n (..)
Tuba:		Und jetzt ist meine Frage: warum machst du das? (4)
Felix:		Ich hab' (atmet tief aus) Ich hatte keinen Ball. Und ich hatte Fu-, Lust, Fußball zu spielen.
Tuba:		Ja, das glaube ich dir.
Felix:		Ja.
Tuba:		Aber dafür brauchst du doch net unseren Ball wegzunehmen.
Felix:		Wegnehmen, hab' ich… Ich hab' ihn nicht weggenommen, eigentlich.
Tuba:		Doch.
Felix:	<	Ihr habt weggenommen.
Tuba:	<	(unverständlich) mit der Nina ist weggegangen und dann hast du's genommen und dann geschossen.
Felix:		Ja.

Christians Einwand löst Felix' erneute Erklärung aus und führt dazu, dass dieser deutlich macht, dass der Schaden seiner Intervention begrenzt war. Er zeigt sich hier als Person, mit der die Fußballlust durchgeht, wenn sie einen Ball sieht und deren spielerischer Aktion keine böse Absicht zugrunde lag. Damit weist er implizit darauf hin, dass hinter ernst gemeintem Ärgern immer eine entsprechende Intention liegen muss und seine Handlung nur als „Spaßärgern" gewertet werden kann. Wieder ein Hinweis darauf, dass es implizit geduldete Handlungsmuster der Gleichaltrigen gibt, die durchaus den schulisch gewünschten Verhaltensmustern widersprechen. Tuba insistiert dennoch, dass damit sein Handeln nicht zu rechtfertigen sei und dass seine Vorgehensweise einen Regelverstoß gegen die Regel darstellt, nur mit Erlaubnis mitspielen zu dürfen. Sie verlangt Argumente von ihm, die diesen Rahmenkategorien entsprechen. Es kommt zu beidseitigen bestätigenden Rückmeldungen, ohne dass der Dissens aufgehoben werden kann. Doch beide klären auf diese Weise die Strittigkeit der konfliktären Situation.

Felix:	Ich bin nicht mit dem Ball abgehauen.
Tuba:	Ja. Das hast du net gemacht.
	(Felix schweigt.)
Tuba:	Also, mein Wunsch ist, dass du nicht mehr unser Ball wegnimmst. Also, ich sag nicht immer nein, nein, nein, nein, ich sag auch manchmal ja.
Felix:	(zustimmender Laut)

Abschließend akzeptiert Felix Tubas Wunsch. Als routinierter Verfahrensbeteiligter weiß er, dass von ihm eine Veränderung seiner Einstellung erwartet wird und er für den Ausgleich der besprochenen Schädigung zuständig ist. Diesen Erwartungen wird er widerspruchslos gerecht.

2   Selbstdarstellungspraktiken und Lernprozesse

Dieser Gesprächsausschnitt zeigt, dass die Schüler/innen während des Schlichtungsprozederes einen komplexen, zurückliegenden Zusammenhang in eine lineare Reihung von Teilschritten bringen müssen. Die Reduzierung der Komplexität trägt ein gewisses Störpotential in sich, da zum einen nicht über Fakten, sondern über Situationsdeutungen einzelner Schüler/innen verhandelt wird. In diese Deutungen fließen individuelle Selbstdarstellungspraktiken der Kinder ein, die zeigen, wie sie gesehen werden wollen. Tuba inszeniert sich als „brave" Schülerin, die regelkonformes Verhalten erwartet und nicht akzeptieren kann, dass mit Felix die „Fußballlust" durchgegangen ist. Sie weiß, dass das schulisch-offizielle Regelrecht auf ihrer Seite ist, da sie einen Normbruch nachweisen kann. Gleichzeitig suggeriert sie ihm als Peer, dass sie nichts gegen ihn hat und sich vorstellen kann, mit ihm zusammen zu spielen. Felix zeigt sich hier zum einen als leidenschaftlicher Fußballspieler und inszeniert sich zugleich als „einlenkungsbereiter" Schüler, der die Situation möglichst schnell hinter sich bringen möchte. Beide akzeptieren sich offensichtlich in ihren Selbstdarstellungen und kommen zu einer Einigung, ohne in ihren Situationsdeutungen übereinzustimmen. Damit wird erkennbar, wie die Schüler/innen mit der öffentlichen Situation im Klassenrat umgehen. Dies kann zu dem Schluss führen, dass die öffentliche Klassenratssituation zu Selbstprofilierungen motiviert, die Erfüllung schulisch erwarteter Handlungsmuster, vorgetäuschte Einigungen und angepasstes Verhalten provoziert und damit nur wenig zur Entstehung einer Streitkultur beiträgt. Doch wird ein solches Fazit dieser Klassenratssituation nur zum Teil gerecht.

Aus schulpädagogischer Sicht, mit dem Fokus auf Lernprozesse, gibt es zu der aufgezeigten Szene mehr zu sagen. Das Gespräch zwischen den Kindern zeigt auch, dass sie in der Lage sind, miteinander kooperativ zu kommunizieren. Die Interaktion zwischen Tuba und Felix vollzieht sich komplett ohne Lenkung und zeigt eine dichte Interaktion, die durch kompetentes Gesprächsverhalten von beiden aufrechterhalten wird. Der Gesprächsanalytiker Fiehler (vgl. Fiehler 1999, 54f.) verweist darauf, dass kommunikative Kooperativität eine Modalität gemeinsamen Handelns darstellt. Dies zeigt sich auch im vorliegenden Gesprächsausschnitt. Tuba und Felix sprechen sich direkt an. Sie gehen im Gespräch wechselseitig thematisch auf ihre Äußerungen ein und stellen Reziprozität her. Tuba gibt Felix z. B. zweimal Recht und gesteht ein, dass er durchaus gefragt hatte, ob er mitspielen darf. Sie erläutert ihre Ablehnung näher, begründet ihr Handeln und zeigt Felix eine Perspektive auf. Auch Felix gibt mehrfach bestätigende Rückmeldungen und antwortet auf Tubas Fragen. Er begründet, warum er aus seiner Sicht den Ball nicht weggenommen hat. Beide argumentieren und ringen miteinander um das bessere Argument. Felix zeigt sich am Ende zu einer Einigung bereit, ohne inhaltlich überzeugt worden zu sein.

Der analysierte Gesprächsausschnitt zeigt somit auch, dass beide in der Lage sind, Aufgaben und Anforderungen, die das Klassenratsgespräch an sie stellt, miteinander zu bewältigen. Der Gesprächsforscher Hartung definiert Gesprächskompetenz vor dem Hintergrund

> „der elementaren Merkmale von Gesprächen als Fähigkeit, zu einem beliebigen Zeitpunkt in einem Gespräch zu einer angemessenen Einschätzung der aktuellen Situation und der lokalen Erwartungen der Gesprächspartner zu kommen, auf dem Hintergrund dieser Einschätzung eine den eigenen Interessen und die eigenen Ausdrucksmöglichkeiten angemessene Reaktion mit hoher Erfolgswahrscheinlichkeit zu finden und diese Reaktion der eigenen Absicht entsprechend körperlich, stimmlich und sprachlich zum Ausdruck zu bringen." (Hartung 2004, 50)

Hartungs Definition macht deutlich, dass sich Gesprächskompetenz auch in Kenntnis der eigenen Rolle und den daran geknüpften Erwartungen in der jeweiligen lokalen Situation zeigt. Auf diese Klassenratssitzung bezogen zeigt das Verhalten der Kinder, dass sie den institutionellen Rahmen einschätzen und ihre Rolle im Verfahren vor diesem Hintergrund reflektieren. Einerseits hat dies dazu geführt, dass sich die Kinder entsprechend der geltenden Regeln zuhören können, einander ausreden lassen, sich unmittelbar in Form von Ich-Botschaften ansprechen und aufeinander Bezug nehmen. Zum anderen wissen sie, dass am Ende eine einvernehmliche Klärung stehen soll und es sinnvoll ist, irgendwann einzulenken, um aus dem Prozedere keine unendliche Geschichte zu machen. Ihre Routinesicherheit im Umgang mit dem Verfahren zeigt, dass sie gelernt haben, ihre kommunikativen Spielräume einzuschätzen und argumentativ zu füllen. Es gelingt ihnen, Konfliktgespräche zu führen, in denen sie sich gegenseitig Begründungen für das eigene Handeln abverlangen und unterschiedliche Situationsdeutungen austauschen. Dabei ringen sie um gegenseitiges Überzeugen und beenden das Gespräch auch, wenn dieses nicht gelungen ist. Ihre Gesprächskompetenz drückt sich somit einerseits in der Kenntnis des institutionellen Rahmens und den damit zusammenhängenden Verfahrensschritten aus sowie andererseits in ihrer Fähigkeit, kooperativ kommunizieren zu können und eine differenzierte Begründungspraxis entwickelt zu haben.

3   Schlussfolgerungen

Der mikroskopische Blick auf eine Klassenratsszene zeigt, dass es eine Differenz zwischen pädagogischen Intentionen und der schulischen Alltagspraxis gibt. Der Ertrag dieser Feststellung für die Schulpädagogik liegt meines Erachtens darin, dass die Brisanz, die das Klassenratsprozedere als institutionell öffentliches Gespräch für Schüler/innen mit sich bringt, die Grenzen des Verfahrens aufdeckt und die Frage nach den Möglichkeiten zu einer Neubewertung führt. Erkennbar wird, dass sich Grundschulkinder in einem Spannungsfeld von System und Lebenswelt (vgl. Scholz 2004, 43) als gemeinsame Figuration bewegen und Praktiken entwickelt haben, mit dieser Spannung umzugehen. Diese Praktiken werden unbewusst getätigt und zeigen dennoch, dass die Schüler/innen etwas gelernt haben. Sie haben eigene Anpassungsmechanismen ausgebildet, um den Verhaltens- und Handlungserwartungen der Institution zu entsprechen. Dazu gehört auch, zwischen den Erwartungen der Institution und denen der Mitschüler/innen zu unterscheiden. Es sind schulisch bewährte Lebens- und Überlebensstrategien, die deutlich machen, dass Schüler/innen und Lehrer/innen unterschiedliche schulische Welten erleben. Diese Lernprozesse spielen sich auf einer impliziten Ebene ab und liegen außerhalb der durch Curricula festgelegten Lernziele; in diesem Sinne können sie als informelle Lernprozesse bezeichnet werden (vgl. Schugurensky in Overwien 2005).

Die pädagogische Vorstellung, den Klassenrat als Gremium des Demokratie-Lernens zu betrachten und ihn gleichzeitig auf die diskursive Aushandlung von interindividuellen Konflikten zu reduzieren, blendet systemische Zusammenhänge aus. Auseinandersetzungen im Klassenrat werden von den Bedingungen der Institution gerahmt. Mit dem Blick auf peerkulturelle Prozesse lassen sich Praktiken explizieren, welche die Präsenz des Systems Schule für die Schüler/innen offensichtlich machen. So zeigt sich, dass die Beteiligten ihr Peersein und ihr Schüler/innensein im Klassenrat miteinander ausloten und beides nicht immer voneinander zu trennen ist. Die Peerbühne, nach Zinnecker (1978) auch „Hinterbühne", wird wiederholt zur Vorderbühne und lässt erkennen, dass sich Peerkultur und Unterricht gegenseitig beeinflussen und zur Ausbildung spezieller kultureller Peerpraktiken führen. Diese Grenzziehungen können als Interesse der Schüler/innen gewertet werden, die Integrität der eigenen Person zu schützen und zwischen persönlichen und schulischen Themen zu unterscheiden. Die Deutung dieser Praktiken als Grenzziehungen und die Anerkennung dieser Grenzen könnten dazu führen, dass Beschämungssituationen verhindert werden. Breidenstein/Jergus beforschten jugendliche Schüler/innen in der Mittelstufe und kommen zu ähnlichen Schlüssen. In ihren Analysen machen sie darauf aufmerksam, dass sich Jugendliche gegenüber schulischen Versuchen, an lebensweltlichen

Problemen anzuknüpfen, reserviert zeigten. Beide mutmaßen, dass sich die Schüler/innen gegen die Funktionalisierung persönlicher Themen als Unterrichtsgegenstand schützen (Breidenstein/Jergus 2005, 182). Auch Althans und Göhlich stellen in ihrem Vergleich von Morgenkreisritualen in Grundschulen und betrieblichen Frühstücksritualen fest, dass Schüler/innen und Arbeitnehmer/innen, die Aufnahme außerschulischer, bzw. außerbetrieblicher Gepflogenheiten als Disziplinierungsstrategie durchschauen und sich dementsprechend verhalten (Althans/Göhlich 2004, 219).

Dennoch wird sichtbar, dass erst durch die explizite Frage nach Lernen neben den Selbstdarstellungspraktiken auch Lernprozesse in den Horizont der Analyse rückten. Es zeigt sich, dass die kommunikativen Peer-Aushandlungen im Klassenrat nicht nur zum sozialen, sondern auch zum sprachlichen Lernen führen. Die Argumentationspraxen der Kinder enthalten Begründungsmuster und Aspekte kooperativer Kommunikativität. Dies sind Fähigkeiten, die sonst im Fachunterricht mit didaktisch durchdachten Lernschritten erreicht werden sollen und dennoch selten zu einer ähnlich komplexen Gesprächsbeteiligung führen. Erkennbar wird auf diese Weise, dass die schulisch intendierten Ziele, eine Streitkultur aufbauen zu wollen, zwar nur bedingt eingelöst werden können, es sich aber dennoch um keinen gescheiterten Unterrichtsprozess handelt. Lernprozesse tragen sich in diesem Kontext nicht dort zu, wo sie erwartet werden, sondern auf einem Nebenschauplatz. Sommerlad und Stern weisen auch jene Lernprozesse, die als inzidentelles Nebenprodukt nicht vorhersehbarer Schwierigkeiten auftreten, dem informellen Lernen zu (vgl. Sommerlad/Stern nach Overwien 2005), was für diesen Fall auch zutrifft.

Die beobachteten Praktiken der Schüler/innen können somit auf die Grenzen des Verfahrens und zugleich auf bislang wenig beachtete Handlungsmöglichkeiten verweisen. Erkennbar wird, dass der Klassenrat als öffentliches Ritual für die Klärung interindividueller Konflikte nicht geeignet ist. Das schulisch gewünschte Handlungsmuster der öffentlichen Konfliktklärung wird deutlich von dem Interesse der Schüler/innen, ein konsistentes Image darzustellen, bestimmt und führt folglich wiederholt dazu, dass die auf konstruktive Lösungen hinzielenden Klassenratsschritte im praktischen Vollzug für individuelle Profilierungen benutzt werden. Gleichzeitig machen die Gesprächshandlungen der Schüler/innen darauf aufmerksam, dass sie in der Lage sind, ohne Interventionen der Lehrerin miteinander zu kommunizieren und dabei auf die in der Klasse etablierten Gesprächsregeln zurückgreifen zu können. Dies lenkt den Fokus auf den Inhalt der Gespräche und lässt vermuten, dass bei schulischen Themen, die für die Klasse als Gemeinschaft von Relevanz sind, ohne dass Einzelne in Gefahr geraten, vorgeführt oder beschämt zu werden, der öffentliche Klassenratsrahmen durchaus produktiv genutzt werden kann. Damit ist der Klassenrat geeignet, um

Schülern und Schülerinnen im schulischen Setting Raum und Zeit für die Erfahrung des diskursiven Aushandelns von Fragen zu geben, die die Klasse als Gemeinschaft berühren.

So zeigt diese Analyse auch, dass erst die Verknüpfung des Interesses an Peer-Aktivitäten *und* Lernprozessen sichtbar macht, dass differente Lernprozesse entstanden sind. Während auf der formalen Ebene, die mit dem didaktischen Setting des Klassenrates intendierten Lernziele nur bedingt erreicht wurden, zeigten sich zahlreiche informelle, nicht intendierte Lernprozesse. Die Analyse von Peerkultur und Lernprozessen, mit der Beachtung von Störungen und Synergieeffekten birgt dementsprechend wichtige Hinweise für Unterrichtsentwicklungsprozesse und weist mit dieser Erkenntnis auf ein zugleich bislang nur wenig beachtetes und noch auszudifferenzierendes Forschungsfeld hin.

4 Literatur

Althans, B./Göhlich, M. (2004): Rituelles Wissen und organisatorisches Lernen. In: Zeitschrift für Erziehungswissenschaft. Innovation und Ritual. 2004. Beiheft 2. 206-222.

Becker-Mrotzek, M./Brüning, G. (2004): Analyse und Vermittlung von Gesprächskompetenz. Frankfurt am Main: Lang.

Breidenstein, G. (2006): Teilnahme am Unterricht. Wiesbaden: VS Verlag für Sozialwissenschaften.

Breidenstein, G./Jergus, K. (2005): Schule als „Job"? Beobachtungen aus einer Klasse. In: Breidenstein, G./Prengel, A. (Hrsg.) (2005): 177-201.

Breidenstein, G./Kelle, H. (2002): Die Schulklasse als Publikum. Die deutsche Schule, 94, (3), 318-329.

Breidenstein, G./Prengel, A. (Hrsg.) (2005): Schulforschung und Kindheitsforschung – ein Gegensatz? Wiesbaden: VS Verlag für Sozialwissenschaften.

Burk, K./Speck-Hamdan, A./Wedekind, H. (Hrsg.) (2003): Kinder beteiligen – Demokratie lernen. Frankfurt am Main: Arbeitskreis Grundschule e.V..

de Boer, H. (2006): Klassenrat als interaktive Praxis. Auseinandersetzung – Kooperation – Imagepflege. Wiesbaden: VS Verlag für Sozialwissenschaften.

Fend, H. (2006): Neue Theorie der Schule. Einführung in das Verstehen von Bildungssystemen. Wiesbaden: VS Verlag für Sozialwissenschaften.

Fiehler, R. (1999): Was tut man, wenn man „kooperativ" ist? Eine gesprächsanalytische Explikation der Konzepte, Kooperation' und Kooperativität'. In: Mönnich, A./Jaskolski, E. W. (Hrsg.) (1999): 52-58.

Goffman, E. (1980): Rahmen-Analyse. Ein Versuch über die Organisation von Alltagserfahrung. Frankfurt am Main: Suhrkamp.

Goffman, E. (1986): Interaktionsrituale. Über Verhalten in direkter Kommunikation. Frankfurt am Main: Suhrkamp.

Hartung, M. (2004): Wie lässt sich Gesprächskompetenz wirksam und nachhaltig vermitteln? Ein Erfahrungsbericht aus der Praxis. In: Becker-Mrotzek, M./Brüning, G. (Hrsg.) (2004): 47-66.

Kalthoff, H./Kelle, H. (2000): Pragmatik schulischer Ordnung. Zur Bedeutung von Regeln im Schulalltag. In: Zeitschrift für Pädagogik 46. Heft 5. 691-710.

Krappmann, L./Oswald, H. (1995): Alltag der Schulkinder. Beobachtungen und Analysen von Interaktionen und Sozialbeziehungen. Weinheim: Juventa.

Mehan, H. (1979): Learning lessons. Cambridge: Harvard Univ. Press.

Mönnich, A./Jaskolski, E. W. (Hrsg.) (1999). Kooperation in der Kommunikation. München und Basel: E. Reinhardt.

Overwien, B. (2005): Stichwort: Informelles Lernen. In Zeitschrift für Erziehungswissenschaft Heft 3, 338-358.

Reinert, G.-B./Zinnecker, J. (1978): Schüler im Schulbetrieb: Berichte u. Bilder vom Lernalltag, von Lernpausen und vom Lernen in den Pausen. Reinbek: Rowohlt.

Scholz, G. (2003): Gesellschaftliches Lernen in der Grundschule. Wider das Verschwinden der politischen Bildung. In: Burk, K./Speck-Hamdan, A./Wedekind, H. (Hrsg.) (2003): 39-54.

Stähling, R. (2003): Der Klassenrat – Eine Fortführung reformpädagogischer Praxis. In: Burk, K./Speck-Hamdan, A./Wedekind, H. (Hrsg.) (2003): 197-207.

Zinnecker, J. (1978): Die Schule als Hinterbühne oder Nachrichten aus dem Unterleben der Schüler. In: Reinert, G.-B./Zinnecker, J. (Hrsg.) (1978): 29-11.

Zeit zu Zetteln! – Eine Praxis zwischen Peer- und Schülerkultur

Hedda Bennewitz

Im Klassenzimmer finden sie sich in allen Varianten: als Arbeitsblatt, Schreibzettel, Nachricht an die Eltern, Informationsblatt, Schmierzettel, Hausaufgabenzettel, Klausurblatt, Test, Notizzettel, Zeugnis, etc.. Zettel sind ständige Begleiter des Unterrichts. Neben diesen ‚offiziellen' Zetteln und Papieren finden sich aber auch solche, die nicht für die Augen von allen Mitschülern, Lehrern und Eltern gedacht und dennoch allen schulischen Akteuren bestens vertraut sind: Spickzettel, Schülerbriefchen und Briefbüchlein (vgl. auch Breidenstein in diesem Band). Aus der Perspektive von Lehrerinnen handelt es sich beim Schreiben dieser „Zettelvarianten" oft um ein mehr oder minder schweres, den Unterricht störendes Vergehen, das wahlweise möglichst zu unterbinden oder zu ignorieren ist. Obgleich das Briefchenschreiben zu einer weit verbreiteten unterrichtlichen Praktik, vor allem von Schülerinnen zählt, gibt es nur sehr wenige Publikationen, die sich mit diesem Phänomen befassen (vgl. Cherubim 1981). Welche Bedeutung das Schreiben von Briefchen für jugendliche Schülerinnen und Schüler hat, möchte ich daher in meiner ethnographischen Studie herausarbeiten. Ich stütze mich bei der Analyse dieser Schülerpraktiken auf ethnographische Unterrichtsprotokolle und Schülerbriefchen, die ich im Rahmen eines Forschungsprojekts zwischen 2001 und 2004 in einer Schulklasse eines Gymnasiums erhoben bzw. erhalten habe (vgl. Breidenstein 2002). Ich werde zunächst die theoretischen und methodischen Grundannahmen meiner Studie darlegen (1) und kurz in das Feld der Forschung einführen (2). Im Anschluss werde ich am Beispiel eines Schülerbriefchens und mehrerer Sequenzen aus verschiedenen Unterrichtsprotokollen Funktionen und soziale Praktiken des ‚Zettelns" beschreiben (3). In einer abschließenden Theoretisierung werde ich zeigen, dass mit diesem kulturanalytischen Zugang ein empirisch begründeter Beitrag zur Aufhellung des Verhältnisses von Peer- und Schülerinsein geleistet werden kann (4).

1   Theoretische und methodische Grundannahmen

In Anlehnung an die Arbeiten von Goffman (1971, 1977) und an die Ethnomethodologie Garfinkels (1967) geht es in meiner Studie prinzipiell um alltägliche Routinen, die die Mitglieder einer Schulklasse in der Unterrichtssituation vollziehen und die sich konkret in peerkulturellen Praktiken beobachten lassen. In dieser Perspektive rücken all jene Anforderungen an Schülerinnen und Schüler in den Blick, die aus der Tatsache resultieren, dass sie Teil einer Klassengemeinschaft sind (vgl. Bennewitz/Meier 2008). Mit dem Konzept des „Doing culture" (Hörning/Reuter 2004), in dem Kultur als Praxis verstanden wird, in der sich das Kulturelle mit dem Sozialen verbindet, lassen sich die peerkulturellen Praktiken zunächst einmal theoretisch schärfen. Im „Doing culture" Ansatz, der sich dem „Practicle Turn" (Schatzki/Knorr-Cetina/von Savigny 2001; Reckwitz 2003) in den Sozialwissenschaften zuordnen lässt, ist nicht jedes Handeln zugleich schon als Praxis definiert. Soziale Praktiken bilden sich als gemeinsame Handlungsgepflogenheiten erst durch wiederholtes Miteinandertun heraus. Von Interesse sind gemeinsame Handlungsweisen, die in relativ routinisierten Formen verlaufen und eine bestimmte Handlungsnormalität im Alltag begründen. Dabei liegt die praxistheoretische Herausforderung von solchen Kulturanalysen darin, „unmittelbar verständliche und vorhersehbare Praktiken gerade nicht als unmittelbar verständlich und vorhersehbar zu begreifen, sondern die dahinter liegenden kulturellen Formen und Sinnbezüge herauszuarbeiten." (Hörning/Reuter 2004, 13). Mit dem Versuch, das Zetteln als eine soziale Praktik der Teilnahme an Unterricht zu beschreiben, ordnet sich meine ethnographische Studie in eine Reihe von Untersuchungen ein, die darauf zielen „den schulischen Alltag als ein Bündel aufeinander bezogener, ineinander verschränkter sozialer Praktiken, die es in ihrer Eigendynamik und in ihrem immanenten Funktionieren zu erkunden gilt" zu analysieren (Breidenstein 2006, 18). Die ethnographische Forschungsstrategie, insbesondere die Methode der teilnehmenden Beobachtung, ist in besonderer Weise geeignet, soziale Praktiken zu entdecken und zu beschreiben (vgl. Hirschauer/Amann 1997; Friebertshäuser 2008). Dies begründet sich über die Annahme, dass sozialen Praktiken Ausdruck eines impliziten praktischen Wissens sind, das den handelnden Personen nur bedingt zugänglich, d.h. kommunizierbar ist (vgl. Reckwitz 2003).

2 Die Gymnasialklasse als Feld der Forschung

Die von mir analysierten Szenen sind in einem traditionsreichen altsprachlichen Gymnasium beobachtet worden.[47] Die Schülerinnen und Schüler müssen sich, um diese Schule besuchen zu können, einer umfangreichen Aufnahmeprüfung unterziehen. Nur die Besten werden aufgenommen – sie sind handverlesen. Die Schule pflegt ihr elitäres Image und ihre Schüler stehen für Leistungsstärke. Das Verhältnis zwischen Jungen und Mädchen ist unausgewogen; immer wieder gibt es reine Mädchenklassen. Der Unterricht ist nach dem Fächerprinzip organisiert. Es dominiert der Frontalunterricht, mit Phasen der Einzelarbeit und des Unterrichtsgesprächs. Die Beobachtungsklasse, in der 18 Mädchen und 6 Jungen gemeinsam einen Großteil ihres Tages miteinander verbringen, gilt in den Augen der Lehrerschaft als besonders leistungsstark. Die beobachtete Schülerschaft agierte dem ersten Eindruck nach fast unbewegt in den überwiegend kleinen Klassenräumen, in denen die Tische beengt stehen und zur Tafel ausgerichtet sind. Die zu Beginn der Erhebung geradezu als beunruhigend empfundene Homogenität der Schülerschaft, die beeindruckende ,Choreographie der Gleichförmigkeit', die Wiederholungen des stets Gleichen, brachten mich als teilnehmende Beobachterin, die beständig auf der Suche nach peerkulturellen Ausdrucksformen war, immer wieder in arge Nöte. Schnell empfand ich die Unterrichtsstunden als langweilig und wenig spektakulär. Aus diesen Erfahrungen ist die methodische Strategie entsprungen, einzelne Jugendliche über den Zeitraum einer Unterrichtseinheit intensiv zu beobachten, um ihre Aktivitäten detailliert zu erfassen. Tatsächlich zeigten sich mit der Entscheidung fokussiert zu beobachten, feine Unterschiede zwischen den Aktivitäten der Gleichaltrigen.

3 Das Zetteln – eine Schülerpraktik zwischen Routine und Inszenierung

Das Schreiben genießt in Schule und Unterricht einen prominenten Stellenwert. Die Schule ist zunächst einmal der Ort, an dem die meisten Kinder diese zentrale Kulturtechnik erlernen. Schreiben ist aber auch eine der wesentlichen und routinierten Tätigkeiten von Schülerinnen und Schülern im Unterricht. Nur wenige Utensilien sind für diese Aktivität von Nöten. Fast in jeder Stunde findet sich ein Heft, ein Blatt Papier, ein loser Zettel, der beschrieben sein will, und ebenso zahlreich vorhanden sind diverse Schreibgeräte, in unterschiedlichsten Größen und Farben. Im Folgenden wird mit Hilfe verschiedener Unterrichtssequenzen die peerkulturelle Praxis des Zettelns beschrieben. Über die Analyse der Hand-

---

[47] Der Erhebungszeitraum erstreckte sich von der Klassenstufe 7 bis zum Ende der Klasse 9.

lungspraktiken wird es gelingen, die Bedeutung des Zettelns als peerkulturelle Praxis innerhalb der Klassengemeinschaft zu bestimmen. Zunächst wird ein Produkt dieser Praxis interpretiert. Hier geht es um die Rekonstruktion des sozialen Sinns, der sich aus der Interaktion der beiden Mädchen erschließen lässt (3.1). Im Anschluss geht es darum, die Wirkungen und Funktionen des Zettelns in der Reichweite der Schulklasse näher zu beleuchten (3.2). Schließlich werde ich mit Hilfe weiterer Unterrichtsprotokolle und einem Interviewauszug nach dem Verhältnis von Unterricht, bzw. Schülersein und Peeraktivitäten fragen (3.3).

3.1   Zeit zu zetteln! – Gemeinschaft stiften

Das besondere an dieser schriftlichen Interaktionssequenz liegt in der Nähe der beiden Akteurinnen zu einander. Die Mädchen könnten vermutlich problemlos(er) miteinander sprechen; dies wäre zumindest schneller und damit ‚effektiver'. Die folgenden Ausführungen widmen sich daher der Frage, welche Vorteile die schriftliche Kommunikation gegenüber dem Gespräch in der Unterrichtssituation bietet. Grundsätzlich ist davon auszugehen, dass die Zettelkommunikation eine eigene Logik besitzt und dass diese vermutlich anders als verbale Gesprächsgewohnheiten und Routinen praktiziert werden muss.

> Zeit zu zetteln!:) Wenn die
> uns heute erwischt ...
> Haste etwa Schiss?:) Seh ich
> So aus?:) Ein bisschen ... :)
> Danke ... So bin ich ... :) Thema?
> Schlag vor! :) kein Plan ... :)
> Wie wär's mit Ferienlager! *nerv* :)
> OK: zu 2t, zu dritt oder
> zu 5t ? :)

Dieser Zettel ist von den Freundinnen Lena und Maja während einer Unterrichtsstunde geschrieben worden und dokumentiert eine typische ‚Zetteleingangssituation'.[48] Mit der Aufforderung: Zeit zu zetteln! reicht Lena das kleine Papier an Maja, die neben ihr am Tisch sitzt. Die Übergabe des Zettels verweist auf eine routinierte Gesprächs- bzw. Kommunikationseröffnung, wobei sich die Alltäglichkeit der Praxis in der verwendeten Formel (Zeit zu zetteln) widerspiegelt. In

---

[48] Dieser Zettel ist Auftakt für eine längere Unterhaltung. Insgesamt umfasst das schriftliche Gespräch sechs Zettel, die im Laufe des ganzen Schultages noch verfasst wurden.

dieser Eröffnung zeigt sich, dass sich Akteure eines Interaktionsprozesses wechselseitig darauf aufmerksam machen müssen, wann etwas anfängt und was der Charakter der Interaktion ist, um die Situation gemeinsam definieren zu können. Es geht hier um den Versuch, einen gemeinsamen Orientierungs- und Interaktionsrahmen (Schütze 1994, 205ff.) zu bestimmen. Mit dieser Zettelübergabe treten die unterrichtlichen Anforderungen an die Schülerinnen, z.B. aufmerksam zu sein oder sich an einem Unterrichtsgespräch zu beteiligen in den Hintergrund. Maja dürfte sich darüber bewusst sein, dass sie als gute Freundin dieses Angebot nicht ausschlagen darf.[49] Sie schreibt:

> Wenn die
> uns heute erwischt ...

Maja macht in ihrer Entgegnung auf die Gefahr aufmerksam, von der Lehrerin erwischt zu werden und bestimmt den Zettel als Aufforderung etwas Verbotenes und Unerlaubtes zu tun. Die Punkte am Ende verweisen auf imaginierte Auswirkungen des ‚Erwischt-Werdens' und werden gerade in ihrer Vagheit effektvoll. Was passiert hier? Maja tritt in die Kommunikation ein und zugleich bestimmt sie das Zetteln im Angesicht potenzieller Gefahren zum Abenteuer. Tatsächlich erweisen sich die Gefahren bei dieser Lehrerin als relativ gering. Obwohl im Erhebungszeitraum fast in jeder Stunde ein reger Zettelverkehr beobachtet werden konnte, hat die Lehrerin nie drastisch interveniert, etwa einen Zettel öffentlich verlesen oder einen Tadel erteilt. Zu vermuten ist vielmehr, dass die Gefahr alltäglicher und routinierter Zettelpraxis darin liegt, ihren riskanten oder subversiven Anteil zu verlieren. Insofern Maja sich und der Freundin die Risiken vor Augen führt, steigert sie die Erlebnisqualität der Situation. Der Einstieg in den gemeinsamen Kommunikationsraum markiert, dass das vermeintlich gefährliche Abenteuer und Risiko begonnen hat.

> Haste etwa Schiss ? :) Seh ich
> So aus?:) Ein bisschen ... :)
> Danke ... So bin ich ... :) Thema?

Im Folgenden gerät die Bedrohungssituation zunehmend aus dem Blick. Vielmehr wird nun die Freundin zum Gegenstand der Belustigung. Diese Sequenz klärt uns auf über die Beziehung der beiden Mädchen zueinander. Es handelt sich um ein Geplänkel zwischen zwei sich neckenden Freundinnen, bei dem es nicht mehr darum geht, das Zetteln ernsthaft in Frage zu stellen. Denn auch angesichts des unterstellten fehlenden Mutes von Maja hat das Zetteln schließlich

---

[49] Zum Verhältnis von Freundschaft und Unterricht vgl. Bennewitz (2004).

schon begonnen. Die in dieser Sequenz steckenden Provokationen und Sticheleien scheinen dabei für beide Mädchen unproblematisch zu sein; sie gehören zum Spaß dazu. Lena und Maja amüsieren sich. Schlagfertig und routiniert erzeugen sie eine Form von Spannung, die auf ein freundschaftlich-zugewandtes Verhältnis der beiden zueinander schließen lässt. Die ‚Beziehungszeichen' der Schülerinnen sind gesetzt: Sie haben den Kontakt zueinander aufgenommen, sich geeinigt zu zetteln, damit die Beziehung stabilisiert, und sie sind sich ihrer gegenseitigen Aufmerksamkeit sowie der der Ethnographin und der Schülerinnen und Schüler, die sie beobachten, gewiss. Nun erst geht es um die Frage des ‚eigentlichen' Themas. Wenden wir uns also dem Ende des Zettels zu und schauen, wie die beiden Freundinnen, nachdem die Beziehungs- und Interaktionsebene geklärt ist, ein ‚richtiges' Thema finden.

> *Schlag vor! :)* kein Plan ... :)
> *Wie wär's mit Ferienlager! *nerv* :)*
> OK: zu 2t, zu dritt oder
> zu 5t ? :)

Sich auf ein Thema zu einigen, bedeutet in diesem Fall, erst einmal eines vorzuschlagen. Hier erscheint eine erste Hürde, die gemeinsam gemeistert werden muss. Das wechselseitige Zuschieben von ‚Themenvorschlagsverantwortung' verweist auf eine Ratlosigkeit, die möglicherweise daraus resultiert, dass sich die Freundinnen sowieso schon alles gesagt haben oder auch auf eine Form des sozialen Takts, die dann zum Tragen kommt, wenn ein schon besprochenes Thema zum wiederholten Male aufgerufen wird. Allerdings ist zugleich davon auszugehen, dass sich nicht jedes Thema gleichermaßen für diese besondere Gesprächssituation eignet. Für gänzlich neue Themen, komplexere Zusammenhänge und differenzierte Auseinandersetzung fehlt schlicht der dazu notwendige Raum. Dieser ist durch die Größe des Zettels in der Regel sehr begrenzt. Das mit Sternchen eingeklammerte *nerv* verweist vermutlich darauf, dass das Thema Ferienlager schon zuvor diskutiert worden ist. Auch die Antwort, die uns als Leserinnen und Lesern unverständlich bleibt, stützt diese These.

Wie können nun diese ersten Analyseergebnisse dabei helfen, das Phänomen des Zettelns zu beschreiben? Der hier abgedruckte Zettel ist ein Dokument einer weit verbreiteten Praxis dieser Schulklasse. Die bisherige Perspektive war die Interaktionsebene der beiden Freundinnen, in der sich das Zettelschreiben in erster Linie als ein *Beziehungszeichen* erweist und eine *Steigerung der Erlebnisqualität* des Unterrichts bewirken soll. Die Bedeutung des Zettelns liegt hier also nicht in einem Austausch von Inhalten, sondern in der Tätigkeit selbst begründet. In diesem Sinne erklärt sich auch der Mehrwert des Schreibens gegenüber der mündlichen Kommunikation. Bislang blieb ausgeblendet, dass die Schülerinnen

Teil einer Klassenöffentlichkeit sind und ihre Aktivitäten immer auch vor einem Publikum stattfinden. Die Bedeutung der Schulklasse als wesentliches Element für diese peerkulturelle Praxis ist daher in die weiteren Analysen einzubeziehen.

3.2   Zeit zu Zetteln! – Das Publikum und die Postboten

Die folgende Protokollsequenz entstammt einem Unterricht der ersten Erhebungsphase in Klasse 7. Hanna sitzt wie so oft neben den eng befreundeten Mädchen Uta und Rike in der vorletzten Tischreihe. Der Biologieunterricht ist bereits fortgeschritten, als sich folgende Szene ereignet.

> Die drei neben mir schreiben Zettel. Ich werde darauf aufmerksam, als Uta, die zwei Plätze weiter sitzt, ein weißes kariertes Zettelchen total klein zusammenfaltet. Ich kriege nicht mit, ob sie ihn schon weitergegeben hat. Wir gucken uns kurz an, lächeln, sie weiß, dass ich sie beobachte.

Die teilnehmende Beobachterin wird durch das *total kleine Zusammenfalten* eines Zettelchens auf eine ihrer Banknachbarinnen aufmerksam. Als Ethnographin, die sich für die Kultur der Gleichaltrigen interessiert, ist die Beobachtung von Handlungen, die nicht mehr dem Kanon des Offiziellen zugerechnet werden können, natürlich ein ‚Muss'. Durch einen kurzen Augenkontakt wird die Ethnographin ‚Publikum' und ‚mitwissende' Beobachterin. Ihre Beobachtungen stehen dafür, was im Unterricht vor den Augen der Lehrerin zu verheimlichen ist, aber durchaus in den Fokus der Mitschülerinnen und Schüler, also des „Publikums Schulklasse" geraten kann (vgl. Breidenstein/Kelle 2000). Dass das Zettelschreiben auch von nicht unmittelbar involvierten Mitschüler/innen wahrgenommen oder sogar mit Interesse und Aufmerksamkeit verfolgt wird, ist wenig erstaunlich. Grundsätzlich sind die zu beobachtenden Dinge und Aktivitäten innerhalb einer Klasse nach Jahren des gemeinsamen Zusammenseins recht eingeschränkt. Tatsächlich ist aber auch das Schreiben von Zetteln, vor allem wenn es wie in dieser Klasse zum alltäglichen Handlungsrepertoire gehört, weder besonders exotisch noch neuartig. Allerdings geben die Zettelaktivitäten recht zuverlässige Hinweise über aktuelle Beziehungskonstellationen. Die Aufzeichnungen der Ethnographin, die sich als teilnehmende Beobachterin für die Relevanzsysteme der Schülerinnen interessiert, verweisen aber auch auf weitere Bedeutungen des Zettelns. Zur Praxis des Zettelns gehört es, Zettel *an jemanden* zu *schreiben, zusammenzufalten* und *weiterzugeben*. Die Beobachtung dieser Verrichtungen kann, zumindest das geneigte Publikum, dafür interessieren, an wen die Nachricht gesendet werden wird oder was auf dem Zettel geschrieben steht.

Hiervon zeugen nicht zuletzt eine Reihe von Selbstbeobachtungen der Ethnographen:

> Maxi nimmt zwei kleingefaltete Zettel aus der Reihe vor uns entgegen (von Alexa?). Einen gibt sie gleich weiter nach hinten zu Josephine, den anderen behält sie. Ist er für sie? Nein, sie gibt ihn auch noch weiter. Wenig später sehe ich, dass Hedda einen Zettel bekommen hat und liest. Sehr schön, denke ich, dann werde ich meine Neugier auch noch befriedigen können (Georg Breidenstein).

Trotz aller Routinen in der Handhabung liegt in der Praxis des Zettelschreibens etwas Geheimnisvolles und wird so auch für das Publikum attraktiv. Das Wissen um die Existenz von Zetteln weckt in der Regel bereits die Begierde zu erfahren, was dort geschrieben steht. Zettelschreiben ist Geheimnisproduktion, wobei die daraus resultierende potenzielle Aufmerksamkeit des Publikums der Schreiberin des Zettels durchaus bewusst sein dürfte. Um diese Funktion der peerkulturellen „Praxis des Zettelns" näher zu bestimmen, hilft es nun in den Fortlauf der Szene zwischen Uta, Rike und Hanna einzutauchen.

> Ha! Hanna hat den Zettel. Sie entfaltet und liest ihn und schreibt dann selber etwas. Schließlich legt sie den Zettel wieder gefaltet auf Utas Tisch. Das ganze wird von Utas anderer Nachbarin Rike genau beobachtet. Dabei fällt mir das Wort „argwöhnisch" ein.

Das Publikum in dieser Szene steht dem Zetteln nicht gleichgültig gegenüber. Während die Ethnographin sich über die Entdeckung, dass Hanna den Zettel bekommt, erfreut zeigt, blickt Rike ‚argwöhnisch'. Woher rühren nun die Gefühle, die das Zetteln beim Publikum hervorzurufen vermag? Die Ethnographin ist in dieser ersten Erhebungsphase erfreut darüber, den Mädchen ‚hautnah' beim Zetteln zuschauen zu dürfen. Für sie ist die Beobachtung eine Form der Teilhabe. Für Rike hingegen ist das Zetteln zwischen Hanna und ihrer Freundin Uta ein Ausschluss. Die beiden zettelnden Mädchen stellen mit ihrer Korrespondenz eine eigene Welt in der Unterrichtssituation her. Sie kommunizieren für Rike sichtlich in intimer Art und Weise und setzen ein Beziehungszeichen. Das Zetteln erzeugt also eine intime Form der peerkulturellen Bezugnahme zwischen den Schreibenden, schließt Dritte absichtsvoll aus und hierarchisiert das Beziehungsgeflecht. Das Zusammenfalten des Zettels ist ein wichtiges Merkmal der Geheimnisproduktion. Das gefaltete Zettelchen legt in Anlehnung an Simmel (1901-1908; 1993, 317f.) den Schluss nahe, dass „das vielen Versagte etwas besonders Wertvolles sein müsse". Die „Attraktionen des Geheimnisses" liegen in der „typischen Irrung: alles Geheimnisvolle ist etwas Wesentliches und Bedeutsames" (ebd. 319). Die Faszination des Geheimnisses weckt den Wunsch an seiner Teilhabe. Tatsächlich erliegen die Beobachter einer Attraktion „des Geheimnisses, vor dem die inhaltliche Bedeutung der verschwiegenen Tatsachen oft genug ganz zurücktritt". Zugleich verbinden sich „Reiz und Werte" des Geheimnisses mit einem stark betonten „*Eigentum*sgefühl", das aus dem Ausschluss aller Außenstehenden resultiert (Hervorhebungen im Original, ebd. 318). Ausschluss und Geheimnisproduktion sind in die Praxis des Zettelns, insbesondere in die Technik des Faltens und der Briefweitergabe, eingeschrieben. Hier offenbart sich eine Praxis des Verhüllens, die eben auch dann ihre sinnvolle Berechtigung findet, wenn zwischen den Schreibenden keine dritte Person als Briefträgerin fungiert. Die Modalitäten der Tarnung, des Verhüllens und Versteckens gehören zum festen Bestandteil des Zettelschreibens. Sie sind für die schreibenden Schülerinnen aber auch für das Publikum zugleich Beleg und Bedingung der geheimnisvollen Bedeutsamkeit des Zettels. Dabei erfüllt das Publikum zwei wesentliche Aufgaben. Um Gemeinschaft inszenieren zu können, bedarf es auch immer der anderen, der ‚Nicht-Involvierten'. Eine neue Situation ergibt sich, wenn aus Zuschauern Mitwirkende werden. Dies passiert, wenn Zettel einen längeren Weg durch die Klasse zurücklegen müssen, weil die Schreibenden weit voneinander entfernt sitzen. Nun ist die Mitarbeit der anderen Schülerinnen und Schüler gefragt. Von ihnen hängt es ab, ob die Zettelweitergabe funktioniert. So können Beobachter, schneller als es ihnen vielleicht lieb ist, in das Geschehen involviert werden.

> Alexa schreibt eine Antwort auf einen Zettel, der bei ihr angekommen ist. Als sie damit fertig ist, faltet sie den Zettel akkurat zusammen und legt ihn vor ihren Stapel. Dann versucht sie Kontakt zu Jo aufzunehmen, deren Aufgabe es ist, den Zettel an Merle weiter zu reichen. Tatsächlich dreht sich Jo, die durch die Tischordnung nach vorne versetzt und nicht direkt neben Alexa sitzt, zu dieser um. Alexa signalisiert mit den Augen: Da liegt ein Brief. Jo nimmt den Brief aber nicht an sich, sondern guckt nur zu Alexa. Diese wird ein bisschen drängender und macht ein böses Gesicht. Sie reißt die Augen auf und nickt mit dem Kopf Richtung Zettel: Mensch nimm ihn doch endlich! würde ich hier übersetzen. Dann lehnt sich Jo zurück und legt wie zufällig die Hand auf Alexas Tisch, der ja etwas versetzt steht. Dort lässt sie ihre Hand eine Zeit verweilen ehe sie diese mit dem Zettel zurückzieht und dann an Merle weiterreicht.

Die Weitergabe eines Briefchens ist, so zeigen es unsere Beobachtungen, offensichtlich alternativlos für die Peers. Der Aufforderung, einen Brief weiterzugeben, kann sich nicht entzogen werden. Dabei ist es unerheblich, ob man selbst die Dienste von ‚Postboten' beansprucht. Hier gilt: Wer auf dem Postweg sitzt, muss den Brief weiterreichen. Ungefragt muss man sich dem sicher nicht immer herbeigesehnten ‚Risiko der Entdeckung' aussetzen und eigene Aktivitäten unterbrechen. Die Pflicht der Weitergabe korrespondiert mit einer weiteren Regel:

Postboten lesen die Briefe nicht. Durch das Weiterleiten der Zettel sind die betroffenen Schülerinnen und Schüler nun zwar aktiv beteiligt, sie werden aber
nicht in die Gemeinschaft der Zettelnden aufgenommen. Als ‚dienstbare Geister'
sollen sie wie selbstverständlich ihre Pflicht erfüllen, ohne einen entsprechenden
‚Mehrwert' zu erhalten. Schließlich könnte eine Weigerung mit einem erheblichen Imageschaden behaftet sein.

3.3   Zeit zu Zetteln! – Der Unterrichtsbezug

Abschließend möchte ich den Blick auf die Unterrichtssituationen richten, in
denen das Zetteln praktiziert wird. Denn tatsächlich gibt es Lehrerinnen und
Lehrer, bei denen kaum eine Schülerin es wagen würde, Briefe zu schreiben.
Hier stellt sich die Frage, welchen Zusammenhang es zwischen Unterrichtsdra-
maturgie, Lehrerhandeln und Zettelschreiben gibt. Die Schülerin Marthe, die zu
den wenigen ‚nicht-zettelnden' Schülerinnen gehört, gibt in einem Interview
Auskunft über mögliche Zusammenhänge. Das Interview wurde während der
dritten Erhebungsphase in Klasse 9 geführt.

> Marthe: Also in Spanisch ist es hauptsächlich, wahrscheinlich kommt es auch
> auf'n Lehrer drauf an. Zum Beispiel in Chemie oder, ja in Chemie, da
> würde, glaub' ich fast gar keiner Briefchen schreiben. Weil Frau Bohr,
> da haben sie immer alle ziemlich Respekt. Die haben wir auch schon
> seit der fünften Klasse, und also da traut sich keiner so richtig Briefchen
> zu schreiben. Also da hat jeder so Respekt vor der, dass er das nicht
> macht.
>
> Interviewer: Gibt's noch andere Fächer? Wo keine Briefchen geschrieben werden?
>
> Marthe: Also in Mathe, krieg' ich's eigentlich auch nicht so mit. Also auch so in
> den Fächern, die vielleicht eher, also wo, wo man auch dolle aufpassen
> muss, dass man auch mitkommt. Also in Chemie, wenn man da auch
> 'ne Stunde mal fehlt, das ist also immer ganz schön viel, was man da
> nachholen muss. Wobei man das eben von dem, der einem das gibt,
> auch nicht so unbedingt das so toll erklärt kriegt, was man da nun ge-
> macht hat.
>
> Interviewer: Hm.
>
> Marthe: Also da muss man auch schon, also in den Fächern, wo man ziemlich
> aufpassen muss. In Chemie und Mathe, [holt Luft] hm. (.) In Geschichte
> schreibt glaub' ich auch keiner Zettel. Bei Frau Fuchs, die würde da
> gleich in die Luft gehen, so ungefähr. Also da muss man dann auch bei
> manchen Lehrern aufpassen.
>
> Interviewer: Hm.
>
> Marthe: Hm. Und in Französisch, also ich weiß von der andern Gruppe her, die
> schreiben sich auch viele Briefchen. Aber in Französisch sagen sie auch

immer, dass sie sich da oft ziemlich langweilen, also wenn die Stunde langweilig ist.

Interviewer: Hm.

Marthe: Man könnte zwar was verpassen, aber weil eben das so langweilig ist, schreibt man dann Briefchen. Das ist wahrscheinlich auch immer so, so'n bisschen der Kick, ob der Lehrer nun guckt und ob der Lehrer das nun mitkriegt oder nicht.

Interviewer: Hm.

Marthe: Und wenn's eben klappt, schreibt man weiter und wenn nicht, na ja, dann wird überlegt, ob man noch mal schreibt, sozusagen.

Marthe unterscheidet Unterricht danach, wie er die Aufmerksamkeit der Schülerinnen und Schüler durch seine fachlichen Anforderungen zu binden weiß. Ein straff durchorganisierter Unterricht, Respekt vor der Lehrperson, als auch die durch den Unterricht hervorgerufene Langeweile[50] sind weitere Merkmale. Eine detailliertere Betrachtung des Zusammenhangs von peerkulturellen Prozessen in Abhängigkeit von der jeweiligen Unterrichtsgestaltung ist mit Hilfe einer Szene, in der wieder zwei Mädchen im Fokus der Beobachtung stehen, möglich.

Zu Beginn der Stunde spricht der Fachlehrer über die gemeinsame Exkursion in der letzten Woche. Mit einigen Schülerinnen und Schülern war er sehr zufrieden mit anderen weniger. Insbesondere lobt er Alexa, die so viel gewusst habe. Im Anschluss geht es um Klassenarbeiten und Unterschriften der Eltern, die er noch sehen möchte. (...) Als es dann irgendwann mit dem neuen Stoff losgeht, ist Fine schon längst in andere Sachen vertieft: Zettel schreiben. Gerade ist sie dabei einen Zettel an ihre direkte Nachbarin Lena zu geben. Durch die Klasse geht währenddessen ein Geklapper, Hefte werden herausgeholt, Stifte etc. Die Übergabe läuft ,über dem Tisch'. Lena schiebt den Zettel von ihrer linken in die rechte Hand und behält ihn dort. Ein Blick zum Lehrer – was macht er? Nichts bemerkt. Sie behält den Zettel in ihrer rechten Hand (sie sitzt rechts von Fine) und öffnet diesen dann einhändig und kunstvoll hinter ihrem Bücherstapel. Fine beobachtet das genau. Lena schreibt eine Antwort.

Der Stundeneingang steht im Zeichen eines längeren Monologs des Lehrers und trägt dazu bei, dass sich Fine, als der ,eigentliche' Unterricht beginnt, längst mit anderen Dingen beschäftigt. Sie hat sich von der offiziellen Seite des Unterrichts ,verabschiedet' und ihr Interesse und ihre Aufmerksamkeit richten sich allein auf ihr Schreiben. An dieser Stelle sei angemerkt, dass Fine den Unterricht bereits einzuschätzen vermag. Sie ist – im Gegensatz zur Ethnographin – schon bestens vertraut mit dem zu erwartenden Ablauf. Aus der Perspektive von Fine gerät der

---

[50] vgl. zu Langeweile und Unterricht auch Breidenstein (2006)

Unterricht zur Hinterbühne. Die rasche und unproblematische Übergabe des Briefchens zeugt davon, dass der Unterricht sie nicht beeindrucken kann. Dennoch hält sich Fine hier an eine ‚klassische Spielregel' des Zettelns, nämlich einen Brief entweder während einer kurzen Phase der Unruhe weiterzugeben oder aber darauf zu achten, dass der Lehrer abgelenkt ist und ‚nicht guckt'. Schließlich ist das Moment der Übergabe, wie auch bereits Marthe beschrieben hat, in besonderer Weise durch die Gefahr der Entdeckung gekennzeichnet. Lena nimmt den Brief gekonnt entgegen. Nicht rasch, sondern bedacht und vorsichtig, wie der Blick zum Lehrer offenbart, gelangt der Brief in die richtige Position. *Kunstvoll* und versteckt *hinter ihrem Bücherstapel* kann er erst gelesen und dann beantwortet werden. Wie die meisten Schülerinnen und Schüler der Klasse hat auch Lena in fast jedem Unterricht den typischen Stapel aus Büchern, Heften, Heftern und Federtasche auf ihrem Tisch. Hier im Hörsaal dient dieser *Bücherstapel* der Tarnung. Es gilt das Gebot, die Zettel beim Öffnen, Lesen und Schreiben vor dem Lehrer zu verstecken bzw. so unauffällig wie möglich zu agieren. Diese zum Zetteln gehörenden Handlungen scheinen geradezu ritualisiert und gleichen einem Zeremoniell. Gehen wir aber nun zurück in die Biologiestunde, die aus der Sicht der zettelschreibenden Schülerinnen noch lange nicht ihren Höhepunkt gefunden hat.

Als der Lehrer sich an die Tafel dreht um dort etwas zu schreiben, schmeißt Fabienne, die vor Fine sitzt, ein zusammengeknülltes Zettelchen hoch. Von hinten nimmt sie einen Stift entgegen, den eigentlich Lena verborgt hatte. Diese kann ihn aber nicht selber zurücknehmen, da sie gerade einen Brief beantwortet. Endlich ist auch Lena fertig und legt Fine ihren Zettel wieder hin. Der Lehrer schreibt indessen an die Tafel:

„Kopf mit 1 P. Fühlern (= Antenne – Geruchsorgan)."

Fine hat nun also zwei Zettel, die sie lesen und beantworten muss. Das ist ein fast stressiger Job, den sie noch dadurch verkompliziert, als sie von einem kleinen Block (quadratische Abreißzettel) ein weiteres Blatt abreißt und zu den bereits herumliegenden legt. Die Zettel werden geöffnet, glatt gestrichen, wenn nötig und sortiert und geordnet. Sie liegen auf dem Biohefter, den Fine aufgeschlagen auf dem Tisch zu liegen hat. Sie beantwortet zuerst den Fabienne-Zettel und gibt ihn wieder zurück. Das an die Tafel Geschriebene ignoriert sie. Dann liest sie, den Kopf weit zum Tisch gebeugt den Lena-Zettel. Darin ist sie ganz vertieft. Auch beim Antworten ist sie ganz konzentriert aufs Schreiben. Über ihren Kopf hinweg unterhalten sich Lena und Hanna, während der Lehrer wieder etwas an die Tafel schreibt:

„1 P. Komplexaugen aus vielen Einzelaugen zusammengesetzt, Punktaugen, Mundwerkzeuge."

[...]Mittlerweile ist wieder ein Zettel von Lena zurückgekommen, über den Fine sehr lachen muss, was mit einem empörten „ej" begleitet wird. Sie dreht sich zu ihr um und nun lachen beide gemeinsam. Fine antwortet auf dem Zettel, was Lena genau beobachtet sie liest mit! Dennoch faltet Fine den Zettel wieder sorgsam und schiebt ihn zu Lena, die ihn öffnet und wieder etwas schreibt. Zusätzlich muss aber auch Lena noch den Hefter füllen:

„Hinterleib mit Atemöffnungen (mit Stachelapparat), Außenskelett aus Chitin, Stütze des Körpers, Schutz vor Austrocknung, bei Wachstum Häutungen. Lebensraum überwiegend auf dem Land und/oder in der Luft – wechselwarm."

So geht das nun immer weiter. In der letzten Minute meldet sich Fine einmal und kommt tatsächlich an die Reihe! Ihre Antwort ist aber nicht ganz richtig. Allerdings bekommt sie die Chance sich zu verbessern.

Nicht selten wird der Briefkontakt innerhalb einer Unterrichtsstunde zu mehreren Partnerinnen gehalten. Die Aktivitäten, die Fine nun entfaltet, um ihrer peerkulturellen Aufgabe der Kontaktherstellung und -aufrechterhaltung nachzukommen, sind immens. Die Hingabe und Sorgfalt der Schülerin zeigen ihr Engagement, ihre Erfahrenheit und Souveränität im Umgang mit den situativen Anforderungen. Gegenüber dem Publikum wird eine Könnerschaft zum Ausdruck gebracht, die beweist, wie wenig man sich vom Lehrer zum Unterrichtet-Werden verpflichten lässt. Dass Fine sich nicht auch noch um die Aktionen des Lehrers kümmern kann, versteht sich dabei fast von selbst. Tatsächlich macht es die Unterrichtsstunde den Schülerinnen einfach, sich ‚nebenbei' mit anderem zu beschäftigen. Die wesentlichen Inhalte werden von ihm nach einem bestimmten Prozedere diktiert, das etwa wie folgt funktioniert: Der Lehrer spricht über Insekten und zeigt dazu Bilder aus einem Bioheft. Zum Beispiel ein riesiges Insekt mit seinen Augen. Dann stellt er ein paar Fragen dazu und einige Schülerinnen und Schüler melden sich. Wenn dann ein paar gute Antworten kommen, dreht der Lehrer sich zur Tafel und schreibt dort hin, was die Schülerinnen und Schüler zuerst mündlich zusammengetragen haben und dann abschreiben sollen. Fine schreibt diese kurzen Stichpunkte übrigens nicht von der Tafel ab. Auf meine Frage warum, antwortete sie mir, „weil ich sowieso noch was nachtragen muss von Lenas Hefter und dann mach ich das gleich mit". Dass Lena, trotz ihres ‚Vertieftseins' in das Schreiben, den Mindestanforderungen des Unterrichts, im Sinne der Sicherung der Ergebnisse, Folge leisten kann, zeigt, wie versiert die Schülerin hier agiert. Aus der Perspektive der Mädchen könnte es also heißen: Der Unterricht ist so organisiert, dass während des Zettelns ‚nebenbei' der Biologieunterricht mit geringem Aufwand verfolgt werden kann. Für Fine verbindet sich der immer gleiche Unterrichtsstil, die Berechenbarkeit des Lehrers im Laufe der Stunde mit der Entscheidung dafür, den Unterricht nachzuholen. Wirklich erstaunlich ist Fines Meldung am Ende des Unterrichts. Offensichtlich ist sie in der Lage, trotz ihrer Art der Unterrichtsteilnahme eine Frage des Lehrers zumindest zu Teilen zu beantworten. Durch diese vermutlich sehr strategisch platzierte Meldung kann sie sich wenigstens einmal als am Unterricht aktiv teilnehmende Schülerin präsentieren.

Dass sich die Tätigkeit des Zettelns reibungslos in einen Unterricht einpassen kann, der vorhersagbar und wenig schüleraktivierend ist, hat sich in diesen Protokollausschnitten gezeigt. Fine und Lena stehen hier für zwei Varianten der versierten Unterrichtsteilnahme. Die Schülerin Fine widmet sich in dieser Stunde zwar fast vollständig dem Zetteln, kann aber am Ende der Stunde dennoch eine Frage beantworten. Ihrer Pflicht als Schülerin, nämlich die Unterrichtsinhalte zur Kenntnis zu nehmen, kommt sie in einem Mindestmaß nach, indem sie die Ergebnisse nachträglich von ihrer Freundin Lena übernimmt. Unterricht nachzuholen bzw. „nicht so dolle aufzupassen", bedeutet hier für Fine nichts anderes, als ein paar Stichpunkte aufzuschreiben und eventuell im Lehrbuch nachzuschlagen. Lena hingegen, die nur mit einer Partnerin zettelt, organisiert ihre Unterrichtsteilnahme so, dass sie dem Lehrer problemlos folgen und zeitnah alle Ergebnisse notieren kann.

In diesem Protokoll wird der Zusammenhang von Zetteln, Langeweile, Frontalunterricht und Lehrerverhalten sichtbar. Dieses Bedingungsgefüge nimmt in einer eher didaktisch motivierten Perspektive seinen Ausgang in einem wenig anspruchsvollen, vorhersagbaren Unterricht, der die Schülerinnen ebenso wenig aktiviert. Diese Handlungsanforderung wird von den Schülerinnen und Schülern der Klasse unterschiedlich bearbeitet. Während einige Schüler sich am Unterricht beteiligen, finden andere hier ‚Gelegenheiten' bzw. Freiräume für zusätzliche Tätigkeiten, die aus der Perspektive von Lehrkräften nicht für den Unterricht vorgesehen sind. Zugespitzt könnte hier formuliert werden: Der Unterricht zwingt die Schülerinnen und Schüler in eine Suchbewegung, die darin mündet, für sie sinnvolle Beschäftigungsalternativen zu finden und zu praktizieren. In einer stärker an Peerkultur orientierten Perspektive macht dieses Protokoll hingegen deutlich, dass die Schülerinnen hier, ebenso wie in anderem Fachunterricht auch, grundsätzliche peerkulturelle Handlungsprobleme bearbeiten müssen. Mitglied einer Klassengemeinschaft zu sein bedeutet, sich zu vergemeinschaften (Beziehungen zu stiften und aufrechtzuerhalten), sich voneinander abzugrenzen und zu hierarchisieren (vgl. Breidenstein 2004). Das Zetteln stellt in diesem Sinne die praktische Umsetzung dar, mittels derer diese drei peerkulturellen Aufgaben erfüllt werden können.

4 Schülerkultur vs. Peerkultur?

Wenn in Anlehnung an Breidenstein (2006) unter dem Begriff der Unterrichtssituation all das verstanden wird, was während der für Unterricht vorgesehenen
Zeit in dem dafür vorgesehenen Raum, unter der Bedingung der Anwesenheit
der Beteiligten, geschieht, dann sind hier auch all jene Beschäftigungen, Bezugnahmen und Aktivitäten eingeschlossen, die nichts mit dem ‚eigentlichen' Unterricht zu tun haben. Wie aber kann unter dieser Prämisse darüber entschieden
werden, welche Praktiken jeweils dem Kind-/Jugendlichen-/Peer-Sein und dem
Schülersein zuzuweisen sind?

Wenn davon ausgegangen wird, dass diese Fragen nur auf der Grundlage
von empirischen Befunden zu beantworten sind, dann müssen die eben beschriebenen sozialen Praktiken mit ihren jeweiligen relevanten Wirkungen und Funktionen auf ihre Zugehörigkeit hin befragt werden. Dazu möchte ich folgende
Befunde noch einmal herausstellen. Die soziale Praktik des Zettelns

- erfüllt die peerkulturellen Anforderungen an die Mitglieder einer Schulklasse, die in den Dimensionen der Vergemeinschaftung, der Differenzierung
und der Hierarchisierung beschrieben werden können (vgl. Breidenstein
2004, Bennewitz/Meier 2008),
- hilft bei der ‚Lösung' praktischer Handlungsprobleme von Schülerinnen
und Schülern, wie Umgang mit Langeweile, Herstellen eines Mindestmaßes
an Unterhaltungs- und Erlebniswert, Produktorientierung und
- passt sich in die Rahmungen der Schul- und Unterrichtsorganisation ein,
wobei insbesondere die didaktischen Lernarrangements den Rahmen für
peerkulturelle Aktivitäten bereitstellen.

Wie stellt sich nun die Möglichkeit einer Unterscheidung von unterrichtsnahen,
vermeintlich schülerkulturellen und unterrichtsfremden, vermeintlich peerkulturellen Tätigkeiten dar? Die Beurteilung dieser Praktiken entlang einer solchen
Dichotomisierung erweist sich als problematisch: Die Praxis des Zettelns ist
insofern äußerst unterrichtsnah, als sich die ausgeführten Handlungen sehr geschickt in die bestehenden Unterrichtsbedingungen einpassen, wobei insbesondere das Arrangement des Frontalunterrichts sich als günstig erweist (Stift und
Papier sind bereit zuhalten um gegebenenfalls Notizen zu machen, die eigene
Beteiligung ist wenig selbstgesteuert, Pausen entstehen). Auf der anderen Seite
erfüllt das Zetteln wichtige Anforderungen, die an die Schüler als Peers bzw.
Mitglieder der Schulklasse gestellt werden, nämlich mit den anderen etwas zu
tun haben zu müssen. Die unabwendbare Handlungsanforderung, sich in Beziehung zu anderen setzen zu müssen, kann in unterschiedliche Dimensionen be-

schrieben werden: Beziehungen stiften bzw. sich von anderen abgrenzen, sich in einer Gruppe zu positionieren bzw. zu hierarchisieren. Die Anforderungen der Unterrichtssituation liegen also sowohl in der Gestaltung teils unfreiwilliger Beziehungen als auch darin, unterrichtliche Mindestanforderungen zu erfüllen (zuhören, abschreiben, mit Langeweile umgehen etc.). Analytisch können diese beiden Anforderungsbereiche unterschieden werden, in der praktischen Lösung, hier dem Zetteln, werden die unterschiedlichen Handlungsprobleme jedoch gleichermaßen bewältigt. Unterschiede zwischen Schüler- und Peerhandlungen lösen sich vor dem Hintergrund einer Perspektive sozialer Praktiken also insofern auf, als jedes Handeln vor dem Hintergrund beider analytisch getrennter Anforderungsbereiche interpretiert werden kann. Es zeigt sich, dass die Anforderung, das Verhältnis zwischen Peerkultur und Schülerkultur auf der Grundlage empirischer Befunde beschreiben zu wollen, ein schwieriges und noch ungelöstes Unterfangen darstellt. Die zugegebenermaßen reizvolle analytische Trennung in Schüler- vs. Peerpraktiken wird, zumindest nach dem aktuellen Stand der Forschung, nicht der Perspektive der Beteiligten gerecht. Ob eine solche dichotome Kategorisierung insgesamt zielführend ist, wenn es gilt, unterrichtliche Prozesse zu verstehen, wage vor allem dann zu bezweifeln, wenn schulische Lernprozesse stärker als bisher in den Fokus der Forschung geraten sollen. Bislang fehlt es an einem Lernbegriff aus Schülerperspektive. Schulisches Lernen aus der Perspektive der Beteiligten bestimmen zu wollen, hieße, konkrete Handlungsvollzüge aller schulischen Akteure in den Blick zu nehmen und die vorgefundenen sozialen Praktiken als situative Lösungen praktischer Handlungsprobleme zu begreifen. Hierfür wären weitere Beobachtungen in die Analyse einzubeziehen, die die Beschäftigungen der Schülerinnen und Schüler mit fachlichen Anforderungen stärker fokussieren. Dabei könnte es sich jedoch erweisen, dass die beobachtbaren Praktiken, etwa der „Produktorientierung" (vgl. Breidenstein 2008, 112), kaum dazu geeignet sind, Lernprozesse abzubilden. Das Fehlen eines Lernbegriffs aus der Perspektive von Kindern und Jugendlichen könnte seine Ursache also darin finden, dass ‚Lernen' nicht als relevantes Handlungsproblem von Schülerinnen und Schülern in Erscheinung tritt.

5   Literatur

Baumann, J./Cherubim, D./Rehbock, H. (Hrsg.) (1981): Neben-Kommunikation. Beobachtungen und Analysen zum nichtoffiziellen Schülerverhalten innerhalb und außerhalb des Unterrichts. Braunschweig: Westermann.
Bennewitz, H. (2004): Helenas und Fabiennes Welt. Eine Freundschaftsbeziehung im Unterricht. In: Zeitschrift für Soziologie der Erziehung und Sozialisation. Heft 4. 2004. 393 – 407.

Bennewitz, H./Meier, M. (2008): „Peerkultur als Gegenstand von Unterrichtsforschung", Vortrag gehalten am 18.03.2008 in der Arbeitsgruppe 5 „Perspektiven rekonstruktiver Unterrichtsforschung" im Rahmen des 21. Kongress der Deutschen Gesellschaft für Erziehungswissenschaft (DGfE) in Dresden 16. – 19. März 2008 an der TU Dresden.

Breidenstein, G./Kelle, H. (2002): Die Schulklasse als Publikum. Zum Verhältnis von Peer Culture und Unterricht. In: Die Deutsche Schule 94. 3/2002. 318-329.

Breidenstein, G. (2002): Jugendkultur in der Unterrichtssituation. Eine Ethnographie des Schülerhandelns im Rahmen der Schulklasse. In: Zentrum für Schulforschung und Fragen der Lehrerbildung (Hrsg.): Forschung im ZSL 1. *Schule und konkurrierende Bildungsorte*. Diskurse zu Schule und Bildung – Werkstatthefte des ZSL. Heft 22. 13 – 50.

Breidenstein, G. (2004): Peer Interaktion und Peer Kultur. In: Helsper, Werner/Böhme, Jeanette (Hrsg.) (2004): 921-940.

Breidenstein, G. (2006): Teilnahme am Unterricht. Ethnographische Studien zum Schülerjob. Wiesbaden: VS Verlag für Sozialwissenschaften.

Breidenstein, G. (2008): Schulunterricht als Gegenstand ethnographischer Forschung. In: Hünersdorf, B./Maeder, C./Müller, B. (Hrsg.) (2008): 107-120.

Friebertshäuser, B. (2008): Vom Nutzen der Ethnographie für das pädagogische Verstehen. Vorläufige Antworten und offene Fragen. In: Hünersdorf, B./Maeder, C./Müller, B. (Hrsg.) (2008): 49-64.

Garfinkel, H. (1967): Studies in Ethnomethodology. New Jersey: Englewood Cliffs.

Goffman, E. (1971) Interaktionsrituale. Über Verhalten in direkter Kommunikation. Frankfurt am Main: Suhrkamp.

Goffman, I. (1977) Rahmen Analyse. Ein Versuch über die Organisation von Alltagserfahrungen. Frankfurt am Main: Suhrkamp.

Groddeck, N./Schumann, M. (1994): Modernisierung Sozialer Arbeit durch Methodenentwicklung und -reflexion. Freiburg i. B.: Lambertus-Verlag.

Helsper, W./Böhme, J. (Hrsg.) (2004): Handbuch der Schulforschung. Wiesbaden: VS Verlag für Sozialwissenschaften.

Hirschauer, S./Amann, K. (Hrsg.) (1997): Die Befremdung der eigenen Kultur. Zur ethnographischen Herausforderung soziologischer Empirie. Frankfurt: Suhrkamp.

Hörning, K. H./Reuter, J. (Hrsg.) (2004): Doing Culture. Neue Positionen zum Verhältnis von Kultur und sozialer Praxis. Bielefeld: Transkript-Verlag.

Hünersdorf, B./Maeder, C./Müller, B. (Hrsg.) (2008): Ethnographie und Erziehungswissenschaft. Methodologische Reflexionen und empirische Annäherungen. München: Juventa.

Reckwitz, A. (2003): Grundelemente einer Theorie sozialer Praktiken. Eine sozialtheoretische Perspektive. In: Zeitschrift für Soziologie 32. 282-301.

Schatzki, T. R./Knorr-Cetina, K./von Savigny, E. (2001): The practice turn in contemporary theory. London: Routledge.

Schütze, F. (1994): Ethnographie und sozialwissenschaftliche Methoden der Feldforschung. Eine mögliche methodische Orientierung in der Ausbildung und Praxis der Sozialen Arbeit? In: Groddeck, N./Schumann, M.: 189-297.

Simmel, G. (1993): Das Geheimnis. Eine sozialpsychologische Skizze. In: Ders.: 317-323.

Simmel, G. (1993): Aufsätze und Abhandlungen 1901-1908, Band II, herausgegeben von Alessandro Cavalli und Volkhard Krech. Frankfurt a.M.: Suhrkamp.

Die Lehrperson als Ressource der Schülerkultur

Georg Breidenstein

1   Einleitung

Es herrscht derzeit einige Aufregung um die Internetseite „Spickmich.de". Dort können Schüler anonym ihre Lehrer in folgenden Kategorien benoten: guter Unterricht, cool und witzig, fachlich kompetent, motiviert, gerecht, faire Prüfungen, menschlich, gut vorbereitet, vorbildliches Auftreten, beliebt. Sobald zehn Bewertungen einer Lehrperson abgegeben sind, wird die Durchschnittsnote auf der Seite veröffentlicht. Was für Schülerinnen und Schüler vermutlich eine unterhaltsame Freizeitbeschäftigung darstellt, finden einige Lehrerinnen und Lehrer gar nicht witzig. Es liefen schon mehrere Klagen gegen „Spickmich.de" vor verschiedenen Gerichten, die bislang aber alle keinen Erfolg hatten. Die Gerichte sehen die Benotung von Lehrern durch das Recht auf freie Meinungsäußerung gedeckt (taz vom 4.4.2008, Süddeutsche online 28.1.2008). Die Diskussionen werden dennoch anhalten: Müssen Lehrer, die ihre Schüler tagtäglich bewerten, ihrerseits bereit sein, ihre Arbeit von den Schülern bewerten zu lassen? Ist aber eine anonyme Bewertung, die weltweit einsehbar ist, eine sinnvolle Rückmeldung oder nicht eher ein unkalkulierbares Machtmittel in der Hand der Schüler? Jenseits von „Spickmich.de" werden Lehrer im Internet ja auch in tatsächlich ehrabschneidenden und entwürdigenden Videos etwa auf YouTube gezeigt. Können Lehrerinnen und Lehrer sich davor schützen oder handelt es sich um ein „Berufsrisiko"?

Das Internet bietet Schülern neue Möglichkeiten, andererseits ist der zum Teil liebevolle, zum Teil boshafte Diskurs über Lehrer immer schon Bestandteil der Schülerkultur – so erfreut sich z.B. die Darstellung von Schülerstreichen in dem Film „Die Feuerzangenbowle" mit Heinz Rühmann einer Beliebtheit, die alle Zeiten zu überdauern scheint. Die Ausgangssituation der Geschichte besteht darin, dass der von Heinz Rühmann gespielte Hans Pfeiffer, ein erfolgreicher Schriftsteller, seinen Kumpanen gesteht, dass er nie eine Schule besucht habe, sondern, von einem Hauslehrer ausgebildet, direkt das Studium aufgenommen habe. Das Bedauern seiner Freunde ob der entgangenen Erlebnisse mit „echten

Lehrern" ist so groß, dass Pfeiffer sich entschließt, nachträglich doch noch eine Schule zu besuchen, und so nimmt die Komödie ihren Lauf.

Im folgenden Beitrag soll jenseits der aktuellen Aufgeregtheit um Lehrer-Mobbing im Internet und jenseits der Verklärung von Schülerstreichen in Schul-erinnerungen nach der systematischen, strukturellen Bedeutung von Lehrperso-nen in der Peer Kultur von Schülerinnen und Schülern gefragt werden. Ich stütze mich dabei auf empirische Beobachtungen aus einem ethnographischen For-schungsprojekt, das von 2001 bis 2004 in intensiver Feldforschung zwei Schul-klassen vom siebten bis in das neunte Schuljahr begleitet hat. Den folgenden Analysen liegen also ausgedehnte teilnehmende Beobachtungen in der Unter-richtssituation zugrunde.[51]

Die Beobachtungen und Analysen vermögen auch einen Beitrag zu der De-batte um das Verhältnis von Kindheits- und Schulforschung leisten, wie sie ja in dem vorliegenden Band intensiv geführt wird (vgl. auch Breidenstein/Prengel 2005): Kann man eine „Schülerforschung", die sich stärker auf den Unterricht und Fragen des Lernens bezöge, von einer „Peer Kultur Forschung", die stärker von Themen und Relevanzen der Kinder- bzw. Jugendkultur ihren Ausgang nähme, unterscheiden? Die These des folgenden Beitrages lautet: Letztlich ist beides nicht zu trennen, sondern immer zusammen zu denken. Jede „Schülerfor-schung" (vgl. Wiesemann 2005) muss die Dimension der Peer Kultur im Blick behalten – es gibt kein schulisches Lernen jenseits oder außerhalb der Peer Kul-tur der Schulklasse. Und die Peer Kultur Forschung, jedenfalls insoweit es um schulische Peer Kultur geht, wird nicht umhin können festzustellen, dass sich diese immer wieder und zentral auf den Unterricht, auf Gegenstände des Unter-richtsgeschehens und eben auf Lehrpersonen bezieht. Der Unterricht, das heißt schulische Ereignisse, und die Lehrerinnen und Lehrer bilden den *gegebenen* Bezugspunkt der Peer Kultur der Schülerinnen und Schüler. Wie ist aber das Verhältnis von Schülerkultur und Schule bzw. Lehrern als Repräsentanten der Schule zu beschreiben?

Die ältere, heute schon klassisch zu nennende ethnographische Schülerfor-schung beschreibt die Schülerkultur im Wesentlichen als schulische „Subkultur", die in struktureller Opposition zur Institution Schule gedacht wird. In diesen Beschreibungen arbeiten sich die Schüler an den Zumutungen der Unterrichts-ordnung und an der Machtposition von Lehrpersonen ab (vgl. Willis 1979; Zinn-

---

[51] Das Projekt „Jugendkultur in der Unterrichtssituation" wurde von der DFG finanziert und unter meiner Leitung am Zentrum für Schulforschung der Martin-Luther-Universität Halle-Wittenberg durchgeführt (zu den Ergebnissen vgl. u. a. Breidenstein 2006, Mohn/Amann 2006). Die Feldfor-schung wurde von Hedda Bennewitz, Michael Meier und Kerstin Jergus geleistet, denen ich ganz herzlich für die intensive und produktive Zusammenarbeit danke. Das Beobachtungsmaterial ist, wenn es nicht von mir stammt, namentlich gekennzeichnet.

ecker 1978; Heinze 1980; Woods 1980). Demgegenüber hat die Forschung zur Peer Kultur von Kindern und Jugendlichen der 1990er Jahre, die dem Paradigma der Neuen Kindheitsforschung folgt, eher danach gefragt, welche Themen und Praktiken für Kinder jenseits von Schule und Unterricht in ihrem schulischen Zusammensein relevant und bestimmend sind. So rückten die Analyse von Beziehungsformen (Krappman/Oswald 1995), Geschlechterbeziehungen (Thorne 1993; Eder 1995; Breidenstein/Kelle 1998) oder Problemen der Beliebtheit (Adler/Adler 1998) in den Mittelpunkt der Forschung. Forschung zur Peer Kultur in der Schulklasse schien fast ohne den Bezug auf die Schule und den Unterricht auszukommen (vgl. auch Zinnecker 2000 und die Einleitung zu diesem Band).

Es scheint nun an der Zeit, diese beiden Forschungstraditionen zusammenzuführen und aus der Perspektive von Kindern nach der Bedeutung spezifischer schulischer Praktiken zu fragen (z.B. Huf 2006; de Boer 2006). Dabei wird aber noch nicht hinreichend beachtet, dass für Kinder und Jugendliche in der Schule, also Schülerinnen und Schüler, immer beide Arten von Anforderungen *gleichzeitig* relevant und *ineinander verschränkt* sind: Diejenigen, die aus dem Unterricht resultieren, und diejenigen, die aus der Peer Kultur hervorgehen (vgl. Breidenstein/Kelle 2002, Breidenstein 2006). Bennewitz und Meier (2008) weisen die „Annahme, dass Peer Kultur etwas dem ‚Unterricht' Äußerliches ist, bzw. nur gegenläufig zur (Unterrichts-) Ordnung funktioniert" explizit zurück.

Die Perspektive der Kindheitsforschung auf die Schule ist insofern aufzugreifen, als konsequent nach der Bedeutung von Diskursen, Praktiken oder Objekten *für die Peer Kultur* der Kinder oder Jugendlichen gefragt wird. Diese Perspektive ist an der immanenten Analyse der Peer Kultur interessiert und insoweit weder „pädagogisch" noch „kritisch" motiviert. Es geht also im Folgenden, um auf das Thema des Beitrages zurückzukommen, weniger um die Beziehung zwischen Lehrpersonen und ihren Schülern und auch nicht um das Verhältnis der Schülerkultur zu Lehrern, sondern um die Bedeutung von Lehrpersonen *innerhalb* der Peer Kultur von Schülerinnen und Schülern. (Dennoch dürften die Beobachtungen auch für Lehrpersonen und alle, die über die Gestaltung von Unterrichtskommunikation nachdenken, von Interesse sein.)

2   Im direkten Kontakt: Die Lehrerin herausfordern

Die hier zu betrachtenden Szenen spielen sich im Unterricht ab. Es geht um die öffentliche und publikumswirksame Herausforderung der Lehrperson – allerdings weniger als groß angelegte Auseinandersetzung oder als Machtkampf, der bis zum „bitteren Ende" durchgezogen würde, es handelt sich eher um kleinere, beiläufige, Gelegenheiten nutzende Episoden am Rande des Unterrichtsgeschehens. Typischerweise wird für diese kleinen Herausforderungen der Lehrperson auch eher selten die große Bühne des Frontalunterrichts aufgesucht, die die Aufmerksamkeit des versammelten Publikums der Mitschüler für die Aktion implizieren würde (aber auch das gibt es) – meist spielen sich die in Rede stehenden Szenen in eher „offenen" Unterrichtssituationen ab, etwa wenn die Lehrerin im Klassenraum von Tisch zu Tisch geht und bei der Gruppenarbeit berät oder wenn sie die Einzelarbeit von Schülerinnen und Schülern überwacht. Das heißt, das Publikum dieser kleinen Szenen besteht in der Regel nicht aus der Öffentlichkeit der gesamten Schulklasse, sondern aus dem Kreis der in Hörweite sitzenden Mitschüler und, im Falle der protokollierten Szenen, aus dem Ethnographen. Schauen wir uns zunächst eine solche Szene an:

> Als Frau Schütte in Hörweite kommt, säuselt Peter: „Frau Schütte ist so zart und fein ..." Frau Schütte reagiert erfreut: „Du bist heute aber wieder reizend, Peter!" Dann moniert sie aber doch Peters Zeichnung: „Sieht eine Zelle so aus?" (Es geht darum, Zwiebelhäutchen unter dem Mikroskop zu betrachten und eine einzelne Zelle zu zeichnen.) Peter meint, bei ihm sehe sie so aus, Gerd habe das auch gesehen. Die Lehrerin lässt wieder von ihm ab.

Zentrales Merkmal dieser Art von interaktiver Herausforderung der Lehrperson ist der Überraschungseffekt, ist der Versuch, die Lehrperson zu überrumpeln und sie nach Möglichkeit aus der Fassung zu bringen. Peters Aktion in dieser Szene ist dabei ausgesprochen subtil: Bei Frau Schütte handelt es sich um eine durchaus handfeste und eher robust-burschikose Person denn um eine „zarte" und „feine" Gestalt. Die Ironie ist also unverkennbar, aber in dieser Situation kaum zu sanktionieren. Denn Peter wählt (auch im Tonfall) die Form des Kompliments. Soll die Lehrerin widersprechen und darauf insistieren, dass sie weder zart noch fein ist? Dieser Weg steht ihr kaum offen. Sie wählt die geschicktere Variante, lässt sich auf das Spiel ein und gibt Peter das „Kompliment" zurück. Diese kleine, spielerische Interaktion zitiert ein sehr klassisches Format aus dem „Arrangement der Geschlechter" (Goffman 1994) der Erwachsenenwelt: den Kavalier, der Komplimente verteilt, und die Dame, die sich geschmeichelt fühlt. Das Spiel, das die Lehrerin spontan und sehr souverän mitspielt, besteht darin, kurzzeitig und in beiderseitigem Wissen und Einverständnis in Rollen zu schlüpfen, die den schulischen Rollen diametral entgegengesetzt sind.

Sobald sie durch ‚Mitspielen' pariert hat, beendet die Lehrerin die Episode, indem sie zu den schulischen Rollen zurückführt: Sie ist die Lehrerin, die die Zeichnung des Schülers kritisiert. Peter macht den Rahmenwechsel mit, er nimmt die Schülerrolle ein und verteidigt seine Zeichnung. Dass die Verhältnisse damit wieder „zurecht gerückt" sind, scheint der Lehrerin zu reichen, jedenfalls insistiert sie nicht auf ihrer inhaltlichen Kritik an Peters Zeichnung.

Die kleinen Herausforderungen der Lehrperson im laufenden Unterrichtsgeschehen nehmen aber nicht immer einen so ‚friedlichen' Verlauf wie in der Szene mit Peter und Frau Schütte. Das Risiko besteht natürlich darin, dass die Lehrperson wütend werden könnte – dieses Risiko macht gerade den Reiz – den ‚Kitzel' – solcher Interaktionen aus.

Basti ist der Name eines Schülers, der für seine Frechheiten und seine Schlagfertigkeit berühmt und gefürchtet ist. Seine Herausforderung der Kunstlehrerin ist viel weniger subtil als die von Peter, die Szene entfaltet dann auch eine ganz andere Dynamik.

> Später, im Verlauf der Kunststunde:
> Frau Hurtig schlendert durch die Klasse, schaut, wie die Kinder mit der Aufgabenstellung (einen Baum malen) umgehen. Plötzlich ruft ihr Basti zu: „Bleiben Sie mal so stehen! So sehen Sie aus wie ein Supermodel". Frau Hurtig fühlt sich etwas verscheißert und sagt so etwas wie ein ironisches „Danke schön". Daraufhin wird Basti von Thomas angegangen: „Schleimer, Schleimer!" Basti gerät etwas in Legitimationsnot, beugt sich zu seinem Sitznachbar herunter und sagt zu ihm (absichtlich zu laut): „Naja, wenn man den Kopf austauschen würde." – „Das habe ich gehört", fährt Frau Hurtig im beleidigten Tonfall Basti an. „Nein, nein", versucht Basti sofort abzuwiegeln, „Sie könnten auf der ersten Seite des Playboys erscheinen." Der Spaß habe irgendwo ein Ende, wird Frau Hurtig jetzt deutlicher und ist sichtbar sauer. Aber Basti dreht sich einfach um und quatscht mit seinem Nachbar weiter. (Michael Meier)

Ähnlich wie in der ersten Szene geht es auch hier um den Überraschungseffekt. Basti tut das völlig Unerwartete: Er fordert die Lehrerin auf in der Bewegung inne zu halten und sich anschauen zu lassen. Er unterstellt ihr die Pose eines „Models" – und das im Kunstunterricht! Ganz ähnlich wie in der ersten Szene bildet das (absurde) „Kompliment" eines Schülers an die Lehrerin die Herausforderung. Frau Hurtig pariert in ähnlicher Weise wie oben Frau Schütte, die Rolle der Geschmeichelten ironisch akzeptierend, aber ihre Reaktion wirkt doch eher notdürftig, sie scheint weitgehend überrumpelt.

Damit könnte die Szene ihr Bewenden haben, aber jetzt nutzt Thomas die Gelegenheit, Basti in Verlegenheit zu bringen. Er missachtet bewusst den ironischen Rahmen der Szene und tut so, als habe Basti die öffentliche Huldigung der Kunstlehrerin ernst gemeint und sich bei dieser einschmeicheln wollen. Basti befreit sich aus dem Legitimationsdruck unter den Thomas ihn gesetzt hat, indem er das „Kompliment" (halböffentlich) zurücknimmt bzw. in der Sexualisierung der Lehrerin noch weiter voran schreitet. – Ein reines Dementi wäre zu plump gewesen und hätte als Phantasielosigkeit oder Rückzieher Bastis gewertet werden müssen. Stattdessen stellt Basti seine Distanz zur Lehrerin in Form einer

Gemeinheit dar – halblaut, was dieser möglicherweise die Chance geboten hätte, die neuerliche Dreistigkeit Bastis zu „überhören". Dazu ist Frau Hurtig jedoch nicht bereit. Sie stellt Basti zur Rede. Aber dieser ist noch nicht bereit einzulenken. Er steigert noch einmal die Sexualisierung, vereindeutigt die „Doppeldeutigkeit" seines ersten Kompliments und kann sich jetzt zumindest sicher sein, den „Schleimer"-Vorwurf entkräftigt zu haben. Die gesteigerte Verärgerung der Lehrerin nimmt er in Kauf und bricht dann seinerseits die Interaktion ab, ohne ein Zeichen der Entschuldigung oder Versöhnung.

Die Dynamik und Komplexität der Situation wurde in diesem Fall erhöht durch die Intervention von Thomas. Den „Schleimer"-Vorwurf konnte Basti in dieser zugespitzten und öffentlichen Szene auf keinen Fall hinnehmen – und wenn er sich nicht aus dieser Situation ‚zurückziehen' wollte, musste er die Drastik seines „Kompliments" steigern.

Die folgende Szene spielt sich zwischen Frau Watzeck, der zweiten Klassenlehrerin dieser achten Klasse, und den Freundinnen Valerie und Agnes ab, die, ähnlich wie Peter, zu den eher ‚jugendkulturell' orientierten Mitgliedern der Schulklasse zu rechnen sind.

> Frau Watzeck kommt zu Agnes und Valerie.
> Valerie: Frau Watzeck jetzt hörn Sie mal auf immer son Gesicht zu ziehen! Das ist ja furchtbar! Sie schleichen hier rum wien Geisterschloss. Sie spritzen hier Gift auf den Tisch! (haut mit Hand auf den Tisch) Das ist ja total furchtbar!
> Fr. W: Mein gutes Kind wenn Du jetzt fertig bist.
> Valerie: Das nehm' Sie sofort zurück!
> Agnes: (lachend) Valerie mein gutes Kiiind.
> Valerie: Sagen Se meinetwegen ‚Du hässliche alte Krumpel' aber nicht ‚mein gutes Kind'. Also das ist ja furchtbar!
> Fr. W: Siehste und sowas wie `Du hässliche alte Krumpel´, das will ich nicht sagen.
> Agnes lacht.
> Valerie: Gutes Kind! (Haut empört mit flacher Hand auf den Tisch.) Wie im Märchen.
> Agnes: (lachend) Mein gutes Kind!!
> Heiko: Mein gutes Kind!
> (Lachen)
> Agnes: Da krieg ich echt die Krise.

Valerie fordert mit einer spektakulären Eröffnung die Lehrerin heraus. Man darf davon ausgehen, dass alle Umsitzenden einschließlich des Ethnographen mit Spannung die Reaktion einer Lehrerin erwarten, die als „Geisterschloss" tituliert wird. Valerie demonstriert mit diesem Redezug zugleich ihren Wagemut und ihr freundschaftlich-kumpelhaftes Verhältnis zu der Lehrerin. Denn nur zwischen „Kumpels" kann man sich einen dergestalt rauen Umgangston erlauben. Es handelt sich auch hier, vergleichbar der Szene mit Peter und Frau Schütte, um ein Spiel mit den schulischen Rollen, um die situative Verfremdung und Verkehrung dieser Rollen.

Frau Watzeck nimmt die Herausforderung an. Sie reagiert keineswegs beleidigt, sondern nimmt ihrerseits in ironischer Manier eine „mütterlich-besorgte" Haltung ein, die Valerie gewissermaßen zum „Therapiefall" macht. Valerie wiederum greift diese Wendung auf, indem sie sie brüsk zurückweist. Sie bezieht gekonnt das Publikum mit ein und spielt ihrerseits die Beleidigte, für die eine Titulierung als „gutes Kind" ausgesprochen ehrenrührig ist. Damit arbeitet sie weiter an ihrer öffentlichkeitswirksamen Darstellung als „bad guy". Die Szene hat hohen Unterhaltungswert und Valeries Darbietung wird durch das Lachen des Publikums auch gebührend gewürdigt. Wenig später kommt es zu einer Wiederanknüpfung, zu einer neuen kleinen Runde in dem sportlichen Wettkampf zwischen Valerie und Frau Watzeck:

Valerie:	Sie sind heute wie so ne alte Giftspritze. Ich sag es jetzt so wie's is. Sie renn'n hier rum und überall mal psssss psssss.
Fr. W:	Irgendwie muss ich doch mein Geld verdienen.
Agnes:	Aber doch nicht mit Gift verspritzen.
Valerie:	Wollen Sie mir das Wochenende versauen?!
Fr. W:	Wenn ihr hier nichts tut!

(Michael Meier)

Die Provokation funktioniert ganz ähnlich wie in der vorangegangenen Szene. Valerie wirft der Lehrerin vor, dass ihre kritischen Bemerkungen gegenüber den Arbeiten von Schülern aus persönlichem Missmut und schlechter Laune herrühren. Diesmal kontert die Lehrerin, indem sie sich auf die Berufsförmigkeit ihrer Rolle bezieht und erläutert, dass sie ihr Geld damit verdiene Schüler zu kritisieren. Agnes und Valerie fragen mit gespielter Entrüstung an, ob ein solcher Broterwerb moralisch vertretbar sei.

Die Herausforderung der Lehrperson funktioniert über die unterschiedlichen Szenen hinweg betrachtet so, dass man in der einen oder anderen Form ‚persönlich' wird. Man verlässt die Lehrer-Schüler-Rollen-Konstellation bzw. bricht diese auf, indem man auf Prinzipien „privater" Kommunikation rekurriert und „Personen" ins Spiel bringt: entweder vergeschlechtlichte und sexualisierte Personen, wie in den ersten beiden Beispielen, oder moralische Personen (die sich dem Urteil ihrer „Freundinnen" zu stellen haben) wie in dem Valerie-Beispiel. In der Situation der Herausforderung der Lehrperson geht es um den Schlagabtausch, um ein Kräftemessen mit der Lehrperson und um die Demonstration von

Schlagfertigkeit, Witz und vor allem Wagemut vor den Augen und Ohren der Mitschülerinnen und Mitschüler.

Goffman (1971, 259 f.) prägt den Begriff des „Charakterwettkampfes" für diese „besondere Art des moralischen Spiels" (ebd. 260). Es geht um einen „Wettstreit der Selbstbeherrschung" und um einen „Wettstreit der Unerreichbarkeit" (ebd. 261). Der Einsatz in diesem Spiel ist die eigene „Ehre", besonderen Gewinn verspricht die Attackierung eines überlegenen Gegners, in einem solchen ‚ungleichen' Wettkampf wird das höhere Risiko mit einem größeren Gewinn an Ehre belohnt. Für jugendliche Schülerinnen und Schüler stellen die mit Sanktionsmacht ausgestatteten Lehrpersonen naturgemäß besonders prestigeträchtige Gegner für einen „Charakterwettkampf" dar.

Allerdings ist zu beachten, dass sich keineswegs alle Schüler in den Charakterwettkampf mit der Lehrperson stürzen. In der Klasse, aus der die zitierten Beobachtungen stammen, sind es im Wesentlichen Peter, Basti und das Duo Valerie und Agnes, die das beschriebene spezielle Format der Interaktion mit der Lehrkraft initiieren. Es sind immer wieder dieselben Protagonisten und Protagonistinnen, die diese Art ritueller Herausforderung pflegen. Des Beifalls und der Anerkennung der Mitschüler allerdings können sie sicher sein – nicht nur wegen des erheblichen Unterhaltungswertes, den diese Situationen mit sich bringen und der in der Monotonie des Unterrichtsalltags immer honoriert wird, sondern vermutlich auch weil die Heroen der Charakterwettkämpfe stellvertretend für alle Schüler die Lehrperson herausfordern: Sie zeigen mit ihrer Initiative, wie man die Schülerrolle transzendieren und den Spielraum des Schülerhandelns erweitern kann.

3   Auf der „Hinterbühne": Lehrperson als Gesprächsthema

Lehrpersonen sind nicht nur als Gegenüber in der direkten Interaktion für die Schülerkultur attraktiv, sondern auch ein bevorzugter Gesprächsgegenstand auf der „Hinterbühne" des Unterrichts. Auf der Hinterbühne spielt sich das „Unterleben" der Institution Schule ab (Zinnecker 1978). In den Zeiten und Orten außerhalb des Unterrichts, den Pausen, sind beide Parteien, die Lehrer und die Schüler, damit befasst, die Ereignisse der Vorderbühne zu „verarbeiten". Hier finden dann auch wenig rücksichtsvolle Äußerungen über Vertreter der jeweils anderen Partei statt. „Während die Achtung vor der Unterrichtssituation Schülern wie Lehrern auch die Achtung voreinander abnötigt, kommen auf der Hinterbühne bei beiden Parteien die latent feindseligen Beziehungselemente zu ihrem Recht, die gleichfalls in der Situation angelegt sind, dort aber nicht gezeigt oder abreagiert werden dürfen" (Zinnecker 1978, 42).

Die bis hierhin beschriebene Praxis der Herausforderung der Lehrperson auf offener Bühne im Sinne eines „Charakterwettkampfes" haben wir vor allem in der Gesamtschulklasse beobachtet, in der Gymnasialklasse trafen wir demgegenüber eine ausgeprägte Praxis des Redens *über* die verschiedenen Lehrpersonen an. Im Austausch der Schülerinnen und Schüler untereinander, seien dies Pausengespräche, Neben-Kommunikationen im Unterricht oder der Schriftverkehr im „Briefbüchlein" (s. dazu weiter unten und Bennewitz in diesem Band), bilden Lehrerinnen und Lehrer einen bevorzugten Gesprächsgegenstand.

Bei dem Austausch der Schülerinnen über ihre Lehrer und Lehrerinnen handelt es sich um einen sehr stark evaluativen Diskurs: Es geht darum die Lehrperson (in jeder nur denkbaren Hinsicht, wie wir noch sehen werden) zu bewerten. Man bildet sich eine Meinung über eine bestimmte Lehrperson, man vergleicht seine Einschätzungen mit denjenigen der Mitschülerinnen, man schmückt die Bewertung aus und man konkretisiert sie anhand von Beispielen, die die Bewertung belegen sollen.

Schauen wir uns einige Dokumente des Austauschs von Schülerinnen über ihre Lehrer im Wortlaut an, um die Charakteristika dieses Diskurses genauer zu bestimmen. Bei der ersten Szene handelt es sich um ein Gespräch, das ich in der Pause mit Olga und Johanna führte. Die beiden Mädchen waren zunächst „kreischend" ausgewichen, als sie mich mitsamt meinem Aufnahmegerät den Schulhof betreten sahen. Doch dann näherten sie sich und ließen sich in ein „Gespräch" verwickeln, das den Charakter eines Interviews nicht ganz abzulegen vermochte und doch auch Passagen der Verständigung der beiden Freundinnen untereinander enthält. Nach kurzer Zeit landen die beiden beim Thema „Lehrer".

Olga:　Also ich finde Frau Meier und Herr Lehmann sind die schlimmsten Lehrer an unserer Schule.

Johanna:　lacht (hohe Stimme, Olga beipflichtend) Ja. Ja. Ja. Ja ja ja -.

Olga:　(unverst). bisher(?) kennenlernen durften.

Johanna:　Und Herr Riese. Herr Doktor Riese, der is auch.

Olga:　Na ja, gegen Herr Lehmann is der ja noch supernett, also ich meine. Herr Lehmann is ja. in einem ungewöhnlichen Ausmaß unfreundlich, aber na ja.

Ethnograph: Was habt ihr. Habt ihr bei dem, nee, ne?

Olga:　Nee, wir hatten ne Bio, äh ne, ja ne Lateinvertretungsstunde, da hat er Biologie gemacht.

Johanna: Nein, ne Lateinvertretungsstunde am Donnerstag und da hat er mit uns Bio gemacht.

Ethnograph: Aber sonst habt ihr gar nichts bei ihm, ne?

Olga:　Gott sei dank nicht.

Johanna:　(lachend) Jaha. Nur unser Pech is, dass wir nächstes Jahr äh ähm nich mehr Doktor Riese in Bio ham, da kriegn wir'n neuen Lehrer.

Ethnograph: Ach so, dann kanns passieren oder wie?
Olga: Leider.
Johanna: Aber es gibt ja noch mehr Bio-Lehrer, vielleicht will da ja jemand noch.
Olga: Oahr, wenn ich den kriege, wenn ich den in Biologie krieg, da muss ich
            mich vor jeder Stunde auslach. Wir ham alle so gelacht. Der so: (hohe
            Stimme, schnell) „Was lacht ihr denn immer so, ihr sollt nich immer so
            lachn!" und so weiter. Der hat gar nich kapiert, dass wir wegen dem la-
            chen, der is irgendwie merkwürdig.
Johanna: Ja, und dann ham sich die Jungs wie in jeder Stunde verhalten und der
            meckert da extra noch drauf rum. (Pause 3 sec.)
Olga: Der kennt unsre Jungs nich.
Johanna: Das sin Lehrer! Lehrerinnen sin da anders.
Ethnograph: Aha?
Olga: Ja. Entweder noch schlimmer oder besser.
Johanna: (lacht) Noch schlimmer!
Olga: Naja: Frau Meier.
Johanna: Und Frau Peters und Frau Sander, naja.
Olga: Oh Gott: Frau Peters!
            [Klingelzeichen]

In diesem kleinen, durch das Pausenklingeln beendeten Gesprächsausschnitt geht
es um die Vergabe der Position des „schlimmsten Lehrers an der Schule". Verschiedene Kandidaten werden in Erwägung gezogen und gegeneinander abge-
wogen. Der evaluative Diskurs der Schülerinnen ist vor allem ein vergleichen-
der, es geht im Prinzip um ein Ranking des Lehrpersonals der Schule. Es scheint
wenig zu stören, dass einer der Kandidaten für den Titel des „schlimmsten Lehrers", Herr Lehmann, den beiden Schülerinnen nur aus einer Vertretungsstunde
persönlich bekannt ist. Einigen Lehrern haftet ein Ruf an, dieser Ruf eilt ihnen an
der Schule voraus, auch zu jenen Schülern und Schülerinnen, die sie noch nicht
persönlich erleben durften. Gerade Lehrpersonen, die man (noch) nicht „hatte",
von denen man aber gehört hat, erscheinen im Diskurs der Schülerinnen als besonders interessante, fast gruselige Bedrohung, als ein mögliches Schicksal, das
einen ereilen kann und auf das man sich vorsichtshalber schon einmal mental
vorbereitet. Der – jährlich mögliche – „Lehrerwechsel" ist das mythische,
schicksalhafte Ereignis, das die Phantasie der Schülerinnen beflügelt. Diesem
Ereignis ist man ausgesetzt, ohne es beeinflussen zu können, es kann gut gehen
oder es kann im Schlimmsten enden.

In dieser Sequenz ist ein weiteres Charakteristikum des Schüler-Diskurses
über Lehrpersonen zu beobachten: Er ist auf Verständigung orientiert. Man
überbietet sich zwar gegenseitig mit Vorschlägen möglicherweise noch schlim-
merer Lehrer oder Lehrerinnen, doch letztlich zielt der Disput auf ein konsensua-
les Urteil. Dies zeigt sich auch in anderen Szenen: Man vertritt möglicherweise

etwas unterschiedliche Einschätzungen zu einzelnen Lehrpersonen, doch letztlich erarbeitet sich die Schülerkultur eine *gemeinsame* Bewertung der Lehrperson, der Diskurs ist darauf angelegt Übereinstimmungen zu erzielen.

Eine andere Situation des Austauschs über eine Lehrerin, die ebenfalls in der Pause stattfindet, kommt dadurch zustande, dass Olivia sich unser Aufnahmegerät leiht und eine „Umfrage" unter ihren Mitschülerinnen startet. Olivia spielt gekonnt die Moderatorin und „siezt" ihre Gesprächspartnerinnen. Auch hier scheint die Bewertung einer Lehrerin das ‚gegebene' Thema eines „Interviews" mit den Mitschülern zu sein.

Olivia:	Und frag `n wir doch mal nach Frau Mahler, die geht ja bald in Rente.
Fabienne:	Och ich freu mich schon richtig auf nächstes Jahr wenn sie dann in Rente geht.
Olivia:	Wen würden Sie sich denn als Kunstlehrer wünschen?
Helena:	/Also \ich wollt ma noch sagen ja Frau Mahler is ja ne ganz tolle Lehrerin /und-
Fabienne:	Ja und die is immer so nett zu uns.
?:	Ich ich find das immer so interessant, wenn die uns immer erzählt von ihren alten Geschichtchen und das, am besten fand ich ja, wo sie uns erzählt hat, dass sie immer früher auf diesem komischen Heuwagen mitgefahren is.
Fabienne:	Ja das fand ich auch sehr toll und sehr interessant also ich hab da selber- also als sie dann. gesagt hat, wie traurig das is, also da hab ich, (setzt sich lauter durch) da kamen mir gerad selber die Tränen – nein, halt die Klappe, ich bin noch dran!- (andere lachen) und ich hab, also ich könnt mir auch kein anderen Lehrer vorstellen als Frau Mahler.-
Astrid:	Dankeschön-
?:	Ja bitteschön, ich könnt mir auch keinen anderen Lehrer in- Kunst vorstellen als Frau Mahler.
Olga:	Darf ich mal meine Meinung sagen?
	Astrid: Eh na wirklich nich, überhaupt nich nein also
?:	Die is och so nett und so
?:	Oau jaa
Olivia:	Und was sagen Sie zu ihr?
?:	Ja also ich würde sagen-
Olivia:	Nich so (langsam) laut
?:	Also ich würd sagen die meisten Leute an unserer Schule sind ja vollkommene Fans von ihr also
?:	-Die Kelly Familie
	(Allgemeines Lachen)
Olga:	Darf ich auch ma, darf ich auch ma?
Olivia:	Bsst, sein Sie nich so laut hier
?:	Ich will auch ma, eine Frage
?:	Eh Olivia, ich muss dir ma was erzääählen

Olivia:	Hallo was halten Sie von Frau Mahler? (plötzlich Ruhe)
Jörg:	(räuspert sich) Dazu mach ich keine Aussage.
?:	Da brauch man doch nischt mehr zu sagen, das weiß doch jeder.
Olivia:	Na gut. Ähm-
?:	`S doch eindeutig
?:	Jeder mag sie (lachen)

Während Fabienne zunächst noch ,authentisch' auf die Frage der „Reporterin" nach dem bevorstehenden Ruhestand von Frau Mahler antwortet, stiftet Helena dann jenen Modus der Ironie, der für den Rest der Szene bestimmend wird. Helenas „Modulation" des Rahmens (Goffman 1977) in den der Ironie und des Sarkasmus löst eine wahre Begeisterung und einen Andrang auf das Mikrophon aus. Man hat eine Möglichkeit gefunden, sein Urteil über Frau Mahler in unverfänglicher Weise dem Tonband zu überantworten.

Die Sequenz folgt dann einer Logik der Überbietung, was im Modus der Ironie bedeutet: Die Begeisterung über Frau Mahler ist zu steigern! So geht die Abfolge dann vom Lob ihrer „alten Geschichtchen", über „könnt' mir keinen anderen Lehrer in Kunst vorstellen" bis hinzu „die meisten Leute an unserer Schule sind vollkommene Fans von ihr" und „jeder mag sie".

In dieser Szene wird noch deutlicher als in dem Gespräch mit Olga und Johanna, dass es um *kollektive* Urteile geht. Man vergewissert sich der *gemeinsamen* Einschätzung der Lehrperson und entwickelt immer größeren Spaß an der Möglichkeit gemeinsamen Lästerns über eine unbeliebte Lehrerin – von dem man weiß, dass es aufgezeichnet wird und sogar in die Wissenschaft eingehen kann.

Deutlich werden hier sowohl der Unterhaltungswert, den der Diskurs über Lehrpersonen für die Schülerkultur zu bieten hat, als auch der Aspekt der Vergemeinschaftung: Die Kunstlehrerin bildet nicht nur einen allen Anwesenden bekannten Bezugspunkt, sondern sie bietet auch die Möglichkeit, sich einer gemeinsamen Erfahrung zu vergewissern und sogar gemeinsames Erleiden zu konstatieren und zu zelebrieren.

Das „Lästern" über Dritte bildet eine der wichtigsten Formen kommunikativer Vergemeinschaftung (vgl. Eder 1995; Breidenstein/Kelle 1998). Für die Thematisierung im Diskurs der Schülerinnen kommen alle konkreten Lehrerinnen und Lehrer in Frage, die derzeit in dieser Klasse unterrichten, doch einzelne Lehrpersonen scheinen für die Thematisierung im Rahmen der Schülerkultur besonders attraktiv zu sein, insofern wird der Diskurs immer wieder auf diese fokussiert.

Es gibt, so scheint es, in jeder Klasse feststehende Topoi des Redens über die Lehrpersonen. Bestimmte thematische Motive werden in allen möglichen Variationen durchgespielt. Einzelne Merkmale konkreter Lehrpersonen – tatsächliche oder erdachte – werden zu wiederkehrenden Leitmotiven des schülerkulturellen Diskurses, die alle Beteiligten kennen und erkennen und die es mit möglichst großem Erfindungsreichtum und Witz in immer neuen Versionen zu zitieren gilt.

Ein solches thematisches Leitmotiv des schülerkulturellen Diskurses stellt die unterstellte homosexuelle Orientierung des Deutschlehrers dar. Herr Schimmel ist immerhin einer der wenigen etwas jüngeren Lehrer der Klasse und mit seiner großen schlanken Gestalt durchaus nicht unattraktiv. In seinem Verhalten jedoch wirkt er eher unsicher, zurückhaltend und etwas gehemmt. Wie es zu der Unterstellung kam, Herr Schimmel sei homosexuell, ist heute nicht mehr festzustellen, das ist aber auch ganz unerheblich: Für die Produktivität eines solchen „Gerüchtes" kommt es auf seinen Wahrheitsgehalt nicht an – im Gegenteil, gerade die Absurdität einer solchen Unterstellung übt einen eigenen Reiz aus. Ein kleines Beispiel:

> Im Deutschunterricht geht es darum, dass der Lehrer wissen möchte, wann man Personenbeschreibungen braucht. Als Claudius an der Reihe ist, meint er: „Heiratsanzeigen", was Herrn Schimmel offensichtlich gut gefällt: „Aha – das is ne interessante Idee äm Heiratsanzeigen – (.) vielleicht ist es für manche Leute besser kein Foto reinzumachen -" Gelächter in der Klasse; auch von Josephine: „Zum Beispiel für Herrn Schimmel". Nun lacht auch Olivia, „Na der will ja nicht heiraten" Josephine: „Ach der – Homos dürfen jetzt auch heiraten". Beide kichern.

Im weiteren Verlauf dieser Deutschstunde besteht die Aufgabe darin, eine Person, deren Foto im Arbeitsheft abgebildet ist, zu beschreiben. Das machen Olivia und Josephine mehr oder weniger zusammen. Die folgende Transkription dokumentiert das in geringerer Lautstärke parallel zum offiziellen Unterrichtsdiskurs des Lehrers geführte Nebengespräch der beiden Freundinnen und Sitznachbarinnen:

> der Lehrer: So da ist also (..) eine Person auf einem Foto abgebildet- und-.
> Josephine: Eindeutig Herrn Schimmels Frau
> der L.:   Und wir stellen uns mal vor (..)
> Olivia: Die sieht aber nicht schwul aus.
> der L.:   Die ist verloren gegangen auf `m Bahnhof.
> Josephine: Doch doch, das ist `n Mann.
> der L.:   Und wir müssen sie jetzt irgendwie beschreiben. Eve was gibt `s?
> (Eve hatte sich gemeldet.)
> Eve: Herr Schimmel ich hab mein Schließ- äh ich hab mein Arbeitsheft im Schließfach.
> Olivia: –   Mein Schließfach vergessen (prustet)
> der L.:   Naja, (.) das würde jetzt zu zu lange dauern. Guckst `d vielleicht ma bei Marilyn rein ja? (..) So ähm- (.)

Josephine: Das is `n Mann, der hat sich bloß als Frau verkleidet damit er schwul is –
verstehst d`?
der L.:   Das is jetzt unsere Situation wir müssen jetzt diese Person so genau wie
möglich zu beschreiben, fang wir mit Auffälligem an (.) Fabienne was is
d- was würdest du als auffällig bezeichnen, ohne dass wir jetzt die genau-
en- ähm Eigenschaften- die einzelnen Sachen durchgehen?
(Hedda Bennewitz)

In diesem kleinen unterrichtsbegleitenden Austausch der beiden Schülerinnen
wird das beschriebene Motiv der unterstellten Homosexualität Herrn Schimmels
in geradezu grotesker Weise variiert: Die „Entdeckung" eines Fotos von „Herrn
Schimmels Frau" führt zu der Idee eines Mannes, der sich „als Frau verkleidet,
damit er schwul ist". Der Phantasie sind keine Grenzen gesetzt und es geht auch
keineswegs um Stringenz und Plausibilität der Überlegungen, sondern um deren
Unterhaltungswert. Das Prinzip ist das der freien Assoziation, man muss (irgendwie) am gegebenen Diskurs anknüpfen und diesen (egal wie) am Laufen
halten.

Insbesondere die frontale Unterrichtssituation, die die Schülerinnen und
Schüler überwiegend in die Rolle des „Publikums" versetzt, fordert die assoziie-
renden, verfremdeten und zum gemeinsamen Amüsement beitragende Kommentierung des Geschehens heraus (vgl. Bennewitz 2004; Breidenstein 2006, 110
ff.). Dass diese Kommentartätigkeit der Zuschauerinnen sich immer wieder und
bevorzugt auf den Protagonisten, auf die zentrale Figur des Unterrichtsgeschehens, eben auf die Lehrperson richtet, erscheint nahe liegend. Es ist zunächst und
vor allem ihre alles überragende Sichtbarkeit, womit die Lehrperson die schüler-
kulturelle Kommentierung herausfordert. Die Lehrperson agiert innerhalb des
Klassenzimmers auf einer Bühne. Sie steht über weite Strecken des Unterrichts
im Zentrum der Aufmerksamkeit. Ihre Redeanteile am Unterrichtsgespräch über-
treffen durchschnittlich bei Weitem die aller Schülerinnen und Schüler der Klasse zusammen. Die Lehrperson sagt, was gemacht werden soll; sie klärt, was
richtig und was falsch ist; sie hat den Unterricht „geplant"; sie kündigt an, wie es
„weitergeht"; etc. – Dies muss hier nicht weiter ausgeführt werden, es geht nur
darum zu verdeutlichen, in welch eindeutiger Weise und in welch ungeheurem
Ausmaß die Struktur der Unterrichtskommunikation die Aufmerksamkeit auf die
Lehrperson fokussiert. (Auch „unaufmerksame" Schüler müssen die Lehrperson
beobachten, um nicht bei ihrer Unaufmerksamkeit ertappt zu werden, vgl. Breidenstein 2006, 44 ff.)

Bereits nach wenigen Wochen oder Monaten kennen Schülerinnen und
Schüler alle persönlichen Merkmale, alle Eigenheiten und eventuellen „Macken"
desjenigen oder derjenigen, die vorne auf der Bühne agiert. Der mindestens wö-
chentliche, zum Teil fast tägliche „Auftritt" der Lehrperson vor der Klasse er-

möglicht es, sie in allen Details zu studieren: Besonderheiten der Stimmführung, markante Gesten, bevorzugte Körperhaltungen, gern gewählte Formulierungen und nicht zuletzt die Kleidung – all das ist Gegenstand von Beobachtung und potentieller Kommentierung durch die Schülerinnen und Schüler.

Manche bringen es auch zu verblüffender Meisterschaft in der Imitierung von Lehrpersonen. Als die Klasse ein „Abschiedsvideo" für die Klassenlehrerin gestaltet, notiert der überraschte Ethnograph:

> Der Effekt, als Olivia sich umgezogen hat, ist verblüffend: Sie zieht sich eine schwarze Hose drüber und einen kurzen weißen Pullover und steck sich die Haare hoch, außerdem trägt sie eine Kette mit einem großen silbernen Anhänger – so sieht sie Frau Wiese tatsächlich recht ähnlich. Der Effekt verstärkt sich dann noch, als sie nachher ihren Auftritt hat und als Frau Wiese spricht. Sie imitiert deren Tonfall und Gestus perfekt! Als Olivia später „good morning" und „once more: good morning!" sagt, glaube ich Frau Wiese vor mir zu haben! Außer einer gewissen Ähnlichkeit zu Frau Wiese in Aussehen und Stimme spricht Olivia auch noch ein recht gutes Englisch.

Frau Wiese selbst war später ob ihrer Doppelgängerin auch verblüfft. Olivias Darstellung ihrer Klassenlehrerin war allerdings für diese beileibe nicht nur schmeichelhaft, sorgsam hatte das Drehbuch „Eigenheiten" von Frau Wiese, wie deren regelmäßiges Zuspätkommen mit sich wiederholenden Begründungen, ihr zwischendurch etwas hektisches Auftreten oder ihre Hilflosigkeit gegenüber technischen Geräten heraus gearbeitet. Frau Wiese machte gute Mine zum (bösen?) Spiel – eine andere Wahl hatte sie jedoch wohl auch kaum.

Eine solcherart öffentliche Vorführung der Eigenarten einer Lehrperson gehört hingegen eher zu den Ausnahmen, viel häufiger ist, wie gesagt, deren verdeckte Initiierung, Karikierung und Verballhornung auf der Hinterbühne des Unterrichts.

Ein letztes Dokument soll hier noch präsentiert werden, das zunächst vor allem durch seine Drastik verblüfft. Es handelt sich um eine Kopie aus dem „Briefbüchlein" zweier Freundinnen, das diese gemeinsam führen und das vorwiegend im Unterricht hin und her wandert und der schriftlichen Kommunikation dient (vgl. Bennewitz in diesem Band).

Der Zweck des Briefbüchleins ist wesentlich der Zeitvertreib. Ein Spiel, das die Freundinnen in ihrem Briefbüchlein betreiben, besteht darin „Bewertungstabellen" auszufüllen. Die Bewertungen betreffen zunächst einige Mitschülerinnen und behandeln dann die Lehrerinnen und Lehrer der Klasse – eine nach der anderen. Die Tabelle gibt die Kategorien der Bewertung vor und enthält die verschiedensten Körperteile. Diese Körperteile sind mit Ziffern von 1 bis 12 zu bewerten, wobei die „Bewertungsliste" in dem Büchlein folgendermaßen erläutert wird:

„1 – scheiße; 2 – erbärmlich; 3 – mittelmäßig; 4 – akzeptabel; 5 – nicht schlecht; 6 – ganz schön cool; 7 – wow!; 8 – super; 9 – richtig klasse; 10 – echt supergeil!; 11 – supersexy; 12 – ständermäßig/bombastisch geil"

Und (offenbar nachträglich) noch erweitert um:

0 – unerträglich & unansehnlich, kotzhässlich

Und schließlich:

00 – kotzhässlich, so hässlich, dass die Marsmännchen vom anderen Ende der Galaxis schöner sind als du!

In zwei Spalten (s. Abb. 1) bewerten die beiden Schülerinnen jeweils einzeln und können so Abweichungen und Übereinstimmungen im Urteil aus der Tabelle ablesen. Die Einzelnoten werden schließlich addiert und in eine „Zensur" umgerechnet. Den Lehrpersonen werden also Zensuren für ihr „Aussehen" erteilt.

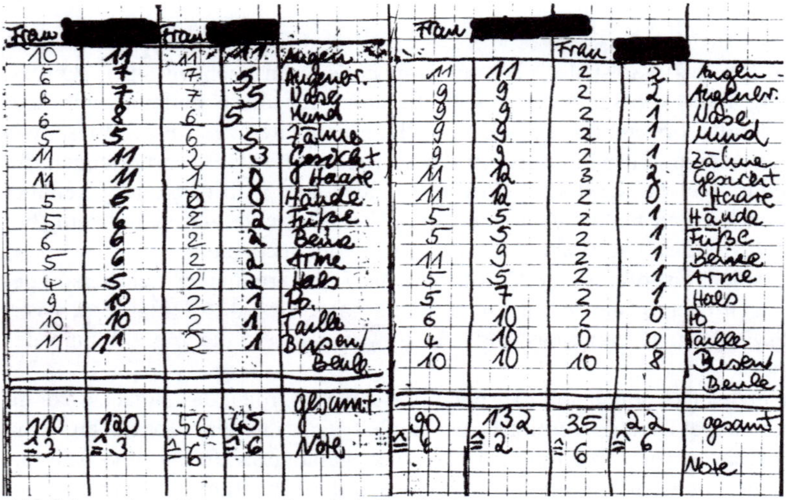

Abbildung 1:   Seite aus dem Briefbüchlein

Worin liegt der Reiz dieses Spiels? Immerhin werden auf diese Weise insgesamt 18 Lehrpersonen „bewertet"! Sicher kann man vermuten, dass es hier auch um eine ‚Entmachtung' der Mächtigen geht, um die ‚Rache' der Schülerinnen an denjenigen, von denen sie Tag für Tag bewertet und benotet werden. Das Mittel des Bewertens in Form von Ziffern zitiert gewissermaßen die Praxis schulischer Leistungsbewertung und ‚dreht den Spieß um', indem die Bewerter zu Bewerteten werden. In dem Briefbüchlein werden jedoch keineswegs die „Leistungen" von Lehrpersonen bewertet, sondern deren körperliches Erscheinungsbild und „Aussehen". – Mit Blick auf herrschende Schönheitsideale und den Markt der Sexualität dürften sich die meisten Jugendlichen ihren Lehrerinnen und Lehrern überlegen fühlen.

Der Reiz des Verfahrens liegt sicher einerseits in seiner Ausgeklügeltheit, wenn „Augen", „Augenbrauen", „Nase", „Mund", „Zähne" etc. einzeln zur Bewertung gestellt werden und so die Punktetabellen und Pseudo-Objektivität schulischer Leistungsbewertung imitiert und zugleich ad absurdum führt. Zum anderen dürfte die Faszination des Spiels für die beiden Schülerinnen tatsächlich darin liegen, dass es ihnen ermöglicht, sich über die körperlichen Vorzüge und Nachteile von Personen auszutauschen und der Sexualisierung des Blicks zu frönen. Das Spiel ermöglicht die Sexualisierung, indem es sie qua Verfahren ‚erzwingt'. Man „muss" sich ja über jede einzelne Kategorie äußern, weil es die Tabelle verlangt.

Nun ist interessanterweise die erste Tabelle, die die beiden Mädchen entwerfen und die der wechselseitigen Bewertung des eigenen Aussehens dienen soll (Sie wird allerdings nicht ausgefüllt!), noch nicht ganz so obszön. Sie enthält die Kategorien „Nase-Augen-Mund-Zähne-Haare-Figur-Füße-Hände". Die nächste Tabelle, die für die Bewertung der Mitschülerinnen genutzt wird, differenziert die „Figur" in „Po", „Taille" und „Busen". Diese Tabelle wird dann auch für die Bewertung der Lehrpersonen genutzt und erst mit dieser Wendung nimmt das Spiel richtig Fahrt auf. Erst die Fokussierung auf den Lehrkörper ermöglicht die unverhohlene und sich über viele Seiten des Briefbüchleins erstreckende Klassifizierung körperlicher Merkmale. Während die beiden Schülerinnen verständlicherweise vor dem Ausfüllen der Tabellen in Bezug auf das eigene Aussehen zurückschrecken und auch die Klassifizierung von Mitschülern spätestens beim anderen Geschlecht prekär werden dürfte, bieten sich die gemeinsamen Lehrerinnen und Lehrer der beiden Freundinnen als Objekte für das genüssliche ‚Ausbuchstabieren' des Spiels an. Die Lehrpersonen haben sie jeden Tag vor Augen. Es handelt sich um Erwachsene, die einen persönlichen Stil des Auftretens verkörpern, zu dem sich urteilend in Beziehung zu setzen für Jugendliche reizvoll ist. Vor allem jedoch handelt es sich um „signifikante Andere", die eine (zum Teil erhebliche) Bedeutung für die Selbstwahrnehmung, Identifizierung und Abgrenzung der Schülerinnen besitzen. Und schließlich handelt es sich um *gemeinsame* signifikante Andere, die zu gemeinsamer Auseinandersetzung auffordern und die Vergemeinschaftung in der Abgrenzung ermöglichen.

4   Fazit

Worin liegt also, das war ja die Ausgangsfrage dieses Beitrages, die Bedeutung der Lehrperson für die Schülerkultur? Der Ansatz besteht darin, die in der Schülerforschung übliche Thematisierung der Lehrperson als Opponent und Gegenüber der Schüler zu verschieben in die Frage nach der *Funktionalität* der Lehrperson für die Peer Kultur der Schülerinnen und Schüler. Was hat die Analyse der empirischen Beispiele in dieser Hinsicht erbracht? Was zeichnet die Lehrperson als eine spezifische Ressource für die Schülerkultur aus?

   Zunächst lässt sich festhalten, dass die Herausforderung der Lehrperson in der direkten Interaktion im Rahmen der Unterrichtssituation sicher zu den prestigeträchtigsten Aktivitäten der Schülerkultur zählt. Wer sich traut die Lehrperson auf offener Bühne zum „Charakterwettkampf" zu fordern, kann sich der Aufmerksamkeit und Bewunderung der Mitschüler sicher sein. In der spielerischen Konfrontation mit der Lehrerin, die nicht nur mit Sanktionsmacht ausgestattet ist, sondern in der Regel auch über einige rhetorische Mittel verfügt, lassen sich Wagemut, Schlagfertigkeit und Reaktionsschnelligkeit demonstrieren. Der Beitrag zur Unterhaltsamkeit des Unterrichts, den beide, Lehrperson und Herausforderer, leisten, wird auf jeden Fall honoriert.

   Die zweite, von der direkten Interaktion verschiedene, Dimension der ‚Nutzung' der Lehrperson für die Peer Kultur der Schülerinnen und Schüler liegt in dem gemeinschaftlichen Lästern über Lehrpersonen. Diese Praxis interpretiert Zinnecker (1978, 41) folgendermaßen: „Die (erzwungene) Achtung und Unterordnung unter den Wächter der Unterrichtssituation schlägt auf der Hinterbühne in sein Gegenteil um. Der übermächtige Gegenpart wird in seiner Abwesenheit nach allen Regeln der Kunst abgewertet und diffamiert. Die gemeinsame Beleidigung der Lehrpersonen einigt die Schülergruppen auf der Hinterbühne." Diese Interpretation ist sicher nicht von der Hand zu weisen: Es dürfte durchaus oft darum gehen, Erfahrungen der Zurückweisung und auch der Demütigung und Ohnmacht aus dem Unterricht zu ‚bearbeiten'. Aber vermutlich lässt sich die Bedeutung der Lehrperson für die Schülerkultur auch darüber hinausgehend und jenseits der Kategorie der Macht und Ohnmacht fassen: Die Lehrperson ist schlicht der gemeinsame und vergemeinschaftlichende *Bezugspunkt* der Schülerinnen und Schüler einer Klasse. Bei der Heterogenität der übrigen Erfahrungshintergründe und Orientierungen der Mitglieder einer Schulklasse ist es vor allem die gemeinsame Unterrichtserfahrung, die den Stoff für gemeinsame Erzählungen liefert. In der Thematisierung des Unterrichts wird dieser personalisiert und die Lehrperson rückt in das Zentrum von Erinnerungen, Anekdoten und Evaluationen.

In der Praxis des Redens über Lehrpersonen kommen dann spezifische Effekte kommunikativer Praktiken zum Zuge. Es gibt erstens eine Tendenz zur Ausschmückung und Detaillierung von Erzählungen. Das bedeutet, dass Eigenheiten, Vorlieben oder charakteristische Merkmale von Lehrpersonen in der kommunikativen Praxis der Peer Kultur nicht nur Verwendung finden, sondern pointiert, zugespitzt und überzeichnet werden, um Anschaulichkeit, Prägnanz und Unterhaltungswert der Rede zu erhöhen. Zweitens gibt es eine Tendenz zur Verständigung und Übereinstimmung im gemeinsamen Reden über Dritte: Die Wahrscheinlichkeit, dass Einschätzungen Zustimmung erfahren, ist relativ hoch und steigt noch, wenn die ersten zustimmenden Äußerungen getätigt worden sind. In der Praxis des Lästerns ist drittens eine Logik der Steigerung impliziert: Die Diffamierung des Vorredners ist in der Tendenz zu bestätigen und in ihrer Drastik zu überbieten (vgl. Eder 1995). Diese verschiedenen, einander ergänzenden Effekte des gemeinschaftlichen Redens über Dritte sorgen zusammen genommen dafür, dass die Sprechergemeinschaft sich besonders markante Eigenheiten der in Rede stehenden Person heraus greift, diese ins Lächerliche steigert und sich ihrer Einigkeit darüber vergewissern wird.

Schließlich war noch ein weiteres Merkmal des peerkulturellen Diskurses über Lehrpersonen augenfällig: der Hang zur Sexualisierung des Lehrkörpers. Sowohl in der direkten Interaktion („Sie sehen aus wie ein Model") als auch und erst recht in der Hinterbühnen-Kommunikation („der schwule Herr Schimmel" oder die Punktetabelle zum „Aussehen"). Hier ist zu vermuten, dass sich die kommunikative Praxis von Siebt- und Achtklässlern generell Gelegenheiten zur Sexualisierung des Diskurses sucht. Es liegt ein besonderer Reiz in dem Erproben sexualisierten Vokabulars, in der Verletzung von Tabus und in dem Spiel mit Anspielungen. Lehrpersonen bieten sich als Objekte dieses Diskurses an: Als Erwachsener kann ihnen (aus Schülersicht) sexuelles Begehren und eine sexuelle Praxis unterstellt werden, sie stehen mit ihrem Verhaltensrepertoire und ihren Körpern den Schülerinnen und Schülern Tag für Tag vor Augen, zugleich ist die Beziehung zwischen Lehrperson und ihren Zöglingen streng entsexualisiert – schon kleine Übertretungen oder Bemerkungen wirken als Tabubruch.

Zusammenfassend kann man festhalten, dass die Lehrperson eine nahe liegende und geradezu ideale interaktive und kommunikative Ressource für die Peer Kultur von Kindern und Jugendlichen darstellt: Eine Ressource, die jederzeit zur Verfügung steht und ausgesprochen vielseitig verwendbar ist. Wenn es Lehrer nicht gäbe – die peerkulturelle Praxis müsste sie erfinden.

5 Literatur

Adler, P./Adler, P. (1998): Peer Power. Preadolescent Culture and Identity. Brunswick: Rutgers.

Bennewitz, H. (2004): Helenas und Fabiennes Welt. Eine Freundschaftsbeziehung im Unterricht. In: Zeitschrift für Soziologie der Erziehung und Sozialisation (24). H. 4. 393-407.

Bennewitz, H./Meier, M. (2008): Peerkultur als Gegenstand von Unterrichtsforschung, Vortrag auf dem Kongress der DGfE 2008 in Dresden.

de Boer, H. (2006): Klassenrat als interaktive Praxis, Wiesbaden: VS Verlag für Sozialwissenschaften.

Breidenstein, G. (2004): Peer Interaktion und Peer Kultur. In: Helsper, W./Böhme, J. (Hrsg.): 921-940.

Breidenstein, G. (2006): Teilnahme am Unterricht. Ethnographische Studien zum Schülerjob. Wiesbaden: VS Verlag für Sozialwissenschaften.

Breidenstein, G./Kelle, H. (1998): Geschlechteralltag in der Schulklasse. Ethnographische Studien zur Gleichaltrigenkultur. Weinheim/München: Juventa.

Breidenstein, G./Kelle, H. (2002): Die Schulklasse als Publikum. Zum Verhältnis von peer culture und Unterricht. In: Die Deutsche Schule (94). H.3. 318-329.

Breidenstein, G./Prengel, A. (Hrsg.) (2005): Schulforschung und Kindheitsforschung – Ein Gegensatz? Wiesbaden: VS Verlag für Sozialwissenschaften.

Eder, D. (1995): School Talk. Gender and Adolescent Culture. New Brunswick: Rutgers.

Goffman, E. (1971): Interaktionsrituale. Über Verhalten in direkter Kommunikation. Frankfurt a.M.: Suhrkamp.

Goffman, E. (1974): Das Individuum im öffentlichen Austausch. Mikrostudien zur öffentlichen Ordnung. Frankfurt a.M.: Suhrkamp.

Goffman, E. (1980): Rahmen-Analyse. Ein Versuch über die Organisation von Alltagserfahrung. Frankfurt a.M.: Suhrkamp.

Goffman, E. (1994): Interaktion und Geschlecht. Frankfurt a.M.: Suhrkamp.

Heinze, T. (1980): Schülertaktiken. München: Urban und Schwarzenberg.

Helsper, W./Böhme, J. (Hrsg.) (2004): Handbuch der Schulforschung. Wiesbaden: VS Verlag für Sozialwissenschaften.

Huf, C. (2006): Didaktische Arrangements aus der Perspektive von SchulanfängerInnen. Bad Heilbrunn: Klinkhardt.

Krappmann, L./Oswald, H. (1995): Alltag der Schulkinder. Weinheim/München: Juventa.

Mohn, E. B./Amann, K. (2006): Lernkörper. Kamera-ethnographische Studien zum Schülerjob, Göttingen: Institut für den wissenschaftlichen Film (DVD).

Reinert, G.-B./Zinnecker, J. (Hrsg.) (1978): Schüler im Schulbetrieb. Reinbek: Rowohlt.

Thorne, B. (1993): Gender Play. Girls and Boys in School, New Brunswick: Rutgers.

Wiesemann, J. (2005): Wohin führt die Forschung im Klassenzimmer? In: Breidenstein, G./Prengel, A. (Hrsg.): 15-36.

Willis, P. (1979): Spaß am Widerstand. Gegenkultur in der Arbeiterschule. Frankfurt a.M.: Syndikat.

Woods, P. (ed.) (1980): Pupil Strategies: Explorations in the sociology of the school. London: Croom Helm.

Woods, P. (1990): The Happiest Days? How Pupils Cope with School. Basingstoke: Falmer Press.
Zinnecker, J. (1978): Die Schule als Hinterbühne oder Nachrichten aus dem Unterleben der Schüler. In: Reinert, G.-B./Zinnecker, J. (Hrsg.): 29-116.
Zinnecker, J. (2000): Soziale Welten von SchülerInnen. Über populare, pädagogische und szientifische Ethnographien. In: Zeitschrift für Pädagogik (46). H. 5. 667-690.
http://www.sueddeutsche.de/jobkarriere/artikel/488/151110/ (zuletzt am 18.6. 2008).
„Tageszeitung", die taz vom 4.4.2008.

Soziale Ordnung im Wochenplanunterricht

Sabine Reh/Julia Labede

Der Wochenplanunterricht gilt im grundschulpädagogischen Diskurs neben dem Morgenkreis, der Projektarbeit und unterschieden vom Freien Arbeiten als ein Setting des „geöffneten" Unterrichts[52], dessen zentrales Element das Angebot von „Mitentscheidungsmöglichkeiten" für die Schülerinnen und Schüler darstellt.[53] Die meisten Versuche, auch in der Sekundarstufe I, zusätzliche Förderangebote – etwa im Kontext der Einführung von Ganztagsangeboten – zu unterbreiten, „binnendifferenzierendes" Arbeiten zu ermöglichen, greifen auf Strukturmuster zurück, wie der Wochenplanunterricht sie bietet, also darauf, einen bestimmten, individuell u. U. variierenden, z.B. mehr oder weniger umfangreichen Arbeitsauftrag zu erteilen, der dann von den Schülern und Schülerinnen in einem festgelegten Zeitraum zu bearbeiten ist. Über die Art und Formen der Bearbeitung können die Schüler und Schülerinnen ebenfalls in unterschiedlichem Maße selbst entscheiden.

---

[52] Wir sprechen an dieser Stelle nicht vom „Offenen Unterricht", sondern von „geöffneten" Unterrichtssettings, um anzudeuten, dass die verschiedenen Settings auch und gerade im Hinblick auf die durch die Lehrperson vorgenommene Strukturierung und im Hinblick auf die den Schülern und Schülerinnen zugestandenen Entscheidungsspielräume differieren. Der Wochenplanunterricht kann im Vergleich zu anderen als ein stärker vorstrukturiertes Setting gesehen werden, weil zumeist die Aufgabenstellungen für die Schüler und Schülerinnen sehr konkret vorgegeben sind. Göhlich spricht sich für eine Präzisierung des Begriffs „Offener Unterricht" aus und sieht diesen durch „eine pädagogische Haltung, deren methodische Umsetzung insbesondere aus der Ermöglichung entdeckenden Lernens besteht" (Göhlich 1997: 38) und nicht etwa durch die Einbindung besonderer „organisatorischer und „technologischer" (Göhlich 1997: 34f.) Elemente gekennzeichnet.

[53] Die Literatur zum Wochenplan ist zunächst durch einen erheblichen Anteil programmatischer Literatur und solcher Werke, die der Lehrkraft Hilfestellungen für die Praxis geben, gekennzeichnet, so z. B. Bönsch/Schittko 1979, neuer z. B. Vaupel 1995, Huschke 1996, Claussen 1997. Seit einigen Jahren finden sich aber auch qualitativ-empirische Studien zum Wochenplanunterricht, die etwa Formen und Qualität gegenseitigen Helfens der Kinder analysieren z. B. Naujok 2000, Kucharz/Wagener 2007, Wagener 2007, oder die untersuchen, wie Schüler und Schülerinnen Entscheidungs- und Gestaltungsspielräume nutzen, z. B. Huf 2006, 2007. Auch im Rahmen der Forschungen zu den (Lern-)Effekten „Offenen Unterrichts" bzw. des jahrgangsgemischten Unterrichts, etwa im Umgang mit „schwierigen Schülern", wird unter anderem der Wochenplanunterricht thematisiert bzw. Forschungsgegenstand, z. B. Textor 2007, vgl. auch Hanke 2007.

Generell gelten „geöffnete" Unterrichtssettings, weil den Einzelnen mehr Entscheidungsspielräume bezüglich ihres Arbeitens und ein größerer Bewegungsradius eröffnet werden, als weniger reglementiert denn „traditioneller" Unterricht. Daher scheint es interessant, danach zu fragen, in welcher Weise in einem „geöffneten" Unterrichtssetting Ordnung hergestellt ist, also wie geregelt ist, wer was darf, wer mit wem worüber und wie kommunizieren kann und in welcher Weise schulische Wertsetzungen – es geht um die richtige und möglichst gute Erfüllung gestellter Aufgaben – für diese soziale Ordnung eine Rolle spielen.

Um diese Frage zunächst anhand eines Falles beantworten zu können, werden wir im Folgenden über Beobachtungen von Schülerinnen und Schülern aus einer jahrgangsübergreifenden Lerngruppe im Wochenplanunterricht, die wir in unserem Forschungsprojekt „Lernkultur und Unterrichtsentwicklung an Ganztagsschulen"[54] videographiert haben, berichten und interpretieren, wie in verschiedenen Situationen des unterrichtlichen Geschehens Schüler und Schülerinnen in unterschiedlichen Praktiken eine soziale Ordnung mitbegründen und aufrechterhalten. Bevor wir dieses tun, möchten wir kurz erläutern, was wir in unserem Forschungskontext, mit Rückgriff auf ein praxistheoretisches Verständnis, wie es vor allem Theodore Schatzki (1996, 2001) entwickelt hat, unter „sozialer Ordnung" verstehen und wie eine solche Ordnung sich in Praktiken – gewissermaßen den kleinsten Einheiten des Sozialen – entwickelt, indem in und durch Praktiken gleichzeitig grundlegend Bedeutungen produziert und Verständnis ermöglicht wird, und Gelegenheiten für die Subjekte bzw. die Teilnehmer und Teilnehmerinnen an den Praktiken entstehen, sich miteinander und im Verhältnis zueinander und zu den sie umgebenden Dingen zu positionieren.

1   Soziale Ordnung und Praktiken

Die Frage der sozialen Ordnung als Frage nach Sozialität ist eine der von verschiedenen soziologischen Richtungen unterschiedlich beantworteten Grundfragen der Soziologie. Sozialität wird dabei zunächst als menschliches Zusammenleben verstanden, die Ordnung dieses Zusammenlebens als Koordinierung der Einzelnen: „Any state of sociality, moreover, embraces a social order(ing), for any state of contextualizing coexistence necessarily implicates an arrangement of individuals in which each has place and is positioned with respect to the others. Social order is thus an omnipresent feature of sociality that indicates something

---

[54] Durchgeführt wird das vom BMBF geförderte Projekt „Lernkultur- und Unterrichtsentwicklung in Ganztagsschulen" an der TU Berlin und der Johannes Gutenberg-Universität Mainz, geleitet von Fritz-Ulrich Kolbe und Sabine Reh unter Mitarbeit von Bettina Fritzsche, Till-Sebastian Idel und Kerstin Rabenstein (vgl. www.lernkultur-ganztagsschule.de).

(…) about the 'distribution' of human lives" (Schatzki 1996, 172). Der lange Zeit auch für eine soziologische Theorie der Schule in Deutschland zentrale Strukturfunktionalismus Parsonscher Prägung (vgl. Parsons 1968, Fend 1980) löst die Frage nach der Art der Ordnung, die er ebenfalls als eine der Koordinierung potentiell auseinanderdriftender Einzelwesen konzeptioniert, mit Hilfe der Idee, Handelnde würden die geteilten Werte, von denen der Zusammenhalt der Gesellschaft abhängt, als Motive verinnerlichen (vgl. Giddens 1995, 28f.) oder indem sie – in kollektiver Selbstregulation – die Perspektive des Anderen übernehmen und Probleme lösen bzw. Lösungen aushandeln, wie es der Symbolische Interaktionismus unterstellt (vgl. Weymann 2007, 111). Wie Giddens schreibt, führt dieser Blick auf den „Wertekonsens" und die „symbolische Ordnung" zu einer Vernachlässigung der „irdischeren, praktischen Aspekte sozialen Handelns" (Giddens 1995, 29).

Praxistheoretische Konzepte, wie sie an prominenter Stelle etwa von Bourdieu (1987) und Giddens (1995), entwickelt und vertreten werden, aber hier für uns vor allem im Konzept von Schatzki (1996, 2001) Bedeutung erlangen, (vgl. den Überblick bei Schatzki/Knorr-Cetina/Savigny 2001, vgl. auch die zusammenfassende Darstellung bei Reckwitz 2003, 2006) werfen ihren Blick stärker auf die Herstellung einer Ordnung durch und in Praktiken, in der Aufführung von Praktiken. Schatzki formuliert: „Whereas sociality ist the hanging-together of human lives, social order is the arrangement of lives that characterizes a *Zusammenhang* oft them. Since a practice opens a tissue of coexistences enveloping its participants, it also automatically establishes orderings among them" (Hervorhebung i.O., Schatzki 1996, 195).

Praktiken sind diesem Verständnis zufolge "temporally unfolding and spatially dispersed nexus of doings and sayings", die jeweils durch ein Verständnis dessen charakterisiert sind, was sie bedeuten, was zu tun und zu sagen ist, durch explizite und vor allem implizite Regeln und Prinzipien und durch eine „teleoaffective" Struktur, durch die mit diesem speziellen Tun oder Sagen einhergehenden Zwecke, Aufgaben, Vorstellungen, Gefühle und Stimmungen (Schatzki 1996, 89); Praktiken sind „sinnhaft regulierte Körperbewegungen, die von einem entsprechenden, impliziten, inkorporierten Wissen abhängen" (Reckwitz 2008, 192).

Zentraler Aspekt der in den wiederholt aufgeführten Praktiken immer wieder hergestellten Ordnung sind dabei die unterschiedlichen Orte, die die Individuen in den Praktiken einnehmen. Das ist keinesfalls metaphorisch, sondern im Kontext körperlicher Aktivitäten, wie sie die Praktiken darstellen, auch wörtlich gemeint als Einnahme einer körperlichen Position im Raum:

„Participants in a practice are clearly not equal within the webs of coexistence opened there. They are instead separated, hierarchized, and distributed." (Schatzki 1996, 197)

In wiederholt aufgeführten Praktiken werden auf diese Art Positionen für Subjekte eröffnet – und die Teilnehmerinnen und Teilnehmer erhalten Gelegenheiten, sich unterschiedlich zu positionieren. Positionen müssen je aktuell durch die Positionierungen der Beteiligten ausgefüllt und aufgeführt werden, sie sind konkret, kontextualisierte Orte in Praktiken. Giddens beschreibt dieses folgendermaßen:

„Die Positionierung von Akteuren in Situationen von Kopräsenz ist ein elementarer Aspekt der Strukturierung von Begegnungen. Positionierung in diesem Zusammenhang schließt viele subtile Formen der Körperbewegung und Gestik sowie die allgemeiner verstandene Bewegung des Körpers durch die räumlichen Sektoren der Alltagsroutinen ein." (Giddens 1995, 138)[55]

Anders als der Begriff der Rolle in soziologischer Theorie, der zumeist das einem bestimmten Status zugewiesene „Bündel an Verhaltenserwartungen und Einstellungen, von Pflichten und Privilegien" mit einem stark vorgegebenen Charakter und normativer Bestimmung meint (vgl. Weymann 2007, 124), erlaubt das Konzept der Position eine stärkere „Verflüssigung":

„The notion of a social position overcomes these criticisms (die Kritik am Rollenkonzept, d.V.), for instance, that role analysis treats the behavioural expectations and presriptions that constitute roles as fixed, inalterable, and the object of consensus." (Schatzki 1996, 196)

Während also etwa im Sinne Parsons (1968) aber auch noch systemtheoretischer Entwürfe (Luhmann 2002) auf Grund der institutionellen Struktur der Schule von zwei komplementären Rollen im Unterricht auszugehen ist – der der Lehrerin und der der Schülerin – gibt es, praxistheoretisch betrachtet, sehr viel mehr und ganz verschiedene Positionen im Unterricht einer Lerngruppe, in den hier aufgeführten Praktiken, einzunehmen.[56]

---

[55] Es scheint nicht unproblematisch, wenn wir uns hier vor allem auf Schatzki beziehen, ohne weiteren Kommentar Giddens zu zitieren. Uns geht es an dieser Stelle tatsächlich aber nur um das Konzept der Position bzw. Positionierung. Zur Auseinandersetzung mit Giddens aus der Sicht Schatzkis vgl. Schatzki 1996, 144-148.

[56] Im Unterschied zu Häußling (2007, 208) sprechen wir nicht von der Position des Schülers oder der Lehrerin, weil wir Position hier im oben angeführten Sinne sehr viel konkreter und kontextualisierter auffassen. Wir neigen – wie nicht zuletzt an den im Folgenden vorgetragenen Analysen zu erkennen – daher auch dazu, nicht wie Häußling von zwei sich überlagernden „Ungleichheitsordnungen" im

Die ordnende Aufführung von Praktiken in pädagogischen Angeboten bildet gewissermaßen das, was wir die Lernkultur eines pädagogischen Angebotes nennen, nämlich eine Ordnung unterschiedlicher Positionen in einem Netz von Bedeutungen. In den Praktiken, die die Lernkultur konstituieren, werden aber nicht nur über Positionen Regeln und Hierarchien geschaffen, die das pädagogische Angebot von Anderem unterscheidet, sondern zentral die Differenz zwischen Vermittlung und Aneignung oder, wie Prange in seiner Konzeption einer „operativen Pädagogik" sagt, der pädagogischen Differenz zwischen Zeigen und Lernen (Prange 2005), und schließlich der Differenz zwischen dem schulisch relevanten und dem in diesem Kontext nicht relevanten Wissen bearbeitet (vgl. Kolbe/Reh/Fritzsche/Idel/Rabenstein 2008)[57].

Um Praktiken empirisch beobachten und entsprechend Lernkulturen beschreiben zu können, haben wir Videographien in unterschiedlichen pädagogischen Angeboten und Unterrichtssettings verschiedener Lerngruppen in bestimmter Weise durchgeführt und ausgewertet.[58] Im Folgenden werden wir einige Ergebnisse unseres mehrschrittigen Auswertungsverfahrens der Videofilme zu solchen Praktiken im Wochenplanunterricht einer Lerngruppe, in denen und mit denen eine soziale Ordnung erzeugt ist, vortragen. Wir versuchen dabei, die Ergebnisse einerseits so anschaulich wie möglich an die zu Grunde liegenden, mit der Kamera beobachteten Aufführungen von Praktiken zu binden, und den Text andererseits nicht über Gebühr zu verlängern, indem wir die während des Auswertungsprozesses erstandenen Szenischen Beschreibungen, teilweise aber auch die die Form einer Geschichte annehmenden sequentiellen Rekonstruktionen zitieren und anschließend interpretierend kommentieren.

Unterricht bzw. in der Schule zu sprechen – einer institutionell bedingten und einer inkorporierten, auf Emotionen beruhenden –, sondern von einer in Praktiken des Unterrichts aufgeführten, in die ganz verschiedene Aspekte eingehen.

[57] Auf diese Art können wir nicht nur fallspezifisch Lernkulturen, also etwa die Ordnung des Wochenplanunterrichts einer speziellen Lerngruppe, rekonstruieren, sondern möglicherweise über die Kontrastierungen verschiedener Fälle von Lernkulturen des Wochenplanunterrichts schließlich auch lernkulturelle Spezifika eines speziellen Unterrichtssettings, also hier des Wochenplanunterrichts, herausarbeiten.

[58] Aus dem umfangreichen Videomaterial, das mit fokussierter Kameraführung aufgenommen, dabei entstanden ist, erstellen bzw. schneiden wir kürzere Filme, deren Inhalt wir in so genannten „Szenischen Verläufen" festhalten. Bestimmte Praktiken in bestimmten, kleineren Zeitabschnitten der Filme beobachten wir im Hinblick auf die Körper-Raum-Zeit-Strukturierungen, die Interaktionen und die Artefakte genauer und dokumentieren diese Beobachtungen in so genannten „Szenischen Beschreibungen". Wir rekonstruieren anschließend die Praktiken als Aufführungen, in denen sequentiell Sinn emergiert und schreiben dieses als eine Art „Geschichte" nieder. Dann analysieren wir die „Szenische Beschreibung" und die Rekonstruktion der Geschichte unter den für die Lernkultur zentralen Fragestellungen der Herstellung und Bearbeitung oben angeführter Differenzen (vgl. Rabenstein/Reh 2008).

2   Positionen und Positionierungen im Wochenplanunterricht – Fallbeispiel einer jahrgangsübergreifenden Lerngruppe

In dem nun folgenden Fallbeispiel des Wochenplanunterrichts der jahrgangsübergreifenden Lerngruppe (Jahrgangsstufe 1-3) einer Berliner Grundschule ist
nicht ein geschlossener Klassenraum Ort des unterrichtlichen Geschehens, sondern ein großes, drei Lerngruppenbereiche umfassendes „Lernatelier", in dem
jene Bereiche durch bewegliche und unbewegliche Regalelemente und Wandtei-
le abgegrenzt sind, so dass sie gewissermaßen jeweils Räume im Raum bilden.
Daneben finden sich im Lernatelier eine Küchenzeile, drei große Garderobewa-
gen, eine Lese- oder auch Entspannungslandschaft sowie eine geräumige Freiflä-
che für gruppenübergreifende Aktivitäten.

Während unserer Hospitationen, aber auch bei der Durchsicht des in dieser
Lerngruppe erhobenen Videomaterials[59], fiel auf, dass die Schülerinnen und
Schüler die Möglichkeit haben, sich jederzeit ruhig im Raum zu bewegen, um
sich entweder Materialien zu besorgen oder mit jemandem wegen einer zu erle-
digenden Aufgabe in Kontakt zu treten. Es herrscht eine Art „geschäftiges Treiben". Die Stimme der Lehrerin wirkt meist so gedämpft wie die Stimmen der
Schülerinnen und Schüler, nur selten durchdringt sie (leise) ermahnend den
Raum. In spürbarer „Arbeitsatmosphäre" erledigen die Schülerinnen und Schüler
ihre Aufgaben aus dem Wochenplan; sie zeigen sich arbeitend.

In der Aufführung der verschiedenen Praktiken erkennen wir jeweils eine
Regelhaftigkeit. Es gibt Unterschiede zwischen dem, was möglich, was erlaubt
ist und was nicht. Generell scheinen Bewegungen und Kontaktaufnahmen, sowie
Interaktionen mit Anderen dann erlaubt, wenn sie – mindestens dem Anschein
nach – die Arbeit betreffen und in gedämpfter Lautstärke stattfinden.

Bei mikroanalytisch vorgehenden Rekonstruktionen einzelner Szenen ergibt
sich, dass die Regelhaftigkeit auch auf Unterscheidungen beruht, die zwischen
den Beteiligten, den Akteuren des Geschehens, praktiziert werden und von uns
als Hierarchien und Heterarchien beobachtet werden können. Zu erkennen ist ein
erhöhtes Interesse der Schülerinnen und Schüler an den Arbeitsprozessen der
Anderen bzw. eine interaktive Bezugnahme auf die durch den Wochenplan vor-
gegebene Aufgabenerledigung.[60] Individuelle Arbeitsprozesse und Arbeitspro-

---

[59] Den größten Teil der Videoaufnahmen hat Julia Labede gemacht; einige der Aufnahmen, die
Grundlage der folgenden Beschreibungen und Analysen sind, wurden von einer Wissenschaftlichen
Mitarbeiterin des Projekts, Doreen Weide, erstellt. Einzelne Interpretationen wurden im Rahmen
unserer regelmäßig stattfindenden Forschungscolloquien gemeinschaftlich erarbeitet.
[60] Auch Kucharz/Wagener stellen fest, dass der Wochenplanunterricht in jahrgangsübergreifenden
Gruppen zumeist Gelegenheit und Raum für arbeitsbezogene Kommunikationen unter Schülern und
Schülerinnen bietet (vgl. Kucharz/Wagener 2007).

dukte können jederzeit zum Gegenstand von Kommentierungen und Verhandlungen durch andere und in diesem Sinne „öffentlich" werden. Die Möglichkeiten nun allerdings, an der Arbeit bzw. dem Arbeitsprozess der Einzelnen teilzunehmen, scheinen in bestimmter Hinsicht beschränkt bzw. „reglementiert". So können wir beobachten, dass es unterschiedliche Möglichkeiten in verschiedenen Situationen und in Kommunikation mit unterschiedlichen Anderen für die einzelnen Schüler und Schülerinnen gibt, auf das Material oder auch die Arbeitsergebnisse der Anderen zuzugreifen und möglicherweise auch, diese Anderen zu adressieren. Rechte eröffnen sich mit Einnahme bestimmter Positionen und werden situativ bearbeitet.

2.1 Arbeitsaufgaben und Rangfolgen

Wie die Positionierung der Kinder unter- bzw. zueinander von statten gehen kann, soll das folgende Beispiel einer videographierten Sequenz zeigen. Wir zitieren hier, etwas ausführlicher aus der „Geschichte", zu der die sequentielle Rekonstruktion des Sinngehaltes geführt hat, die wir anhand der Videosequenz und einer sehr kleinteiligen, die Abfolge von Bewegungen und Gesprochenem verzeichnenden „szenischen Beschreibung" erstellt haben:[61]

> Im Lerngruppenbereich des Lernateliers stehen vier Kinder, zwei Mädchen und zwei Jungen, in einer Art Halbkreis an einem halbhohen Regal auf dem die Wochenpläne ausliegen. Auf den Plänen – es gibt für jede Schülerin und jeden Schüler einen – sind die individuell zu erledigenden Aufgaben verzeichnet. Die vier Schüler und Schülerinnen durchwühlen den Stapel mit den Wochenplänen, den Artefakten. Sie unterhalten sich über die Pläne bzw. kommentieren diese: Eines der Mädchen stößt einen leichten Schrei aus und meint in fragendem Ton: „iiih was ham die denn fürn wochenplan (?)". Ein Schüler zählt seine Aufgaben, zunächst offenbar für einen Vergleich mit einer anderen Klassenstufe. Er sagt: „hey guck mal bei uns eins zwei drei vier fünf sechs sieben acht neun". Während das zweite Mädchen die Frage ihrer Mitschülerin wiederholt, resümiert er: „ey bei uns hat sich nur eine sache geändert". Diese Mitschülerin vermutet, auf das Mädchen reagierend: „weißt du warum weil bald ferien sind deswegen haben wir so wenig". Einer der Schüler stellt sich hinter den Anderen, der laut gezählt hat und betont sich in einen direkten Vergleich zu diesem stellend: „ey ich hab' eine sache mehr", auf dessen Plan tippend wiederholt er: „eine reihe wie du mehr". Auch die Mädchen schauen in etwa zeitgleich vergleichend auf die Blätter, die sie in den Händen halten und stellen fest, wer mehr Auf-

---

[61] Unserer üblichen Transkriptionsweise entsprechend, verzichten wir (weitgehend) sowohl auf Interpunktionen als auch auf Groß- und Kleinschreibungen. Fragezeichen wurden hier eingesetzt, um die Lesbarkeit zu verbessern und zeigen an, dass die Stimme des Sprechenden nach oben geht.

gaben zu erledigen hat. Eine der beiden disqualifiziert die Aufgaben der anderen offensichtlich. Dies ist der Geste zu entnehmen: Sie lacht und wendet sich in die Ho-
cke drehend und gehen ab. Zu verstehen ist: „du hast die (an dieser Stelle fehlt ein
verständliches Wort) sachen". Auch einer der Jungen hat aufgemerkt und wendet
sich lachend ab.

Die Ablagefläche der Wochenpläne stellt einen zentralen Platz im Raum dar, um
den in dieser Sequenz sich die Schülerinnen und Schülern miteinander sprechend
versammeln – den sie kommunikativ schaffen. Die Wochenpläne stellen ein
„Objekt der Neugierde" dar, sie geben Auskunft über die anstehende Arbeit der
nächsten Woche und tragen zur Unterscheidung von den Anderen, zur Subjektivation[62] bei. Mit dem Vergleichen der Wochenpläne schaffen sich die Schülerinnen und Schüler eine – durch das Arrangement angebotene – Projektionsfläche,
auf der sie sich messen können. Bei der Unterhaltung wird deutlich, dass viele
Aufgaben zu bekommen offenbar nichts Unangenehmes ist, weil man mehr arbeiten muss, sondern vielmehr als etwas Positives, vielleicht sogar als etwas
Wertschätzendes, empfunden wird. Die beiden Kinder, die jeweils mehr Aufgaben haben, als das andere, gleichgeschlechtliche Kind, mit dem sie sich vergleichen, sind jeweils diejenigen, die sich zuerst das Recht herausnehmen, auf das
Blatt der bzw. des anderen zu schauen und es anzutippen – möglicherweise ein
Ausdruck von Überlegenheit. Das Mädchen und der Junge mit den jeweils meisten Aufgaben wirken aufgrund ihrer Körperhaltung – sich zu den anderen hinbe-
gebend, mehr Platz beanspruchen könnend, selbstverständlich auf den Wochenplan des anderen schauend und zeigend – und ihrer Aussagen, als würden sie
sich dem anderen gegenüber profilieren. Das scheint allerdings bei den beiden
Mädchen deutlicher ausgeprägt als zwischen den zwei Jungen.
    Hierarchien unter den Schülerinnen und Schülern, so unsere These, werden
von ihnen unter der Vorgabe des Wochenplans situativ in den Praktiken aufgeführt. Die ausliegenden Wochenpläne, die zwar nicht explizit eine Rangfolge
veröffentlichen, ermöglichen aber durch die Einsehbarkeit der mit ihnen vorgenommenen Differenzierungen von Aufgabenstellungen, Positionierungen der
Schülerinnen und Schüler in der Situation, in der die Pläne abgeholt werden. In
verschiedenen Praktiken während der Arbeit – also nicht nur beim Abholen der
Wochenpläne – werden (asymmetrische) Positionierungen aufgeführt werden,
wie weitere Beobachtungen von uns zeigen. Die Anteilnahme der Schülerinnen

---

[62] Von Subjektivation wird hier gesprochen, um deutlich zu machen, dass das Subjekt dem Prozess
der Subjektbildung nicht vorgängig ist; Subjektivation schafft und ermächtigt das Subjekt im gleichen Zuge, wie es in diesem Prozess, etwa den gesellschaftlichen Normen, unterworfen wird; vgl. zu
dieser sich vor allem auf Foucault und Butler beziehenden Position in soziologischer Perspektive
Bröckling 2007, in erziehungswissenschaftlicher Ricken 2004, 2007.

und Schüler an den Arbeitsprozessen und dem Arbeitsstand der Anderen stellt so eine wichtige, die unterrichtliche Ordnung erst herstellende Praxis dar, die sich aus unterschiedlichen Praktiken zusammensetzt. So kann eine Schülerin oder ein Schüler situativ, weil sie/er eine konkrete Aufgabe bereits gelöst hat, als jemand agieren, der im Besitz des schulisch relevanten Wissens ist, als eine Wissende/ein Wissender bestimmte Rechte in Anspruch nehmen.[63] Jemand, der eine Aufgabe bereits erledigt hat, sich somit in die Position einer Wissenden/eines Wissenden versetzt, kann aber im nächsten Moment auch wieder, weil eine Aufgabe nicht erledigt wurde, zur Unwissenden/zum Unwissenden werden. In einigen Fällen kann eine Verbindung zwischen einer Position und einem einzelnen Schülerin bzw. einer einzelnen Schüler, weil dieser oder diese immer wieder eine solche Position einnimmt und ausführt, sich also entsprechend positioniert, auch schon ausgeformt und gefestigt sein. Das hat vermutlich Auswirkungen auf weitere Möglichkeiten der Betreffenden, sich in unterschiedlichen Situationen neu zu positionieren.

2.2 Positionierungen als „Helfende" und Zugriffsmöglichkeiten

Wie bereits angedeutet werden Positionierungen auch während der Wochenplanarbeit vorgenommen. Diese tragen nicht nur zur Ordnung des Wochenplanunterrichts bei, indem sie – wie wir im Folgenden deutlich machen wollen – individuelle Arbeitsprozesse am Laufen halten. Die Wiederholung bestimmter Positionierungen hat zur Folge, dass sich bestimmte Positionen mit bestimmten Schülerinnen und Schülern verbinden. Wir können in zwei verschiedenen Videosequenzen, die zu jeweils unterschiedlichen Zeitpunkten aufgenommen wurden, die Interaktion zwischen einem als „unwissend" geltenden Schüler und einer Mitschülerin beobachten. Jener erhält Unterstützung in Bezug auf die Arbeitsorganisation von seiner Mitschülerin, die häufig auch als seine Spielgefährtin auftritt, das wird in der folgenden „Geschichte" deutlich:

Dem sitzenden Schüler wird von einer Mitschülerin ein Arbeitsblatt überreicht, das er zunächst jedoch nicht zum Arbeiten, sondern zu einer anderen Art der Beschäftigung nutzt: Er lässt das Aufgabenblatt, den Kopf nach hinten gebeugt, immer wieder

---

[63] Unsere Rekonstruktionen der Praktiken in den verschiedenen pädagogischen Angeboten zeigen, dass zentraler Bestandteil dieser auch die Markierung bestimmten Wissens in bestimmten Modi als eines schulisch legitimen bzw. relevanten Wissens ist. Träger dieses Wissens, die dieses in bestimmter Weise in den Praktiken aufführen können, können sich damit positionieren. Je nach unterschiedlicher Lernkultur in den verschiedenen Lerngruppen bzw. Angeboten sind unterschiedliche Bewertungen des schulischen Wissens unter den Schülerinnen und Schülern und damit auch unterschiedliche Bewertungen mit dessen Besitz verbunden.

auf sich zu fliegen. Im weiteren Verlauf wird deutlich, dass seine Mitschülerin nicht ausschließlich darauf bedacht ist, einen konzentrierten Arbeitsprozess des Mitschülers zu ermöglichen. Die beiden Kinder „spielen" zusammen mit den sich ihnen anbietenden Arbeitsmaterialien, mit Stiften. Die Lehrerin setzt die beiden daraufhin auseinander und der Junge bringt diesen Unterrichtsabschnitt nun mehr oder weniger intensiv arbeitend hinter sich.

Die Schülerin hilft ihrem Mitschüler bei der Organisation seines Arbeitsprozesses, indem sie ihm mit der Übergabe des Aufgabenblattes auf etwas von ihm Vergessenes aufmerksam macht. Ihr Wissen um den Ablauf der unterrichtlichen Arbeitsprozesse kennzeichnet sie als „Wissende". Das Überreichen des Aufgabenblattes deutet auf ein umsichtiges Verhalten gegenüber ihrem Mitschüler, das man auch als fürsorglich interpretieren könnte. Ihre Position gegenüber ihrem Mitschüler gestaltet sie selbst, indem sie sich als „Hilfe gebende" positioniert. Handlungsanleitend hat sie ihm sein Aufgabenblatt überreicht. Seinen Arbeitsprozess kommentiert sie am Ende dieses Unterrichtsabschnittes mit: „oh du hast vier sachen geschrieben gut für dich". Das Mädchen macht sich hier ein abschließendes Bild zu dem bislang Erreichten ihres Mitschülers und schätzt dieses offensichtlich mit Blick auf seine sonstige Leistungsfähigkeit ein, d.h. sie nimmt sich das Recht heraus, seine Arbeit zu evaluieren oder zu bewerten. Handlungsanleitende Unterstützung gibt sie ihm auch an einem anderen Tag, später im Schuljahr, wie die folgende „Geschichte" zeigt:

> Der Schüler sitzt an seinem Arbeitsplatz vor einem Heft und schaut umher. Seine Mitschülerin kommt, nachdem sie kurz zuvor bereits an ihm vorbeigelaufen war, zu ihm. Sie zeigt auf den Zettel in ihrer Hand, es handelt sich um ihren Wochenplan. Der Schüler steht auf und geht zu dem halbhohen Regal mit den Wochenplänen. Bereits auf dem Rückweg betrachtet er eingehend den extra für ihn angefertigten Tagesplan. An seinem Platz angekommen, hält er inne und liest auf dem Zettel. Dann geht er zu seiner Mitschülerin, zeigt auf das Blatt in seiner Hand und fragt sie etwas. Sie liest ihm etwas stockend die Aufgabe vor.

Auch hier sorgt dieselbe Schülerin dafür, dass der Junge seine Arbeitsmaterialien, in diesem Fall seinen Arbeitsplan, hat – er sich also seine Arbeit organisieren kann. Während der Schüler, ruhig an seinem Tisch sitzend, auf die Lehrerin wartet, deren Hilfe er erbeten hatte, bewegt die Schülerin sich zielstrebig im Raum – sie holt ihren eigenen Arbeitsplan ab, scheint gut organisiert, kann dabei auch an ihren Mitschüler denken, ist ihm gegenüber in einer Art übergeordneter, Raum greifender Position – wie sie auch die Lehrerin einnehmen könnte: Sie schaut umsichtig nach ihrem Mitschüler, ob dieser auch arbeiten kann. Sie positioniert sich in der Aufführung einer „Praktik der Unterstützung" als überlegene, aber sorgende Helferin.[64]

Die Schülerin unterstützt ihren Mitschüler gezielt, auch wenn sie nicht von ihm dazu aufgefordert wurde. Vermutlich stehen die beiden – so mutmaßen wir auch aufgrund weiterer Beobachtungen – in einem freundschaftlichen Verhältnis zueinander. Sie ist an seinem Arbeitsprozess interessiert und unterstützt ihn durch ihre „Praktik des Helfens" in der Organisation seines Arbeitsprozesses. Ihre hier eingenommene Position als diejenige, die Handlungsanweisungen gibt, ist unabhängig von einer abstrakten Einschätzung ihrer Fähigkeiten, aber abhängig vom Vergleich mit dem Arbeits- und Selbstorganisationsvermögen dieses konkreten Mitschülers. Ihm gegenüber kann sie in der „Praktik des Helfens" eine bestimmte Position einnehmen, weil sie auf seine mutmaßliche Schwäche, ziel- oder auch ergebnisorientiert zu arbeiten, eingeht.

In der ersten Sequenz konnte deutlich werden, dass mit der Positionierung als Helfende Rechte einhergehen, eine übergeordnete Position eingenommen ist – ungefragt auf die Arbeitsmaterialien eines Mitschülers zugreifen und dessen Arbeitsprozess beurteilen zu können und zu dürfen. In dieser Lerngruppe nehmen sich – so weitere Beobachtungen von uns – anscheinend solche, die als Wissende erscheinen, weil sie schneller arbeiten, besser organisiert sind und daher mehr Aufgaben zu erledigen haben, das Recht heraus (auch ungefragt) auf die Artefakte anderer Schülerinnen und Schüler zuzugreifen und deren Arbeitsergebnisse einzuschätzen.

Während der Wochenplanarbeit scheint geordnet zu sein, wer zu wem geht bzw. wer wem hilft. So ist in einer Sequenz zu beobachten, wie sich eine Tischnachbarin während der Wochenplanarbeit ebenfalls unaufgefordert in den Arbeitsprozess des Jungen einmischt, er jedoch seine Adressierung als eines „Unwissenden" zurückweist und sich damit einer durch diese Schülerin inszenierten Positionierung entzieht, wie dem folgenden Auszug einer „Szenischen Beschreibung" zu entnehmen ist:

> Die Schülerin radiert in ihrem Wochenplan, dann lässt sie den Radiergummi auf ihrem Arbeitsplatz liegen, der zuvor auf der Tischhälfte des Schülers lag. Sie beugt sich sitzend, die Arme auf den Tisch abstützend, zu dem Jungen, der sie von unten mehrmals kurz anschaut. Sie guckt auf sein Arbeitsblatt. Die Schülerin steht auf, rückt ihren Stuhl zurecht und stellt sich schließlich neben den Schüler, der auf das vor ihm liegende Blatt schaut. Während das Mädchen auf das Aufgabenblatt blickt,

---

[64] Hilfe und Helfen im Wochenplanunterricht ist schon mehrfach unter didaktischer Perspektive, die für uns an dieser Stelle nicht relevant ist, untersucht worden (vgl. Naujok 2000). Wagener etwa unterscheidet vor allem zwei unterschiedlich bewertete Formen der Hilfe, das Vorsagen und die Erklärung, die dazu beitragen kann, dass der, dem geholfen wurde, selbst weiter machen kann (vgl. Wagener 2007).

wendet sich dieser davon ab: Er lehnt sich im Stuhl zurück. Das Mädchen kommentiert das Gesehene: „hier sind zwei da sind nicht mehr". Der Schüler wendet sich nun wieder seinem Aufgabenblatt zu, er verneint durch ein „mhmh". Seine Mitschülerin tippt zweimal auf das Blatt und macht dann mit ihrem Finger kreisförmige Bewegungen, „hier sind zwei", sagt sie währenddessen. Der Schüler entgegnet: „aber das muss ich nicht rechnen". Seine Tischnachbarin fragt nach: „musst du das rechnen (?)". Seinen Stift zum Schreiben ansetzend, meint der Junge: „das rechne ich jetz".

Hier zeigt sich, wie der Schüler im Kontext der pädagogischen Praktiken dieser Lerngruppe ermächtigt ist bzw. sich selbst ermächtigen kann, Hilfe zurück zu weisen. Wir konnten in dieser Lerngruppe ein vergleichsweise strikt durchgeführtes Prinzip der Anforderung von Hilfe durch die Schüler und Schülerinnen selbst – indem sie ihre Namen an die so genannte „Hilfetafel" notieren – beobachten. Der Schüler kann also auftreten als einer, dem (oft) geholfen werden muss, dem aber auch geholfen werden kann und der selber mit darüber entscheidet, wann eine Hilfe notwendig und auch angemessen ist: Das hilft jetzt nicht! Der Versuch des Mädchens, sich als Helfende zu positionieren und so bestimmte Handlungen auszuführen – z.B. auf das Aufgabenheft des Jungen zu tippen, auf es zuzugreifen – misslingen zwar nicht vollständig, führen aber auch nicht dazu, dass sie die Position als Helfende erlangt.

Die Schülerinnen und Schüler werden in diesem „geöffneten" Lernsetting in spezifischer Weise in die Lage versetzt, aktiv Positionierungen zu vollziehen, Positionen einzunehmen und auch Positionen, die ihnen angesonnen werden, zurückzuweisen. Die Positionierungen scheinen in Relation zu ihrem schulischen Wissen bzw. Nichtwissen zu stehen, das durch die Wochenplanarbeit markiert wird, von den Schülerinnen und Schülern aber umgesetzt werden muss. Neben dieser quasi schulischen, also an schulisch gefordertem Leistungsvermögen orientierten Bestimmung über Positionen scheinen auch „private" oder freundschaftliche Verhältnisse eine wichtige Bedeutung dafür zu haben, ob jemand in einer Position Akzeptanz findet oder nicht. Das „handlungsanleitend" unterstützende Mädchen, das auch als Spielkameradin auftritt und sich auf vielfältige Weise in ein nahes Verhältnis zu dem Schüler stellt, konnte so ihm gegenüber daher immer wieder eine Position einnehmen, die schließlich eine Art Verbindung zwischen ihr und dieser Position schafft. Die Positionierung der Tischnachbarin als „Helferin" wurde von dem Jungen zurückgewiesen. Sie ist ihm in gewisser Weise nicht „nahe", sie weiß z.B. gar nicht, an welcher Stelle seines Arbeitsprozesses er sich befindet. An einer gemeinschaftlichen Bearbeitung seiner Wochenplanaufgabe, auch an einer Debatte über die Frage, ob sie richtig oder falsch gelöst wurde, scheint er nicht interessiert. Das könnte allerdings durchaus an der Art liegen, wie sich seine Mitschülerin ihm gegenüber verhält.

2.3 Erweiterung des schulischen Kontextes

Die durch Positionierungen vorgenommenen Hierarchien unter den Schülerinnen und Schülern, die wir während des Wochenplanunterrichts beobachten können, entfalten sich in Bezug auf ihre Arbeits- und Leistungsfähigkeit und die Art und die Größe ihres schulisch relevanten Wissens und Könnens. Indem er zunächst unaufgefordert in die Arbeitsprozesse der Anderen ein- und auf die Arbeitsmaterialien zugreift, positioniert jemand sich als „Wissender" oder „Wissende". Das kann bei Uneindeutigkeiten, bei Inanspruchnahme von mehr Rechten, als dem Einzelnen nach Meinung der anderen zustehen, allerdings auch zu einer Art Gerangel um das Arbeitsmaterial führen, wie diese „Geschichte" zeigt:

> Ein Junge hat sich neben einer Mitschülerin an deren Arbeitsplatz platziert, so als wolle er ihr bei der Lösung von Mathematikaufgaben helfen. Doch die scheint wenig bzw. kaum nachvollziehbare Schwierigkeiten bei der Bearbeitung der Aufgaben zu haben: Während die beiden die Mathematikaufgaben des Mädchens lösen, behindern sie sich gegenseitig beim Schreiben, indem sie sich leicht anschubsen oder die Hände des Anderen festhalten. Sie wirken amüsiert, lachen viel und sind albern. Es kommt zu einem kleinen spielerischen Gerangel, das der Junge schließlich mit dem Ausruf: „pass auf da ist frau baum" kurzeitig unterbricht.

Mit den Versuchen des Schülers, immer wieder Zugriff auf das Material seiner Mitschülerin zu bekommen, neben die er sich zum „Helfen" gesetzt hatte, beginnt eine spielerische Auseinandersetzung. Die beiden Kinder scheinen einander zugeneigt: sie lachen und berühren sich. Wie es scheint, wird hier auf einer eher freundschaftlichen und von Sympathie geprägten Beziehungsebene spielerisch über hierarchische Positionierungen verhandelt: Das Ergebnis ist eine Art „Unentschieden". Es ist – wie wir hier sehen können – nicht etwa eindeutig und für alle Zeit festgelegt, welcher Schüler immer genau was darf. Vielmehr können Schülerinnen und Schüler in verschiedenen Situationen unter- und miteinander verschiedene Positionen einnehmen. So entsteht ein Netz von Positionierungen.

In der Ordnung des Wochenplanunterrichts dieser Lerngruppe sind die Schülerinnen und Schüler aufgefordert, sich untereinander zu helfen. Das ermöglicht die Gestaltung von Situationen, bei denen es nicht nur um die Erörterung schulischer Belange geht, in denen zeitweise die erforderliche Aufgabenbearbeitung zu Gunsten der Gestaltung individueller Beziehungen in den Hintergrund rücken kann. Hier ist also in der Ordnung des Settings Raum angeboten, in dem durch die gegenseitige (auch körperliche) Bezugnahme aufeinander ein zweiter – möglicherweise motivational wirksamer – Kontext hergestellt wird, der über das bloß Schulische hinaus geht und sich als erlaubte oder gar erwünschte Gestaltung affektiv geprägter Beziehungen erweist.[65] Allerdings erscheinen die körperlichen Berührungen und der „spielerische Kampf" nur legitim, insofern und so lange sie auf die Arbeitsmaterialien gerichtet sind. Der Junge ruft sich und das Mädchen schließlich zur Ordnung, als er plötzlich wieder auf die Lehrerin aufmerksam wird. Die Erhaltung einer Ordnung, wie hier dargestellt, erfordert von den Schülern und Schülerinnen auch spezifische Formen von Selbstbeobachtung und Selbstkontrolle.[66]

3   Fazit: Ordnung erzeugende Praktiken im Wochenplanunterricht

Der von uns beobachtete Wochenplanunterricht ist gekennzeichnet durch eine besondere Art der Durchsetzung und Erhaltung eines „Arbeitsklimas". Arbeitsabläufe sind einerseits formalisiert, hierarchische Positionierungen der Schülerinnen und Schüler werden praktiziert und gleichzeitig ist darin Raum gegeben für die Herstellung und das Praktizieren zweiter, anderer als „schulischer", also an schulischer Aufgabenerfüllung orientierter Bedeutungen gegeben. Diese Positionierungen sind grundlegender Bestandteil einer besonderen Ordnung innerhalb dieser Lerngruppe, die charakteristisch für deren Lernkultur ist.

Die Tätigkeit der Schülerinnen und Schüler orientiert sich in erster Linie an der schulischen Vorgabe, ihre Aufgaben, die sie durch den Wochenplan erhalten haben, zu erledigen; sie erfüllen ihren „Schülerjob" (vgl. Breidenstein 2006). Es geht, folgt man ihren Praktiken des Erledigens von Aufgaben nicht um ein „entdeckendes Lernen", wie es zumeist für den „Offenen Unterricht" reklamiert wird (Göhlich 1997), sondern um das Ausführen eingeforderter Tätigkeiten. Die Schülerinnen und Schüler zeigen eine der Forderung entsprechende „Arbeitshaltung", die grundlegend für die hier aufgeführte soziale Ordnung ist.

---

[65] Es wird diskutiert und untersucht, wie sich gerade in „geöffneten" Unterrichtssettings das Geschehen spannungsreich zwischen peer culture und schulischen Anforderungen bewegt, vgl. jüngst etwa die Untersuchung zum Unterrichtssetting der „Freiarbeit" Lähnemann 2009. Unterricht wird als Ressource für Inszenierungen der peer culture verstanden (vgl. Breidenstein/Kelle 2002) und „geöffnete Unterrichtssettings" als zwischen schulischen Anforderungen und peer culture situiert, Lähnemann 2009, 111-116. Wir stellen hier heraus, dass der Unterricht eine Bühne für Aufführungen der peer culture ist und diese hier gleichzeitig umgekehrt als Ressource für die Aufrechterhaltung der unterrichtlichen Ordnung genutzt werden und nicht von einer strikten Entgegensetzung einer unkolonialisierten Kinderkultur und der Subjekte enteignenden Unterrichtskultur auszugehen ist.
[66] Unter Selbstkontrolle wird hier ein Verhaltensmodus verstanden, der der Zielverfolgung dient, dem Aufrechterhalten von Absichten und dem Abschirmen gegenüber anderen Impulsen etwa und sich damit z.T. von der „Selbstregulation" als einer eher impliziten Form der Selbststeuerung unterscheidet, vgl. etwa im Rahmen der „Persönlichkeits-System-Interaktionen"-Theorie bei Kuhl 2001, 695-778.

Die Schüler und Schülerinnen gehen jedoch über das Erledigen von Arbeitsaufgaben – die sie weitgehend selbstverständlich und nicht unwillig ausführen – hinaus, wenn sie sich etwa in unterschiedlichen Praktiken des Hilfegebens zu ihren Mitschülerinnen und Mitschülern gesellen, sich ihnen gegenüber in besonderer Weise positionieren und Anteil an deren „Arbeitsprozessen" nehmen, um mit ihnen in doppelter Kontextualisierung zu kommunizieren.

Ermöglicht sind Interaktionssituationen, in der die schulisch gewünschte und erforderliche Aufgabenbearbeitung zu Gunsten der Gestaltung von individuellen, emotionalisierten Beziehungen für einen Moment in den Hintergrund rücken. Innerhalb der Wochenplanarbeit dieser Lerngruppe ist zudem Zeit gegeben, über die gestellten Aufgaben zu sprechen, sich dazu kommentierend in ein Verhältnis zu setzen und sich das Material, das der anderen und das eigene, spielerisch anzueignen, es zu erspüren, zu fühlen und anzufassen. So wird gleichzeitig auch dem Material eine andere, über das Schulische hinausgehende Bedeutung gegeben. Solche Momente der Überlagerung des Schulischen geben Raum für eine besondere Form des Umgangs mit den Aufgaben, Zeit für das Agieren individueller (Beziehungs-) Geschichten. Nicht zuletzt wird so von den Schülerinnen und Schülern selbst ein Gleichgewicht hergestellt zwischen dem notwendigen Aufbau von Leistungsbereitschaft, dem Praktizieren von Leistungshierarchien und der Sicherstellung des persönlichen Wohlbefindens. Eine solche Ordnung funktioniert, weil die Schülerinnen und Schüler die Fähigkeit aufgebaut haben – und dazu Gelegenheit bestand –, sich immer wieder selbst oder gegenseitig zur Arbeit zu rufen. So bleibt gewährleistet, dass der schulische der leitende Kontext ist.

Diese Ordnung erfordert und ermöglicht also eine genaue Beobachtung der anderen und der eigenen Person, die Voraussetzung für Formen der Selbstkontrolle, der Herstellung und vor allem des langfristigen Durchhaltens einer Arbeitshaltung wird. Nicht nur die Lehrerin hat im Blick, was die Schülerinnen und Schüler machen, sie sind sich gegenseitig Beobachtende, Kommentierende und Hilfeleistende. Diese Positionierungen erfordern und ermöglichen gleichzeitig eine „Auseinandersetzung mit Selbstdeutungs- und Selbstmodellierungsvorgaben" (Bröckling 2007, 35)[67]. Das Verhältnis des Subjekts zu sich selbst als eines „Leistungsstarken" oder „Hilfebedürftigen" ist aber – in der Spiegelung der Schüler und Schülerinnen untereinander – erweitert zu einem Beobachtungs- und Kommentierungsverhältnis, das Subjekt ist sich selbst gegenüber gewissermaßen permanent in Tätigkeiten „zweiter Ordnung" verstrickt. Da die Schülerinnen und Schüler in diesem Rahmen dabei immer wieder auch die Position der „stellvert-

---

[67] Vgl. zum Verhältnis von „geöffneten" Unterrichtssettings" und neoliberalen Ideen der Führung Rabenstein 2007, auch Rabenstein/Reh 2009, Kolbe/Reh 2009

retenden Lehrerin" bzw. des „stellvertretenden Lehrers" Anderen und sich selbst gegenüber übernehmen, dürften deren bzw. dessen Praktiken im Umgang mit Arbeit, Aufgabenerledigung und Leistungserfüllung daher zentraler Bestandteil einer fallspezifischen Lernkultur im Wochenplanunterricht einer Lerngruppe sein.

4   Literatur

Bilstein, J./Ecarius, J. (Hrsg.) (2009): Standardisierung – Kanonisierung. Erziehungswissenschaftliche Reflexionen. Wiesbaden: VS Verlag für Sozialwissenschaften (im Druck).

Breidenstein, G. (2006): Teilnahme am Unterricht. Ethnographische Studien zum Schülerjob. Wiesbaden: VS Verlag für Sozialwissenschaften.

Breidenstein, G./Kelle, H. (2002): Die Schulklasse als Publikum. Zum Verhältnis von peer culture und Unterricht. In: Die Deutsche Schule, 94. Jg.. H. 3. 318-329.

Bönsch, M./Schittko, K. (Hrsg.) (1979): Offener Unterricht. Curriculare, kommunikative und unterrichtsorganisatorische Aspekte. Hannover: Hermann Schroedel Verlag KG.

Bönsch, M./Schittko, K. (1979): Einführung: Offener Unterricht – Vorschläge zur Veränderung des Unterrichts. In: Bönsch, M./Schittko, K. (Hrsg.) (1979): 9-31.

Bourdieu, P. (1987): Sozialer Sinn. Kritik der theoretischen Vernunft. Frankfurt a.M.: Suhrkamp.

Bröckling, U. (2007): Das unternehmerische Selbst. Soziologie einer Subjektivierungsform. Frankfurt a. M.: Suhrkamp.

Burk, K./de Boer, H./Heinzel, F. (Hrsg.)(2007): Leben und Lernen in jahrgangsgemischten Klassen. Frankfurt a.M.: Grundschulverband – Arbeitskreis Grundschule e.V..

Claussen, C. (1997): Unterrichten mit Wochenplänen. Kinder zur Selbständigkeit begleiten. Weinheim und Basel: Beltz Verlag.

Fend, H. (1980): Theorie der Schule. München u. a.: Urban & Schwarzenberg.

Giddens, A. (1995): Die Konstitution der Gesellschaft. Frankfurt a.M./New York: Campus Verlag GmbH.

Göhlich, M. (Hrsg.) (1997): Offener Unterricht – Community Education – Alternativschulpädagogik – Reggiopädagogik. Die neuen Reformpädagogiken. Geschichte, Konzeption, Praxis. Weinheim und Basel: Beltz Verlag.

Göhlich, M. (1997): Offener Unterricht. Geschichte und Konzeption. In: Göhlich, M. (Hrsg.) (1997): 26-38.

Häußling, R. (2007): Zur Positionsvergabe im Unterricht. Interaktionen und Beziehungen in ersten Schulklassen und ihre Folgen. In: Westphal, K. (Hrsg.) (2007): 207-225.

Hanke, P. (2007): Jahrgangsübergreifender Unterricht in der Grundschule. Konzepte, Befunde und Forschungsperspektiven. In: Burk, K./de Boer, H./Heinzel, F. (Hrsg.)(2007): 309-324.

Huf, C. (2006): Didaktische Arrangements aus der Perspektive von SchulanfängerInnen. Eine ethnographische Feldstudie über Alltagspraktiken, Deutungsmuster und Handlungsperspektiven von Schülerinnen der Eingangsstufe der Bielefelder Laborschule. Bad Heilbrunn: Verlag Julius Klinkhardt.

Huf, C. (2007): Alltagspraktiken und Handlungsperspektiven von Schulanfängerinnen beim Kooperieren in offenen Unterrichtsarrangements der Grundschule. In: Rabenstein, K./Reh, S. (Hrsg.) (2007): 159-171.

Huschke, P. (1996): Grundlagen des Wochenplanunterrichts. Von der Entdeckung der Langsamkeit. Weinheim und Basel: Beltz Verlag.

Joas, H. (Hrsg.) (2007): Lehrbuch Soziologie. 3. Überarbeitete und erweiterte Auflage. Frankfurt a.M./New York: Campus Verlag GmbH.

Kolbe, F.-U/Reh, S. (2009): Der Erfolg der Ganztagsschule – reformpädagogische Ideen, pädagogische Praktiken der Individualisierung und politische Konstellationen. In: Widersprüche, H. 110 (im Druck).

Kolbe, F.-U./Reh, S./Fritzsche, Be./Idel, T.-S./Rabenstein, K. (2008): Lernkultur: Überlegungen zu einer kulturwissenschaftlichen Grundlegung qualitativer Unterrichtsforschung. In: ZfE, 11. Jg. 1: 125-143.

Koller, H.-C./Lüders, J. (Hrsg.) (2008): Sinn und Bildungszugang. Opladen & Farmington Hills: Verlag Barbara Budrich.

Kucharz, D./Wagener, M. (2007): Jahrgangsübergreifendes Lernen. Eine empirische Studie zu Lernen, Leistung und Interaktion von Kindern in der Schuleingangsphase. Baltmannsweiler: Schneider Verlag Hohengehren.

Kuhl, J. (2001): Motivation und Persönlichkeit. Interaktionen psychischer Systeme. Göttingen/Bern/Toronto/Seattle: Hogrefe.

Lähnemann, C. (2009): Freiarbeit aus SchülerInnen-Perspektive. Wiesbaden: VS Verlag für Sozialwissenschaften.

Naujok, N. (2000): Schülerkooperation im Rahmen von Wochenplanunterricht. Analyse von Unterrichtsausschnitten aus der Grundschule. Weinheim: Deutscher Studienverlag.

Parsons, T (1968): Die Schulklasse als soziales System: Einige ihrer Funktionen in der amerikanischen Gesellschaft. In: Parsons, T. (1968): 161-193.

Parsons, T. (1968): Sozialstruktur und Persönlichkeit. Frankfurt a.M.: EVA Europäische Verlagsanstalt GmbH & Co. KG.

Prange, K. (2005): Die Zeigestruktur der Erziehung. Grundriss der operativen Pädagogik. Paderborn: Verlag Ferdinand Schöningh GmbH & Co. KG.

Rabenstein, K./Reh, S. (Hrsg.) (2007): Kooperatives und selbständiges Arbeiten von Schülern. Zur Qualitätsentwicklung von Unterricht. Wiesbaden: VS Verlag für Sozialwissenschaften.

Rabenstein, K. (2007): Das Leitbild des selbständigen Schülers. Machtpraktiken und Subjektivierungsweisen in der pädagogischen Reformsemantik. In: Rabenstein, K./Reh, S. (Hrsg.) (2007): 39-60.

Rabenstein, K./Reh, S. (2008): Über die Emergenz von Sinn in pädagogischen Praktiken. Möglichkeiten der Videographie im ‚Offenen Unterricht'. In: Koller, H.-C./Lüders, J. (Hrsg.) (2008): 137-156.

Rabenstein, K./Reh, S. (2009): Die pädagogische Normalisierung der „selbstständigen Schülerin" und die Pathologisierung des „Unaufmerksamen". Eine diskursanalytische Skizze. In: Bilstein, J./Ecarius, J. (Hrsg.) (2009).

Reckwitz, A. (2003): Grundelemente einer Theorie sozialer Praktiken. Eine sozialtheore-
tische Perspektive. In: ZfS. 32. Jg. 4: 282-301.
Reckwitz, A. (2006): Die Transformation der Kulturtheorien. Zur Entwicklung eines
Theorieprogramms. Weilerswist: Transkript.
Schatzki, T. R. (1996): Social Practices. A Wittengenstein Approach to Human Activity
and the Social. Cambridge: Cambridge University Press.
Schatzki, T. R. (2001): Practice mind-ed orders. In: Schatzki, T. R./Knorr-Cetina,
K./Savigny, E. von (Hrsg.) (2001):, 42-55.
Schatzki, T. R./Knorr-Cetina, K./Savigny, E. von (Hrsg.) (2001): The Practice Turn in
Contemporary Theory. London: Routledge.
Textor, A. (2007): Analyse des Unterrichts mit „schwierigen" Kindern. Hintergründe,
Untersuchungsergebnisse, Empfehlungen. Bad Heilbrunn: Verlag Julius Klinkhardt.
Vaupel, D. (1995): Das Wochenplanbuch für die Sekundarstufe. Schritte zum selbständi-
gen Lernen. Weinheim und Basel: Beltz Verlag.
Wagener, M. (2007): Gegenseitiges Helfen im altersgemischten Unterricht. In: Burk,
K./de Boer, H./Heinzel, F. (Hrsg.) (2007): 124-133.
Westphal, K. (Hrsg.) (2007): Orte des Lernens. Beiträge zu einer Pädagogik des Raumes.
Weinheim und München: Juventa Verlag.
Weymann, A. (2007): Interaktion, Institution und Gesellschaft. In: Joas, H. (Hrsg.)
(2007): 17-135.

„Kinder als Akteure" von Unterricht – Konsequenzen für eine pädagogische Lernforschung

Jutta Wiesemann

1   Perspektive der Kinder – Schülerinnen und Schüler als Akteure

Das Leitmotiv der sozialwissenschaftlichen Kindheitsforschung war und ist die Erforschung der Perspektive der Kinder (Breidenstein/Kelle 1996 und 1998, Honig/Lange/Leu 1999, Heinzel 2000). Mit diesem Anspruch hat die Kindheitsforschung eine Spur gelegt, die seit längerem auch in der Schul- und Unterrichtsforschung verfolgt wird. Mit der Frage nach der Perspektive der Kinder auf didaktisches Material und didaktische Arrangements in der Schule ist der Schulalltag zu einem Forschungsthema geworden, das die Kinderforschung um eine Schülerforschung erweitert hat (Wiesemann 2005). Die Deutungs- und Bedeutungsaktivitäten der Kinder als Schülerinnen und Schüler stehen im Fokus wissenschaftlicher Neugier. Die Basis der Analyse ist dabei ein interaktionistisches Verständnis sozialer Wirklichkeit (Mead 1973), soziales Handeln als grundsätzlich situativ verankert zu verstehen (Goffman 1964 und 1977).

Die Akteursperspektive als schulpädagogische Haltung und Forschungsstrategie gewinnt auch in Deutschland immer mehr an Bedeutung. Das Programm „Kinder als Akteure" ist inzwischen mit Hilfe unterschiedlicher Studien für das schulpädagogische Feld expliziert worden. Ich komme darauf zurück.

In diesem Beitrag soll der Frage nachgegangen werden, welche Konsequenzen die Zentrierung unserer Perspektive auf die Kinder als schulische Akteure für eine *pädagogische* Lernforschung hat. Ich werde dazu zunächst das Forschungskonzept „Pädagogische Lernforschung" in den Kontext aktueller empirischer Unterrichtsforschung einbetten, um auf die unterschiedlichen, sich aber notwendig ergänzenden Erkenntnisformen und Ergebnisse hinzuweisen. Auf diese Überlegungen folgt ein Beispiel aus unserer videobasierten Unterrichtsforschung, dessen Interpretation in zwei Richtungen deutet:

1.   Die Fokussierung auf die Interaktionen der Schüler im Unterricht, ihre Handlungsroutinen und Alltagspraxen als schulische Akteure wirft ein neues

Licht auf didaktische Arrangements, Rituale und Objekte real stattfindenden Unterrichts und lässt

2. eine Forschungsstrategie als ertragreich erscheinen, die die Lernprozesse der Schülerinnen und Schüler in ihren sprachlichen wie körperlichen Aktivitäten im Unterricht sichtbar macht.

Abschließen möchte ich den Beitrag mit der Frage nach der Zukunft qualitativ-ethnographischer Forschung und dem Anspruch der empirischen Erfassung der Perspektive der Akteure für Lernen und Unterricht.

2   Unterricht erforschen – Empirische Unterrichtsforschung

Einerseits gibt es auf der Grundlage umfangreicher empirischer Untersuchungen einen breiten Konsens über die wichtigsten Dimensionen erfolgreichen Unterrichtens. Die empirische Unterrichtsforschung bietet den in der Schule Lehrenden nachvollziehbare Kriterienkataloge, nach denen die Qualität des Lehrens bestimmt und im Prinzip verbessert werden kann.
    Diesen genauen empirischen Blick auf die Strukturen des Unterrichtens erweitern andererseits die auf teilnehmender Beobachtung beruhenden Analysen des schulischen Alltags. Stehen bei der empirisch-quantitativen Unterrichtsforschung das Lehren, die Lehrenden und die Unterrichtsorganisation wie deren messbare Wirkung auf Schülerinnen und Schüler im Vordergrund, so haben verschiedene ethnographische Studien das Verständnis für das schulische Lernen, die Lernenden und das Schüler-Sein beträchtlich erweitert.

Das quantifizierbare Wissen über den Unterricht: die Unterrichtsperspektive

In Zeiten tiefer Verunsicherung über die Qualität der für die Schülerinnen und Schüler angebotenen Lernmöglichkeiten an deutschen Schulen sind für Lehrerinnen und Lehrer nachvollziehbare und empirisch abgesicherten Kriterien zur Gestaltung „guten Unterrichts" mehr als eine hilfreiche Handreichung. So findet man bei Meyer (2004) folgende zehn Merkmale guten Unterrichts (Oldenburger Dekalog):

1. Klare Strukturierung des Unterrichts
2. Hoher Anteil echter Lernzeit
3. Lernförderliches Klima
4. Inhaltliche Klarheit

5. Sinnstiftendes Kommunizieren
6. Methodenvielfalt
7. Individuelles Fördern
8. Intelligentes Üben
9. Klare Leistungserwartungen
10. Vorbereitete Umgebung

Eine weitere ähnliche Zehn-Punkteliste findet sich bei Andreas Helmke (Helmke 2006).[68] Diese Listen sind aus der Analyse und Zusammenschau von Arbeiten aus der Lehr-Lernforschung, also von überwiegend durch die Lernpsychologie bestimmten Mikroanalysen entstanden. Ihr praktischer Wert bemisst sich darin, dass sie die Multidimensionalität des Unterrichtsgeschehens auf eine überschaubare Anzahl von Punkten bringt. Hilbert Meyer erklärt zur Zusammenstellung seiner Liste unter anderem:

> „Alle zehn Merkmale sind so ausgewählt und definiert worden, dass sowohl die Lehrerinnen und Lehrer als auch die Schülerinnen und Schüler dazu beitragen können, dass die Merkmalsausprägungen im Unterricht stark gemacht werden. Keines der zehn Kriterien ist ausschließlich lehrerzentriert, keines ausschließlich schülerzentriert gemeint" (Meyer 2004).

Wie ist dieses „beitragen können" von Lehrern und Schülern zu verstehen? Wenn wir die Perspektive der Lehrerinnen und Lehrer einnehmen, dann kann es nach deren professionellem Selbstverständnis bei der Auseinandersetzung mit solchen Merkmals- oder Kriterienlisten vor allem darum gehen, den eigenen Unterricht auf seine Lehr-Qualitäten hin zu betrachten.

Ist dies jedoch eine Perspektive, die wir von Schülerinnen und Schülern erwarten können? Inwiefern macht es Sinn, das Interesse am Unterrichtsgeschehen auf die Weise zwischen Lehrenden und Lernenden zu symmetrisieren, wie Meyer dies hier tut? Anders ausgedrückt: Haben Lehrer und Schüler das gleiche Interesse an diesem guten Unterricht?

---

[68] Effiziente Klassenführung und Zeitnutzung, Lernförderliches Unterrichtsklima, Vielfältige Motivierung, Klarheit, Verständlichkeit, Wirkungs- und Kompetenzorientierung, Schülerorientierung, Unterstützung, Förderung aktiven, selbstgesteuerten Lernens, Angemessene Variation von Methoden und Sozialformen, Konsolidierung, Sicherung, Intelligentes Üben, Passung (Inhalte, Schwierigkeit, Tempo): Umgang mit heterogenen Lernvoraussetzungen

*Das ethnographische Wissen über das schulische Lernen: Die
Akteursperspektive*

Normale Unterrichtssituationen – das kann zunächst guter oder schlechter Unterricht sein – erscheinen auf den ersten, nicht nur pädagogischen Blick als geplant, inszeniert, arrangiert, kontrolliert, evaluiert durch Lehrerinnen und Lehrer.
Welchen Eindruck bekommen wir dagegen, wenn wir unsere Blicke auf die
anderen Akteure, die Schülerinnen und Schüler, und deren normale Aktivitäten
richten?

Methodologischer Exkurs 1: Normalität und Lernkultur
Im ethnomethodologischen Verständnis richtet sich die Frage nach der Normalität
einer Situation auf das Ergründen und Verstehen spezifischer Alltags-Kulturen.
Normalität ist dabei, was die Akteure sich jeweils selbst als normale soziale Praxis
darstellen. Es ist das, was die Beteiligten wechselseitig voneinander erwarten, was
geschehen wird. Es ist zugleich das Alltägliche: Die soziale Ordnung wird aufrechterhalten (Weingarten 1979).
Für den schulischen Alltag bedeutet dies: die soziale Ordnung im Klassenzimmer
bleibt solange aufrechterhalten, wie die Akteure sich darüber verständigen können,
was „normal" ist und was davon abweicht. Viele schulische Situationen werden aus
Alltagsperspektive als „gestört" wahrgenommen. Meistens handelt es sich aus Forschungsperspektive lediglich um Situationen, die zeigen, mit welchen Methoden die
Akteure die soziale Ordnung aufrechterhalten: Die Situation bleibt „normal": es
handelt sich um „normalen" Unterricht mit „normalen" Schülern und einer „normalen" Lehrerin, in dem manchmal auch etwas schief oder es drunter und drüber geht.
Alle wissen jedoch dann: so geht nicht „normaler" Unterricht und zeigen dies in ihren Handlungen auf. Die Methoden, die die Akteure anwenden, um Störungen nicht
zu einer Zerstörung sozialer Ordnung werden zu lassen, können als Normalisie-
rungsstrategien und Normalisierungshandlungen empirisch erfasst werden.
Das Konzept einer „pädagogischen Lernforschung" fokussiert den breiten Blick auf
schulische Situationen als Lernsituationen (vgl. dazu Wiesemann 2006) und fragt
nach den Methoden der Akteure, die ihre Situationen zu „normalen" Lernsituationen
in der Schule machen. Letztendlich ist dies eine Forschungsstrategie, die spezifische
Lernkultur, die sich an einer bestimmten Schule in einer bestimmten Klasse etabliert
hat, beschreibbar zu machen. Unter Lernkulturen verstehen wir dann im Geertzschen
Sinne das Netz von Bedeutungen, das die Akteure weben, wenn sie sich wechselseitig darüber verständigen, was eine gelungene oder weniger gelungene Lernsituation
ist. [69]

---

[69] Dieses Verständnis kann sich ja unterscheiden, wenn wir zum Beispiel an offenen und geschlossen
Unterrichtsalltag in der Grundschule denken. Es ist zu vermuten, dass sich unterschiedliche Lernkulturen an Grundschulen etablieren konnten. (vgl. dazu Wiesemann 2008)

Damit komme ich zur ethnographischen Perspektive auf das schulische Lernen und das pädagogische Wissen über den Alltag des schulischen Lernens. In verschiedenen empirischen Untersuchungen wurde dieser Lern-Alltag genauer unter die Lupe genommen. Schüler erscheinen in diesen Forschungen als Akteure in einem Handlungsfeld, in dem verschiedene, oft nur schwer zu vereinbarende Anforderungen an sie gestellt werden.

Ich benenne hier nur einige Ergebnisse, in denen sich eine genuin auf das Schülersein bezogene Perspektive zeigt:

Schülerinnen und Schüler befragen offene Angebote auf das Schulische oder schulisch Wertvolle. Sie fordern kalkulierbare Settings.

Schüler und Schülerinnen verhalten sich im Rahmen schulischer Settings strategisch. Sie wägen Vor- und Nachteile, Schaden und Nutzen ab.

Schüler und Schülerinnen bewahren ihre Privatheit gerade auch in den schulischen Settings, die ihnen als Kindern Raum für ihre persönlichen Anliegen, Sorgen und Nöte bereitstellen wollen.

Schüler und Schülerinnen neigen oft dazu an traditionellen schulischen Mustern fest zu halten. Sie zeigen sich damit deutlich effektorientiert: Was kommt am Ende dabei heraus? Was zählt denn wirklich?

Schülerinnen und Schüler tragen zur Verschulung der Schule bei. Ihr Mitwirken am unterrichtlichen Verlauf geschieht über die Enaktierung stabiler schulischer Handlungsmuster.

Schüler und Schülerinnen agieren im Unterricht parallel in ihrer Schülerrolle und im Rahmen der Peerkultur; dabei sind allerdings auch die Peeraktivitäten Bestandteil schulischer Verfahren.

Die Etablierung kindorientierter und offener Lernformen stößt auf ungeahnte Hindernisse: die konventionelle Orientierung der Kinder selbst als Schüler in der Schule.

Die Etablierung demokratischer Verfahren in der Schule, jenseits von Unterricht (zum Beispiel im Klassenrat), bleibt nicht ohne Spuren des Schulischen. Die Schüler erkennen die Differenz zwischen den Erwartungen der Gleichaltrigen und denen der Schule und halten sie aufrecht (de Boer 2006, Huf 2006, Panagiotopoulou 2003, Wiesemann 2000 und 2008, für die Sekundarstufen Breidenstein 2006).

Im Rahmen meiner wissenschaftlichen Begleitung einer Grundschule auf dem Weg zur Öffnung des Unterrichts stellte sich die Frage nach der dort etablierten Lernkultur. Wie können die Auseinandersetzungen mit den Lernsachen mit schulischen Aufgaben und Verfahren in Einklang gebracht werden? Es zeigte sich, dass Schülerinnen und Schüler im Wochenplanunterricht als mehr oder weniger gut organisierte Verwaltungsangestellte agieren. Sie verwalten Arbeitsblätter, Karteikarten und Listen, die sie in Fächern, Ordnern und Ablagen vorfinden oder unterbringen. Das Lernen erscheint als die Selbstverwaltung schulischer Tätigkeiten, bei dem den Schülerinnen und Schülern die Lernsache zu Gunsten schulischer zunehmend selbstorganisierter Verfahren aus dem Blick gerät (Wiesemann 2008).

Mit diesen – und vielen anderen – Ergebnissen aus der teilnehmenden Beobachtung schulischer Realverläufe hat sich eine eigene Forschungsperspektive in der Schul- und Unterrichtsforschung etabliert. In dieser Perspektive sehen wir Schülerinnen und Schüler nicht nur in einer unterrichtlichen Position, als Objekte der von Lehrenden geplanten Handlungsverläufe. Die Analyse des Schülerhandelns zeigt daneben eine durchgängige Orientierung an einer eigenen Agenda, an ständig mitlaufenden, genuinen Situationsdefinitionen des schulischen Geschehens – sei es im Klassenraum, im Schulgebäude, im Pausenhof oder auch außerhalb des unmittelbaren schulischen Einflusses.

Die ethnographische Schulforschung ermöglicht durch ihre explizite Hinwendung auf das Schülerhandeln eine Neubetrachtung des Lernens. Dies hat auch Konsequenzen für die Reflexion des Unterrichts durch Lehrerinnen und Lehrer. Dazu gehört, die Realverläufe von Unterricht eben auch aus der Schülerinnenperspektive verstehen zu lernen. Diese Realverläufe will ich im Weiteren als der ethnographischen Beobachtung zugängliche Lernsettings betrachten, die uns etwas über die Normalität des Schülerseins und über Lernkulturen in der Grundschule zeigen.

Pädagogische Lernforschung

Die empirische Erforschung des schulischen Lernens ist eine neue Herausforderung für die Pädagogik. Sie setzt ein pädagogisches Lernkonzept voraus, in dessen Mittelpunkt die Klärung der normalen schulischen Praxis steht. Diese Grundannahme ist der zentrale Ausgangspunkt für ethnographische Erkundungen im Klassenzimmer aus der Akteursperspektive. Das Klassenzimmer wird zu einem Ort öffentlich zugänglicher Lernpraxis. Zusammen mit Elisabeth Mohn unternehme ich den Versuch, Lernen sichtbar zu machen. Dabei gehen wir davon aus, dass die Eigen-Artigkeit des Lernens durch die SchülerInnen und als LehrerInnen in ihrer spezifischen schulischen Praxis, die sich nicht im Sprachlichen erschöpft, sichtbar hervorgebracht wird. Die Akteure zeigen uns ihr kulturelles Selbstverständnis schulischen Lernens in dem, *wie* sie ihren (Lern-) Alltag gemeinsam und öffentlich gestalten. Sobald wir uns diesem Alltag mit mikroanalytischen Verfahren nähern, ihn sozusagen in seiner realen Komplexität ernst neh-

men, entfaltet er sich als ein soziokultureller Kosmos. Diesen Kosmos zu durchdringen und seine Vielschichtigkeit zu beschreiben, erscheint schließlich als
Voraussetzung, um „das Schulische", um Unterricht angemessen verstehen zu
können. Es ist meines Erachtens zugleich die Voraussetzung, um gegenstandan-
gemessene Theorien über das Schulische zu gewinnen.

Die Praktiken der Kinder untereinander konstituieren ein eigenes Feld kultureller Bedeutung (vgl. Kelle/Breidenstein 1999, 110). Um dieses kulturelle
Feld empirisch zugänglich zu machen, werden im Kontext der hier gemeinten
Schülerforschung die Bedeutungen für die Akteure aus ihren Handlungen heraus
rekonstruiert. Die Rekonstruktion der Bedeutungen geschieht über die Beschreibung und Analyse der spezifischen Handlungen als Praktiken der Schülerakteure
in schulischen Situationen. Die Perspektive der Schüler zeigt sich dabei nicht in
den Einstellungen und Meinungen, sondern in den nicht thematisierten und nicht
thematisierbaren, aber analytisch-rekonstruktiv zugänglichen Deutungsaktivitä-
ten schulischer Akteure

Das Konzept der „Pädagogischen Lernforschung" verfolgt das Ziel, drei erziehungswissenschaftliche Dimensionen miteinander zu verknüpfen:

Kinder und ihre schulische Lernpraxis in den Mittelpunkt stellen und damit den
    forschenden Blick auf Lernszenen im Unterricht lenken.
Ein Konzept erarbeiten, das Lehrerinnen die Möglichkeit gibt, ihren Unterricht,
    d.h. die didaktischen Arrangements und Materialien sowie Unterrichtsritua-
    le und konkrete Lernsituationen aus dieser Perspektive zu reflektieren.
Die Erweiterung des erziehungswissenschaftlichen Diskurses durch Analysen
    und Interpretationen der Lernszenen aus verschiedenen Disziplinen und
    Professionen mit dem Ziel, schulische Lebens- und Lernwelten zu erfassen
    und für didaktische Konzepte nutzbar zu machen.

Es geht also *theoretisch* um die Fortentwicklung eines pädagogischen Lernbegriffs, *methodisch* um kameraethnographische Verfahren der Exploration und
des „Dichten Zeigens" von Interaktionen im Klassenzimmer (Lernen sichtbar
machen) und *pädagogisch/didaktisch* um ein Verfahren der Lehreraus- und -
fortbildung, das theoretisches und praktisches Erkennen und Fördern schulischer
Lernprozesse ermöglicht.

Der zentrale empirische Bezugspunkt erziehungswissenschaftlicher Theoriebildung einer ethnographischen Unterrichts- und Lernforschung, die ich als
„Pädagogische Lernforschung" bezeichne, sind deshalb die *situierten, lokal her-
vorgebrachten Interaktionen in der Schule.*

3   Die Unterrichtssituation und ihre Akteure im Fokus der Kamera

Gemeinsam mit Elisabeth Mohn habe ich in einer Pilotstudie an einer Berliner Grundschule Materialien unter dem Thema „Handwerk des Lernens. Ethnographische Studien zur verborgenen Kreativität im Klassenzimmer" (Mohn/Wiesemann 2007) aufgearbeitet. Die Akteure sind Schülerinnen und Schüler einer JÜL-Klasse (JahrgangsÜbergreifendesLernen, Jahrgänge 4, 5 und 6) an einer Grundschule in Berlin-Wedding. Mit der (teilnehmend) beobachtenden Kamera im schulischen Alltag der JÜL-Klasse gehen wir der Frage nach, wie die Schulakteure mit Lernsituationen umgehen. Wir beobachten, was sie aus und mit den materiellen Arrangements im Klassenzimmer machen und welche Unterrichtsrituale sich etabliert haben. Dabei wird zunächst die Frage nach gutem Unterricht, den richtigen didaktischen Strategien der Lehrerin sowie nach pädagogischen Verbesserungsstrategien ausgeklammert.

Wir fokussieren die Hände der Schülerinnen, das schulische Hand-Werk, anstelle der häufigen pädagogischen Fixierung auf *verbale Aktivitäten.* Diese Blickverschiebung sollte nicht als eine inhaltliche Aussage über grundschulpädagogische Relevanzen in der beobachteten Situation missverstanden werden. Vielmehr handelt es sich um eine analytisch begründete, forschungsstrategische Entscheidung. Diese Entscheidung ist Teil der ethnographischen Befremdungsstrategie angesichts alltäglicher schulischer Situationen (Amann/Hirschauer 1997). Daher sind die kameraethnographischen Produkte keine „Dokumentationen" einer Unterrichtssituation mit weitwinklig auf die Totale eingestellter Kameraperspektive. Es ist vielmehr der Versuch, eine selektive Beobachtung relevanter Situationsaspekte mit visuellen Mitteln zur Darstellung zu bringen. Wir erzeugen *visuelle Interpretationen beobachteter Situationen.* Durch die Fokussierung der Hände geraten Prozesse des Miteinanders im Kreis, die Praktiken der Inszenierung und Selbstdarstellung usw. als Hand-Werk in den forschenden Blick. Gleichzeitig sehen wir, wie die Dinge ihre spezifischen situativen Bedeutungen erhalten.

Dinge

Methodologischer Exkurs 2: Didaktisches Material und seine Akteure
Didaktisches Material bezeichnet die Objekte und Mittel, die Elemente des Lehrens und Lernens in unterrichtlichen Zusammenhängen. Damit ist nicht nur der fachdidaktische Gegenstand gemeint (Bsp. der Würfel, die Landkarte, das Europapuzzle, die Atlanten, das Computerprogramm, die Arbeitsblätter, Karteikarten und Aufgaben ...), der bereits einen Inhalt „transportiert", sondern außerdem „allgemeindidaktische" Gegenstände, die Unterricht und Lernen konstituieren. In diesem Ver-

ständnis sind die Trennwand, das Pferdchen und die Klangschale didaktische Objekte oder Material (vgl. Mohn/Wiesemann 2007). Ähnlich wie der Wochenplan – den Huf (2006) als „didaktisches Arrangement" bezeichnet und damit ihm ein grundlegendes gestalterisches Potential für den Unterricht zuspricht – strukturieren diese Gegenstände die schulische Lernsituation und transportieren pädagogisch-didaktische Intentionen. Für diese Dinge gehe ich im Sinne Wittgensteins davon aus, dass sie erst im konkreten schulischen Gebrauch durch die Lerner ihren Sinn entfalten. Diese Bedeutung der Dinge muss nicht in der Weise didaktisch auf Lehren und Lernen bezogen sein, wie es sich der Erschaffer oder der Lehrer, der das Mittel einsetzt oder erfunden hat, es sich wünschen oder geplant haben. Methodentheoretisch lässt sich eine ethnographische Entdeckungsstrategie, die den Sinn radikal aus der Situation heraus rekonstruiert, mit dem praxeologischen Sprachspieldenken von Ludwig Wittgenstein (1974) fundieren. Ethnomethodologische Grundannahmen und das Konzept der dichten Beschreibung nach Clifford Geertz (1983) verfahren in dieser Hinsicht prinzipiell ähnlich (vgl. dazu auch Mohn 2007).

In der Schule werden Gegenstände, wie Klangschalen, Steine oder Stofftiere, zum Medium für didaktische Ziele und deren spielerische Aushandlungen. Sie sind einerseits aufgeladen mit unterschiedlichen pädagogischen und didaktischen Bedeutungen. Solche pädagogische Sinnstiftung geschieht schon vor dem Eintritt in den Klassenraum. Dort jedoch passiert andererseits das, was wir als Beobachter sehen können: Die Gegenstände werden zu Interaktionspartnern im konkreten schulischen Setting. Die Dinge erhalten als Spiel„zeug" und durch das Spiel ihre situative Bedeutung. Die Bedeutungszuschreibung ist dabei weder eindeutig noch über die Situation hinaus gültig. Konflikte können entstehen, wenn keine Passung zwischen der pädagogischen Intention und dem konkreten Wie des Gebrauchs durch die Kinder dauerhaft hergestellt werden kann. Die Dinge des Unterrichts vermitteln nicht per se die pädagogische oder fachdidaktische Intention. Erst im Gebrauch bewähren sie sich als solche oder eben nicht. Die Filme zeigen Kinder, die ähnlich wie wir als Beobachter den Sinn der Dinge erforschen. Die Interaktionen weisen auf Spielräume, die in der Situation kreativ ausgestaltet werden. Es ist sicher nicht alles möglich. Wie jeder Interaktionspartner setzt der Gegenstand Grenzen. Die Gegenstände werden zu Ko-akteuren einer Situation (vgl. Mohn/Wiesemann 2007).

4   Die Lernbox? Trennwände verbinden verbergen

Die Entstehung des Video-Beispiels „Trennwände" ist der Idee geschuldet, eine „Merkwürdigkeit" in der beobachteten Klasse genauer zu analysieren. Die Lehrerin hat in der Klasse Trennwände durch wahlkabinenartig aufgestellte Jogamatten eingeführt, die bei Bedarf auf den Tischen aufgebaut werden können. Sie sollen die individuelle Konzentration befördern. Wir fragten uns, wie die Kinder diese Matten nun tatsächlich handhaben.

Mohn filmt diese Szenen aus der Hand, hält sich ganz in der Nähe und sichtbar für die Schülerinnen und Schüler auf, die durch ihre Blicke Einverständnis und eine Art Komplizenschaft signalisieren im Sinne von: „Dir zeigen wir, was wir vor der Lehrerin verbergen!" Sind „Trennwände" trennende Wände? Zunächst geht es darum, eigene Vorannahmen oder begriffliche Definitionen in Klammern zu setzen und sich dafür offen zu halten, wozu denn diese so genannten „Wände" durch ihren Gebrauch werden. Dafür ist dieses Video insofern ein paradigmatisches Beispiel, als die Kinder „Trennwände" in Elemente reizvoller Verbindungsspiele umfunktionieren.

Abbildung 2: Standbild aus DVD „Handwerk des Lernens" (Mohn/Wiesemann 2007)

Die Videoszene als kameraethnographisches Produkt bietet nun Interpretationen aus unterschiedlichsten Perspektiven an. An diesem Beispiel stellt die DVD zwei Varianten zur Verfügung: Die pädagogische Praxis und die ethnographische Lernforschung.

Pädagogische Praxis (Heike Schreyer):

Die Trennwände (Yogamatten) waren ursprünglich als so genannte ‚eigene Büros' von mir für besonders unruhige und abgelenkte Kinder erdacht worden. Diese hatte ich an entsprechende Kinder ausgegeben. Inzwischen ist es so, dass die Kinder sich diese Matten selber holen und wie gesehen oft zum Ärger der Lehrerin, dahinter gemütlich weiterquatschen. Ich glaube mein Isolations- und Beruhigungsgedanke durch die Matten trägt nicht so richtig und ich werde sie wohl eher in Zukunft wieder in normale Yogamatten umwidmen. Oder ich werde sie wieder nur selbst an Schülerinnen und Schüler ausgeben, bei denen ich meine, sie könnten ihnen helfen, weniger abgelenkt zu sein (Schreyer 2007).

Ethnographische Lernforschung (Jutta Wiesemann)

Offene Unterrichtssituationen provozieren unterschiedliche und neue Handlungsprobleme. Wenn nicht jeder zur gleichen Zeit dasselbe macht, entsteht ein Rhythmus der Ungleichzeitigkeiten statt der Gleichzeitigkeiten. Eine Unruhe entsteht, die aus der Sicht der Lehrerin und einigen Schülern und Schülerinnen dazu führt, sich nicht mehr auf die Schulaufgaben konzentrieren zu können.

Diese Trennwände bieten eine Lösung an: Die Lernbox! Eine Erfindung der Lehrerin, die von den Kindern dankbar genutzt wird. Wie jedoch gehen die Kinder damit um?

Im Spiel mit den Trennwänden entstehen kleine und schnelle Szenen der sozialen Interaktion mit dem Nachbarn. Der Grenzmarkierer wird zur Kontaktlinie. Über die Wand hinweg oder an ihr vorbei wird der Kontakt zum Nachbar hergestellt. Stifte, Lineal und Radiergummi werden über die Grenze gereicht und dienen so noch einmal der Kontaktaufnahme. Die Wand verbirgt nicht die Außenwelt vor dem Lerner, sondern schützt den Lerner vor der Öffentlichkeit, der sozialen Kontrolle und der Lehrerkontrolle. In aller Heimlichkeit können hier zwei Wandbesitzer ihre Spiele spielen.

Die Trennwand, exemplarisch für didaktische Materialien, gewinnt erst im Gebrauch ihre Bedeutung für die Akteure, wobei sich über die Bedeutung nicht unbedingt alle einig sind: Sollen die Trennwände aus Sicht der Lehrerin Interaktionen und Blicke begrenzen, so ermöglichen sie für die Kinder Kontakte und Blicke in einer besonderen Weise (Wiesemann 2007).

Die Auseinandersetzung mit Text und Video entstand aus der interpretativen Aufarbeitung einer schulischen Szene und zielt auf eine Konfrontation dieser unterschiedlichen Zugänge und Perspektiven auf die Praxis: eine pädagogische Handlungsperspektive und eine lerntheoretisch-pädagogische Perspektive. Was folgt nun daraus?

5   Kinder als Akteure von Unterricht: Didaktische Arrangements im Gebrauch

Das Akteursparadigma der Kindheitsforschung lenkt den Blick einer pädagogischen Lernforschung auf die Kinder als Akteure ihres Lernens und des Unterrichts. Wir sehen die konkreten Gebrauchsweisen und Bedeutungen der Dinge in didaktischen Arrangements. Es werden Praktiken im Realverlauf des Unterrichtmachens identifiziert, die die Schülerseite des Unterrichts in den Fokus rücken. Der Umgang mit didaktischen Arrangements und Ritualen lässt in diesem Fall andere, neue, in jedem Fall zunächst nicht intendierte Nutzungsweisen erkennbar werden. Gebrauchen die Kinder in diesem Fall die Matten in ihrem Sinne, so stellt sich die schulpädagogisch praktische Frage: Wenn die Matten derart „missbraucht" werden, sollten sie dann nicht aus dem Klassenraum entfernt werden? Aus lernpädagogischer Perspektive zeigen sich jedoch die Bedeutung der Kontaktaufnahme, der Beobachtung des Geschehens in der Klasse und das permanente sich in Beziehung setzen für das schulische Lernen dieser Kinder gerade durch die (Um)deutung des Objektes.

Im Beispiel der Trennwände erscheinen aus Lehrer- oder didaktischer Perspektive diese Aktivitäten der Lernenden als kontraproduktiv. Sie nutzen die Jogamatten anscheinend zweckentfremdet: Nicht als Lernmittel, sondern geradezu als Lernverhinderungsmittel, indem sie Peeraktivitäten im Verborgenen ausleben, statt geschützt vor Ablenkungen ihre Lernprozesse voranzutreiben.

Eine Interpretation, die aus Lehrer- vielleicht auch Schülersicht Sinn macht, nimmt aus lernpädagogischer Sicht eine andere Wendung: Statt den Umgang mit den Jogamatten und die Aktivitäten „dahinter" und dazwischen als Nischenbildung und Abgrenzungen und damit als Ausdruck von Peeraktivitäten zu fokussieren (wie es ja auch die Lehrerin tut, siehe oben), ist der Fokus auf Lernhandlungen zu richten. Sicherlich vollzieht sich schulisches Lernen auch in der Grundschule[70] selten ohne Peeraktivitäten. Die Gegenüberstellung beider Interaktionsmuster und Akteursperspektiven in einem entweder-oder erscheint jedoch aus lernpädagogischer Sicht problematisch, unterstellt sie doch, dass das eine das andere stört oder sogar verhindert, zumindest erschwert: Peerkulturelle Prozesse stehen so im Widerspruch zu schulischen Lernprozessen und umgekehrt. Die empirisch analytische Fokussierung auf den Lerner als Akteur deutet dagegen auf Interaktionsspielräume hin, die sich die Kinder in schulischen Settings und in schulischen Lernsituationen erobern. Die so konstituierten Lerner in der Schule gebrauchen und deuten didaktische Arrangements und Materialien. Die Akteure sind die Lerner in der Schule. An anderer Stelle (Wiesemann 2002) habe ich

---

[70] Für die Sekundarstufe siehe Georg Breidenstein (2006)

Kinder und Schülerakteure von einander unterschieden und deutlich gemacht, dass dies eine erkenntnistheoretisch notwendige Grundannahme für empirische Forschung im Klassenzimmer ist. [71]

Für das Lernen in der Schule bedeutet dies, die Peer- und Schüleraktivitäten als eine Einheit im schulischen Lernprozess zu verstehen. Die so genannten Peeraktivitäten werden in den lernsituationalen Kontext zurück verlagert. Dies ermöglicht, den Blick auf den unterrichtlichen Verlauf in konkreten Lernsituationen zu richten. Diese Lernsituationen sind gerade durch das peeraktive Nutzen von Interaktionsspielräumen konstituiert, die das didaktische Arrangement, hier konkret das didaktische Material, liefert.

Die analytische Folge einer Trennung von Peer- und Schüleraktivitäten in schulischen Lernprozessen ist es, die Peeraktivitäten wieder zurück auf eine „Hinterbühne" zu verlagern. Diese „Hinterbühne" (Zinnecker 1978) spielt bei einer solchen Betrachtung für das Lernen scheinbar keine Rolle. Sie zeigt Peerverhalten als „Gegenkultur" zum Schülerhandeln statt einem u.U. wertvollen Potential für das Verständnis lernkultureller Praktiken auf der Vorderbühne. Breidenstein formulierte diese Betrachtungsweise folgendermaßen:

> Die Anforderungen der Peer Kultur an das Schülerhandeln sind durchaus eigener Art, (…), aber sie sind nicht jenseits des Unterrichts wirksam, sondern in diesen hineinragend und mit den Anforderungen des Unterrichts verknüpft (Breidenstein 2006, 15).

Interaktionsspielräume im Unterricht werden nicht auf der Hinterbühne erobert, sondern öffentlich sichtbar im unterrichtlichen Verlauf. Auch wenn gerade die Jogamatten zunächst als Symbol für eine Hinterbühne verstanden werden können, findet der Umgang damit öffentlich statt. Diese Interaktionsspielräume – so die lernpädagogische Wendung – sind bedeutungsvoll für das Verständnis schulischer Lernprozesse.

Abschließen möchte ich meine Überlegungen mit den Perspektiven der pädagogischen Lernforschung und ihrer Aufgabe im Kontext empirischer Unterrichtsforschung:

Wenn wir etwas über die Akteure von Unterricht in der Grundschule, die Schülerinnen und Schüler und ihre Beiträge zur lokalen Lernkultur einer Schule, in Erfahrung bringen wollen, bedarf es der *Detailbeobachtung realer Hand-*

---

[71] „Ethnographische Kinderforschung wird in schulpädagogischer Perspektive zur ethnographischen *Schülerforschung*. Die analytische Unterscheidung von Kindern und SchülerInnen wird erst vor dem Hintergrund solchermaßen spezifizierter, schulpädagogischer Forschungsgegenstände (und -themen) sinnvoll. D.h., Schule wird dann nicht nur als ein Ort von Kindheit unter vielen verstanden, sondern in seiner besonderen institutionellen Formung erkennbar" (Wiesemann 2005; 23).

lungssituationen. Erst in den konkreten Settings wie dem der von uns untersuchten Grundschulklasse, entscheidet sich, wie aus dem Wissen um guten Unterricht schulische Lernsituationen gelingen und misslingen können.

Die bisherigen ethnographischen Forschungsarbeiten zum Alltag des Lernens haben auch gezeigt, dass es nicht ausreicht, allein die Ebene der sprachlichen Interaktion im Unterrichtsgeschehen zu analysieren. Teilnehmende Beobachtung ermöglicht uns, gerade auch *körperliche und materielle Dimensionen dieses Geschehens* in den Blick zu nehmen.

Schließlich können wir mit kamera-ethnographischen Strategien eine *konkrete Anschaulichkeit erzeugen*, die einen wichtigen Beitrag zur praxisnahen Unterrichtsentwicklung liefern kann. Sie ermöglichen eine Schulung des professionellen Blicks der Lehrenden für die Perspektive der Schülerinnen und Schüler. Sie erlauben uns so, die von der empirischen Unterrichtsforschung explizierten Kriterien gelingenden Unterrichts durch eine methodisch geleitete Strategie der Beobachtung in Lernsettings zu erweitern.

6   Literatur

Amann, K./Hirschauer, S. (1997): Die Befremdung der eigenen Kultur. Ein Programm. In: Hirschauer, S./Amann, K. (Hrsg.) (1997): 7-52.
Brandstetter, G./Klein, G. (Hrsg.) (2007): Methoden der Tanzwissenschaft. Modellanalysen zu Pina Bauschs „Le Sacre du Printemps". Bielefeld: transcript Verlag.
Breidenstein, G./Kelle, H. (1996): Kinder als Akteure. Ethnographische Ansätze in der Kindheitsforschung. In: Zeitschrift für Sozialisationsforschung und Erziehungssoziologie 1996. Heft 16. 47-67.
Breidenstein, G./Kelle, H. (1998): Geschlechteralltag in der Schulklasse. Ethnographische Studien zur Gleichaltrigenkultur. Weinheim und München: Juventa.
Breidenstein, G./Combe, A./Helsper, W./Stelmaszyk, B. (Hrsg.) (2002): Forum qualitative Schulforschung 2. Interpretative Unterrichts- und Schulbegleitforschung. Opladen: Leske & Budrich.
Breidenstein, G./Prengel, A. (Hrsg.) (2005): Schulforschung und Kindheitsforschung – ein Gegensatz? Wiesbaden: VS Verlag für Sozialwissenschaften.
Breidenstein, G. (2006): Teilnahme am Unterricht. Ethnographische Studien zum Schülerjob. Wiesbaden: VS Verlag für Sozialwissenschaften.
Breidenstein, G./ Schütze, F. (Hrsg.) (2008): Paradoxien in der Schulreform. Wiesbaden: VS Verlag für Sozialwissenschaften (in Druck).
Brinkmann, E./Kruse, N./Osburg, C. (Hrsg.): Kinder schreiben und lesen. Beobachten – Verstehen – Lehren. Jahrbuch der deutschen Gesellschaft für Lesen und Schreiben. Freiburg im Breisgau. Eigenverlag.

Cloos, P./ Thole, W. (2006) (Hrsg.): Ethnographische Zugänge. Professions- und adressatInnenbezogene Forschung im Kontext von Schule und Sozialer Arbeit. Wiesbaden: VS Verlag für Sozialwissenschaften.

de Boer, H. (2006): Klassenrat als interaktive Praxis. Auseinandersetzung – Kooperation – Imagepflege. Wiesbaden: VS Verlag für Sozialwissenschaften.

Geertz, C. (1983): Dichte Beschreibung. Frankfurt/Main: Suhrkamp.

Goffman, E. (1964): The Neglected Situation. In: American Anthropologist (1964). Heft 66. 133-136.

Goffman, E. (1977): Rahmen-Analyse. Ein Versuch über die Organisation von Alltagserfahrungen. Frankfurt/Main: Suhrkamp Verlag.

Heinzel, F. (2000): Methoden der Kindheitsforschung. Ein Überblick über Forschungszugänge zur kindlichen Perspektive. Weinheim und München: Juventa.

Hirschauer, S./Amann, K. (Hrsg.) (1997): Die Befremdung der eigenen Kultur. Zur ethnographischen Herausforderung soziologischer Empirie. Frankfurt/Main: Suhrkamp.

Honig, M.-S./Lange, A./Leu, H. R. (1999) (Hrsg.): Aus der Perspektive von Kindern? Zur Methodologie der Kindheitsforschung. Weinheim: Juventa.

Huf, Ch. (2006): Didaktische Arrangements aus der Perspektive von SchulanfängerInnen. Eine ethnographische Feldstudie über Alltagspraktiken, Deutungsmuster und Handlungsperspektiven von SchülerInnen der Eingangsstufe der Bielefelder Laborschule. Bad Heilbrunn: Klinkhardt.

Mead, G. H. (1973): Ich, Identität und Gesellschaft. Frankfurt: Suhrkamp.

Meyer, H. (2004): Was ist guter Unterricht? Berlin: Cornelsen Scriptor.

Mohn, B. E. (2007): Kamera-Ethnographie: Vom Blickentwurf zur Denkbewegung. In: Brandstetter, G./Klein, G. (Hrsg.) (2007): 173-196.

Mohn, B. E./Wiesemann, J. (Hrsg.) (2007): Handwerk des Lernens. Kamera-Ethnographische Studien zur verborgenen Kreativität im Klassenzimmer. Göttingen: IWF Wissen und Medien.

Kelle, H./Breidenstein, G. (1999): Alltagspraktiken von Kindern in ethnomethodologischer Sicht. In: Honig, M.-S./Lange, A./Leu, H.R. (1999): 97-112.

Panagiotopoulou, A. (2002): Beobachtungen im Anfangsunterricht: Zum Nichteinlassen von SchulanfängerInnen auf das „freie" bzw. selbstständige Schreiben. In: Brinkmann, E./Kruse, N./Osburg, C. (Hrsg.) (2002): 47-61.

Reinert, G.-B./Zinnecker, J. (Hrsg.) (1978): Schüler im Schulbetrieb. Reinbek b. Hamburg: Rowohlt.

Schreyer, H. (2007): Trennwände. Pädagogische Praxis. In: Mohn, B. E./Wiesemann, J. (Hrsg.) (2007): 20.

Weingarten, E,/Sack, F./Schenkein, J. (Hrsg.) (1979): Ethnomethodologie: Beiträge zu einer Soziologie des Alltagshandelns. Frankfurt am Main: Suhrkamp.

Wiesemann, J./Amann, K. (2002): Situationistische Unterrichtsforschung. In: Breidenstein, G./Combe, A./Helsper, W./Stelmaszyk, B. (Hrsg.) (2002): 133-158.

Wiesemann, J. (2005): Wohin führt die Forschung im Klassenzimmer? In: Breidenstein, G./Prengel, A. (Hrsg.) (2005): 15-36.

Wiesemann, J.(2006): Die Sichtbarkeit des Lernens – empirische Annäherung an einen pädagogischen Lernbegriff. In: Cloos, P./ Thole, W. (Hrsg.) (2006): 171-183.

Wiesemann, J. (2007): Trennwände. Ethnographische Lernforschung. In: Mohn, B. E./ Wiesemann, J. (Hrsg.) (2007): 19-20.
Wiesemann, J. (2008): Was ist schulisches Lernen? In: Breidenstein, G./ Schütze, F. (Hrsg.) (2008): 161-178.
Wittgenstein L. (1974): Über Gewissheit. Frankfurt/M.: Suhrkamp.
Zinnecker, J. (1978): Die Schule als Hinterbühne oder Nachrichten aus dem Unterleben der Schüler. In: Reinert, G.-B./Zinnecker, J. (Hrsg.) (1978): 29-116.

„Schulkultur" aus der Perspektive von Zwölf- bis Dreizehnjährigen. Ein Vergleich zwischen finnischen und deutschen Schüler(inne)n

Anja Kraus

1   Zur Schul- und Schulkulturforschung

Die Schulforschung, die sich in den 1970er und 1980er Jahren noch schwerpunktmäßig mit Struktur- und Lehrplanreformen befasste, ist seit den 1980er Jahren verstärkt an der Bestimmung des Konzepts der „Guten Schule" orientiert, nach dem die Schule als eine „pädagogische Handlungseinheit" (Fend 1987) gilt. Das Konzept der „Guten Schule" geht von der Gestaltbarkeit der Einzelschule durch die Akteure in der Schule, also Lehrer(innen), Schulleiter(innen), Schüler(innen) und Eltern, aus. Die Schule als Institution wird hier als zwar kollektives, aber beeinflussbares Sinnsystem begriffen und die innerschulische Organisationsstruktur wird mit „Schulkultur" weitgehend gleichgesetzt.[72] Neben dieser analytischen schwingt hier eine normative Orientierung[73] mit, indem in Hinblick auf die „Schulkultur" bestimmte Richtwerte für das dezentrale, administrative Führungshandeln in der Schule für gültig erklärt werden.

Die Struktur der Auslegung der „Schulkultur" einerseits als feststehende Größe und andererseits programmatisch als eine Gestaltungsaufgabe (vgl. Wenzel u. a. 1998) ist paradox. Eine paradox angelegte Theorie kann in ihrer Anwendung zu Dilemmata führen. Auf ein solches Dilemma sind meines Erachtens bspw. die Ergebnisse der Schulqualitäts- und Schuleffektivitätsforschung zurückzuführen, die eine zentrale Steuerung pädagogischer Institutionen durch administrative Maßnahmen als nahezu unmöglich darstellen (bspw. Terhart 1986, Burkard/Kanders 2002). Denn der Ansatz einer „educational governance" geht davon aus, dass die als von Routine bestimmt gedachten Akteure in der

---

[72] Vgl. auch Ansätze der Organisationssoziologie wie der von Werner Wiater (1997), die sich u. a. auf systemtheoretische Paradigmen stützen (bspw. Fried 2002).

[73] Nach Ewald Terhart (1994) ist diese normative Orientierung wenig theoriehaltig und sie wird inflationär beansprucht.

Schule die gesetzten Zielsetzungen und vorgegebenen Steuerungsmodi nach an sie ergangener Aufforderung weitgehend exakt reproduzieren. Diese Vorstellung widerspricht der programmatischen und damit prozessorientierten Konnotation des Begriffs „Schulkultur". Als Reaktion auf die Ergebnisse zu den mit der Governance-Perspektive verbundenen Problemen ist in Hinblick auf das Konzept der „Guten Schule" seit Beginn der 1990er Jahre ein Paradigmenwechsel festzustellen. Das Entwicklungsprogramm einer Einzelschule wird seitdem verstärkt als „Motor der Schulentwicklung" (Dalin/Rolff 1990) angesehen. Damit treten die Perspektiven und Verhaltensweisen von Einzelakteuren in einer Schule genauso wie die Mikrostrukturen dieser Schule in den Blick. Unter diesen beiden Gesichtspunkten werden im Rahmen der Schulforschung in Hinblick auf eine Einzelschule interne Partizipations- und Entscheidungsprozesse, Anerkennungsverhältnisse, Konflikt- und Problemlösungsmodi, Maßnahmen zur Profilierung der Schule und des Unterrichts wie auch schulintern initiierte, durchgeführte und evaluierte Maßnahmen zur Schulqualitätsentwicklung und -sicherung, dort vorfindliche oder auch implementierte Lehr- und Lernkultur(en) (bspw. Klippert 2000) etc. beforscht. Dabei werden entweder unter störungs- oder unter entwicklungsorientierter Perspektive die Wirkungen der Institution Schule sowie der (bspw. neu eingeführten) Maßnahmen zur Schul- und/oder Unterrichtsentwicklung auf die Lehrer(innen) und auf die Schüler(innen) untersucht. Ferner gehören die Effekte von Unterrichtsstilen und Lernarrangements auf die Schüler(innen) und deren Lernen zu den zentralen Aufgabenfeldern der Schulforschung.

Für die gegenwärtige Diskussion wichtig erscheint das Ergebnis von Helsper u. a. (2001), dass ein von außen implementierter Reformdruck auf eine Einzelschule dort „eigenlogisch" interpretiert wird. Die Autor(inn)en zeigen, dass insbesondere Schulleiter(innen), aber auch andere Akteure in der Schule in ihren Urteilen, Entscheidungen und in ihrem Handeln an genau diese „Eigenlogik" gebunden sind. Es scheint also jenseits von implementierter oder schulintern initiierter und durchgeführter Schulentwicklung auch so etwas wie ein einflussreiches *Drittes* zu geben, das sich nicht primär an bestimmte Akteure binden lässt. In Bezug auf die Maßnahmen im Rahmen des Konzepts der „Guten Schule" ist von „indirekten Wirkungszusammenhängen" (Bonsen u. a. 2002) auszugehen, wobei bezüglich der konkreten Wirkmechanismen jedoch noch weitgehend Unklarheit besteht.

Die Leitthese dieses Beitrags besteht in der Annahme, dass man diesen „indirekten Wirkungszusammenhängen" dann auf die Spur kommen kann, wenn man sie aus der Sicht der Betroffenen beforscht. Mit Bezug auf den schulpädagogischen Begriff der „Schulkultur" wie ihn Helsper u. a. (2001) geprägt haben, werden die „indirekten Wirkungszusammenhänge" zunächst folgendermaßen näher bestimmt.

2   Schulkultur, Habitūs und Dokumentarische Methode

„Schulkultur" lässt sich mit Helsper u. a. (2001) als die symbolische Ordnung einer Einzelschule näher spezifizieren, die durch symbolische Kämpfe von Akteuren in Auseinandersetzung mit den jeweils vorgefundenen Strukturen des Bildungssystems generiert wird. Diese Auseinandersetzungen stehen im größeren Rahmen der gesellschaftlichen Kämpfe um die Definition und Durchsetzung bestimmter kultureller Ordnungen. Dem Streben nach Individualisierung und den damit einhergehenden Zwängen steht ein polymorpher gesellschaftlicher Enkulturations-, Leistungs- und Konformitätsdruck gegenüber. Gepflogenheiten einer bestimmten „Schulkultur" lassen sich als Bewältigungsmodi dieser Widersprüchlichkeit auslegen. Darüber hinaus spielen auch andere, nicht persongebundene, polymorphe „Dispositive der Macht" (Foucault 1983) in eine „Schulkultur" hinein (wie bspw. die diskursive Herstellung von Freund-Feind-Bildern etc.), die tief in die Haltungen der Akteure in der Schule vordringen. Zudem konstituieren auch „Heterotopien" (Foucault 1992) „Schulkultur" mit. „Heterotopien" sind Räume, in denen andere Gesetze gelten als in diskursiv stark durchregulierten sozialen Räumen. Eine „Heterotopie" wird in diversen Formen der Abweichung vom Gewohnten real. Sie wird einem Individuum oder einer Personengruppe von der Gesellschaft oder von der Gemeinschaft eingeräumt. Sie kann ihm oder ihr aber auch vorenthalten werden. Nach Michel Foucault (1992) sind allein diese Räume für Individuen bzw. für die Perspektiven der Einzelakteure in einer Schule reserviert. Zur Beforschung dieser Faktoren durch eine Schulkulturforschung quer liegt die Analyse des von den juvenilen Akteuren intersubjektiv sowie innerpsychisch ausgetragenen Verhältnisses von Peer- und Schüler(in)sein.

Vor dem Hintergrund des prozessorientierten Begriffs von „Schulkultur" kann eine sozialkonstruktivistische Schüler(innen)forschung die Schüler(innen) nicht als Konstrukteure, sondern allenfalls als „Ko-Konstrukteure" schulischer Wirklichkeit in den Blick nehmen. Indem Helga Kelle (2005) die Aufgabe der Schulpädagogik nach Maßgaben der Schüler(innen)forschung in der Erarbeitung einer „(...) Praxeologie der Schulwirklichkeit in Bezug auf alle kulturellen Praktiken, die in der Schule vorkommen und Schule bedingen," (Kelle 2005, 148) bestimmt, legt sie diese „Ko-Konstruktionen" im Sinne von Praktiken aus. Praktiken, die zum Schüler(in)sein gehören, denkt sie mit peerkulturell geprägten Handlungsmodi zusammen.[74] Kelle fokussiert auf die „situierten Handlungsprobleme der Kinder" (Kelle 2005, 154) in der Schule und deren Lösungen durch diese selbst. Solche Lösungen können durch jugendliche Subkulturen sozial

---

[74] Diese Auffassung korrespondiert mit dem in anderen Zusammenhängen empirisch erbrachten Nachweis, dass das Peer-Klima der Realschule und das der Gesamtschule im Vergleich zu anderen Schultypen schulkonform ist (vgl. Helsper/Böhme, 584).

abgestützt sein und zugleich aus der Sicht der Institution als abweichendes Verhalten erscheinen (Fend/Schneider 1984). Als das Resultat vielfältiger sozialer Kämpfe und Partizipations- und Entscheidungsprozesse gehen sie in die Lehr- und Lernkulturen einer Schule ein. Sie sind aber nicht nur Konflikt- sondern auch Erfahrungsmodi und dienen der verbalen oder auch über Gesten, Mimik, Stimmführung etc. weitgehend nonverbal vermittelten Verständigung über die „richtige" Praxis schulischen Handelns. Sie können durch den Individualisierungs- und Leistungs-/ Konformitätsdruck der Institution legitimiert sein oder eine „Heterotopie" darstellen. Da diese „Ko-konstruktionen" zudem unter dem Einfluss vielfältiger „Dispositive der Macht" stehen und sich nicht davon losgelöst bestimmen lassen, legen wir sie als „*Habitūs*" (Bourdieu 1993) aus: Einen „Habitus" eignet sich ein Individuum in sozialen Beziehungen sowohl mimetisch als auch konstruktiv an, wobei die beiden Aneignungsformen empirisch nicht unterschieden werden können.

Wenn die Schulkulturforschung die Praxeologie der Schulwirklichkeit und hier insbesondere die Handlungspraxen und die Erfahrungsmodi von Schüler(inne)n zu ihrem Gegenstand erklärt, so geht es nicht vorrangig um intentionale Prozesse, sondern vielmehr um die „generative Formel", um den „modus operandi" bestimmter Verhaltensweisen. Es geht also darum, herauszuarbeiten, *wie* die Akteure denken und handeln, welchen Erfahrungsraum sie teilen, *wie* sie kulturelle und soziale Phänomene herstellen – im Speziellen, *wie* die Schüler(inne)n Aspekte der „Schulkultur" wahrnehmen, *wie* sie auf diese reagieren und *wie* sie diese mitgestalten.

Die Dokumentarische Methode zielt explizit auf die Ermittlung von (intuitiven) und mit anderen geteilten Verstehensprozessen ab, die aus einer gemeinsamen Handlungspraxis stammen (Mannheim 1980, 73ff.). Von „modi operandi", die in Verbaläußerungen zum Ausdruck gebracht werden, wird auf mit den anderen geteilte „Habitūs" geschlossen (Bohnsack 2003, 60).

3   Die „Öhrchen-Installation" als Grundlage einer empirischen Studie

Um „Schulkultur" als die Struktur gebende Instanz für Prozesse der Individualisierung und solche der gesellschaftlichen Anpassung, als Einflussbereich von diversen „Dispositiven der Macht" sowie als Instanz der Einräumung von „Heterotopien" aus der Sicht der Schüler(innen) beforschen zu können, bedarf es eines ganz spezifischen Datenmaterials. Die Schüler(innen) sollten ihre Gefühle, Imaginationen und Einfälle, die das verlangte Denken stets begleiten, kommentieren, unterwandern, interpretieren und es unterschwellig beeinflussen, unreglementiert zum Ausdruck bringen können. Sie sollten evaluative Aussagen über beliebige

Sachverhalte oder zwischenmenschliche Beziehungen machen und ungestraft symbolische Kämpfe austragen können. Ein Schüler oder eine Schülerin sollte die Bedeutungen, die sich ihm oder ihr spontan aufdrängen, zeitgleich verlautbaren können.

Alle diese Möglichkeiten lassen sich mit der Methode des „Lauten Denkens" (vgl. bspw. Ericsson/Simon 1998) in Verbindung bringen. Um diese Methode auch während des laufenden Unterrichts mit dem Ziel anwenden zu können, „Schulkultur" aus der Perspektive der Schüler(innen) gleichsam in flagranti zu erfassen, eignet sich, so habe ich an anderer Stelle nachgewiesen (siehe Kraus 2007), die sog. „Öhrchen-Installation" als Erhebungsinstrument, die ich im Jahr 2003 zunächst als ein Unterrichtsmittel entwickelte.

Die „Öhrchen-Installation" arbeitet mittels eines Gegenstands, die sog. „Öhrchen-Plastik": In die Ohrmuschel eines der Realität exakt nachgebildeten Öhrchens aus Silikon-Kautschuk, das etwa die Größe der Hand eines Kindes im Alter von neun bis vierzehn Jahren hat, ist ein MP3-Gerät samt Mikrofon eingebaut, das an- und ausgeschaltet werden kann. Das ins „Öhrchen" Gesprochene wird so aufgezeichnet. Die „Öhrchen-Plastiken" liegen als Klassensatz vor. Zum Zweck der Wahrung der Anonymität der Aufnahmen sind sie mit kleinen Symbolen gekennzeichnet. Bei einem anweisungsfreien Gebrauch kann die „Öhrchen-Plastik" prinzipiell zugleich als ein Ventil und als ein Behältnis für all das dienen, was ihren Nutzer bzw. ihre Nutzerin im Stillen beschäftigt.[75]

Im Folgenden soll eine deutsch- und eine schwedischsprachige Aufnahmereihe von Schüler(inne)n der 6. Jahrgangsstufe analysiert werden. Die Aufnahmen stammen aus einer in einem Vorort von Vasa/Finnland gelegenen schwedischsprachigen Grundschule (Klassen 1-6) und aus einer Realschule in einem Vorort von Stuttgart.[76] Nach dieser Woche stellte ich als teilnehmende Beobachterin in den beiden Schulklassen fest, dass Frontalunterricht vorherrscht(e). Beide Schulen verstehen sich als musikbetont, wobei dies im Untersuchungszeitraum nicht direkt zum Tragen kam. Die finnische Schule, eine Ganztagesschule mit fast familiärem Charakter und Essensausgabe, wird von ca. 480 Schülern besucht. In die deutsche Halbtagesschule gehen ca. 560 Schüler. Die Erhebung erfolgte jeweils an drei Schulvormittagen bei laufendem Unterricht im Klassenzimmer. Im Januar 2006 entstand die Stuttgarter Aufnahmereihe, die insgesamt 437 Aufnahmen umfasst. Abzüglich der akustisch nicht verständlichen sind es

---

[75] Die These, dass dies darauf zurückzuführen sein könnte, dass die Form des „Öhrchens" einen identifikatorischen Effekt mit sich bringt, habe ich in meiner Schrift „Die Öhrchen-Installation" – ein Erhebungsverfahren in der Kindheits- und Schüler(innen)forschung" evaluativ geprüft, indem ich in einer empirischen Studie verschiedene Vermittlungsinstanzen herausgearbeitet habe, welche von den Schüler(inne)n mit der „Öhrchen-Plastik" in Verbindung gebracht werden.

[76] Weitere Details zu den Umständen der Datenerhebung: Kraus 2007, 82f.

im Durchschnitt 18,2 Aufnahmen pro Kind. Die in Finnland erhobene Aufnahmereihe entstand im Juli 2005. Es sind insgesamt 106 Aufnahmen, 5,9 Aufnahmen pro Kind.

Die beiden folgenden Ausschnitte aus den erhobenen Aufnahmereihen sind
nach dem Ersteindruck ausgewählt, dass in beiden Fällen Orientierungsgrößen
und Gegenhorizonte der Schüler(innen) in Bezug auf Prozesse der Individualisierung (1), der Anpassung (2) sowie Hinweise auf die Wirksamkeit von „Dispositiven der Macht" (3) und „Heterotopien" (4) vorgefunden werden.

Ich beschränke mich hier auf die Darlegung meiner „reflektierenden Interpretation"[77] nach der dokumentarischen Methode, um dann die Aussagen in
Hinblick auf die genannten vier Aspekte von Schulkultur hin zu typisieren. Das
Gesamtmaterial ist zu bestimmten, sich aus diesen Zusammenhängen ergebenden
Paradigmen mithilfe ATLAS/ti, einer Software für die qualitative Datenanalyse,
kodiert. Ich beginne mit einem Ausschnitt aus der deutschsprachigen Aufnahmereihe.[78]

3.1 „Roter Stern" (♂) 3 von 8 Aufnahmen

001 Ja ich bin jetzt fertig und ähm ja ( ) Na bitte, ich bin fertig, das is doch toll. Ich
    und mein Nachbar, wir sin die zwei Checker, yeah yeah yeah yih yih yih yi-
    hyih. Wir hams natürlich beendet, who:w. Und ähm, Frau ( ) hat so Blätter zur
    Kontrolle. Un ich frag mich, ob richtig, ob wir alles richtig haben. Yeah. Oh-
    hohoho.
002 Ok, Freitag, mhh der zwanzigste Januar 2006. Mein Öhrchen (1). Ham wir gra-
    de Englisch.
003 Wir sind jetzt hier in EWG[79] und das is voll bescheuert und ähm 'und voll
    langweilig'. Ja jetzt kommt die Aggro[80]- Ansage 4 [rappt]: (1) Berlin, das is die
    Ansage 4, die Leute kommen und gehen, doch ich bleib noch ganz lang da, hier.

---

[77] Nach der Dokumentarischen Methode werden Erzählprozesse zunächst in ihrem zeitlichen Verlauf
und möglichst nah am Text rekonstruiert („formulierende Interpretation"). Darauf aufbauend werden
die Erlebnis- und Interaktionsprozesse rekonstruiert, die *Gegenstand* der Mitteilungen sind bzw.
deren Rahmen abgeben („reflektierende Interpretation"). Im Anschluss daran werden Typisierungen
vorgenommen.
[78] Die vorliegenden Transkriptionen wurde nach den Richtlinien von Bohnsack (2003, 235) durchgeführt. Kurze Legende der verwandten Zeichen:
(2) Anzahl der Sekunds, die eine Pause dauert, hier 2
@(.)@ kurzes Auflachen
@(2)@ 2 Sek. Lachen
In eckigen Klammern und nicht kursiv gedruckt stehen meine Kommentare.
[79] EWG = Erdkunde-Wirtschaftskunde-Gemeinschaftskunde, ein an baden-württembergischen Real-
schulen gelehrter Fächerverbund.
[80] Aggro Berlin ist ein erfolgreiches (Independent-) Musik-Label für deutschen RAP.

Ich mach ne Million mit Aggro, ich verwöhn ( ) Geld verdien, die Ansage 4, die Leute kommn und gehen, doch ich bleib noch ganz lange hier, ich mach ne Million mit Aggro (4) Deutschland ist außer sich, ihnen platzt der Kragen und manchen dreht sich der Magen. (2) aufm Konzert, um mich zu schlagen, doch nix ist passiert (1) nur euer Plan nich so ganz geklappt. Okay, das wars dann. Tschüss.

In seiner ersten Aufnahme bekundet „Roter Stern" seine Bereitschaft, möglichst einwandfrei eine von allen Schüler(inne)n abgeforderte und per se mit Anpassungsdruck verbundene schulische Leistung zu erbringen. Er entwirft in weitgehend jugendsprachlicher Ausdrucksweise das Szenario, dass seine Orientierung von Erfolg gekrönt sein wird, den er mit seinem Sitznachbarn teilen wird. Einem als Kraftausdruck verlautbarten Selbst- und Lob des Sitznachbarn folgen nach einer kurzen Pause eine Verlegenheitsäußerung sowie der selbstreflexive Hinweis, dass seine Lehrerin Selbstkontrollbögen ausgelegt hat. Letzteres geschah sicherlich mit der Intention, die Schüler zum selbst gesteuerten Lernen anzuhalten. Im Unterrichtsprinzip des selbst gesteuerten Lernens wird die Austarierung des grundlegenden Widerspruchs zwischen Individualisierungs- und Leistungs-/Konformitätsdruck in der Schule weitgehend in die Hände der Schüler(innen) gelegt. Das Gefühl der Selbstwirksamkeit wird in der Fachliteratur als die unabdingbare Voraussetzung für selbst gesteuertes Lernen angesehen. Der plötzlich einsetzenden, unterrichtskonformen, selbstreflexiven Wortwahl nach zu urteilen („ich frag´ mich, ob richtig, ob wir alles richtig haben.") sieht „Roter Stern" die verlangte Selbstkontrollübung und Individualisierungsleistung als eine ernsthafte Herausforderung an, von der er vermutet, dass er sie meistern wird („Yeah. Ohhohoho"). Der sich in Aufnahme 001 nahtlos vollziehende Wechsel von der jugendsprachlichen und somit auf imaginärer Linie stark identifikatorisch wirksamen Verlautbarung des Gefühls von Selbstwirksamkeit zu einer unterrichtskonformen Ausdrucksweise mit stark realem Charakter kann als Beweis für einen der Unterrichtskultur in besonderer Weise entsprechenden „Habitus" bzw. als das Anzeichen für die große subjektive Bedeutsamkeit der praktizierten Lernform für den Akteur interpretiert werden. Inhalte sind hier offenbar nicht gemeint, denn über sie wird nichts weiter gesagt. In Aufnahme 002 steckt der Schüler momentan objektiv geltende Rahmenbedingungen ab: Die Nennung des Zeitfaktors (Wochentag mit Datum) als ein „Dispositiv der Macht" und die Angabe des Unterrichtsfachs als ein weiteres „Dispositiv der Macht" umschließen den Hinweis auf die temporäre und als Privatraum zugestandene Nutzung der „Öhrchen-Plastik". Aufnahme 003 tätigt „Roter Stern" im anschließenden EWG-Unterricht. Mit der Nennung dieses Faches und dem Hinweis, dass es ihm missfällt und langweilt, leitet er eine vom RAP bestimmte Passage ein. Diese zum Teil sehr aggressiv konnotierte und als stark rhythmisierte mündliche Berichterstattung zur Aufführung gebrachte Musikrichtung wird durch den Schüler imitiert und teilweise zitiert. Die so entstehende „Heterotopie" teilt der Akteur offenbar mit Klassenkameraden. Denn die Kodierung mit ATLAS/ti ergab insgesamt 17 Aufnahmen zum Thema RAP bei drei Schülern. Auf imaginärer Ebene findet hier ein Exkurs in einen jugendkulturell geprägten Kontext statt, der dem Akteur Professionalität, dauerhafte finanzielle Unabhängigkeit, in Zeiten der Mobilität eine Art Bleiberecht und zudem Fans zuspielt, die sich für ihn mit Leib und Seele („dreht sich der Magen") und bis hin zur Selbstaufgabe („sich um mich schlagen") begeistern.

Das Thema „Langeweile" wird dazu herangezogen, diese von „Roter Stern" sichtlich ausgekostete „Heterotopie" einzuleiten. Dies ist kein singulärer Fall. Das Thema „Langeweile" wird generell im Rahmen der von Schüler(in)seite in habitueller Weise mitkonstituierten Schulkultur (vgl. Breidenstein 2006), und hier insbesondere für die Herstellung von „Heterotopien" herangezogen. Dies lässt sich damit belegen, dass es sehr häufig, insgesamt 69 Mal in Kombination mit schulfernen Bemerkungen auftritt. Offenbar übt dieses Thema eine starke imaginäre Wirkung auf die Schüler(innen) aus. Beendet wird die Aufnahmereihe mit einer Floskel, mit der das in die „Öhrchen-Plastik" Eingesprochene für abgeschlossen befunden wird, und einer freundschaftlichen Verabschiedung.

3.2 „Blauer Kreis" (♂) 9 von 16 Aufnahmen

007 Ich möchte nach Nagelskär[81] fahren, ich glaube, wir fahren nach Strömsö[82] ich schaffe es nicht nach Strömsö zu fahren (1). dorthin radeln () dann fahre ich zu Simon und mache Softakrieg[83].
008 Ich bin ziemlich müde, ich schaff's nicht, ich möchte schlafen.
009 Ich möchte zu meiner Katze Mimmi fahren, ich will sie streicheln.
010 Power power power
011 Ich bekomme einen der Blockshot[84], das heißt den bekomme ich heute oder morgen.
012 Nach der Schule spiele ich Fußball mit einigen Viertklässlern und Jonathan aus unserer Klasse. Ich bin so glücklich.
013 Was soll ich noch erzählen?
014 [gähnt] Ich bin müde.

---

[81] Nagelskär ist eine der Hafenstadt Vasa vorgelagerte Insel.
[82] Tromsö ist eine der Hafenstadt Vasa vorgelagerte Insel.
[83] „Softakrig" ist eine umgangssprachliche Bezeichnung für Airsoft Krieg, ein in Deutschland seit 2004 unter gewissen Auflagen gestatteter Sport, bei dem mit originalgetreu nachgebauten Modellwaffen und im Schutzanzug (military look) Krieg simuliert wird.
[84] Computerspiel, das schießen und puzzlen miteinander kombiniert.

015 Der neben der Schwimmhalle hüpft. Jetzt bin ich satt und zufrieden.
  016 Airsoft Krieg Airsoft Krieg Airsoft Krieg

Nach wenig aussagekräftigen Aufnahmen äußert „Blauer Kreis" in Aufnahme
007 den Wunsch, das Ziel des offenbar geplanten und von ihm wohl prinzipiell
befürworteten Klassenausflugs zu ändern. Er bringt zum Ausdruck, dass ihm das
geplante Reiseziel nicht behagt, da er sich durch die Radtour dorthin überfordert
sieht. Es ist unwahrscheinlich, dass er sich dem mit dem Ausflugsziel verbundenen Anpassungsdruck entziehen können wird. Der Alternativvorschlag lässt
vermuten, dass er an solchen schulischen Entscheidungen beteiligt sein könnte.
Danach erzählt er, dass er mit einem Freund Airsoft Krieg spielen wird, wobei
der genaue Zeitpunkt unklar bleibt. In Aufnahme 008 teilt er seine Müdigkeit
und die Unfähigkeit mit, etwas zu tun, was genau, bleibt unbestimmt. In den
folgenden Aufnahmen äußert der Akteur den Wunsch, zu seiner Katze zu fahren,
um sie zu streicheln. Nach der Verkündung einer Art Lebensmotto („Power power power") erzählt er, dass er am selben oder am nächsten Tag ein Computerspiel geschenkt bekommen wird und dass er mit jüngeren Schulkameraden nach
der Schule Fußball spielen wird. „Blauer Kreis" äußert im Wechsel Freizeitbe-
schäftigungen und eigene Befindlichkeiten. Dabei fällt eine ausgeprägte Orientierung an eigenen außerschulischen Aktivitäten auf, die zum einen im Kontrast
zu der Müdigkeit steht, die ihn (eventuell nur an diesem Schultag) zu belasten
scheint. Zum anderen wird in der Nennung diverser Freizeitaktivitäten implizit
die Anwesenheitspflicht in der Schule thematisiert. Die mit dem Anwesenheits-
zwang bei Schulausflügen und Schulunterricht verbundenen Anpassungsleistun-
gen scheinen vom Schüler nur ungern erbracht zu werden. Es folgt eine reflexive
Schleife, in der ein Redezwang thematisiert wird, der augenscheinlich von der
„Öhrchen-Plastik" ausgeht („Was soll ich noch erzählen?"). Erneut tut „Blauer
Kreis" seine Müdigkeit kund. Der hier wiederholte Ausdruck von Müdigkeit ist
mit Blick auf die Gesamterhebung singulär. In Aufnahme 015 folgt auf einen
unverständlichen, poetisch anmutenden Satz („Der neben der Schwimmhalle
hüpft") ein Ausdruck des Gefühls der Zufriedenheit nach reichlichem Essen. Die
Aufnahmereihe wird mit dem unpersönlichen und stark im Sinne von Reklame
imaginär wirksamen Slogan „Airsoft Krieg Airsoft Krieg Airsoft Krieg" beendet,
das in der Form dem zuvor geäußerten Lebensmotto korrespondiert. In die Aufnahmereihe von „Blauer Kreis" sind zwar lapidar geäußerte persönliche Wünsche als „Heterotopien" wirksam, aber es sind keine detailliert ausgefeilten Exkurse in jugendkulturelle Kontexte in sie eingestreut. Dies trifft für das gesamte,
in Vasa erhobene Material zu. Der vom Schulgeschehen weitgehend abgelöste
Vorstellungsraum wird ohne Rückgriff auf negative Abgrenzungen zum Schulgeschehen entfaltet. Auch die Beziehung zur „Öhrchen-Plastik" ist bei den finni-

schen Kindern bei Weitem nicht so ausgeprägt wie dies bei den Schüler(inne)n aus Stuttgart der Fall ist. Sie verabschieden sich allenfalls von diesem (insgesamt 5 Aufnahmen). In 43 von 437 der Stuttgarter Aufnahmen wird dagegen eine positive Beziehung zum „Öhrchen" zum Ausdruck gebracht. Während die am finnischen Standort erhobene Aufnahmereihe nur drei Äußerungen der Langeweile aufweist, die allesamt auf außerschulische Dinge bezogen sind, sind alle 69 Bekundungen von Langeweile durch die Stuttgarter Schüler(innen) auf die Schule und auf den Unterricht bezogen. Damit bestätigen diese Analysen Georg Breidensteins (2006) These, dass das Thema „Langeweile" ein prekäres Phänomen ist, das von Schüler(inne)n nicht laut, sondern allenfalls inoffiziell und verdeckt (in die „Öhrchen-Plastik" eingesprochen und somit) thematisiert wird, dem aber implizit Normalität zugeschrieben wird. Es scheint sich der hier vorgestellten Studie entsprechend jedoch um ein deutsches Phänomen zu handeln. Darüber hinaus macht meine Analyse deutlich, dass dieses Thema häufig dazu herangezogen wird, um „Heterotopien" einzuleiten und zu rahmen. Die deutschen Schüler(innen) „erlauben sich" ausgiebige Exkurse in eine jugendkulturell geprägte Parallelwelt phantasierter Ressourcen, „Kapitalsorten" (Bourdieu 1996) und Machtphantasien. Die Äußerungen der finnischen Schüler(innen) hingegen erwecken den Eindruck, dass weniger der imaginäre (mehr oder weniger narzisstisch geprägte) Raum, sondern vielmehr reale, mit anderen geteilte Freizeitaktivitäten für sie wichtig sind. Nicht nur die hier analysierten Aufnahmen von „Blauer Kreis", sondern auch die Kodierung des Gesamtmaterials zeigt, dass in den in Finnland erhobenen Aufnahmen die von den Schüler(inne)n in prinzipieller Weise ausgetragene Spannung zwischen der Schulpflicht und ihren Freizeitaktivitäten eine zentrale Rolle spielt. Peers werden lediglich als Spielkameraden benannt und in keinem Fall bewertet. In einer hier nicht analysierten Aufnahmereihe eines finnischen Schülers wird hingegen ein intensives Bestreben deutlich, die Gunst eines bestimmten Mitschülers zu gewinnen. In keiner der aus Vasa/Finnland stammenden Äußerung wird eine negative oder positive Auseinandersetzung mit Lernformen und schulischen Inhalten, aber auch keine mit Lehre(innen)n oder Peers explizit. Dagegen führt die Kodierung der in Stuttgart erhobenen Aufnahmen zu dem Ergebnis einer ausgeprägten, wenn auch ungehobelten[85] Werturteilspraxis oder -kultur bei den Schüler(inne)n. Die Stuttgarter Schüler(innen) fällen 139 negative und 130 positive Werturteile über Schule und Unterricht im Allgemeinen, zu den Lehrer(inne)n werden 39 negative und 9 positive Werturteile abgegeben, Mitschüler(innen) werden 61 Mal negativ und kein einziges Mals positiv beurteilt.

---

[85] Die Werturteile beschränken sich auf lapidare Aussagen wie bspw. „doof", „dumm", „nett".

4 Resümee

Die sich hier selbstverständlich stellende Frage, inwieweit mithilfe der „Öhr-chen-Installation" tatsächlich die Perspektive von Schüler(innen) auf die Schul-kultur überhaupt „in flagranti" erfasst werden kann, knüpfe ich an anderer Stelle (siehe Kraus 2007) an die teilweise sehr stark emotionalisierte, bisweilen sogar konspirative Beziehung der deutschen Schüler(innen) zur „Öhrchen-Plastik". Es hat sich herausgestellt, dass die Schüler(innen) die „Öhrchen-Plastik" mit deut-lich erkennbaren Vermittlungsinstanzen („Gleichaltriger", „Intimus", „Sünden-bock", „Spion" etc.) identifizieren. Anhand des finnischen Materials lässt sich dieser Zusammenhang nicht belegen. Damit liegt der Gedanke nahe, dass das Erhebungsinstrument selbst, nämlich die „Öhrchen-Plastik", im Rahmen der jeweiligen Schulkultur eine bestimmte Rolle oder bestimmte Rollen spielt, die anhand einer breiter angelegten Studie noch zu ermitteln wäre(n).

Die „Schulkultur" als die Instanz der Strukturierung von Prozessen der In-dividualisierung und der gesellschaftlichen Anpassung wird durch die Schü-ler(innen) der zwei europäischen Länder sehr unterschiedlich ausgelegt. Diese Unterschiede betreffen die Werturteilspraxis, die Bedeutung von Jugendkultur und das Thema Langeweile. Es kann hier prinzipiell nicht entschieden werden, ob die in Hinblick auf die jeweilige Schulkultur aus Schülersicht festgestellten Länderunterschiede auf soziale, gesellschaftliche oder auf lebensweltliche Grün-de zurückzuführen sind. Fraglos prägen sie aber das schulische Lernen und Leh-ren und die Kultur der jeweiligen Schule entscheidend.

Die Analysen der Äußerungen des Stuttgarter Schülers verdeutlichen, dass die Spannung zwischen Prozessen der Individualisierung und solchen der gesell-schaftlichen Anpassung in der Erhebungssituation durch eine bestimmte Lern-form (selbst gesteuertes Lernen) vermittelt und ausgetragen wird. Die „Öhrchen-Plastik" wird hier, im Unterschied zum finnischen Fall, in ausgeprägter Art und Weise für symbolische Kämpfe genutzt. Bei den Stuttgarter Kindern zeigt sich überhaupt ein sehr viel größerer Mitteilungsdrang der „Öhrchen-Plastik" gegen-über als bei den Kindern aus Vasa.[86] Zudem kommt dem Thema „Langeweile" an der deutschen Schule im Unterschied zur finnischen offenbar eine Schlüssel-stelle zu, da es hier die Übergänge zwischen institutioneller Einbindung und Freizeit, Anpassung und „Heterotopie" zu markieren scheint. Es lässt sich nicht abschließend beurteilen, ob diese ausgeprägte Beurteilungspraxis der Stuttgarter Schüler(innen) eine Anpassungsleistung an den durch die Einzelschule jeweils in spezifischer Weise repräsentierten Leistungs- und Konformitätsdruck oder die

---

[86] Zu den Instanzen, als die die Stuttgarter Schüler(innen) die „Öhrchen-Plastik" näher bestimmen, siehe Kraus 2007.

„Heterotopie" eines Aufbegehrens dagegen darstellt. Denkbar ist auch, dass diese Beurteilungspraxis eine Entlastungsfunktion hat, die auf der Seite der finnischen Kinder eher durch das individuelle Ausbalancieren eigener und kollektiver schulischer Herausforderungen erreicht zu werden scheint.

Literatur

Barck, K. (Hrsg.) (1992): Aisthesis. Wahrnehmung heute oder Perspektive einer anderen Ästhetik. Leipzig: Reclam.
Bohnsack, R. (2003): Rekonstruktive Sozialforschung. Einführung in qualitative Methoden. Opladen: Leske & Budrich.
Bonsen, M./von der Gathen, J./Iglhaut, C./Pfeiffer, H. (2002): Die Wirksamkeit von Schulleitung. Empirische Annäherungen an ein Gesamtmodell schulischen Leistungshandelns. Weinheim, München: Juventa.
Bourdieu, P. (1993): Sozialer Sinn. Kritik der theoretischen Vernunft. Frankfurt/M.: Suhrkamp.
Bourdieu, P. (1996): Die feinen Unterschiede. Kritik der gesellschaftlichen Urteilskraft. Frankfurt/M.: Suhrkamp.
Breidenstein, G./Prengel, A. (Hrsg.) (2005): Schulforschung und Kindheitsforschung – ein Gegensatz? Wiesbaden: VS Verlag für Sozialwissenschaften.
Breidenstein, G. (2006): Teilnahme am Unterricht. Ethnographische Studien zum Schülerjob. Wiesbaden: VS Verlag für Sozialwissenschaften.
Burkard, C./Kanders, M. (2002): Schulprogrammarbeit aus der Sicht der Beteiligten. Ergebnisse der Schulprogrammevaluation in Nordrhein-Westfalen. In: Rolff et al. (2002): 233-260.
Dalin, P./Rolff, H. G. (1990): Institutionelles Schulentwicklungsprogramm. Soest: Soester Verlagskontor.
Fend, H. (1987): „Gute Schulen" – „Schlechte Schulen" – Die einzelne Schule als pädagogische Handlungseinheit. In: Steffens et al. (1987): 55-79.
Ericsson, K. A./Simon, H. A. (1998): How to study thinking in everyday life: Contrasting think-aloud protocols with descriptions and explanations of thinking. In: Mind, Culture and Activity, 5. Jg., H.3. 178-186.
Fend, H./Schneider, G. (1984): Schwierige Schüler – schwierige Klassen. Abweichendes Verhalten, Sucht- und Delinquenzbelastung im Kontext der Schule. In: Zeitschrift für Sozialisationsforschung und Erziehungssoziologie 4. Jg.. H.1 123-143.
Foucault, M. (1986): Der Wille zum Wissen. Sexualität und Wahrheit I. Frankfurt/M.: Suhrkamp.
Foucault, M. (1992): Andere Räume. In: Barck (1992): 34-46.
Fuhs, B. (2005): Kindheitsforschung und Schulforschung – zwei Gegensätze? Überlegungen aus der Sicht der Kindheitsforschung. In: Breidenstein et al. (2005): 161-176.
Helsper, W./Böhme, J./Kramer, R.-T./Lingkost, A. (2001): Schulkultur und Schulmythos. Rekonstruktionen zur Schulkultur I. Opladen: Leske & Budrich.
Helsper, W./Böhme, J. (2002): Jugend und Schule. In: Krüger et al. (2002): 567-596.

Kelle, H. (2005): Kinder in der Schule. Zum Zusammenhang von Schulpädagogik und Kindheitsforschung. In: Breidenstein et al. (2005): 139-160.

Klippert, H. (2000): Pädagogische Schulentwicklung. Planungs- und Arbeitshilfen zur Förderung einer neuen Lernkultur. Weinheim, Basel: Beltz.

Kraus, A. (2007): Die „Öhrchen-Installation" – ein Erhebungsverfahren in der Kindheits- und Schülerforschung. Hamburg: Verlag Dr. Kovac.

Krüger, H.-H./Grunert, C. (Hrsg.): Handbuch Kindheits- und Jugendforschung. Opladen: Leske & Budrich.

Mannheim, K. (1980): Strukturen des Denkens. Frankfurt/M.: Suhrkamp.

Rolff, H. G./Holtappels, H. G./Klemm, K./Pfeiffer, H./Schulz-Zander, R. (Hrsg.) (2002): Jahrbuch der Schulentwicklung Band 12. Weinheim, München: Juventa.

Steffens, U./Bargel, T. (Hrsg.) (1987): Erkundungen zur Wirksamkeit und Qualität von Schule. (Beiträge aus dem Arbeitskreis Qualität von Schule, Heft 1. Wiesbaden: Hessisches Landesinstitut für Bildungsplanung.

Terhart, E. (1986): Organisation und Erziehung. Neue Zugangsweisen zu einem alten Dilemma. In: Zeitschrift für Pädagogik 32.Jg.. H.2. 205-223.

Terhart, E. (1994): SchulKultur. Hintergründe, Formen und Implikationen eines schulpädagogischen Trends. In: Zeitschrift für Pädagogik 40.Jg.. H.5. 685-702.

Wenzel, H./Keuffer, J./Krüger, H.-H./Reinhardt, S./Weise, E. (Hrsg.) (1998): Schulkultur als Gestaltungsaufgabe. Partizipation, Management, Lebensweltgestaltung. Weinheim: Deutscher StudienVerlag.

3 Perspektiven auf Kinder in der Schule zwischen Peer- und Schülersein

Von der Konstruktion des „normalen" Schülers zur Rekonstruktion der kindlichen Perspektive

Heike de Boer

„Es heißt ja immer, man solle die Welt auch mit Kinderaugen sehen. Das sagt sich zwar so einfach, aber leicht ist es keinesfalls ..."

Dieser Beitrag setzt sich mit dem Prozess von Studierenden auseinander, die sich durch die Beobachtung und Dokumentation einzelner Kinder in der Schule, der kindlichen Perspektive annähern und einen Blick für Heterogenität einerseits und die Bedeutung der Peerkultur in der Schule andererseits entwickeln. Der mühsame Weg, den der Perspektivenwechsel von der Erwachsenen- zur Kinderperspektive bedeutet, wird sichtbar und zeigt, dass zu Beginn der Beobachtung ein Schülerbild steht, dass durch die Konstruktion des „normalen Schülers" im Sinne eines an schulisch-normative Erwartungen angepassten Kindes steht. Heterogenität und Differenz werden als Abweichung von der „homogenen" Normalität konstruiert und führen zu entsprechenden Bewertungen und Zuschreibungen. In dem über ein halbes Jahr andauernden Beobachtungsprozess verändert sich der Blick der Studierenden auf die Schüler und Schülerinnen. Die Komplexität schulischer Situationen wird zunehmend wahrgenommen, individuelle Fragen und Interessen einzelner Kinder gewinnen an Bedeutung, peerkulturelle Prozesse geraten in den Blick und machen erkennbar, dass Schule für Kinder eben auch durch die sozialen Ereignisse gekennzeichnet ist. Dieser Prozess, in dem sich eine Entwicklung der studentischen Perspektive hinsichtlich der Wahrnehmung kindlicher Verhaltensweisen zeigt und eine fragende Haltung entsteht, wird im Folgenden näher dargestellt.

1 Re-Analyse studentischer Mikrostudien

Mit dem Ziel, in den Mittelpunkt des ersten Praktikums die Schulung der individuellen Wahrnehmung und Beobachtungsfähigkeit zu stellen, um den beobachtenden Blick der Studierenden für Heterogenität und peerkulturelle Prozesse zu öffnen, wurde eine Organisationsform entwickelt, die durch die Mischung von Block- und Tageshospitationen in der Schule gekennzeichnet ist. Das Praktikum beginnt mit einer viertägigen Blockphase, wird gefolgt von semesterbegleitenden wöchentlichen Hospitationen und mündet in eine abschließende 14-tägige Blockhospitationsphase. Die Studierenden erhalten für die gesamte Zeit die Aufgabe, sich ein Kind der Hospitationsklasse auszuwählen, einen allerersten Eindruck zu formulieren und das Kind in möglichst vielfältigen schulischen Situationen zu beobachten. In diesem Prozess sollen sie ein Bild von den Stärken und Interessen, den Schwierigkeiten und Problemen dieses Kindes entwickeln und dabei die kindliche Perspektive auf die schulischen Alltagssituationen rekonstruieren. Die Beobachtungen werden verschriftlicht, interpretiert und münden in eine Fragestellung für eine Literaturrecherche. Abschließend werden Beobachtungen, Analysen und Recherchen zu einer Gesamtbewertung zusammengefasst und durch eine Reflexion des eigenen Beobachtungsprozesses ergänzt. Die Arbeit der Studierenden wird zum einen durch einen Workshop, der in die teilnehmende Beobachtung einführt, und zum anderen durch ein semesterbegleitendes Seminar, in dem exemplarische Fallbesprechungen anhand einzelner Beobachtungstexte erfolgen, begleitet.

In einer Re-Analyse werden die über 5 Jahre entstandenen 100 Mikrostudien mit der Fragestellung ausgewertet, wie Studierenden sich der kindlichen Perspektive annähern und welche Lernprozesse in diesem Kontext sichtbar werden. Im Sinne des theoretischen Kodierens entsprechend der Grounded Theory steht im Mittelpunkt der Analyse die Zuordnung von Kodes zu bestimmten Phänomenen. In dem Prozess des Kodierens wurden zunächst in einer Voruntersuchung 20 Mikrostudien aus dem Sommersemester 2006 und dem Wintersemester 2006/2007 einer Globalauswertung unterzogen. Der Begriff „Normalität" zeigte sich als zentraler Kode, dem in seiner Deutung durch die Studierenden verschiedene Facetten zugewiesen wurden. Der analytische Prozess konnte sichtbar machen, dass sich die Beschreibung der Handlungen und Situationen, die als „normal" bezeichnet wurden, im Laufe der Hospitationszeit änderte, und der Begriff in unterschiedlichen Phasen mit verschiedenen Deutungen versehen wurde. Im Folgenden wird dargestellt, wie die Annäherung der Studierenden an die Perspektive der Kinder verbunden ist mit einem sich ändernden Verständnis von „Normalität". Zugleich wird der Zusammenhang von Instruktionen und Konstruktionen der Studierenden in den verschiedenen Phasen der Hospitation reflektiert.

2 Die Beobachtungskinder

„Johannes[87] redet oft ungefragt und ruft Lösungen einfach in den Raum. Er ärgert seine Banknachbarn und ist auch körperlich aggressiv. Das sind die ersten Eindrücke, die in mir ganz verschiedene Emotionen ausgelöst haben. Zuerst fand ich sein Verhalten, wie bereits erwähnt, unmöglich. Er störte regelmäßig den Unterrichtsablauf. Das machte mich sehr ärgerlich und ich kann nicht verhehlen, dass ich zeitweise deshalb auch wirklich wütend auf ihn war."

Die Studierenden hatten die Aufgabe, sich innerhalb der ersten Hospitationstage für ein Beobachtungskind zu entscheiden. Nicht genügend von den anderen Schülern und Schülerinnen mitzubekommen und die Klasse als Ganzes aus dem Blick zu verlieren, erwies sich als von den meisten geteilte Sorge. 13 Jahre Schule und die Erfahrung vor allem als Bestandteil der Klasse, des Kurses, der AG oder als Schülergemeinschaft zu zählen, schien der Aufgabe, den Blick auf ein einzelnes Kind zu richten, im Wege zu stehen. Gegen anfängliche Widerstände wurden zunächst einzelne Kinder für die Beobachtung ausgewählt, mit der Rückversicherung, sich noch umentscheiden zu können. Die Auswahl der Beobachtungskinder lassen sich in drei Kategorien zusammenfassen:

- Zunächst waren es jene Kinder, wie im dargestellten Zitat, die im Unterricht störten, einen Extraplatz hatten, die schulischen Regeln ignorierten und durch ihr Verhalten auffielen.
- Auch waren es solche Kinder, die unauffällig und übersehbar waren. Kinder, von denen die Studierenden nach ersten Schultagen wenig wussten, und sich fragten, ob sie tatsächlich anwesend waren.
- Und dann gab es jene Kinder, die offen und aufgeschlossen auf die Praktikantinnen zugingen, sich interessiert an ihnen als Person zeigten, Kontakt und Nähe zu den Erwachsenen suchten und zugleich zurückhaltend im Umgang mit den MitschülerInnen waren.

Zwei Drittel der ausgewählten Beobachtungskinder können der ersten Gruppe zugeordnet werden. Diese Feststellung verweist bereits auf ein klassisches Wahrnehmungsmuster: Das Motiv, eine Person zu beobachten, wird vor allem an Handlungen festgemacht, die von erwartetem Verhalten, z. B. im Sinne einer Störung, abweichen (vgl. Beck/Scholz 1995). So gerät zunächst das Auffallende und häufig zugleich Störende in den Blick und führt zur Fokussierung jener Handlungen, die von eigenen Erwartungen abweichen.

---

[87] Alle Namen wurden anonymisiert.

3   Normalitätskonstruktionen

Die Auseinandersetzung mit einzelnen Kindern anhand regelmäßiger Beobach-
tungs- und Dokumentationsphasen war gekoppelt an die Auseinandersetzung mit
der eigenen Schriftsprache.[88] Die Beobachtung einzelner Kinder über einen längeren Zeitraum vorzunehmen, verknüpft mit der Aufgabe, sich der kindlichen
Perspektive zu nähern, erwies sich besonders in den ersten Wochen als anstren-
gende Herausforderung. Aus kindheitstheoretischer Sicht bedeutet die Auseinandersetzung mit der kindlichen Perspektive, Kinder als kompetente Akteure, die
aktiv an ihrer sozialen und persönlichen Entwicklung mitwirken, zu sehen und
sie damit als Personen aus eigenem Recht und nicht als zukünftige Erwachsene
zu betrachten. Diese Perspektive einzunehmen, bedeutet anzuerkennen, dass
zwischen Kind und Erwachsenen eine Perspektivendifferenz besteht, die aus
Handlungen rekonstruierbar ist. Rekonstruktionen kindlicher Perspektiven versuchen dementsprechend aus kindlichen Interaktionen verbaler Art, aber auch
mittels der Analyse von Mimik und Gestik, Deutungen zu explizieren, die zeigen, wie die an einer Handlung beteiligten Kinder eine Situation verstehen. Die
zur Auflage gemachte Aufgabe, zwischen Bewertungen und Beschreibungen zu
trennen, und die eigene Subjektivität sprachlich sichtbar zu machen, erwies sich
als schwierig und führte einerseits dazu, dass der Schreibprozess zunächst durch
die Anweisung gehemmt schien. Andererseits entstanden sehr genaue Beschreibungen, die aber den situativen Kontext ausblendeten und damit wenig nachvollziehbar waren:

> „Ich stellte mir das Protokollieren zwar nicht einfach vor, aber es konnte wirklich
> nicht schwer sein, das Verhalten eines Kindes in einem festgelegten Zeitraum
> schriftlich zu fixieren. Diese Einstellung änderte sich jedoch beim ersten Versuch.
> Ich hatte große Schwierigkeiten, alle Bewegungen, Geräusche und Sätze des Kindes
> festzuhalten. Schließlich wollte ich so viel Verhaltensgeschehen und Originaltext
> wie möglich aufnehmen. Meine ersten Protokolle wurden daher zwar sehr genau,
> aber vollkommen unverständlich."

Der wiederholte Austausch über die entstandenen Dokumentationstexte im Seminar, die Rückfragen zu fehlenden Informationen oder unverständlichen Beschreibungen und die Diskussion über Zuschreibungen und Bewertungen führte
zur allmählichen Sensibilisierung des eigenen Sprachverhaltens. Die gemeinsa-

---

[88] Die Studierenden hatten die Aufgabe, Handlungsverläufe differenziert darzustellen, Zusammenfas-
sungen zu vermeiden, Situationen und die Beteiligten detailliert zu beschreiben und die Subjektivität
des eigenen Eindrucks sprachlich erkennbar zu machen. In der begleitenden Seminarveranstaltung
wurden regelmäßig Protokolle vorgestellt und in Kleingruppen entlang der vorgegebenen Kriterien
reflektiert und modifiziert.

men sequenzanalytischen[89] Interpretationen einzelner Beobachtungsbeschreibungen zeigten wiederholt Erstaunen darüber, dass eine einzige Handlung diametral entgegengesetzte Deutungen auslösen konnte. Die Erfahrung des mehrperspektivischen Lesens und Deutens machte die Subjektivität individueller Bewertungen sichtbar. Gepaart mit der Aufgabe, den beobachteten kindlichen Handlungen Sinn aus der Perspektive des Kindes und eben nicht aus unterrichtlicher Sicht zu geben, führte dazu, dass sich eine Annäherung an die kindliche Perspektive vollzog.

Die folgende Reflexion einer Studentin zeigt, dass die Auseinandersetzung mit der Kinderperspektive ihre eigene Wahrnehmung entscheidend beeinflusst hat:

> „Während der ersten Beobachtungen stand häufig die Frage im Vordergrund: Wann stört Arthur? Wann fällt er auf? Wann wird er sogar aggressiv? Je länger ich ihn beobachtete, desto drängender wurden aber die Fragen: Wann hat Arthur Spaß? Wann lacht er? Bei wem fühlt er sich wohl? Durch die Gespräche während des Seminars merkte ich, wie sehr ich mich darauf konzentrierte, bei meinen Beobachtungen die Perspektive des Kindes einzunehmen. Dadurch hatte ich aber gleichzeitig das Gefühl, die Skala, anhand derer ich in einer späteren Analyse Arthurs Verhalten einordnen und bestimmten Verhaltensauffälligkeiten zuordnen wollte, aus den Augen zu verlieren. Ich denke, für die Beobachtung von anderen – insbesondere von Kindern – ist es unerlässlich, die Perspektive des anderen einzunehmen. Es ist aber auch wichtig, eine Vorstellung von „Normalität" zu bewahren, um später entweder an dem Verhalten des Kindes arbeiten oder auch an den „normalen" Umständen zugunsten des Kindes etwas verändern zu können."

Die Studentin formuliert hier ein Dilemma. Einerseits stellt sie fest, dass es ihr gerade durch den Perspektivenwechsel gelungen ist, nicht nur die Störungen und Defizite ihres Beobachtungskindes zu fokussieren, sondern auch nach seinen Interessen und Stärken zu suchen. Andererseits hat sie den Eindruck, dass die Fokussierung der kindlichen Perspektive dazu führt, dass sie die „Skala" für „Normalität" aus den Augen verliert. Ihre Auseinandersetzung mit dem individuellen Verstehen eines Kindes verschiebt ihren Blick weg von normierenden Prozessen hin zur Entwicklung individueller Wertigkeiten. Dies irritiert sie, da ihrer Meinung nach eine Vorstellung von „Normalität" notwendig ist, um das beobachtete Kind unterstützen und fördern zu können. Normalität erhält hier die Bedeutung eines Orientierungsrahmens mithilfe dessen abweichendes Verhalten erfasst, bewertet und bearbeitet werden kann. „Normales Verhalten" wird zum

---

[89] Jedes Beobachtungsprotokoll wurde in einem ersten Schritt in thematische Abschnitte gegliedert. Die Zuweisung der Überschriften orientierte sich an den beobachteten kindlichen Handlungen und nicht (darüber wurde wiederholt diskutiert) an didaktischen oder methodischen Unterrichtsaspekten.

Ziel und als Richtmarke für Veränderungsprozesse gesetzt. Ohne den Bezugspunkt „Normalität" fehlen die Bewertungsmaßstäbe. Gleichzeitig erkennt die
Studentin, dass Normalität auch nur eine vermeintlich objektive Kategorie ist
und fragt, ob sich nicht auch die unterrichtlichen Umstände den verschiedenen
Kindern anpassen müssten.

Im Hinblick auf die über sechs Monate verteilte Hospitations- und Beobach-
tungszeit zeigen die Mikrostudien, dass der Beobachtungsprozess der Studierenden verschiedene Phasen durchläuft.

- In einer ersten Phase findet die Beobachtung entlang der ersten Eindrücke
  und Erwartungen statt und zeigt eine Perspektive, die vor allem Abweichungen und Defizite fokussiert und damit Normalitätserwartungen sichtbar
  macht.
- In einer zweiten Phase vollzieht sich ein langsamer Perspektivenwechsel.
  Die Auseinandersetzung mit der kindlichen Perspektive führt zu Verstehensprozessen und zum bewussten Suchen nach „Könnensmomenten", es
  entsteht ein facettenreiches Bild des beobachteten Kindes.
- Die Reflexion des gesamten Beobachtungsprozesses fördert (im besten Fall)
  die eigenen Normalitätsunterstellungen zutage und führt zu kritischen Fragen.

Wie sich dieser Prozess in den einzelnen Phasen gestaltete, wird im Folgenden
dargestellt.

3.1 Orientierung an erwartetem „Normalverhalten" – Fokussierung der Defizite

Die Beobachtungsbeschreibungen[90] der Studierenden machen sichtbar, dass es
Erwartungen an normkonformes Verhalten der SchülerInnen gibt.

> „Mit nachlassender Konzentration auf den Unterricht nimmt Lisas Bewegungsdrang
> zu. Hierzu kommt es meines Erachtens, weil Lisa die Aufgabenstellung nicht ver-
> standen hat oder sie die Aufgaben von ihrem Wissensstand her nicht lösen kann.
> Auffällig ist hier, dass sie nicht bemüht scheint dies zu ändern, sie entscheidet sich
> zunächst dazu, sich anders zu beschäftigen."

---

[90] Die Beobachtungen waren gekoppelt an die Aufgabe, ein Kind in möglichst vielfältigen Situationen zu beobachten, d. h. in unterschiedlichen sozialen, fachlichen und methodischen Zusammenhängen. Jeder Beobachtung ging eine Fragestellung voraus, die den Beobachtungsfokus, die ausgewählte
Situation und die eigenen Vermutungen sichtbar machen sollte.

Die Studentin erwartet, dass sich das Mädchen im Unterricht meldet, Fragen stellt und sein Unverständnis äußert, um weiterarbeiten zu können. Sie interpretiert die Kinderhandlung als intentionale und als bewusste Entscheidung, eine andere Beschäftigung vorzuziehen. Ein weiteres Beispiel:

> „Ludwig kommt sofort in den Kreis, er setzt sich auf den Boden, schräg hinter Frau Klaus. Er zieht das linke Knie zur Brust und hält es mit verschränkten Armen fest, während ein neues Spiel erklärt wird. Ludwig nimmt sich ein neben ihm liegendes „Schaukelbrett", schaut es sich an, es scheint, als richte er seine Aufmerksamkeit nur auf das Schaukelbrett und nicht auf die Erklärung der Lehrerin. Obwohl Ludwig, wie aus der ersten Analyse ersichtlich, ein sehr engagierter und aufmerksamer Spieler im Sportunterricht ist, richtet er seine Aufmerksamkeit eher auf das auf dem Boden liegende Schaukelbrett, anstatt Frau Klaus bei der Erklärung des nächsten Spieles zuzuhören. Die geringste Möglichkeit zur Ablenkung nimmt er wahr, um nicht mehr aufzupassen, diese Unachtsamkeit wird im nächsten Spiel sofort bestraft, indem er direkt gefangen wird."

An der Verwendung von „obwohl" und „anstatt" wird erkennbar, dass regelkonformes Verhalten, der Lehrerin zuzuhören, als ‚normal' angesehen wird und die Abweichung von diesem Verhalten als Normbruch bewertet wird, dem eine intentionale Entscheidung zugrunde gelegt wird. In den verschiedenen Berichten der ersten Hospitationswochen entsteht ein Bild schulischer Normalität, in dem Schüler und Schülerinnen tun, was Lehrende von ihnen erwarten. Die vielfältig beschriebenen Abweichungen und Störungen zeigen, dass folgende Erwartungen an das kindliche Verhalten gestellt werden:

- sich an die Regeln zu halten,
- im Unterricht mitzuarbeiten,
- nicht Verstandenes zu äußern,
- bei Schwierigkeiten nicht aufzugeben und geduldig zu sein,
- sich andauernd zu konzentrieren,
- den Unterrichtsstoff zu verstehen,
- nicht zu viele Fragen zu stellen,
- alleine und mit anderen arbeiten zu können,
- nicht zu langsam zu sein,
- Kontakt zu anderen Kindern zu haben,
- auf andere zugehen zu können,
- keine Angst vor der Lehrerin zu haben.

Mit anderen Worten: Ein normales Schulkind ist auch ein ideales Schulkind. Es ist sozial integriert, aufgeschlossen und kontaktfreudig, arbeitet kontinuierlich im

Unterricht mit, ist nicht zu schnell und nicht zu langsam, fragt bei Verständnis-
schwierigkeiten nach, hat Durchhaltevermögen und gestaltet Aufmerksamkeits-
pausen unauffällig. Aus den Beobachtungen und Analysen der ersten Beobach-
tungsphase geht hervor, dass ein Konstrukt des normalen Schülers/der normalen
Schülerin als eine an schulisch-normative Erwartungen angepasste Person existiert und „Normalität" vor allem als Orientierungsrahmen gesehen wird, an dem
abweichendes Verhalten gemessen werden kann.

Diese Perspektive führt zur Fokussierung von Defiziten; die Bewertungen
einzelner Situationen erfolgt vor allem aus der Sicht der zukünftigen Lehrerin.
Differenz wird als Abweichung von der homogenen Normalität konstruiert und
führt zu entsprechenden Bewertungen und Zuschreibungen. Damit ist normales
Verhalten vor allem erwartetes Verhalten und dient als Richtschnur für Veränderungsprozesse im Sinne einer Anpassung an schulisch-normative Erwartungen.
Im Sinne der Normalismustheorie von Link (vgl. 2008, 67) gibt es keinen Nor-
malismus ohne Gradualismus, d. h. bestimmte isolierbare Dimensionen, hier
Leistung und Verhalten, die graduell und kontinuierlich ab- oder zunehmen. Er
unterscheidet zwischen dem 'Protonormalismus', der Normalitäten mit massiven
und rigiden Mitteln gegen Denormalisierung absichert und nur einen sehr engen
Bereich für Normalitäten feststeckt (vgl. Link 2008, 64) und dem ‚flexiblen
Normalismus', dessen Grenzen weiter und dehnbarer sind (ebd. 68). So sind die
Äußerungen der StudentInnen dem flexiblen Normalismus zuzuordnen. Sie dienen möglicherweise der besseren Prävention und Intervention, können allerdings
auch ‚Denormalisierungsängste', d. h. Ängste vor dem Anderen, nicht Ein-
schätzbaren, Störenden verstärken und damit protonormalistische Mentalitäten
verstärken (vgl. ebd.).

Hier zeigt sich eine gewisse Nähe zu Tillmanns (2007) wiederholt geäußer-
ter These, dass schulische Heterogenität tagtäglich durch eine selektive Alltagspraxis und der Sehnsucht deutscher Lehrer/innen gekennzeichnet sei, eine homogene Lerngruppe herzustellen. Deswegen, so Tillmann, lässt sich feststellen,
dass vom ersten Tag an in unserem Schulsystem institutionelle Maßnahmen
greifen, die auf eine fiktive Homogenität ausgerichtet sind. Auch wenn die Studierenden auf keine Erfahrung als Lehrerin zurückgreifen können, haben sie
doch 13 Jahre Erfahrung mit genau diesen Homogenisierungsprozessen, die, wie
zu erwarten, ihre Perspektive beeinflussen und prägen. Die an deutschen Schulen
ausgeprägte Perspektive, sich als „Agenten des Selektionsverfahrens" zu verstehen, ist nach Reh (2005) historisch gewachsen. Sie arbeitet unter Rückgriff auf
Comenius und Herbart heraus, dass schon frühe didaktische Konzeptionen, die in
deutschen Schulen bzw. im deutschen schulpädagogischen Diskurs Bedeutung
erlangten, auf die homogene Lerngruppe ausgerichtet gewesen seien. Durchgesetzt wurde die Jahrgangsklasse, der die Vorstellung von Homogenität ihrer

Mitglieder unterlag, zunächst dort, wo die Schule langsam aber strikt verknüpft wurde mit der Funktion der Selektion und Allokation, das heißt an den Gymnasien. Die im Zuge der Herausbildung des modernen Schulsystems notwendige Effektivierung des Unterrichts durch eine Systematisierung des Lehrstoffs, das Lehrgangsprinzip in Stufenfolgen unter der Berücksichtigung des Gedankens der Kumulation, erfolgte hier in der „Generalklasse" und im „Zusammenunterricht" gleichzeitig mit dem Prozess ihrer Professionalisierung (vgl. ebd. 82-83). So kommt sie zur der Schlussfolgerung, dass die von Tillmann monierte Mentalität deutscher Lehrer/innen Ausdruck struktureller Gegebenheiten des modernen Schulwesens und seiner speziellen deutschen Geschichte sei. Strukturell, schließt sie und nähert sich hier Tillmann an, hat das deutsche Schulsystem die Selektionsmaßnahmen perfektioniert und in der Herausbildung der Berufstradition und der schulpädagogischen Reflexion deutscher Lehrer und Lehrerinnen dazu beigetragen, eine Mentalität entstehen zu lassen, in der das Wahrnehmungsraster die Schulklasse als homogene Gesamtheit ist und die damit die Sicht auf Prozesse und auf Einzelne verstellt (vgl. ebd. 84).

In diesem Kontext zeigen die Beschreibungen der Studierenden, dass im Verlauf des andauernden Beobachtungsprozesses die intensive Auseinandersetzung mit einem Schüler/einer Schülerin dazu führt, die eigenen Haltungen und Wahrnehmungen und zugleich die Auseinandersetzung mit der Konstruktion von Normalität zu reflektieren.

3.2 Perspektivenwechsel

„Mein erster und wahrscheinlich vorschneller Eindruck von Marcel hat sich in der Zeit der Beobachtung stark gewandelt und so habe ich erkannt, dass man deutlich mehr über ein Kind erfährt, wenn man es eingehend beobachtet und sich dabei immer wieder in Erinnerung ruft, auf die Perspektive des Kindes zu achten und das Augenmerk nicht auf Defizite oder negativ bewertete Verhaltensweisen zu lenken, die man andernfalls immer wieder erkennen kann, sondern vielmehr zu versuchen, die Stärken des Kindes zu sehen und es täglich neu und möglichst unvoreingenommen wahrzunehmen."

Im Laufe des über mehrere Monate angelegten Beobachtungsprozesses kommt es zu Veränderungen der Beobachtungsperspektive. Die vorgenommenen Beobachtungen führen zu einer enormen Detailkenntnis über das Verhalten einzelner Kinder. Sichtbar wird, dass generalisierende und kategorisierende Äußerungen eine verstehende Annäherung an das Kind verhindern und die ressourcenorientierte Wahrnehmung zu neuen Erkenntnissen führt. So stellt eine Studentin fest:

„Ich frage mich, weshalb mir zuvor nicht aufgefallen ist, dass Johannes so konzentriert und gut arbeiten kann. Meistens fällt er mir auf, wenn er stört oder versucht sich in den Vordergrund zu spielen."

Ihre genaueren Beobachtungen führen dazu, dass der im Alltag als „Störer" kategorisierte Johannes, sich in verschiedenen Situationen hilfsbereit anderen Kindern gegenüber zeigt, selbstvergessen und konzentriert rechnet oder behutsam eine Frühlingsblume festhält, um sie abzeichnen zu können. Eine weitere Studentin hinterfragt ihr Bild von der ruhigen Schülerin:

„Rückblickend muss ich sagen, dass mein Bild von Lisa sich durch die Beobachtungen und vor allem durch die folgenden Analysen verändert hat. War ich am Anfang noch der Meinung, Lisa sei einfach nur „ruhig" und „zurückhaltend", erkannte ich schon bald, dass diese Ruhe mehr eine Flucht vor Anforderungen des Unterrichts darstellt, eine Zurückgezogenheit, die aus einer Kapitulation vor der Überforderung durch die ihr gestellten Aufgaben entspringt."

Die Feststellung, dass unauffälliges und angepasstes Verhalten verschiedene Ursachen haben und zum Beispiel Ausdruck einer Überforderungssituation sein kann, macht sichtbar, wie nah die Rekonstruktion der kindlichen Perspektive an Prozesse „pädagogischer Diagnostik" gekoppelt ist. Eberwein/Knauer weisen in ihrem Handbuch (1998) darauf hin, dass pädagogische Diagnostik stets zugleich Situations- und Lernprozessdiagnostik sein muss und sinnvollerweise von der Unterstellung der Lernwilligkeit der Schüler und Schülerinnen ausgeht (vgl. ebd., 9). Anknüpfend an die Feststellung, dass Lernen ein Konstruktionsprozess ist, der individuell abläuft und durch subjektive Erfahrungen gesteuert wird, muss ein und derselbe Unterrichtsstoff bei unterschiedlichen Kindern verschiedene Reaktionen hervorrufen. Die Beschreibung dieser Studentin zeigt, wie sich ihr Blick zunehmend auf Lernprozesse und deren konstituierende Bedingungen richtet. Dieser Prozess führt zu Überlegungen, wie Lernen über eine individuelle Passung mit den Unterrichtsangeboten in Einklang zu bringen ist (vgl. von der Groeben 2005, 8).

Erkennbar wird, dass Bobachtungen, die nicht nach den „Defiziten" suchen, um diese dann als Schwierigkeiten eines individuellen Kindes zu problematisieren, sondern offen sind für Potenziale und Interessen, deutlicher machen können, wie komplex die Leistungen der Kinder sind und wie unterschiedlich das ist, was Kinder tun und was ihnen wichtig ist.

In diesem Prozess der Verknüpfungen von Beobachtung, Dokumentation, Analyse und Reflexion werden die Handlungen der Schülerinnen und Schüler zunehmend in ihrem sozialen, fachlichen und methodischen Kontext gesehen und lösen Überlegungen zur schulischen „Normalität" aus:

„In diesem Zusammenhang habe ich sehr häufig die schulische „Normalität" infrage gestellt. Muss es normal sein, dass 28 Kinder einer Altersklasse zur selben Zeit genau das machen, was gerade auf dem Stundenplan steht? Müssen alle Kinder ihren Lernprozess unterbrechen, nur weil es Zeit für die große Pause ist?
Ist es da nicht vielmehr normal, dass es zu jeder Zeit irgendein Kind gibt, das als ungemein störend empfunden wird, weil es in den eigenen Bedürfnissen in keiner Weise ernst genommen werden kann?"

Die auf einen längeren Zeitraum angelegten Beobachtungen machen es den Studierenden möglich, sich die Methode des Beobachtens anzueignen, sie auszudifferenzieren und im Laufe der Zeit zu modifizieren. Dadurch können Routinen, Muster und Selbstverständlichkeiten in den Blick geraten, die das Kinderhandeln bestimmten und anfangs noch Unverständliches erklärbar machen. Einigen Studierenden wird in diesem Kontext deutlich, dass die Differenzierung in Deutungen von Erwachsenen und Kindern notwendig ist und durchaus zu unterschiedlichen Einschätzungen führen kann:

„Ich habe anfangs nicht damit gerechnet, wie schwer es ist, eine Situation mit den Augen des Kindes zu betrachten, wurde jedoch schnell eines Besseren belehrt. Meine Beobachtungen und die anschließenden Schlussfolgerungen zeigten anfangs oft, wie sehr ich versuchte, meine ‚erwachsenen' Ansichten und Erwartungen im Bezug auf eine beobachtete Situation in die Protokolle hineinzuinterpretieren. Ich stellte Erwartungen an das Kind, welche es auf Grund seines Alters und der Entwicklungsphase, in der es sich befindet, nicht in der Lage war zu erfüllen."

Einer anderen Studentin wird bewusst, wie umfassend die Anforderungen an den Prozess des Schulkindwerdens sind:

„Während des Beobachtungsprozesses fiel mir auf, wie viel man als Erwachsener von einem Kind erwartet und wie viele Regeln es innerhalb der Schule beachten soll. Man erwartet, dass das Kind ruhig ist, dass es sitzen bleibt und nicht aufsteht, dass es alle Anweisungen befolgt, die ihm gegeben werden usw., die Liste an Erwartung, die ein Erwachsener an ein Kind stellt, ist unendlich lang. Da frage ich mich, ob das Kind überhaupt noch KIND wäre, wenn es all diesen Regeln, Normen, Erwartungen und Verpflichtungen ständig nachkommen würde."

Die intensive Auseinandersetzung mit einem Kind führt zur Entdeckung von Routinen, Selbstverständlichkeiten und Mustern; die Rekonstruktion der kindlichen Perspektive macht Verstehensprozesse möglich und erfordert Empathie. So provoziert das individuelle Verstehen eines Kindes das Infragestellen normierender Prozesse und macht zugleich die Perspektivendifferenz von Erwachsenen und Kindern fassbar und die Komplexität schulischen Alltags sichtbar.

In diesem Kontext hebt Zinnecker in seinen Überlegungen zur „Schule als Lebenswelt des Kindes" (vgl. Zinnecker 2001, 153) hervor, dass Lehrende und Schüler/innen in Grundschule und Unterricht keineswegs eine gemeinsame Lebenswelt teilen. Während sie handeln und zusammen seien, würden sie getrennte schulische Welten durchleben und ihre gemeinsame geteilte soziale Wirklichkeit durchaus verbunden mit Anstrengung aushandeln und herstellen. Offensichtlich wird diese so selbstverständlich klingende Unterscheidung erst durch die Rekonstruktion der kindlichen Perspektive hergestellt und verhilft so auch zu einem Verständnis der generationalen Ordnung in der Schule.

3.3 Die Bedeutung der Gleichaltrigen

Erkennbar wird, wie bedeutsam es ist, dass die Perspektive der Schüler/innen als eigenständiger Zugang von Kindern zur schulischen Wirklichkeit bei den Studierenden Beachtung findet. Der Versuch, als Erwachsene etwas über Schüler/innen erfahren zu wollen, ist allerdings mit dem Paradox verknüpft, an eine Perspektive anknüpfen zu wollen, die man erst noch kennenlernen möchte (vgl. Honig/Lange/Leu 1999, 21).). Die Perspektive der Kinder in der Schule nachvollziehen und rekonstruieren zu wollen, bedeutet somit auch, Perspektivität als etwas anzusehen, was von den aktiven, kompetenten Schülern und Schülerinnen strukturiert wird, ebenso wie von Macht, Verantwortung und dem spezifischen Erkenntnisinteresse der Erwachsenen (vgl. ebd.).

Dieses Wissen anzuwenden und umzusetzen, bedeutet für die Studierenden die Schülerrolle, die sie soeben noch selbst innehatten, aus der Distanz zu betrachten, ohne den sofortigen Wechsel zur Lehrerperspektive zu vollziehen.[91]

In diesem Anspruch liegt sicherlich eine immense Herausforderung. So müssen die Studierenden im Praktikum lernen, sich auf Spurensuche zu begeben, um irritierende oder eigensinnige Schüleräußerungen und -handlungen zu verstehen und diese nicht mit Typisierungsmustern möglichst schnell unter bekannte Kategorien zu subsumieren oder festzuschreiben.

Die Analyse der Mikrostudien zeigt, dass mit der Rekonstruktion der Perspektive der Schüler/innen neue Themen in den Blickwinkel geraten. Diese Reflexionen einer Studentin über ihr zurückhaltendes Beobachtungskind zeigen,

---

[91] Mit der „Perspektive des Kindes" ist nicht gemeint, gewissermaßen in dessen Haut zu schlüpfen. Sie ist als „reflektierte-generationale, als inter-subjektive Wirklichkeit aufzufassen" (Honig 1999, 47). In diesem Sinne geht es um die Analyse der Praktiken der Hervorbringung von Kindheit als sozialer Tatsache und die Beschreibung in ihrer Vollzugslogik. Leitende Fragen sind: Wie wird die Differenz von Kindern und Erwachsenen hergestellt und wo und wie zeigt sie sich?

dass im schulischen Unterricht eben auch der Umgang unter den Peers bedeutungsvoll ist.

> „Ich hoffe, dass ich in Zukunft sensibilisiert bin für die Kontaktprobleme schüchterner Kinder, insbesondere, wenn sie neu in eine Klasse kommen. Durch meine Beobachtungen ist mir bewusst geworden, wie schnell man diese Kinder übersieht, weil sie sich eben nicht in den Vordergrund drängen. Und die Anstrengungen, sich in die Klasse zu integrieren, stellen für die betroffenen Kinder eine große Herausforderung da. Meine Beobachtungen haben mich auch dahingehend sensibilisiert, dass sich Kinder Lehrern nicht zu sehr anpassen sollten. Für mich ist klar geworden, dass es gegebenenfalls besser ist, wenn Kinder ihre eigene Selbstständigkeit entwickeln, auch wenn das zeitweise nicht konform mit den Erwartungen der Lehrer ist. Dieser Punkt der Beobachtung hat mich sehr überrascht. Ich fand Tim im Verhalten gegenüber den Lehrern vorbildlich. Eigentlich wünscht man sich als Lehrer doch Kinder, die das tun was man von ihnen erwartet. Dass dieses Verhalten negative Aspekte beinhalten könnte und in diesem Fall maßgeblich verantwortlich dafür ist, dass Tim Probleme hat, sich in die Klassengemeinschaft zu integrieren, hätte ich so nicht erwartet."

Die in den Studien beobachteten Versuche der Schüler/innen, Partner oder Partnerinnen für die Pause zum Spielen zu finden, für gemeinsame Übungen im Sportunterricht, für Gruppenarbeitsprozesse, für gemeinsame Versuche im Sachunterricht oder Ähnliches, sind zahlreich. Auch die Themen Zusammenarbeiten, Helfen und Abgrenzen spielen eine enorme Rolle im schulischen Alltag. „Dürfen wir zusammen arbeiten?" oder –„Können wir das draußen auf dem Flur gemeinsam lösen?" sind häufig gestellte Fragen, die zeigen, dass Kinder gerne zusammenarbeiten. Doch genauso regelmäßig treten Situationen auf, in denen es heißt: „Nee, mit Anna will ich nicht arbeiten." oder: „Der Dominik soll nicht zu uns in die Gruppe, der nervt." Nicht selten beobachteten die Studierenden, dass Kinder übrig bleiben, die von keinem gefragt werden und selbst nicht auf andere Kinder zugehen können. Entsprechend zeigt sich, dass eine bedeutende Kategorie das Thema Kontaktaufnahme zu den Gleichaltrigen beschreibt. Die in den Studien beschriebenen Versuche der Schüler/innen, Partner, oder Partnerinnen für die Pause zum Spielen zu finden, für den Sportunterricht, um gemeinsame Übungen zu machen, für Gruppenarbeitsprozesse, gemeinsame Versuche oder Ähnliches, sind zahlreich, genauso wie die beobachteten Prozesse des Scheiterns. Kinder werden ignoriert und ausgegrenzt. Eine weitere bedeutende Kategorie beschreibt das Thema Zusammenarbeit, Helfen und Abgrenzen. Auch hier werden Situationen beschrieben, die gelungene Prozesse des Helfens und der Zusammenarbeit zeigen, ebenso wie Situationen, wo Hilfe verweigert wird, Konkurrenz oder Abgrenzung sichtbar werden.

Krappmann (2002) konnte in seinen zahlreichen Beobachtungen von Schulkindern feststellen, dass Kinder und Jugendliche häufig aus guten Gründen den
Anforderungen der Lehrenden oder Eltern nicht einfach Folge leisten, sondern
die spezifische Situation analysieren, die Beziehungen von Hilfesuchendem und
Helfer berücksichtigen, die Relevanz der Normen einschätzen und zukünftige
Interaktionen bedenken, bevor sie ein Urteil fällen und eine Handlung planen
(vgl. ebd., 97). Hier gibt es viele Beweggründe, die Schüler/innen für ihr Handeln miteinander ins Verhältnis setzen müssen und die Lehrenden verborgen und
manchmal auch unverständlich bleiben. Kinder lernen in der Schule eben auch,
zwischen den Ansprüchen der Institution und denen der Peers zu unterscheiden.

Die Auseinandersetzung mit dem schulischen Alltag aus der Perspektive der
Schüler/innen macht sichtbar, dass nicht nur das Schüler/innensein, sondern auch
das Mitschüler/innensein mit bedeutenden Schwierigkeiten und Lernprozessen
verbunden sein kann. In diesem Kontext verweist das Kinderpanel des Deutschen Jugendinstituts auf den wichtigen Zusammenhang von Peerbeziehungen
und positivem Selbstbild. Enge Kinderfreundschaften können sich positiv auf
das Selbstbild von Kindern auswirken (vgl. Traub 2006, 9). So erstaunt nicht,
dass vor allem die Zugehörigkeit zu funktionierenden Klassengemeinschaften
und Freundschaften als positivste Schulerfahrungen im 8. Kinder- und Jugendbericht in NRW (vgl. Behnken u. a. 2005, 19) genannt werden.

3.4 Reflexion und Dekonstruktion von Normalität

Die Auseinandersetzung mit dem schulischen Alltag aus der Perspektive der
Akteure rückt damit die soziale Komponente stärker in den Blick und macht
sichtbar, dass die oft lapidar ausgesprochene Aufforderung, sich einen Part-
ner/eine Partnerin zu suchen, bei einigen Kindern größere Frustrationen auslöst
als eine umfangreiche Stillarbeitsaufgabe.

Diese Problematik wird in einigen Berichten durch die Aufgabe, den eigenen Beobachtungsprozess abschließend zu reflektieren und Veränderungen zu
beschreiben, provoziert und führt am Ende der Hospitationszeit zur Selbstreflexion:

„Auch mein erster Eindruck von Lisa ist sehr subjektiv geprägt. Da sie im Unterricht
nicht viel sagt und zu ihren Klassenkameraden keine festen sozialen Bindungen für
mich sichtbar werden, schätze ich sie zunächst als ruhig und zurückhaltend ein –
dass hinter dieser ruhigen Art viele Probleme stehen, kann ich mir zunächst gar nicht
vorstellen. Genau so beurteile ich inzwischen mein Unverständnis dafür, dass sie bei
Problemen nicht ihre Mitschüler oder ihre Lehrerinnen um Hilfe bittet. Dieser Cha-

rakterzug fällt mir wohl besonders auf, da er einen krassen Gegenpart zu meinem eigenen Charakter (auch schon als Grundschulkind) bildet."

Erst die rückwärts gerichtete Selbstreflexion macht der Studentin klar, dass ihr anfängliches Unverständnis über das Verhalten des beobachteten Kindes gekoppelt ist an ihr kontrastives Selbsterleben. Verständnis für das Andere oder Fremde zu erwerben wird damit Teil eines Bewusstseinsprozesses, der durch die Reflexion entstehen kann.

Eine weitere Studentin stellt im Gegensatz hierzu eine Ähnlichkeit zwischen Bebachtungskind und sich selbst fest:

„Ich habe versucht, Jana auch aus anderen Perspektiven zu beobachten, aber ich bin immer wieder zum gleichen Ergebnis gekommen. Ich dachte, ich würde nur Jana beobachten, aber in Wirklichkeit habe ich auch mich selber unbewusst beobachtet. Ihr Verhalten kam mir oft so vertraut und logisch vor. Dann wurde es mir klar. Ich selber war Jana sehr ähnlich, als ich sechs Jahre alt war und in die Schule kam. Und vielleicht hat es mich deshalb interessiert, wie sie ist. Ich wollte unbewusst mit den Beobachtungen von Jana auch etwas über mich herausfinden. Und das habe ich auch. Ich kann jetzt besser nachvollziehen, warum ich mich damals so verhalten habe."

Die intensive Auseinandersetzung mit einem Kind führt damit auch zur Auseinandersetzung mit der eigenen Schulzeit, mit eigenen Schwierigkeiten und Erinnerungen, deren Verarbeitung zu Empathie führen kann.

„Ich glaube, Hanno spiegelt viel von dem, was ich selbst in mir trage, wider:
Ich denke, ich müsste so sein, wie mein Umfeld es vorgibt (schließlich erlange ich letztes Endes nur dadurch sicher Anerkennung in ihm). Um die Anerkennung durch mein Umfeld zu erzielen, zwinge ich mich, mich gut einzufügen. Ich möchte und muss alles verstehen, wissen und können, damit ich nicht aus dem Rahmen falle. Dabei behindere ich mich jedoch selbst. Ich setze mich stark unter Druck und bin dadurch nicht mehr fähig, klar zu denken, ich kann einfach nicht mehr. Meine unkontrollierte Impulsivität und Aufmerksamkeit erregende Art lässt mich diesen Druck abbauen und sie kompensiert die Anerkennung (Aufmerksamkeit), die ich durch meine Anstrengungen nicht zu erreichen glaube."

Die Auswertung der abschließenden Beobachtungsprozess-Reflexionen zeigt, dass die Selbstreflexion dazu führt, dass sich die Studierenden die Diskrepanz zwischen ihren ersten und ihren abschließenden Eindrücken erklären können. Die Themen „Nähe zur eigenen Person" oder „krasse Andersartigkeit" werden als häufige Erklärungen gewählt und machen sichtbar, dass die Verarbeitung der eigenen schulischen aber auch der familiären Sozialisation für den offenen Umgang mit Heterogenität und Differenz bedeutsam sind.

„Mir ist anhand der nachfolgenden Analyse (die jedoch auch schon während dem nochmaligen Lesen und Überarbeiten der gerade geschriebenen Protokolle stattfand) klar geworden, dass es mit Beobachten allein nicht getan ist, sondern dass man anhand der Reflexion des Geschriebenen sehr viel deutlicher feststellen kann, was man eigentlich beobachtet hat und was es bedeuten kann."

So zeigen die Mikrostudien, dass es eine dritte Phase gibt, in der die Reflexion des Beobachtungsprozesses zum Erkennen eigener „Normalitätsvorstellungen" führt und damit der Zusammenhang von konstruierter Normalität und eigenem Verhalten sichtbar wird. Erst am Ende der Hospitationszeit, bzw. während des Schreibprozesses an der Mikrostudie, wird das beobachtete Schülerverhalten im Zusammenhang mit der eigenen Person reflektiert und hinsichtlich ähnlicher und fremder Eindrücke wahrgenommen.

4 Schlussfolgerung und Ausblick

Im Anschluss an die Normalismustheorie von Link (1999/2008) bieten Normalitätskonstruktionen wesentliche Orientierungen für Individuen, um in einer hochdifferenzierten Gesellschaft zurechtzukommen. Link unterscheidet Normativität und Normalität. Dem Begriff Normativität ordnet er die drei Bedeutungen zu: Norm als Regel, Norm als Grenznorm, Norm als übergroße Mehrheit. Normalität geht seiner Ansicht nach auf systematische Statistik und massenhafte Datenerhebungen zurück (Link 2008, 61/62). Link schlägt vor den Begriff Normalismus als „die Gesamtheit dieser statistischen Verfahren, durch die diese Art Normalität in unseren Kulturen seit dem 18. Jahrhundert zustande gebracht wird", zu bezeichnen (ebd.).Von Stechow (2005) hat aus der Perspektive der Sonderpädagogik Normalitätsfeststellungen als Beurteilungsmaß für Verhaltensabweichungen konstatiert. Diese Ansätze reagieren kritisch, so Kelle (vgl. 2007), auf die Reifizierung des Anormalen und die Fokussierung von Abweichung und Devianz. Bezogen auf die Kindervorsorgeuntersuchungen weist Kelle z. B. eine dem Instrument eingeschriebene „Defizit-Logik" nach (vgl. Kelle 2008, 190). So wird die Konstruktion des „normalen Kindes" auch von Eltern, Lehrern/ Lehrerinnen, Erziehern/Erzieherinnen und Ärzten/Ärztinnen im Kontext der Schulfähigkeitsdebatte hergestellt und führt zur Zurückstellung der nicht „normalen, d. h. von der Erfüllungsnorm abweichenden Kinder. Diese Selektionslogik setzt sich in der Konstruktion der homogenen Jahrgangsklasse und dem an sie gerichteten normativen Gleichheitsanspruch fort. Eine Transformation dieses Anspruchs wird durch die Auseinandersetzung mit dem einzelnen Kind und der kindlichen Perspektive möglich und kann die Sensibilisierung für Normierungsprozesse und Nomalitätskonstruktionen provozieren.

Die Re-Analyse studentischer Perspektiven zeigt, dass die Konstruktion von Normalität für Studierende bedeutend ist und ihnen zunächst hilft, die Eindrücke des hochkomplexen Schulalltages mit Hilfe bekannter Kategorien zu strukturieren. Erkennbar wird, dass die Auseinandersetzung mit den zu Studienbeginn noch impliziten Vorstellungen von schulischer Normalität sinnvoll ist, um eine Perspektivenverschiebung und -entwicklung möglich zu machen. In diesem Prozess erwies es sich als hilfreich folgende Schritte zu gehen:

- Erste Eindrücke zu einzelnen Schülern und Schülerinnen festhalten.
- Beobachtungen durchführen und dokumentieren.
- Den Blick auf Schülerroutinen, Selbstverständlichkeiten und Muster lenken.[92]
- Fragestellungen zu einzelnen Kindern exemplarisch entwickeln.
- Den achtungsvollen, differenzierten und sensiblen Sprachgebrauch trainieren und rückmelden.
- Beobachtungsprotokolle gemeinsam, sequenzanalytisch und im Hinblick auf die Perspektive des Kindes interpretieren.
- Nach den Interessen und Ressourcen der beobachteten Schüler/innen fragen.[93]
- Soziale und inhaltliche Fragestellungen entwickeln
- Fallbeispiele bearbeiten und fallübergreifende Themen entwickeln.
- Den eigenen Beobachtungsprozess von ersten Eindrücken bis zu letzten Dokumentationen schriftlich reflektieren.
- Die Reflexion von Beobachtungsmotiven und Beobachtungsperspektiven vornehmen.

In diesem Prozess erwies es sich als günstig, individuelle Normalitätsvorstellungen bewusst und erfahrbar zu machen und gemeinsam über Möglichkeiten einer

---

[92]Es handelt sich hier um einen ethnographischen Blick. Ich bezeichne die Ethnografie als Forschungshaltung, um damit hervorzuheben, dass das weitgehend Vertraute, hier die Beobachtungen am bekannten Ort Schule, „befremdet" werden. Mittels der ethnografischen „Befremdung" fallen Regeln und Relevanzen der Akteure sowie gemeinsam geteilte Bedeutungen und Selbstverständlichkeiten in den Blick.

[93] Für den Zusammenhang von Instruktion und Konstruktion möchte ich hervorheben, dass erst die explizite Aufforderung, nach den Themen und Ressourcen der Kinder zu suchen, dazu führte, dass die Stärken fokussierten wurden. Ohne eine klar formulierte Aufgabenstellung, die die Ressourcen einzelner Kinder in den Mittelpunkt stellt, entstehen durchaus Beobachtungsdokumentationen, die ohne jede Könnensbeschreibung auskommen.

Relativierung und Modifizierung nachzudenken. Die Reflexion des vorgenommenen Beobachtungs- und Dokumentationsprozesses erwies sich damit als hilfreicher Anknüpfungspunkt, um Normalitätserwartungen sichtbar zu machen. Die Rekonstruktion der kindlichen Perspektive führte in diesem Prozess zu Verstehensprozessen und zur Wahrnehmung von Differenz. Zugleich wurde erkennbar, dass die Bereitschaft, die Perspektive zu wechseln und sich selbst als Fragende zu erleben, bedeutsam ist, um die Spuren kindlichen Verhaltens lesen zu lernen. Letztendlich ermöglichte die intensive Auseinandersetzung mit einem einzelnen Kind, die Bedeutung der Peerkultur zu erkennen und das kindliche Verhalten im Hinblick auf soziale und interaktive Prozesse zwischen den Kindern wahrzunehmen.

Der in der Re-Analyse der studentischen Beobachtungsstudien sichtbar gewordene langsame und zögerliche Perspektivenwechsel stellt sich offensichtlich nicht von alleine ein, und benötigt eine Anleitung. Die Auseinandersetzung mit der eigenen Perspektive und dem Perspektivenwechsel bedarf eines längeren zeitlichen Prozesses und der systematischen Übung. Hier sehe ich nach wie vor großen Handlungsbedarf in der Lehrerbildung.

In diesem Zusammenhang möchte ich auf ein besonderes Konzept aus der Elementarausbildung hinweisen, was auch in schulischen Zusammenhängen seine Wirkung entfalten kann. Seit 2004 multipliziert das Deutsche Jugend Institut deutschlandweit die auf das Konzept der Neuseeländerin Magret Carr zurückgehende Idee der „Learning stories" (vgl. Leu u. a. 2007). Es wurde im Zusammenhang mit dem neuseeländischen Curriculum für die frühe Kindheit „Te Whariki" entwickelt. In diesem Ansatz werden Qualitätsaspekte kindlicher Handlungsmuster in den Vordergrund gerückt und in Form von Bildungs- und Lerngeschichten dokumentiert. Die Beobachtung individueller Lernprozesse wird fokussiert mit dem Ziel, Bildungs- und Lernwege des Kindes zu erkennen und zu unterstützen. Beobachtungsmittelpunkt ist dementsprechend das Kind mit seinen Interessen und Fähigkeiten sowie die situativen Rahmenbedingungen, die bestimmte Handlungen und damit die Realisierung bestimmter Lerndispositionen ermöglichen, unterstützen oder auch erschweren. Dieses eher offen ausgerichtete Beobachtungsverfahren thematisiert explizit das Lernen des Kindes, um mit pädagogischen Interventionen dort anzusetzen, wo bereits Anzeichen für eine positive Entwicklung des Kindes zu finden sind. Jeder Beobachtung folgt eine Analyse der nach Carr festgelegten fünf Lerndispositionen: Interessiert sein, engagiert sein, Standhalten bei Herausforderungen und Schwierigkeiten, sich ausdrücken und mitteilen, an einer Lerngemeinschaft mitwirken und Verantwortung übernehmen. Die Eindrücke der Erzieherinnen werden festgehalten, verglichen und ergänzt durch die Sicht verschiedener Kollegen/Kolleginnen und münden in einem persönlichen Brief an das beobachtete Kind. Auch der Dialog mit

den Eltern und dem Kind selbst wird geführt und trägt dazu bei, das Kind einschätzen und unterstützen zu können (vgl. ebd., 48-56). Carrs Konzept bietet mit
seinen fünf Lerndispositionen einen bedeutsamen Ansatz, der zum Erkennen der
Ressourcen einzelner Kinder führt und Analysehilfen für die Planung nächster
Lernschritte gibt. Die in dieser Weise am Lernprozess des Kindes orientierte
Beobachtung und Dokumentation ist für Lehramtsstudierende, Grundschulleh-
rende und Erzieher/innen gleichermaßen bedeutsam. Die Aufgabe, sich mittels
systematischer Beobachtung und Selbstreflexion der kindlichen Perspektive
anzunähern, stellt sich beiden Berufsfeldern und ist damit ein bedeutendes und
zugleich verbindendes Element. Sie trägt bei zur Entwicklung einer fragenden
Haltung und damit zur Professionalisierung von Erziehern/Erzieherinnen und
Lehrern/Lehrerinnen. Denn: für die Begleitung und Unterstützung von Bildungs-
und Lernprozessen sind Erwachsene wichtig, die Interessen, Intentionen, Deutungsmuster und Kompetenzen der Kinder angemessen wahrnehmen und verstehen, um ihr pädagogisches Handeln darauf abstimmen zu können; Erwachsene
die zuhören und zuschauen können, Fragen stellen und verstehen wollen. Auf
diese Weise werden im Prozess des Verstehenlernens die Lehrenden wieder zu
Lernenden, genauso wie die lernenden Kinder zu Lehrenden werden.

5   Literatur

Behnken, I. u. a. (2005): Lehren, Bildung, Partizipation. Die Perspektive der Kinder und
    Jugendlichen. Expertise zum 8. Kinder- und Jugendbericht der Landesregierung
    NRW. Siegen.
Eberwein, H./Knauer, S. (1998): Handbuch Lernprozesse verstehen. Weinheim und Basel:
    Beltz.
Honig, H.-M. (1999): Forschung vom Kinde aus? Perspektivität in der Kindheitsfor-
    schung. In: Honig, H.-M./Lange, A./Leu, H.-R. (Hrsg.) (1999a): 33-50.
Honig, H.-M./Lange, A./Leu, H.-R. (1999): Eigenart und Fremdheit. In: Honig, H.-
    M/Lange, A./Leu, H.-R. (1999): 9-33.
Honig, H.-M/Lange, A./Leu, H.-R. (1999): Aus der Perspektive von Kindern? Zur Me-
    thodologie der Kindheitsforschung. Weinheim und München: Juventa.
Kelle, H. (2008): „Normale" kindliche Entwicklung als kulturelles und gesundheitspoliti-
    sches Projekt. In: Kelle, H./Tervooren, A. (Hrsg.) (2008): 187-207.
Kelle, H./Tervooren, A. (Hrsg.) (2008): Ganz normale Kinder. Heterogenität und Stan-
    dardisierung kindlicher Entwicklung. Weinheim und München: Juventa.
Kelle, H. (2007): „Ganz normal": Die Repräsentation von Körpernormen in Somatog-
    rammen. Zeitschrift für Soziologie. Jg. 3. 197-216.
Krappmann, L. (2002): Untersuchungen zum Lernen. In: Pettilon, H. (Hrsg.) (2002): 89-
    103.

Leu, H. R./Flämig, K./Frankenstein, Y./Schneider, K./Schweiger, M. (2007): Bildungs- und Lerngeschichten. Bildungsprozesse in früher Kindheit beobachten, dokumentieren und unterstützen. Weimar-Berlin: Verlag das Netz.

Link, J. (2008): Zum diskursanalytischen Konzept des flexiblen Normalismus. Mit einem Blick auf kindliche Entwicklung am Beispiel der Vorsorgeuntersuchungen. In: Kelle, H./Tervooren, A. (Hrsg.) (2008): 59-75.

Link, J. (1999): Versuch über den Normalismus: Wie Normalität produziert wird. Opladen: Vandenhoek und Ruprecht.

Pettilon, H (Hrsg.) (2002): Individuelles und soziales Lernen in der Grundschule – Kinderperspektive und pädagogische Konzepte. Jahrbuch Grundschulforschung 5, Opladen: Leske & Budrich.

Reh, S. (2005): Warum fällt es Lehrerinnen und Lehrern so schwer, mit Heterogenität umzugehen? Historische und empirische Deutungen. In: Die Deutsche Schule 97. Jg. H.1. 76-86.

Traub, A.: (2006): Freunde und Freundinnen – wichtig zum Wohlfühlen und Lernen. In: Deutsches Jungendinstitut Bulletin 77/9.

Tillmann, K.-J. (2006): Heterogenität in der Schule. In: Pädagogik. Heft 3. 44-48.

von der Groeben, A. (2003): Verstehen lernen. Diagnostik als didaktische Herausforderung. In: Pädagogik. Heft 4. 6-9.

von Stechow, E. (2005): Die Konstruktion den normalen Kindes. Wiesbaden: VS Verlag für Sozialwissenschaften.

Zinnecker, J. (2001): Stadtkids – Kinderleben auf der Straße. Weinheim und München: Juventa

Woher weiß das Kind, was es sagen soll? Über die Beziehung zwischen Generation und Institution

Gerold Scholz

1   Problemstellung

Der Titel dieses Buches „Kinder in der Schule. Zwischen Gleichaltrigenkultur und schulischer Ordnung" legt den Ort der Handlung fest. Es geht um Kinder in der Schule – nicht um Kinder in der Familie, auf der Straße oder im Kindergarten. Nun ist Schule kein „Ort", sondern – so würden Lehrer sagen – eine üblicherweise an einem bestimmten Ort (Schulgebäude) angesiedelte Institution. Die Beobachtung von Schülern und Lehrern an so genannten „außerschulischen Lernorten" zeigt, dass Schule auch auf einer Wiese stattfinden kann. Die gleichen Menschen, die sich in einer Schule begegnen, also ein Erwachsener und viele Kinder, könnten auf der Wiese auch spielen und keine Schule machen. Was macht also eine Schule zur Schule?

Der Untertitel dieses Buches stellt zwei Begriffe aus unterschiedlichen Kontexten nebeneinander, nämlich „Gleichaltrigenkultur" und „schulische Ordnung". Dies entspricht meiner Kenntnis nach den üblichen Denkweisen, ruft allerdings die Frage hervor, warum die Kategorie „Alter" in Verbindung gebracht wird mit der Kategorie „Institution".[94]

Anders gefragt geht es um die Beziehung zwischen Generationenverhältnis und Institution. Ist es die Institution, die bestimmte Möglichkeiten der Beziehung zwischen den Generationen bestimmt, oder ist die Institution Schule Ergebnis der Art und Weise, wie sich Erwachsene die Beziehung zwischen Erwachsenen und Kindern denken?

Im Internet Lexikon Wikipedia findet sich unter dem Stichwort „Institution" die Bemerkung: „Als kleinster gemeinsamer Nenner kann gelten, dass eine Insti-

---

[94] Innerhalb der beiden Kategorien müsste man von „Gleichaltrigen" bzw. von „Älteren und Jüngeren" und von „institutionell" bzw. „außerinstitutionell" sprechen.

tution ein Regelsystem ist, das eine bestimmte soziale Ordnung hervorruft" (http://de.wikipedia.org/wiki/Institution).

Nun kann ein Regelsystem keine Ordnung hervorrufen; das System kann sie nur darstellen, gewissermaßen materialisieren durch Rechtsbeziehungen. In Erscheinung treten das Regelsystem und die soziale Ordnung durch Interaktion und Kommunikation.

Mich interessiert in diesem Beitrag wie durch Interaktion und Kommunikation, einschließlich Metakommunikation, soziale Ordnungen hergestellt bzw. reproduziert werden.[95] Aus der Sicht eines einzelnen Kindes formuliert, interessiert mich die Frage, woher es wissen kann, ob es zum Beispiel als Kind oder als Schüler gemeint ist, wenn es angesprochen wird.

Empirisch stütze ich mich dabei auf Beispiele aus zwei Situationen. Das erste Beispiel ist ein Protokoll eines Unterrichtsbeginns in einer zehnten Hauptschulklasse, bezieht sich also vor allem auf die Kategorie Institution. Die anderen Beispiele stammen nicht aus der Schule.

Sie beschreiben Interaktionen zwischen erwachsenen Studenten und Kindern im Vorschulalter. Diese Kinder sind nicht in der Schule, sondern im Kindergarten, in Privatwohnungen oder auf Freiflächen. Und auch die Erwachsenen sind keine Lehrerinnen oder Lehrer, sondern Studierende, die sich – das sei hier vorweggenommen – alle Mühe gegeben haben, möglichst nicht als Lehrer aufzutreten.

Diese Beispiele dienen dazu, unterschiedliche Situationen zu zeigen und zu beobachten, wie sie entstanden sind. Es geht vor allem um Detailaufnahmen und den Blick auf Konstruktionsprozesse. Konstruiert werden jeweils durch Interaktion und Kommunikation an einem bestimmten Ort Situationen, in denen dann die Beteiligten wissen, um welche Art von Situation es sich handelt. Dabei wird sich zeigen, dass viele Situationen zwischen Student und Kind Schulsituationen sind, obwohl sie von den Studenten gerade nicht als solche geplant und intendiert waren.

Spannend daran finde ich, dass diese Situationen jene „Gemengelage" darstellen, auf die der Buchtitel verweist: Auch ohne eine feste Institution, wie die Schule, mischen sich Aspekte der institutionellen Rahmungen mit Aspekten der Beziehung zwischen Kindern und Erwachsenen.

---

[95] Zwei damit zusammenhängende Fragen können hier nicht erörtert werden. Die eine betrifft die Beziehung zwischen Ordnung und Kommunikation und könnte lauten: Wird eine bestimmte Ordnung kommunikativ erst hergestellt oder dient die Kommunikation dazu, vorhandene Ordnungsmuster bloß auszudrücken? Vermutlich gilt beides, wäre aber in seiner Beziehung genauer zu untersuchen. Ebenfalls unbearbeitet bleibt in diesem Beitrag die Frage nach der historischen Entstehung bestimmter Denk- und Kommunikationsmuster.

2   Die Institution: Lehrer und Schüler

Der folgende Text stammt aus einer 10. Klasse einer Hauptschule aus dem Raum
Frankfurt und wurde von 2 Studentinnen aufgeschrieben.

Lehrer:	Also hier vorne
Schülerin 7:	Ja.
Lehrer:	Steht das Mikrofon. Das hat die Frau X ja angekündigt. Ihr habt ja auch da `ne Einverständnis oder die Möglichkeit
Schüler 3:	Was?
Lehrer:	Widerspruch zu erheben. Ahm. Das läuft ganz normal weiter. Das ist ja nichts Schlimmes. Ihr wisst ja Bescheid. Deshalb fangen wir auch gleich an. Als Erstes habe ich hier noch den Test von Schüler 1. Der lag hier noch `rum. Wär schön, wenn du mal den Fuß vom Stuhl nehmen würdest. Ich denke, das machst du zu Hause auch nicht.
Schüler 1:	Doch, doch, . (.) Aber halt ohne Schuhe.
Lehrer:	Ja, dann kannst du das zu Hause machen. (...)
Schüler 2:	Dann zieh´ die Schuhe aus.
Schüler 1:	Ok:, jetzt halt mal hier die Luft an.
Schülerin 5:	Du siehst aus wie ein Mönch.
Lehrer (laut):	Schüler 1, nimmst du mal den Fuß von dem Stuhl?!
Schüler 1:	Jeder fuckt mich ab. Ja, ok. (Schüler lachen)
Lehrer:	Bitte?
Schüler 1:	Mein Fuß ist auf dem Boden.
Lehrer:	Möchtest du das nochmal wiederholen, was du gerade gesagt hast?
Schüler 1:	Jeder fuckt mich hier ab. (6 sec). (Lehrer bemerkt zwei Schüler, die nicht in die Klassen gehören).
Lehrer:	Raus. (.) Ihr gehört in die andere Gruppe. (.) (Die zwei Schüler verlassen den Raum).
Lehrer:	Gut. Erst mal, nochmal guten Morgen.
Alle:	Guten Morgen, Herr X.

Es geht um den Beginn von Unterricht, also um den Übergang zwischen Pause
und Schule – oder anders formuliert – zwischen außerinstitutionell und institutionell.

Die beiden Studentinnen, die das Protokoll erhoben, warfen dem Lehrer
Unsicherheit vor. Er würde am Anfang herumreden, unpräzise sein und nicht
einfach anfangen. Aus meiner Sicht war er darum bemüht, überhaupt erst eine
Situation herzustellen, aus der heraus er – ohne größeres Risiko – das Anfangsri-
tual für den Beginn von Unterricht in Gang setzen konnte.

Im Folgenden geht es um die Frage, welche Mittel der Lehrer dazu benutzte. Dazu muss man zunächst feststellen, wo dieses Gespräch stattfand. Es fand in einem Klassenraum statt. Vermutlich stand der Lehrer vor der Klasse. Auf dem Tisch vor ihm stand ein Mikrofon, das die Studentinnen aufgestellt hatten. Es hat gerade geklingelt, Schüler und Lehrer sind eben erst in den Raum gekommen. Die Schüler saßen an ihren Tischen. Der Lehrer war von der Tür nach vorne gekommen an den Ort, der ihm zusteht, an dem er üblicherweise steht und von dem aus er die Aufmerksamkeit der Schüler auf sich ziehen möchte.

Die gesamte Szene von „Also hier vorne" bis „Guten Morgen, Herr X" dauert ein bis zwei Minuten. Ich lese sie insgesamt als einen Prozess, mit dem der Unterrichtsbeginn hergestellt wird. Damit meine ich, dass die Kommunikation dazu dient, eine existierende soziale Ordnung durchzusetzen. Wenn der Lehrer den Klassenraum betritt, so ist dies allein kein Hinweis darauf, dass der Unterricht begonnen hat. Alle beteiligten Schüler könnten ihn ignorieren. Es wäre riskant für den Lehrer, wenn er sich vorne hinstellen, „guten Morgen" sagen und ein großer Teil der Schüler nicht antworten würde. Einen Unterrichtsbeginn herstellen, heißt also zu erreichen, dass möglichst alle Schüler darauf achten, was der Lehrer tut und will und dem auch zu folgen, heißt: Unterricht als Rahmung für alle Handlungen zu akzeptieren.

Man kann es auch so sagen. Das Mikrofon auf dem Tisch bedeutet eine Art Störung im Vergleich zu den üblichen Situationen. Der Lehrer beginnt seine Ansprache mit der Behauptung, dass das Mikrofon weiter keine Bedeutung habe, eben alles „ganz normal" sei. Der Lehrer spricht aus dieser Sicht die Existenz des Mikrofons an, weil er vermutet, dass, wenn er es nicht tut, dies von einem der Schüler erfolgen würde. Und zwar gleich nach dem „guten Morgen". Dies würde seinen Unterricht stören.

Der Interpretation unterliegt ein Bild von Unterricht, wonach sich Lehrer und Schüler tendenziell in einem Machtkampf befinden. Wer kann und darf bestimmen, was geschieht und geschehen soll. Und für den Lehrer bedeutet dies vor allem: Wie kann man sich so verhalten, dass die Schüler tun, was man will, ohne das es zu einem realen Machtkampf zwischen Lehrer einerseits und der Schülergruppe andererseits kommt. Dies unterstellt, dass sich Schüler und Lehrer nicht notwendig darin einig sind, nun wirklich zügig mit dem Unterricht beginnen zu wollen. Deshalb setzt der Lehrer eine Art gleitenden Unterrichtsanfang zwischen Pause und Unterricht in Gang.

In diesem Kontext interpretiere ich auch den Konflikt mit dem Schüler 1. Der Lehrer interpretiert Schüler 1 als jemanden, der sich nicht so recht an die Schulordnung hält. Es verstößt gegen die Schulordnung, wenn ein geschriebener Test eines Schülers einfach „rumliegt". Was immer sonst zwischen Lehrer und Schüler 1 der Fall gewesen sein mag, weiß ich nicht. Sicher ist aber, dass der

Lehrer den irgendwie unordentlich abgelegten Text von Schüler 1 als Beziehungsbotschaft interpretiert und sich wahrscheinlich angegriffen fühlt, weil das „Rumliegen" des Tests signalisiert, dass Schüler 1 die Ordnung der Schule nicht so ernst nimmt. Der Satz des Lehrers, „Wär schön, wenn du mal den Fuß vom Stuhl nehmen würdest. Ich denke, das machst du zu Hause auch nicht." ist der Beginn einer Auseinandersetzung zwischen Lehrer und Schüler 1.

Die Studentinnen fanden, dass der Lehrer unsicher sei, weil er Fragen stellte, statt Anweisungen zu geben. Der Auftakt „wär schön", würde – so meinten sie – dem Schüler die Möglichkeit geben, sich gegen die Schulordnung zu verhalten. Ich interpretiere auch dies anders als sie es getan haben und denke, dass die Auseinandersetzung des Lehrers mit Schüler 1 von ihm als Machtkampf geführt wurde mit dem Ziel, Schüler 1 in den Augen der anderen Schüler so zu diskreditieren, dass diese sich nicht mit ihrem Mitschüler solidarisieren, sondern mit ihm, dem Lehrer.

Ich interpretiere die scheinbare weiche Formulierung „wär schön" als massiven Angriff auf Schüler 1. Die Botschaft lautet aus meiner Sicht: Dass die Füße nicht auf den Stuhl gehören ist so selbstverständlich, dass der eigentliche Skandal darin besteht, dass ich dir das auch noch sagen muss. Nun kann man sich darüber streiten, ob man Füße auf einen Stuhl legen darf oder nicht. In mancher Hinsicht sitzt es sich besser und die Verschmutzung des Stuhls kann man in Grenzen halten. Es geht weniger um ein reales Problem als um eine kulturelle Norm. In der Schule gehört es sich nicht, den Fuß auf den Stuhl zu setzen. Die Formulierung „wär schön", verweist darauf, dass über diese Frage nicht diskutiert werden soll.

Der weitere Vergleich mit dem Verhalten zu Hause bringt Schüler 1 in eine „double-bind-Situation". Wenn er sagt, dass er zu Hause seine Füße nicht auf den Stuhl legen würde, so müsste er erklären, warum er in der Schule etwas tut, von dem er weiß, dass es zu Hause nicht erlaubt ist. Wenn er aber sagt, er würde auch zu Hause die Füße auf den Stuhl legen, so offenbart er sich selbst als jemand, den man leicht als unordentlich etikettieren kann. Egal, was er sagt, die Argumentation des Lehrers bringt den Schüler in eine schwierige Situation. Sein Argumentationsschachzug „Doch, doch. (.) Aber halt ohne Schuhe" ist in dieser Hinsicht ziemlich gekonnt und zwingt den Lehrer dazu, die Position zu beziehen, dass es eigentlich egal ist, ob er es zu Hause macht oder nicht. In der Schule jedenfalls könne man nicht seine Füße auf den Stuhl legen. Der Schüler zwingt den Lehrer zu einer Veränderung seiner bisherigen Argumentation. Danach wird es eine Weile still. Bis Schüler 2 sagt: „Dann zieh die Schuhe aus." Ich interpretiere diesen Satz als Angriff auf Schüler 1 und als Botschaft dafür, dass nun ein Schüler, deutlich macht, dass man gedenkt, sich in dem andauernden Konflikt auf die Seite des Lehrers zu stellen. Auch die folgende Äußerung einer Schülerin

„Du siehst aus wie ein Mönch" ist eine Kritik an Schüler 1, der immer noch nicht seinen Fuß vom Stuhl genommen hat, also immer noch an dem Machtkampf festhält. Mit dieser Unterstützung der Schülerschaft kann der Lehrer nun laut fordern, dass Schüler 1 seinen Fuß vom Stuhl nehmen soll. Auch wenn dies grammatisch als Frage formuliert ist „nimmst du mal den Fuß von dem Stuhl" ist die Botschaft ein Befehl. Der Schüler erkennt, dass sich alle gegen ihn verschworen haben, und macht den strategischen Fehler, nun Lehrer und Mitschüler zusammen anzugreifen: „Jeder fuckt mich ab. Ja, ok."

Damit eröffnet Schüler 1 eine neue Runde im Kampf mit dem Lehrer. Anders gesagt, er gibt dem Lehrer die Möglichkeit, noch einmal zuzuschlagen. Die Formulierung „Bitte", die der Lehrer gebraucht, nachdem die Schüler gelacht haben, meint: ich habe wohl nicht recht gehört. Den Hintergrund zum Verständnis der Situation bildet zunächst die Tatsache, dass es das Wort „fucken" im Deutschen nicht gibt, also auch nicht abfucken. Es assoziiert allerdings zwei obszöne Wörter, nämlich „ficken" im Deutschen und „fuck you" im Englischen. Es bleibt in einer Grauzone zwischen Obszönität und schulischer Ordnung. Deshalb meint das „Bitte" des Lehrers: Nun sag mal, wo du dich befindest, in der Schule oder bei einer hier nicht zu tolerierenden Jugendsprache. Schüler 1 versucht diesen Angriff durch einen Themenwechsel zu parieren, indem er auf die vorherige Anweisung des Lehrers zurückkommt und sagt, dass er sie nun befolgt habe: „Mein Fuß ist auf dem Boden". Dies reicht dem Lehrer nicht und er besteht auf der Fortführung des anderen Themas „Möchtest du das nochmal wiederholen, was du gerade gesagt hast?!"

Auch dies ist keine Frage, sondern eine Zwickmühle. Entscheidend dafür ist die Formulierung „Möchtest du...". Sagt Schüler 1 nichts, dann macht er deutlich, dass er weiß, dass man das Wort in der Schule nicht gebrauchen darf und gibt sich geschlagen. Wiederholt er es, was er dann ja auch tut, nimmt er die vom Lehrer an ihn gerichtete Position ein, dass sich der Satz „Jeder fuckt mich hier ab" nun eindeutig gegen die Mitschüler richtet. Danach ist es sechs Sekunden lang still.

Jetzt hat der Lehrer die Schüler auf seiner Seite. Er kann – ohne Risiko – zwei Schüler aus der Klasse schicken und mit dem Unterricht beginnen.

Gelungen ist ihm dies allerdings dadurch, dass er einen Schüler, nämlich Schüler 1, zum Außenseiter gemacht hat. Durch das Prinzip „Teilen und Herrschen" sichert sich der Lehrer – zumindest für den Moment – die Hoheit über die Klasse. Die Studentinnen kritisierten – wie ich finde zurecht – dass dieser Lehrer, so wie er die Auseinandersetzung geführt hat, sie immer wieder neu wird führen müssen. Zumindest hier scheint es so zu sein, dass der Beginn von Unterricht angewiesen ist auf die Abwehr der peerculture, indem die Jugendlichen gezwungen werden, sich entweder zu der einen oder zu der anderen Kultur zu bekennen. In Bezug auf die Schule zeigt die Szene den Prozess der Konstruktion einer bestimmten sozialen Ordnung – die Produktion des Außenseiters – als Ergebnis eines Formates, das man Schule nennt und das durch Interaktion und Kommunikation hergestellt wird. Zu diesem Format gehört offensichtlich der Machtkampf zwischen Schülern und Lehrern – häufig als Spiel. Für den Lehrer wird es riskant, wenn diese Auseinandersetzung auf eine Weise geführt wird, die den Schülern die Möglichkeit eröffnet, die Grundsatzfrage zu stellen, wer denn nun die Macht habe. Auch insofern teile ich die Kritik der Studentinnen, denn die Schüler zu zwingen, sich zu der einen oder zu der anderen zu bekennen, ist ein riskantes Unterfangen.

3   Altersgruppen: Studenten und Kinder

Die folgenden Protokolle entstanden im Rahmen eines von mir durchgeführten Seminars. Dessen Titel lautete. „Was Vorschulkinder können". Teilnehmer des Seminars waren vor allem Studierende aus dem Studiengang Diplompädagogik, weil man in dem Seminar einen sogenannten „Methodenschein" erwerben konnte, der für das Studium verpflichtend ist. „Methodenschein" meint die Beschäftigung mit Methoden erziehungswissenschaftlicher Forschung. Es ging also in dem Seminar darum, Methoden zu reflektieren, mit denen man die Perspektive von Kindern erforschen kann. Alle Teilnehmer bekamen die Aufgabe, ein Gespräch mit Kindern zu suchen, die noch nicht in der Schule sind und zwei Fragen an sie zu stellen. Erstens: „Was kannst du?" Und zweitens: „Kannst du mir das zeigen?" Weitere Vorgaben gab es nicht. Diese Aufgabenstellung ging von der Prämisse aus, dass Kinder andere Vorstellungen von dem Begriff „Können" haben als Erwachsene und stellte an die Studierenden die Anforderung, die Vorstellung von Kindern über Können theoriegeleitet zu beschreiben.

Es ging nicht um die Frage, was Kinder können; sondern darum, was sie unter „Können" verstehen. So wurde etwa deutlich, dass Kinder in diesem Alter nicht eindeutig zwischen „Können" und „Dürfen" unterscheiden. „Ich kann", meinte häufig „ich darf". Auch haben Kinder ganz eigenartige Vorstellungen über Schwierigkeiten. So sagte ein Junge „Ich kann bis 100 zählen – bei geschlossenen Augen" oder die Kinder machen sehr differenzierte Angaben über Schwierigkeitsgrade bei bestimmten Spielen, wie Schaukeln. Die Zweiteilung der Erwachsenen in „Können" oder „Nichtkönnen" wird von ihnen unterschieden in eine Vielzahl von Abstufungen, die auch altersspezifisch bewertet werden. Mein Auftrag an die Studierenden, die Kinder zu fragen „Was kannst du" schien aus deren Sicht zunächst sehr einfach. Aber schon nach der ersten Präsentation wurde allen klar, dass ihnen eine ziemlich schwierige Aufgabe gestellt worden war. Die erste Präsentation enthielt folgenden Gesprächsbeginn.

> „Studentin: Ich heiße Claudia, ich kenne ein Kind, das bald in die Schule kommt. Du bist ja auch schon sechs Jahre alt. Was kannst du?
> Carla: Lesen, Schreiben, Rechnen.“

Alle studentischen Beobachter der Szene waren sich einig, dass dem Kind die Antwort von der Studentin in den Mund gelegt worden war. „So“, so kritisierten sie, „kann man von dem Kind nichts erfahren. Es sagt, was es denkt, was die Studentin hören will, aber nicht, was es selbst denkt“.

Das ist aus meiner Sicht zutreffend. Carla kann wahrscheinlich ganz viel. Nun stellte sich für sie die Frage, was sie auswählen soll, als sie gefragt wurde.

Wenn man versucht, herauszufinden, was Kinder unter Können verstehen, dann ist ein Zwischenschritt wohl der, dass man fragt, was ist ihnen wichtig, was ist für sie relevant (vgl. Schütz 1982)? Deshalb ist die Frage so offen gehalten, damit man die Chance hat zu beobachten, was den befragten Kindern zuerst einfällt und was später und insgesamt, welche Auswahl sie treffen. Es wurde in dem Seminar bald klar, dass es unter anderem zwei Faktoren gibt, die die Antworten der befragten Kinder bestimmen. Zum einen war wichtig, wo das Gespräch stattfindet, ob in einem geschlossenen Raum oder im Garten, ob in der Turnhalle oder am Schreibtisch des Kindes. Zweitens schien es darauf anzukommen, was gefragt wurde und wie das Kind gefragt wurde. Erst in Kenntnis dieser Einflüsse konnte man versuchen, gewissermaßen reflexiv, zu einer Interpretation dessen zu gelangen, was den Kindern wichtig war zu sagen, was sie mit dem meinten, was sie sagten.

Infolgedessen versuchten die Studenten den Ort der Befragung und die Art der Befragung so zu gestalten, dass deren Einfluss möglichst gering war. In ihren Worten: Die Befragung sollte so objektiv wie möglich erfolgen.

Wenn man fragt, warum Carla mit „Lesen, Schreiben, Rechnen“ auf die Frage antwortet „Was kannst du?“, so gibt es mehrere Aspekte.

In dem Moment, wo Carla zu sprechen begann, hatte sie – unbewusst – eine Antwort auf die Frage gefunden, um was für eine Situation es sich gerade handelte. Da zuvor von Schule die Rede war, wollte die fremde Frau wohl wissen, ob man schulreif sei. Carlas Interpretation der Situation als Frage nach der Schulreife setzt voraus, dass sie über ein Wissen über die Ordnung verfügt, was ein Schulkind ist und was es können soll. Carla weiß, dass sie noch im Kindergarten ist, dass sie demnächst in die Schule kommt und dass man in der Schule rechnet, schreibt und liest und dass diese Ordnung für alle Kinder gilt. Der Hinweis der Studentin auf ein Kind, welches demnächst in die Schule kommt, enthielt für Carla die Botschaft, dass es in dem Gespräch für die Studentin darum geht herauszufinden, ob sie – Carla – die Ordnung kennt, die für Kinder für sie von den Erwachsenen vorgesehen ist.

Mit anderen Worten: Carla geht davon aus, dass die Studentin die Antwort auf die von ihr gestellte Frage kennt und nur wissen möchte, ob auch Carla sie weiß. Das ist eine Kommunikationssituation, die es nur in schulischen Zusammenhängen gibt.

In dem zweiten Beispiel sind eine Studentin und die sechs Jahre alte Michelle beteiligt. Die Szene findet in einem Kindergarten statt. Die Studentin setzt sich zu mehreren Kindern an einen Tisch und spricht mit ihnen:

„Einige Kinder (Alexander, Michelle und einige andere) kommen neugierig auf mich zu und fragen mich, wie alt ich sei und ob ich auch schon Kinder habe. Einige andere halten sich im Hintergrund, hören aber dennoch interessiert zu. Andere spielen weiter, ohne Interesse an mir zu zeigen. Wir unterhalten uns über den Schulanfang: Michelle bringt das Gespräch darauf und sagt, sie freue sich schon sehr auf die Schule" (Kühnreich, S. 1).

Schließlich bleibt Michelle allein am Tisch sitzen und die Studentin befragt sie.

„Studentin: Michelle, hast du Lust mir ein paar Fragen zu beantworten?
Michelle: (nickt) Hhmm...
Studentin: Wie alt bis du denn eigentlich?
Michelle: Sechs.
Studentin: Ich habe da mal eine Frage. Und zwar würde mich interessieren, was du schon so alles kannst.
Michelle: Hhmm... Ich kann das ABC, ich kann rechnen, Buchstaben schreiben." (S. 2)

Die Studentin, die Michelle befragt hat, schreibt u. a. „An Michelles Antworten ist insgesamt erkennbar, dass sie mich als „Erzieher- oder Lehrertyp" einstuft" (S. 7). Das ist ein Eingeständnis, denn eigentlich sollte und wollte sie als Forscherin eingestuft werden.

Auch Michelle antwortete: „...ich kann das ABC, ich kann rechnen, Buchstaben schreiben". Nun könnte man sagen, dass auch in diesem Beispiel zuvor über Schule gesprochen wurde. Das trifft auch zu. Allerdings hatte die Studentin auch anders gefragt, als sie es tun sollte. Sie hatte gefragt „Was du schon so alles kannst". Mein Auftrag lautete zu fragen: „Was kannst du?" Ein großer Teil der Studenten benutzte Formulierungen wie „was du schon kannst" oder „was du *gut* kannst" oder „was kannst du denn schon *so alles*".

Das „schon" oder das „so alles" signalisiert, dass es eine Liste der Dinge gibt, die man als Kind in diesem Alter können sollte. Und jetzt fragt die Studen-

tin, ob man das auch kann. Die genannten Formulierungen stellen die Frage nach
dem Verhältnis zwischen dem, was das Kind gelernt haben sollte, und dem, was
es gelernt hat. Forschungsmethodisch schließt diese Art der Fragestellung die
Offenheit der Antwort aus und lässt nicht mehr zu, nach der Relevanz zu fragen.
Interessanter aber noch ist das Generationenverhältnis, dass sich darin ausdrückt,
dass viele – nicht alle Studierenden – nicht in der Lage waren, eine offene Frage
auch offen an die Kinder weiter zu geben. In der Situation, die auch für die beteiligten Studenten und nicht nur für die Kinder stressig war, stellten die Studenten
eine Beziehung zwischen sich und den Kindern her, die dem üblichen Kindheits-
konstrukt folgte. Sie stellten in der Regel Situationen her, in denen das Kind
entweder als zu belehrend oder zu erziehend oder zu prüfend konstruiert wurde,
wobei es zwei Arten von Prüfungen gab, nämlich die Prüfung der Schulfähigkeit
oder die des Entwicklungsstandes.

Man kann dies als kulturelles Muster lesen. Typisch dafür ist der Buchtitel
„Weltwissen der Siebenjährigen". In dem Buch geht es nicht darum, was sieben-
jährige Kinder wissen, sondern darum, was befragte Erwachsene sagen, was sie
wissen sollten. Bemerkenswert ist, dass Erwachsene befragt wurden, der Buchtitel aber suggeriert, das Buch beschäftige sich mit den Antworten der Kinder. In
diesem Kontext leben auch die Studenten, die an dem Seminar teilnahmen. Zu
den zunächst überraschenden Ergebnissen des Seminars gehörte die Erkenntnis,
wie stark Kindheitskonstrukte kulturabhängig sind. Fast alle Studierenden hatten
erst im Laufe des Seminars verstanden, dass der Titel der Veranstaltung „Was
Vorschulkinder können" anders gemeint war, als sie ihn zunächst aufgefasst
hatten. Am Anfang dachten alle, es wäre ihre Aufgabe, den Stand des Wissens
und Könnens der von ihnen befragten Kinder alters- bzw. entwicklungsabhängig
im Lichte entsprechender Theorien zu bestimmen. Ein Teil der Studierenden hat
die Aufgabe – trotz mehrfacher Erklärungen, dass es so nicht gemeint sei – genau so bewältigt. Das heißt: Für die Interpretation wurden Ergebnisse entwicklungspsychologischer Stufen- oder Phasentheorien dargestellt, vor allem Piaget,
und dann die Antworten der Kinder bestimmten Stufen oder Phasen zugeordnet.
Die Befragungssituation wurde auch von vornherein so gestaltet, dass dieser
Entwicklungstest möglich war. Es gab in dem Seminar also zwei Gruppen von
Studenten. Die einen konnten sich nicht davon lösen zu erforschen, was die befragten Kinder aus Sicht der Erwachsenen können. Die anderen hatten irgendwann verstanden, dass es in dem Seminar nicht um die Frage geht, was die Kinder können, sondern darum, was die Studierenden können. Und es gab eine weitgehend eindeutige Grenzlinie. Fast alle Studierenden aus nicht-deutschen Kulturen hatten große Schwierigkeiten zu verstehen, dass es sinnvoll sein kann, Kinder nicht zu testen oder zu unterweisen, sondern sie – als gleichberechtigte Mitglieder der Kultur – zu fragen, was sie denken. Je autoritärer, lehrerzentrierter die

Erfahrungen der Studierenden als Schüler waren oder auch die der Kinder, desto schwerer fiel es, sich von der Frage zu lösen, dass es darum geht, was man schon alles für die Schule kann.

In den Situationen – und damit bin ich wieder bei Michelle -, in denen es den Studierenden nicht gelungen war, die erwachsenen Bezugspersonen der befragten Kinder aus dem Gespräch herauszuhalten, bestand deren Intervention immer darin, den Kindern zu sagen, was sie sagen sollen, damit sie als gut oder erfolgreich gelten können.

In diesen Situationen war das Kind Mittel zum Zweck in der Kommunikation der Erwachsenen. Dann ging es nicht um die Frage, was das Kind kann oder was es unter Können versteht, sondern darum, dass die Bezugsperson des Kindes der Studentin zeigen will, wie gut ihr Erziehungskonzept ist. Deutlich wird dies auch an dem Gespräch mit Michelle im Kindergarten. Nachdem Michelle auf ihre Schulfähigkeit hingewiesen hat, schaltet sich die anwesende Kindergärtnerin ein:

„Michelle:	Hhm .. ich kann das ABC, ich kann rechnen, Buchstaben schreiben. (Michelle überlegt kurz.) Ich kann der Mama helfen. (Die Kindergärtnerin ergänzt, dass Michelle solche eher schulischen Dinge von ihrer Oma und ihrer Mutter beigebracht bekommt.)
Studentin:	Bei was denn?
Michelle:	Beim Kuchen backen und beim abwischen und für die Oma Tee holen ... Und ich kann den Kleineren helfen. Beim aufräumen und so. (Kühnreich S. 2)

4   Kinder als Situationsexperten

Es ist der Erzieherin irgendwie peinlich, dass Michelle von der Schule erzählt statt von den Dingen, die der Kindergärtnerin wichtig sind. Michelle versteht, dass der Verweis auf Mutter und Großmutter durch die Kindergärtnerin bedeutet, dass diese nicht so gut findet, was Mutter und Großmutter tun und auch nicht so gut, dass Michelle nun davon erzählt. Sie schwenkt um auf Fähigkeiten, die in ihrem Kindergarten erwünscht sind, auf soziale Fähigkeiten.

Auch dies haben die Studierenden im Laufe des Seminars erkannt. Kinder interpretieren winzig kleine Andeutungen von Erwachsenen in Bezug auf die darin enthaltenen Botschaften. Diese Erkenntnis löste zunächst auch eine gewisse Frustration aus. Denn es wurde deutlich, dass es keine „objektive" Situation geben kann. Für die Antworten der Kinder, so wurde deutlich, ist auch noch entscheidend, ob die Studentin mit einem Kind allein ist oder noch andere Kinder im Raum sind, was vor Beginn des Interviews geschah, ob die Studenten alleine waren oder zu zweit, ob sie das Kind kannten oder nicht, wie die Studenten die Tatsache der Befragung begründeten und nicht zuletzt, in welchem Tonfall die Fragen ausgesprochen wurden und welches Gesicht die Studierenden aufsetzten und welche Körperhaltung sie einnahmen.

Eine der am meisten in dem Seminar diskutierten Fragen war die, was man den Kindern als Begründung für die Befragung sagen solle. Und vor allem, ob man offen oder verdeckt Video- oder Tonbandaufnahmen durchführen solle. Gegner und Befürworter verdeckter Aufnahmen argumentierten sowohl mit ethischen wie auch mit forschungsmethodischen Gründen. Eine Frage war, wie Kinder auf ein Videogerät reagieren, ob die Tatsache, dass sie wüssten, dass sie aufgenommen werden, nicht vollständig die Antworten beeinflussen würde. Tatsächlich war an einigen Filmbeispielen zu erkennen, dass die gefilmten Kinder eine Art Theaterstück aufführten. Es gab allerdings auch Protokolle, aus denen deutlich wurde, dass auch diese Kinder – ohne Aufnahmegerät – für die Studenten ein Theaterstück aufführten. Und es gab Videoaufnahmen, aus denen deutlich wurde, dass die Kinder sich nicht um die Kamera kümmerten.

Kein Kind käme auf die Idee, ein anderes Kind zu fragen „Was kannst du“. Eine der Studenten erzählte, dass seine sechsjährige Cousine auf die gestellte Frage antwortete „Das ist aber eine dumme Frage“. Jedes Kind würde konkret fragen. Etwa: Kannst du Rad fahren ohne Stützräder? Nun hatten die Studenten den Auftrag, diese Frage zu stellen. Damit stellte sich für sie das Problem, eine unmögliche Frage so zu stellen, dass sie nicht als unmöglich wahrgenommen wird. Einige Studenten gaben sich Mühe, die Frage irgendwie nebenbei zu stellen; also im Rahmen eines Gespräches. Sie übersahen dabei, dass diese keine Frage ist, die man in einem Gespräch stellen kann. Auch Versuche, erst gemeinsam zu spielen und dann aus der Spielsituation heraus diese Frage zu stellen, um sie als authentisch erscheinen zu lassen, misslangen. Auf dem Film sah man dann, wie die Körperhaltung der Studentin sich verändert, kurz bevor sie die Frage stellt und man sah auch, wie das Kind diese Änderung bemerkt und sich fragt, was da gerade geschieht. Ob es etwa belogen wurde mit der Behauptung, man wolle miteinander spielen, wo es doch um eine Prüfung gehe. Das war das eine Problem der Studenten, etwas als normal erscheinen zu lassen, was es nicht ist.

Das andere Problem war: Üblicherweise wissen Kinder, dass Erwachsene, vor allem fremde Erwachsene, ihnen gegenüber bestimmte Situationen produzieren. Es gibt die Unterscheidung zwischen Kind und Erwachsenen in unserer Kultur. Das Wissen aller Beteiligten um diese Unterscheidung prägt auch die Kommunikation. Nun sollten die Studenten künstlich eine natürliche Situation herstellen, in der den Kindern deutlich werden sollte, dass es den Studenten wichtig war, von den Kindern eine ehrliche und authentische Antwort zu bekommen und nicht eine, die man als Reaktion auf die Studenten interpretieren kann. Erschwert wurde dies den Studierenden dadurch, dass es in unserer Kultur – anders etwa als bei den Iatmul in Papa Neuguinea – zur Generationenstruktur gehört, Kinder im Hinblick auf ihr zukünftiges Erwachsensein anzusprechen. Die Studenten mussten sich von dieser Denkfigur lösen als Voraussetzung dafür, um nach der Perspektive der Kinder aus deren Gegenwart heraus fragen zu können. Irgendwann im Laufe des Seminars wurde erkannt, dass das, was gesagt wird und wie es gesagt wird, abhängt von dem Kindheitsbild der agierenden Studenten.

Die dritte Schwierigkeit war dann noch grundlegender. Zu dem in Deutschland gelebten Kindheitsbild, in dem Kindheit primär im Hinblick auf das zukünftige Erwachsensein verstanden wird (vgl. Weiss, 100), gehört der Gedanke, dass Kinder in ihrer Welt gewissermaßen naiv leben und es folglich forschungsmethodisch darauf ankäme, möglichst unauffällig in diese Welt einzudringen. Dabei wurde übersehen, dass auch junge Kinder sich fragen, warum der Erwachsene gerade da ist, was der Fremde will, warum er fragt. Auch junge Kinder stellen sich die Frage, was bedeutet das, was wir gerade tun. Und wenn man sie ernst nehmen will, wird man ihnen diese Frage plausibel beantworten müssen.

Dies macht das dritte Beispiel deutlich. Hier lädt die Studentin Claudia ihren Cousin F. zum Eis essen ein. Dazu nimmt sie ihn im Auto mit. Das Tonbandgerät hatte sie vorher im Handschuhfach versteckt. Sie beginnt wie folgt:

„Sag mal, F., kann ich dich mal was fragen?" Daraufhin antwortete er: „Ja." und ich fragte ihn: „Was kannst du?".
Er sagte sofort, und ohne zu überlegen, er könne richtig gut spielen" Außerdem nannte F. unter anderem:

- Rennen
- Verstecken
- Fahrrad fahren
- Kickboard fahren
- In den Kindergarten gehen
- Dort LKW spielen
- Schneebälle werfen
- toben
- etwas kaufen
- Vögel erkennen und beobachten."

Leider hatte das Tonbandgerät nicht funktioniert und die Studentin nur ein Gedächtnisprotokoll. Sie lädt – eine Woche später – F. wieder zum Eis ein, holt ihn wieder mit dem Auto ab und es entwickelt sich unter anderem das folgende Gespräch:

„Studentin: Sag mal F. erinnerst du dich noch daran, was ich dich das letzte Mal gefragt habe?
F.: Ähhhh
Studentin: Was du kannst?
F.: Ja
Studentin: Erzähl mir noch mal was du kannst.
F.: Fußball
Studentin: Was?
F.: Fußball
Studentin: Was noch?
F.: Dann mache ich das Fenster bei mir auch mal auf.
Studentin: Was kannst du denn noch?
F.: Was?
Studentin: Erzähl mal, du hast mir das letzte Mal so viel erzählt. Erzähl mal...
F.: Weiß ich nicht mehr ...“

Die Studentin interpretiert u. a.:

„Mein Wunsch, das erste Interview in gewisser Weise zu wiederholen, führte auch dazu, dass ich ihn immer weiter drängte und ihn auch dann nicht in Ruhe ließ, als er mehrfach sagte, er wolle aufhören. Natürlich war mir dies zu diesem Zeitpunkt in keiner Weise bewusst, doch es bewirkte, dass sowohl auf F., als auch auf mir, ein großer Druck lastete. Dies muss er ebenfalls gemerkt haben. Auch wenn ihm sicher die genaue Absicht, nämlich seine Antworten für die Uni zu analysieren, nicht bewusst war, so erkannte er doch, dass das gesamte Gespräch von mir inszeniert war. Somit könnten die langen Pausen und die scheinbare Unlust darauf zurückzuführen sein, dass er aus Angst etwas Falsches zu sagen (und damit zu versagen), oder meine Erwartungen nicht zu erfüllen, seine Antworten sehr sorgfältig auswählte. Gleichzeitig wollte er das Interview so schnell als möglich zu Ende bringen und etwas mit mir spielen. Demnach könnte er seine Antworten zusätzlich unter dem Aspekt gewählt haben, ob sie mich derart zufrieden stellen, dass ich das Gespräch beende. Alle erwähnten Punkte trugen dazu bei, die bisher vorherrschende Cousin- Cousine Beziehung und meinen Sonderstatus, der mich weder den Kindern, noch den Erwachsenen zuordnete, aufzulösen. Im Laufe des Gespräches rückte ich immer weiter in den Erwachsenenstatus hinein. Unsere Sitzpositionen verstärkten dies um ein Weiteres. Im Gegensatz zum ersten Interview hatte es hier nicht mehr den Anschein gleichgestellter Personen, vielmehr entstanden räumlich zwei „Fronten“: die des Befragten und die des Fragenden. F., in der Rolle des Befragten, saß in gewisser Weise einem erwachsenen „Prüfer“ gegenüber, der den aktiven Part innehatte. (Der Platz hinter dem Lenkrad ist Erwachsenen vorbehalten, Kinder (also auch er) dürfen nicht vorne und schon gar nicht auf diesem Platz sitzen.) Dies zeigte meine ihm überlegene Stellung, unbewusst spürte er wohl, dass ich eine Art von Macht bzw. Kontrolle, sowohl über ihn, als auch über die Situation, innehatte. Ich bin der Fahrer und entscheide darüber, wann wir fahren, F. ist somit auf mich angewiesen, um nach Hause zu kommen. Möglicherweise wurde ihm im Laufe der Interviews klar, dass wir erst fahren würden wenn er mir die Antworten gegeben hatte, die ich erwartete." (Fachinger S. 10 f.)

5   Fazit

Es ist die ältere Generation, die für die nachfolgende Generation bestimmt, was sie sagen darf.

Wenn man sagen kann, dass in der Gegenwart in der Schule unterschiedliche Ordnungen nebeneinander existieren können – etwa die Ordnung der Gleichaltrigenkultur und die schulische Ordnung – so interpretiere ich dies als Konstruktion der Erwachsenen. Offensichtlich ist es so, dass in der Gegenwart ein Teil der Erwachsenen will, dass Kinder in der Schule lernen, zwischen unterschiedlichen Ordnungen zu differenzieren – andere aber auch nicht.

Ich argumentiere damit gegen die These, wonach die Generationenbeziehung als Ko-Konstruktion zwischen Gleichaltrigenkultur und schulischer Ordnung interpretiert werden kann. Aus meiner Sicht schaffen die Erwachsenen einen Rahmen, der grundlegend von der Asymmetrie der Beziehung zwischen Kindern und Erwachsenen bestimmt wird. In unterschiedlichen Kulturen oder zu unterschiedlichen Zeiten in ein und derselben Kultur oder von unterschiedlichen Subkulturen, wird dieser Rahmen unterschiedlich bestimmt. Einige Ordnungen lassen Kindern überhaupt keine eigenständigen Interpretationen, andere benötigen die selbständigen Deutungen der Kinder, um von da aus und auf effektive Weise eine Vermittlung der gewünschten Werte, Normen und Denkmuster zu erreichen. Es sind die Erwachsenen, die den Rahmen bestimmen und damit die Grenzen festlegen und die Spielräume der peergroup innerhalb dieser Grenzen. Natürlich kann die peergroup den Rahmen sprengen – die Angst davor begleitet die pädagogisch handelnden Erwachsenen. Das galt auch für die Studenten und Studentinnen in dem Seminar. Das liegt daran, dass die Asymmetrie zwischen Kindern und Erwachsenen zu den Strukturmerkmalen unserer Kultur gehört. Dies äußert sich in der Interaktion zwischen Kindern und Erwachsenen durch eine Vielfalt kaum kontrollierbarer kommunikativer Botschaften internalisierter Muster der Generationenbeziehung.

Die Tatsache, dass es einigen wenigen Studierenden gelang, die gestellte Aufgabe zu erfüllen, widerspricht dieser These nicht. Ein ehrliche Kommunikation mit Kindern gelang jenen, die erkannt hatten, dass es unwichtig ist, ob man ein Tonbandgerät aufstellt oder nicht, weil allein die Diskussion über die Frage

Ausdruck eines asymmetrischen Generationenbildes ist, das zudem romantisch aufgeladen ist, wo Kinder also als von Natur aus „natürlich" gedacht werden. Gelungen ist das Ernstnehmen der Gesprächspartner dann, wenn diese als kompetente Gesprächspartner betrachtet wurden. Damit meine ich: als, wenn auch kleine, Menschen, die in der Lage sind einzuschätzen, was das gerade bedeutet, was da gesagt oder getan wird. Die zweite Voraussetzung war, dass auf dieser Grundlage diese kleinen Menschen eindeutig entweder als Kinder oder als Schüler angesprochen wurden. Damit ist folgendes gemeint:

Die als Schüler angesprochenen Kinder wussten aufgrund der von den Studenten inszenierten Kommunikationssituation, dass die Studierenden wissen wollen, was sie dazu sagen können, was sie unter „Können" verstehen. Diese Studenten haben das Wissen der Kinder über Können erfragt und viele Antworten bekommen. Die als Kinder angesprochenen Kinder haben sich darüber gefreut, dass einmal ein Erwachsener sich ernsthaft dafür interessiert, was man als Kind tut und denkt.

Gescheitert sind alle Versuche, in denen die Studierenden versucht haben, diese Unterscheidung zwischen Erwachsenen und Kindern zu negieren, statt sie zum Gegenstand der Kommunikation zu machen.

6   Literatur

Bateson, G. (1981): Ökologie des Geistes. Anthropologische, psychologische, biologische und epistemologische Perspektiven. Frankfurt/M: Suhrkamp.
Burk, K./Rauterberg, M./Schönknecht G. (Hrsg.) (2008): Schule außerhalb der Schule. Frankfurt/M: Grundschulverband – Arbeitskreis Grundschule e.V.
Elschenbroich, D. (2001): Weltwissen der Siebenjährigen. Wie Kinder die Welt entdecken können. München: Kunstmann.
Fachinger, C. (2005): Was Vorschulkinder können. Auswertung dreier Interviews mit einem Kindergartenkind. Frankfurt/ M.: MS.
Kühnreich, D. (2005): Was Vorschulkinder können. Frankfurt/M.: MS.
Scholz; G./Rauterberg, M. (2008): Außerschulisches Lernen – erkenntnistheoretische Aspekte. In: Burk, K./Rauterberg, M./Schönknecht G. (Hrsg.) (2008): 41-54.
Schütz, A. (1982): Das Problem der Relevanz. Frankfurt/M.: Suhrkamp.
Schulz von Thun, F. (2008): Miteinander Reden. Bd. 1: Störungen und Klärungen. Reinbek: Rowohlt (48. Aufl.).
van de Loo, M.-J./Reinhart, M. (Hrsg.): Kinder. Ethnologische Forschungen in fünf Kontinenten. München: Trickster.
Weiss, F. (1993): Von der Schwierigkeit über Kinder zu forschen. Die Iatmul in Papua-Neuguinea. In: van de Loo, M.-J./Reinhart, M. (Hrsg.) (1993): 96-153.
http://de.wikipedia.org/wiki/Institution (Zugriff 25.5.08).

„Ich lade meine Freunde zum Sonder-Geburtstag ein" Theoretische und empirische Annäherungen an das Verhältnis von Peerkultur und Integrationspädagogik

Heike Deckert-Peaceman

1997 schrieb Preuss-Lausitz:

> „Schülerinnen und Schüler kommen in Untersuchungen zur integrativen Erziehung selten zu Wort. Wir haben eine Reihe von Studien über die Beliebtheit bzw. Unbeliebtheit von Kindern mit Behinderungen [...], aber die *Sicht der Kindern selbst* ist außerhalb von Einzelfalldarstellungen kaum untersucht worden." (Preuss-Lausitz 1997, 171)

Boban verweist etwa zeitgleich auf einen Kontext sowie eine mögliche erste Erklärung. Sie schreibt:

> „Es sind noch nicht viele Schüler und Schülerinnen, die die Erfahrung machen durften oder mußten – je nach Sicht der Dinge – in integrativ gestalteten Lebenswelten aufzuwachsen." (Boban 1996, 1)

Beide Aussagen sind für Deutschland mehr als 10 Jahre später immer noch gültig. Selbstverständlich ist die Anzahl der betroffenen Personen keine Erklärung für die Nichtbeachtung ihrer Sicht. Jedoch ist das Interesse von Forschung und Öffentlichkeit an der Sichtweise bestimmter Personengruppen immer auch mit Fragen nach Status und gesellschaftlichen Ordnungsverhältnissen verknüpft. Im Falle der Integrationspädagogik ist eine gesellschaftliche Nische erkennbar, die verhältnismäßig wenig Aufmerksamkeit erhält bzw. partiell auf erhebliche Vorbehalte trifft. Es handelt sich hierbei jedoch nicht nur um ein pädagogisches Problem. Menschen mit Behinderungen in Deutschland haben im OECD-Vergleich wenige Chancen auf Inklusion in Schule und Gesellschaft.[96]

---

[96] Vgl. beispielsweise „Zum Stand der schulischen Integration" (Powell 2007) jedoch sieht die Lage in den anderen OECD-Staaten nur graduell besser aus.

Darüber hinaus haben die Betroffenen selbst kaum eine Stimme. In der Regel sprechen Nicht Behinderte stellvertretend für Menschen mit Behinderungen. Phänomene, die im Diskurs über benachteiligte und diskriminierte Gruppen[97] seit Jahrzehnten vielfach auftreten, verstärken und verdichten sich vor dem Hintergrund tatsächlich fehlender Kompetenzen, z.B. fehlender Sprache. Allerdings wiederholt sich hierbei ein Muster, das gesellschaftlich in Abhängigkeit vom jeweiligen historischen und kulturellen Kontext auch anderen Gruppen zugeschrieben wurde. So wurden Frauen, Menschen mit dunkler Hautfarbe und Angehörige des „niederen Standes" oder der „Arbeiterklasse" über lange Zeit das Recht auf „ihre Stimme" mit dem Hinweis auf ihre angeblich mangelnden Fähigkeiten (geringere Intelligenz, geringere Moral, geringere Sprachkompetenz) abgesprochen. Jedoch handelt es sich hierbei um Konstruktionen, die die Diskriminierung der jeweiligen Gruppe widerspiegeln und zugleich herstellen. In dem Maße, in dem die Gruppen gesellschaftliche Anerkennung erfahren, verändert sich auch die Sicht auf ihre Kompetenzen (und umgekehrt). Ähnliches gilt für Kinder, wie die Kindheitsforschung vielfältig belegt. Von Bedeutung ist hierbei der Begriff der generationalen Ordnung, den Alaanen (1994) in Relation zu anderen gesellschaftlichen Ordnungen geprägt hat.

Handelt es sich bei den benachteiligten und diskriminierten Gruppen einer Gesellschaft um Kinder, wirken verschiedene Ordnungen zusammen. Sokoloff (1992) hat dieses Zusammenspiel am Beispiel jüdischer Kinder im Holocaust und in der literarischen Darstellung des Holocaust herausgearbeitet. Demnach verdoppelt sich ihr Opferstatus durch die Tatsache, dass sie sowohl der verfolgten Minderheit angehören als auch Kinder sind. Ihrer Stimme wird auch innerhalb des eigenen Kollektivs kaum Gehör geschenkt. Sie werden zu den „Other of the Other" (Sokoloff 1992, 8).

1   Theoretische Verortung der Integrationspädagogik und die Frage nach der Perspektive

Der Diskurs der Integrationspädagogik in Deutschland bewegt sich in dem eingangs beschriebenen Spannungsfeld. Deppe-Wolfinger stellt 1990 für die Integrationsliteratur fest, dass weder die Erfahrungen der Betroffenen noch ihre politische Artikulation thematisiert werden (ebd. 323). Zwar trifft diese Analyse heutzutage nicht mehr in dem genannten Ausmaß zu. Zudem wird der Umstand, dass in der Regel nicht behinderte pädagogische Experten über die geeignete Form der Beschulung Behinderter ohne Berücksichtigung deren Sichtweisen befinden,

---

[97] International von Bedeutung z.B: Gender, Race, Class, Religion, Age

innerhalb der Integrationspädagogik problematisiert. Jedoch bleibt nach Exner
(2007) die Integrationspädagogik weitgehend bei einem Integrationsparadigma,
das das Verhältnis von Gebenden (nicht behinderte Fachleute) und Nehmenden
(Betroffene) beschreibt. Der emanzipatorische Anspruch der Behindertenbewegung wird zwar wahrgenommen, findet jedoch innerhalb des pädagogischen
Diskurses nur bedingt Widerhall. Allerdings liegt der Grund für dieses Defizit
nicht nur bei der von nicht behinderten Experten dominierten Integrationspädagogik. Köbsell stellt als Mitglied der Behindertenbewegung und Wissenschaftle-
rin fest, dass die emanzipatorische Behindertenbewegung bislang der gemeinsamen Beschulung von Kindern mit und ohne Behinderung kaum Beachtung geschenkt hat und dass bewegungsintern keine Gestaltungsvorschläge diskutiert
wurden (Köbsell 2007, 4).

Die mangelnde Berücksichtigung der emanzipatorischen Behindertenbewegung gilt partiell auch für die Hinwendung zum Inklusionsbegriff, der zwar die
machttheoretischen Implikationen des Integrationsparadigmas kritisiert und ein
grundsätzliches Recht auf Selbstbestimmung und Teilhabe formuliert, aber das
Wissen der betroffenen Akteure erst ansatzweise systematisch in den pädagogischen Diskurs integriert (Schönewiese 2005).

Erschwerend kommt hinzu, dass die Begriffe Integration und Inklusion in
Deutschland häufig synonym verwendet werden und somit in ihrer Bedeutung
diffus verbleiben (vgl. dazu auch Feuser 1998 zitiert in Exner 2007, 76; Erzmann
2003). Tervooren macht auf das Begriffsproblem und die daraus resultierenden
Implikationen wie folgt aufmerksam:

> „Bereits der Begriff ‚Integration'[...] impliziert ein spezifisches Spannungsverhältnis
> zwischen einer Gruppe, die integriert werden auf der einen und einer, die integrieren
> soll, auf der anderen. Die Verwendung des Begriffs gibt demnach nicht nur eine
> Bewegungsrichtung, sondern darüber hinaus ein Verhältnis von Passivität und Akti-
> vität der jeweiligen Gruppen vor. Durch diese Behauptung wird auf der Seite derje-
> nigen, die integriert werden sollen, ein Defizit platziert, während die Intervention
> der anderen Gruppe angetragen und diese damit zur dominanten gemacht wird. Um
> diese paradoxe Grundbedingung der Integrationspädagogik deutlich zu machen,
> wählten viele Pädagoginnen und Pädagogen neue Termini in Abgrenzung zum Be-
> griff ‚Integration', um das Spannungsfeld zu verdeutlichen, in dem diese Pädagogik
> arbeitet. Alle diese Begriffe unternehmen eine neue Definition der Wechselbezie-
> hung vom Allgemeinen zum Besonderen, die der Begriff ‚Integration' bereits vorab
> definiert." (Tervooren 2001, 206)

Während die neuere Inklusionsdebatte diese Paradoxien zum Teil explizit bearbeitet, spiegeln sie sich weiterhin in der Integrationspraxis, die sich ja bislang in

Deutschland in dem Spannungsfeld bewegt, inklusive Praktiken und Kulturen unter weitgehend nicht-inklusiven Strukturen[98] zu etablieren. Exner (2007) verortet jedoch die Problematik des Integrationsparadigmas in Deutschland vor allem in der fehlenden gesellschaftstheoretischen Auseinandersetzung mit dem Integrationsbegriff. Besonders problematisch sieht er die normativ aufgeladene Unterscheidung mittels der Begriffe Inklusion und Exklusion, die beispielsweise aus systemtheoretischer Perspektive nicht haltbar ist.

Die sich in Deutschland erst zögerlich etablierenden Disability Studies gehen jedoch über gesellschaftstheoretische Ansätze hinaus, die Behinderung in ihrer medizinischen Definition als gegeben voraussetzen. Sie hinterfragen die Kategorie „Behinderung" grundlegend aus kulturwissenschaftlicher Perspektive. Demnach wird Behinderung als Phänomen verstanden, das dem kulturellen und historischen Wandel unterworfen ist und dessen symbolische als auch real erfahrbare Ordnung interdisziplinär untersucht werden muss. Die Untersuchungsfelder konzentrieren sich nicht nur auf die Interaktionen sozialer Welten, sondern auch auf Diskurse und mediale Repräsentationen in Vergangenheit und Gegenwart. Intendiert wird dabei eine Verbindung von Mikro- und Makroebene, weil grundsätzlich davon ausgegangen wird, dass „... individuelles Wahrnehmen, Fühlen und Denken kulturell vermittelt ist und im Rahmen gesellschaftlicher Strukturen geschieht" (Dederich 2007, 41). Zusammenfassend schreibt Dederich:

„Behinderung muss in ihrer Abhängigkeit von Kommunikation, Interaktion und sozialen Praktiken, institutionellen Kontexten, medialen Repräsentationen und historisch und kulturell wandelbaren Wahrnehmungs-, Denk- und Handlungsmuster gesehen werden." (Dederich 2007, 41)

Linton (1998)[99] plädiert für eine klare Trennung der Disablity Studies von interventionsorientierten Disziplinen wie der Sonder- und der Integrationspädagogik, damit die Dekonstruktion von Behinderung sowohl erkenntnis- als auch gesellschaftstheoretisch in vollem Maße wirksam werden kann. Jedoch sehe ich – bei klarer Trennung von Perspektiven und Paradigmen – einen beidseitigen Gewinn in einer kulturwissenschaftlichen Analyse der Integrationspädagogik. Die Dekonstruktion integrationspädagogischer Deutungsmuster kann auf der einen Seite einen wichtigen Impuls für Theoriebildung und pädagogische Praxis bieten. Auf der anderen Seite eröffnet die Beschäftigung mit pädagogischen Handlungsfeldern und erziehungswissenschaftlichen Paradigmen Sichtweisen, die die Disability Studies theoretisch und methodologisch befruchten könnten (vgl. dazu auch Dederich 2007, 53).

---

[98] Terminologie vom Index für Inklusion (2003) übernommen.
[99] Linton zitiert in Dederich 2007, 52.

Die Untersuchung der Perspektive von Kindern in integrationspädagogischen Kontexten bietet hierfür meiner Ansicht eine ertragreiche Möglichkeit. Denn im Gegensatz zu dem Einfluss der neueren soziologischen Kindheitsforschung auf pädagogische Handlungsfelder, durch den Kinder zunehmend als kompetente Akteure gesehen werden, deren Perspektive auch für pädagogische Fragen relevant sein kann, verbleibt ihre Sicht in der Integrationspädagogik nahezu ausgeblendet. Dieses gilt für Kinder mit und ohne Behinderung. Interessant sind Ähnlichkeiten und Differenzen in der Nicht-Beachtung durch Erwachsene, nicht behinderte wie behinderte, die auf kulturelle Konstruktionen sowohl von Kindheit als auch von Behinderung sowie ihrer Verschränkung verweisen. So macht Preuss-Lausitz an dem für Kindheit und Behinderung zentralen Thema Körper, „doing body", darauf aufmerksam, dass das Theorem der neuen Kindheitsforschung, das Kind als kompetenten Akteur zu sehen, seinerseits kranke und behinderte Kinder weitgehend ausblendet (2003, 15ff.).

Die Auseinandersetzung mit solchen Paradoxien erfolgt zunächst durch den Blick auf den Stellenwert der Perspektive von Kindern innerhalb der Integrationspädagogik. In einem zweiten Schritt wird der Begriff der Peerkultur in diesem Kontext verortet. Daran anknüpfend werden erste Ergebnisse einer Fallstudie einer integrativen Schule vorgestellt. Von besonderem Interesse ist die Konzeptualisierung und Bedeutung von Peerkultur in integrationspädagogischen Theorien und Praktiken. Dieses führt zum Verhältnis von Peerkultur und schulischer Ordnung, das sich unter den besonderen Voraussetzung spezifisch gestaltet. Am Ende wird gefragt, inwiefern die Untersuchung der kindlichen Perspektive im Kontext der Integrationspädagogik alle relevanten Disziplinen – Disability Studies, Kindheitsforschung und Integrationspädagogik – theoretisch wie methodologisch befruchten kann.

2   Integrationspädagogik und die Perspektive von Kindern

Das wissenschaftliche Interesse an der Perspektive von Kindern in inklusiven schulischen Settings korreliert mit der Entwicklung der gesellschaftlichen Partizipation von Menschen mit Behinderungen sowie mit dem ausführten Paradigmenwechsel in der Wissenschaft. Hierbei zeigen sich Unterschiede zwischen der Situation in Deutschland und anderen Ländern. Tendenziell lässt sich festhalten, dass Länder mit einer besseren gesellschaftlichen Partizipation von Behinderten und mit einer stärkeren Verankerung der Disability Studies vermehrt über Studien verfügen, die sich der Perspektive von Kindern als kompetenten Akteuren nähern. In Deutschland fehlen solche Studien bisher weitgehend.[100]

Entscheidend ist dabei die Frage nach dem grundlegenden Verständnis von Behinderung als Voraussetzung für entsprechende Untersuchungen. Analog zu dem impliziten Konsens einer Zwei-Gruppen-Theorie (Hinz 2005, 76f.), die nach Tervooren u. a. immer noch die Integrationspädagogik dominiert, basieren die Studien letztlich auf einer hierarchischen Gegenüberstellung von Normalität und Abweichung. Damit wird die medizinische Konstruktion von Behinderung als Defizit, Krankheit und Schwäche akzeptiert. Dieses dichotome Verständnis vorausgesetzt, interessieren sich Wissenschaftler vor allem für die Fragen nach den emotionalen, sozialen und kognitiven Auswirkungen auf beide beteiligten Gruppen. Dieses wird dann mit nicht-inklusiven Settings als Kontrollgruppen verglichen (vgl. dazu beispielsweise Dumke 1993²; Hinz u. a. 1998).

Mit dieser Art von Forschung wird die Zwei-Gruppen-Theorie durchgängig über das Design bestätigt und verstärkt, obwohl die normative pädagogische Ausrichtung der Wissenschaftler eine Überwindung derselben intendiert. Allerdings gilt es, den gesellschaftlichen und bildungspolitischen Kontext zu berücksichtigen, der inklusive Settings bis heute weder als selbstverständlich noch als Anrecht sieht. Die Studien standen und stehen unter dem gesellschaftlichen Druck zu beweisen, dass das gemeinsame Lernen von Kindern mit und ohne Behinderungen keine Beeinträchtigung oder Störung für beide Gruppen bedeutet. Während sich die Sorge bei den nicht behinderten Kindern vor allem auf deren Leistungsvermögen konzentriert, richtet sie sich bezogen auf die behinderten Kinder tendenziell mehr auf deren emotionales Befinden angesichts der Konfrontation mit dem „normalen Leben im harten Alltag", das von kognitiven und sozialen Leistungsansprüchen und damit von Konkurrenz geprägt ist. Hierbei spielen sonderpädagogische Vorstellungen von Schutz, Schonraum und Förderung eine Rolle. Die Sicht der Kinder als Akteure, mit und ohne Behinderungen, findet sich hierbei kaum.

Boban macht darauf aufmerksam, dass eine Untersuchung der Perspektive von Kindern auf inklusive Settings die Gefahr birgt, dass diese sich negativ dazu äußern und damit das normative Muster der Integrationspädagogik erschüttern könnten (1996, 6f.).[101] Messiou sieht für den außerdeutschen Kontext der For-

---

[100] Eine Ausnahme bilden die Arbeiten von Boban und Hinz, in denen nichtbehinderte wie behinderte Schüler bezüglich des integrativen Settings zu Wort kommen, wie ein Vortrag von Boban 1996 deutlich macht. Allerdings scheinen solche Fragestellung nur eine marginalen Stellenwert zu haben und durch die normativen Ansprüche der Integrationspädagogik in den Hintergrund gedrängt zu werden.

[101] Erschwerend kommt hinzu, dass der gemeinsame Unterricht von behinderten und nicht behinderten immer noch nicht selbstverständlich ist und damit das Projekt auch politisch gefährdet sein könnte. Jedoch sehe ich letzteres als zweitrangiges Problem.

schung eine ähnliche Lage. Sie schreibt mit Bezug auf Roaf (2002): „... research-
ing children's views in relation to inclusive education is a relatively new field."
(Messiou 2005a, 2) Weiterhin stellt sie fest, dass bisherige Studien zur Perspektive von Kindern nur die behinderten Kinder im Blick habe. Zum einen werden
durch diese Reduktion kontextuelle Faktoren ausgeblendet, deren Bedeutung
z.B. auch Wolfberg u. a. (1999) und Naraian (2006) betonen, zum anderen sieht
Messiou einen Widerspruch zwischen der Programmatik der Inklusionspädago-
gik und der Forschungspraxis, die durch das Design Trennung herstellt und Stereotype verstärkt (Messiou 2005b, 2; 2005b, 41f.). Sie fordert Untersuchungen
mit inklusiven Fragestellungen, die offen sind für ein weites Spektrum an Bedeutungen, die sich nicht unbedingt an der Kategorie Behinderung unterscheiden
müssen. Ihre Studie zur Sicht von Vorschulkindern in einem inklusiven Setting
in Zypern macht deutlich, dass es multiple Definitionen von Marginalisierung –
unabhängig von dem Grad an „Normalität und ihrer Abweichung in Form von
Behinderung" – gibt und dass erst die Kenntnis dieser Komplexität Inklusions-
pädagogik verbessern kann.

Ähnlich argumentiert Naraian mit Verweis auf Ferguson & Ferguson
(1995): „...an interpretative task requires that researchers concern themselves less
with definitions and more with the ways in which people *use* different mean-
ings." (2006, 11). Ihr Bezugspunkt sind die USA, in denen seit 1975 das Mandat
für die Inklusion von Behinderten in das allgemeine Schulsystem gilt. Trotzdem
dominiert ihrer Ansicht nach auch dort immer noch ein medizinisches und individuelles Konstrukt von Behinderung, das wiederum der Zwei-Gruppen-Theorie
folgt und besonders die Kinder mit schweren Mehrfachbehinderung ausschließt –
entweder durch Sonderklassen oder auf subtile Art und Weise innerhalb des
allgemeinen Klassenraums. Die Stigmatisierung der behinderten Kinder erfolgt
sowohl in pädagogischer Praxis als auch in der Erforschung dieser. In
Anlehnung an das Paradigma der Disability Studies fordert sie „... to examine
not how students can be accomodated in the classroom, but how education is
delivered to all students." (Naraian 2006, 24)

Auch Narrian stellt für den integrationspädagogischen Kontext eine Nichtbeachtung der kindlichen Perspektive fest, insbesondere der nicht behinderten
Kinder: „Their voices have not received a legitimate niche in the academic discourse on special education..." (2006, 12). Die behinderten Kinder sieht sie ähnlich wie Messiou im Focus der Forschung, jedoch primär als Objekte, deren
Anpassungsleistung an die „Normalität" gemessen wird. Der Status als Akteur
wird ihnen doppelt verwehrt: als Schwerstbehinderte und als Kinder. Dieses
bestätigt sich u. a. dadurch, dass sich das veränderte Paradigma der Disability
Studies in Bezug auf erwachsene Behinderte erfolgreicher durchgesetzt hat (Narrian 2006, 26f.). Letztlich stellt die hohe Aufmerksamkeit für die besondere

Situation der schwerstbehinderten Kinder das Stigma des Opfers in besonderer Art und Weise her. Die Kinder werden nur in ihrer Funktion betrachtet, als Personen verbleiben sie Schattenfiguren.

Führt man nun beide Erkenntnisse zusammen, die doppelte Diskriminierung von behinderten Kindern, insbesondere durch das starke Interesse an ihrer Besonderheit, sowie die Nichtbeachtung der Perspektive nicht behinderter Kinder in inklusiven Settings, die in deutlichem Kontrast zum allgemein gestiegenen Interesse an der kindlichen Sicht steht, wird ein paradoxer Zusammenhang sichtbar, der sich wie folgt beschreiben lässt:

Erwachsene (behinderte wie nicht behinderte) interessieren sich nur dann für die kindliche Perspektive, wenn diese ihre normativen Ansprüche nicht in Frage stellt. Allerdings zeigt gerade die Dekonstruktion solcher Ansprüche, dass in ihnen Behinderung immer wieder als Krankheit, Schwäche und Defizit hergestellt wird und damit Stereotype produziert werden. Dieses wird jedoch weitgehend tabuisiert. Eine Auseinandersetzung mit der Sicht von Kindern auf Behinderung und integrationspädagogische Maßnahmen könnte somit als Tabubruch gesehen werden, den es zu verhindern gilt.

Daraus folgt, dass der Schlüssel zur Überwindung eines medizinischen und individuellen Modells von Behinderung und somit der Gegenüberstellung von Normalität und Abweichung, mit der Diskriminierung immer wieder hergestellt wird, in einer Beschäftigung mit der kindlichen Perspektive liegen könnte. Jedoch ist damit keine romantische Verklärung im Sinne des reformpädagogischen Duktus gemeint, in der das Kind als Erlöser erscheint, sondern ein Versuch, über andere Sichtweisen auf die Konstruktion von Behinderung zu einem neuen Verständnis zu gelangen. Über einen solchen Verfremdungseffekt könnten bestimmte tabuisierte Muster der Erwachsenen gebrochen werden. Allerdings kann dieser nur dann gelingen, wenn man sich wiederum von traditionellen Kindheitskonstruktionen löst und, analog zur neuen Kindheitsforschung, Kinder als gesellschaftliche Gruppe wahrnimmt. Folglich interessieren nicht individuelle Sichtweisen von nicht behinderten Kindern auf behinderte, beispielsweise in Richtung Sympathie und Antipathie, sondern die Frage nach einer Peerkultur in inklusiven Settings.

3   Integrationspädagogik und Peerkultur

In der deutschen Integrationspädagogik erscheint der Begriff der Peers und der Peerkultur diffus. Häufig wird auf die Bedeutung der Peers für integrationspädagogische Maßnahmen verwiesen. Damit sind als Peers die nicht behinderten Kinder gemeint, deren „Kultur" für pädagogische Intentionen funktionalisiert wird.[102] Hierbei bleibt in der Regel die Gegenüberstellung von behindert und nicht behindert erhalten. Das behinderte Kind ist nicht Teil dieser Peerkultur, kann aber von ihr Hilfe erwarten. Damit verbunden erscheint eine Entlastung der Erwachsenen, die bestimmte Aufgaben an die angeblich kompetenteren Kinder abgeben (vgl. dazu ausführlich Downing/Eichinger 2008³). Primär handelt es sich hierbei um die Annahme, dass Kinder „natürlicher" und vorurteilsfreier mit Behinderung umgehen als Erwachsene und insofern die eigentliche Integrationsleistung erbringen sollen. Inklusion wird hier nicht als selbstverständlich vorausgesetzt, sondern am Beispiel des Peerbegriffs offenbart sich wiederum die Problematik des Integrationskonzepts.

Weiterhin findet sich der Peerbegriff als Referenz unter Behinderten. So konstatiert Köbsell einen Widerspruch zwischen der hohen Bedeutung des Peercounselings innerhalb der Behindertenbewegung und ihrem Nichtinteresse an der Situation von behinderten Kindern „...als einziges Kind mit einer Beeinträchtigung in der Klasse/Schule zu sein – ohne jeglichen ‚Peer'." (Köbsell 2007, 4) Sie berichtet von einer nicht-standardisierten Befragung von Personen aus der Selbstbestimmt-Leben-Bewegung zu ihren Erfahrungen mit schulischer Integration.[103] Interessant ist wiederum die Fragestellung, ob es für behinderte Kinder wichtig sei, in der Schule mit Peers zusammen zu sein. Gemeint sind ausschließlich Behinderte.

Beide Verwendungen implizieren getrennte Peerkulturen. Offenbar überformt die Trennung in Behinderung und Nicht-Behinderung die Tatsache, dass es sich immer um Kinder handelt, die sich ja möglicherweise unabhängig von der Kategorie Behinderung als eine Peerkultur wahrnehmen. Hier stellt sich nun theoretisch und methodologisch die Frage nach dem Peerbegriff, der durch seine doppelte Bedeutung an seiner durchgängigen Übersetzung ins Deutsche scheitert. Jedoch lohnt sich eine genauere Betrachtung des semiotischen Gehalts in der Spannung zwischen Gleichaltrigen und Gleichartigen (Gleichrangiger, Gleichgestellter, Ebenbürtiger) im Allgemeinen wie in Bezug auf die schulische Ordnung. So zitiert Köbsell das Statement einer behinderten Erwachsenen zur Integrationspädagogik, die von allen Befragten grundsätzlich befürwortet wurde:

„'die Bildung eines (...) kritisch-emanzipatorischen Selbstbewusstseins ist jedoch nur möglich, wenn Kindern gleichwie Eltern regelmäßige Kontakte zu Gleich- und Ähnlichkeitsbetroffenen aller Altersstufen angeboten werden.'" (Köbsell 2007, 8)

---

[102] Vgl. dazu auch die Ansätze von Positiver Peer Kultur (Opp/Teichmann 2008)
[103] Befragt wurde eine unbekannte Zahl von Personen. Der Rücklauf wird mit 30 Fragebögen angegeben.

Die Bedeutung von Peers wird als funktional angesehen, um „zeitweilig den
‚Normalitätsdruck' aufzuheben.", der insbesondere von der schulischen Ordnung
ausgeht. Hierbei zeigt sich der Zusammenhang von Peerkultur und schulischer
Ordnung. Peerkultur hat, wie auch an anderen Stellen ausgeführt, eine kompen-
satorische und damit die selektive schulische Ordnung stabilisierende Funktion.
Demnach werden Kinder aufgrund ihrer mangelnden Entsprechung der Normen
dieser Ordnung ausgeschlossen, wobei neben Behinderung viele andere Kategorien wirksam sind. Dieser Ausschluss soll bezogen auf Behinderte in manchen
„pädagogischen Inseln" kompensiert werden, u. a. durch die Peerkultur. Durch
die Delegation dieser Kompensationsleistung an Kinder könnte man mit Blick
auf die generationale Ordnung vermuten, dass sich eine tatsächliche Anerkennung von Vielfalt als kulturelles Prinzip nicht annähernd durchgesetzt hat und
letztlich keine Veränderung der selektiven schulischen Ordnung intendiert wird.

Die Auseinandersetzung mit der Integrationspädagogik am Beispiel des
Peer-Begriffs erweitert den Blick über die Beschränkung auf individuelle und
interaktionale Dimensionen hinaus, die von den Disability Studies als grundlegendes kulturelles Muster im Umgang mit Behinderung kritisiert wurde. Untersuchungen zum Verhältnis von behinderten und nicht behinderten Kindern konzentrieren sich in der Regel auf das Thema Freundschaft. Letztlich ist es die
Frage, ob ein nicht behindertes Kind mit einem behinderten befreundet sein
möchte. Daran wird der Grad der Integration abgelesen mit allen problemati-
schen Implikationen, die schon mehrfach ausgeführt wurden. Peers sind nicht
mit Freunden gleichzusetzen. Zugehörigkeit zu einer Peerkultur ist nicht abhängig von individuellen Sympathien und Antipathien. Die Ordnung der Peerkultur
basiert auf bestimmten kulturellen Mustern, die an der Hervorbringung von Subjekten integral beteiligt sind. Zugehörig kann nur der sein, der als menschliches
Subjekt hervorgebracht wird. Bezogen auf Behinderte gestaltet sich dieser Prozess der Subjekthervorbringung vor dem Hintergrund historischen und kulturellen Entwicklungen (Eugenik, Euthanasie, Bildungsunfähigkeit) als äußerst fragil.

Peerkultur geht über die unmittelbare Gemeinschaft hinaus und bezieht sich
sowohl auf Vergemeinschaftungs- als auch auf Vergesellschaftungsprozesse.
Wolfberg u. a. betonen in ihrer Studie zur Peerkultur in vorschulischen Inklusi-
onsprogrammen die Notwendigkeit, die Einbettung interaktionaler Prozesse in
einem größeren kulturellen Kontext zu untersuchen. Sie schreiben:

> „The use of peer culture as a means of understanding the social experience of young
> children with disabilities complements and extends the social compentence model in
> a number of ways. It provides a basis for what it means to be socially compentent by
> recasting the construct in terms of cultural compentence, goes beyond a reliance on
> the number and duration of interative episodes to focus on the content of interaction

and opens to analyse modes of participation in group life that go beyond interaction." (Wolfberg u. a.1999, 70)

Die Autoren beziehen sich in ihrem Begriff von Peerkultur auf Cosaro und beschreiben Peerkultur als Ausdruck von kollektiver Identität, die permanent durch Aushandlungsprozesse von Kindern untereinander hergestellt wird. Zentrales Element ist dabei, sich als Mitglied einer Gruppe zu sehen, die sich klar von der Kategorie Erwachsener unterscheidet. Allerdings konstituiert sich die Peerkultur sowohl in Bezug auf die Erwachsenenwelt, die sie bearbeitet und transformiert, als auch bezogen auf Themen, die nur für Kinder relevant sind. (vgl. Wolfberg u. a.1999, 70) Erst durch mehrdimensionale Partizipation wird man Mitglied der Peerkultur.[104]

> „To be fully included in the social group means to be included in the collective identity of that group – to see oneself and be seen by others as member of the peer culture – and to be deeply involved in the production and reproduction of that local culture." (Wolfberg u. a. 1999, 82)

Daraus folgt: Damit behinderte Kinder in diesem Sinne Mitglied von Peerkultur werden können, muss sich Peerkultur im Prozess der Herstellung von kollektiver Identität öffnen und zu einer inklusiven Peerkultur transformieren. Die Studie macht klar, dass dieses Potential unter Kinder zwar in höchst interessanter Art und Weise vorhanden ist, seine Nutzung jedoch entscheidend durch das Verhalten der beteiligten Erwachsenen sowie durch kontextuelle Faktoren, insbesondere durch die schulische Ordnung, beeinflusst wird (vgl. Wolfberg u. a. 1999, 83).

Handelt es sich um schwerstbehinderte Kinder ist sogar die Beteiligung der Erwachsenen unabdingbar, damit diese an der Peerkultur partizipieren können. Naraian macht mit Verweis auf Ferguson darauf aufmerksam, dass andere, Kinder wie Erwachsene, einen erheblichen Anteil an der Subjektwerdung von schwerstbehinderten Kindern haben, indem sie deren Verhalten und Handlungen interpretieren und ihre Stimme stellvertretend zur Verfügung stellen (vgl. Naraian 2006, 31). Interessant sind in diesem Zusammenhang die technischen Möglichkeiten, wie gestützte Kommunikation, die Schwerstbehinderten eigene Ausdrucks- und Kommunikationsmöglichkeiten eröffnen, wie Lemler eindrucksvoll berichtet (Lemler 2005, 65ff.).

Die Diskussion um Integration und Inklusion macht deutlich, dass Inklusion nicht auf der Leistung des zu integrierenden basieren kann und soll. Ähnliches

---

[104] Naraian macht mit Referenz zu sozio-kulturellen Ansätzen (Vygotski, Bruner, Rogoff, Wertsch) und zum „situated learning (Lave/Wenger) darauf aufmerksam, dass solche Formen der Partizipation sich nicht auf soziale Prozesse reduzieren, sondern zentral für Lernprozesse sind (2006, 46ff.).

gilt für die Peerkultur, deren inklusive Praktiken wesentlich von den Handlungs-
spielräumen abhängen, die durch die kulturelle Ordnung der Erwachsenen bestimmt sind. Das verweist wiederum auf den Zusammenhang von schulischer
Ordnung und Peerkultur in integrationspädagogischen Settings. Naraian schreibt:

> „The study clearly demonstrated that peers play a critical role in ensuring the suc-
> cessful participation of their significantly disabled classmates within the general
> education classroom. It is also evident that the successful inclusion of students with
> significant disabilities requires careful consideration of the learning environment
> provided to *all* (Hervorhebung im Original) students." (Naraian 2006, 353)

Jedoch problematisiert auch Naraian den Peer-Begriff nicht. Ihre Fallstudien
beziehen sich auf Einzelfälle von Schwerstbehinderten, die in allgemeinpädago-
gischen Klassen integriert werden. Demnach ist es die Peerkultur der nicht behinderten Kinder, die aber das Potential für Transformation in eine inklusive hat.
Am Beispiel einer Schule in Baden-Württemberg, in der sich zwei Institutionen
unter einem Dach und damit zwei Kulturen, auf den Weg zu einem inklusiven
Setting gemacht haben, möchte ich diese Frage vertieft diskutieren.

4 Zwei Schulen unter einem Dach

Es handelt sich um eine evangelische Privatschule der Diakoniebewegung, die
seit mehr als 150 Jahren in der schulischen und außerschulischen Behindertenar-
beit engagiert ist. Während bezogen auf Erwachsene Erfahrungen mit gesellschaftlicher Integration vorliegen, ist die Gründung einer integrativen Schule im
Jahre 2007 ein Novum. Allerdings gilt es, den bildungspolitischen Kontext zu
berücksichtigen. Deutschland verfügt, wie bereits erwähnt, über ein höchst aus-
differenziertes Sonderschulwesen auf hohem Niveau. Gleichzeitig ist die Integration von behinderten Kindern in das allgemeine Schulsystem im OECD-
Vergleich niedrig. Insgesamt gilt das deutsche Schulwesen als hochselektiv,
wobei die hohe Zahl an Überweisungen an die Sonderschule als ein Indikator
fungiert.[105] Jedoch unterscheiden sich die Bundesländer in diesem Bereich signifikant. Baden-Württemberg zeichnet sich dadurch aus, dass es in allen genannten
Aspekten auch im bundesdeutschen Vergleich (negativ) führend ist: hochselekti-

---

[105] Hierbei wird immer wieder festgestellt, dass in allen Selektionsentscheidungen die Herkunft eine
bedeutsame Rolle spielt. So sind beispielsweise Kinder aus Migrantenfamilien weit überproportional
von einer Sonderschulüberweisung betroffen (vgl. beispielsweise Kornmann/Schnattinger 1989).
Damit bestätigt sich wiederum die institutionelle Diskriminierung von Schule, die mit der Menge an
Selektionsentscheidungen korreliert

ves, hochspezialisiertes Sonderschulwesen auf hohem Niveau, hohe institutionelle Diskriminierung, restriktive Integrationspolitik. Das zeigt sich beispielsweise an der Ablehnung zieldifferenten Lernens, das per se bestimmte Behindertengruppen aus dem allgemeinen Schulsystem ausschließt, so z.B. Kinder mit geistiger Behinderung.

Inklusion ist demnach in Baden-Württemberg unbekannt und Integration nur unter schwierigen Voraussetzungen möglich. Die Nische der Privatschule eröffnet die Möglichkeit, dass Kinder ohne Behinderung und Kinder, die schwerstmehrfach behindert sind, gemeinsam leben und lernen können. Die Schule begann im ersten Jahr aufgrund der schwierigen bildungspolitischen Bedingungen zunächst als reine Sonderschule[106], die dann mit Beginn des Schuljahres 2007/08 als Kooperation zweier Schularten unter einem Dach mit einer Grundschulklasse startete. Geplant ist der Ausbau bis Klasse 10. Aus inklusionspädagogischer Perspektive erscheint diese ja ursprünglich nicht intendierte Konstruktion auf den ersten Blick problematisch, möglicherweise sogar kontraproduktiv. Auf den zweiten Blick ergeben sich neue Einsichten.

Kinder mit schwersten Mehrfachbehinderungen zu integrieren, könnte man als Lackmustest der Integrationspädagogik bezeichnen, deren Credo ja die Unteilbarkeit von Integration (vgl. Feuser, zitiert in Exner 2007, 56ff.) ist. Jedoch besteht ein deutliches Spannungsverhältnis zwischen Anspruch und Wirklichkeit, bei dem viele Faktoren eine Rolle spielen (vgl. Hinz 1992, 14ff.). An dieser Stelle sei nur erwähnt, dass das Leben von Schwerstbehinderten historisch von Euthanasie bedroht war sowie bis heute durch eugenisches Gedankengut gefährdet ist und dass ihnen bis vor wenigen Jahrzehnten die Bildungsfähigkeit aberkannt wurde, das heißt, sie auch aus dem Sonderschulwesen ausgeschlossen waren. Ferner gilt bis zum jetzigen Zeitpunkt, dass Schwerstbehinderte in der Regel von schulischen Integrationsmaßnahmen ausgeschlossen bleiben, die – wenn dann – nur als Einzelförderung stattfinden.[107]

Vor diesem Hintergrund ist die vorliegende Schulgründung als außergewöhnliches Projekt zu sehen[108], das zwar formal auf einem Kooperationsmodell basiert, tatsächlich aber viele inklusive Elemente enthält (eine Schulleitung, ein

---

[106] Allerdings mit äußerst heterogenen Gruppen, die in der Regel verschiedene Sonderschulen besuchen. Insofern fand auch innerhalb der Sonderschule Integration/Inklusion statt.

[107] Hinz betont für den Stand bis zu Beginn der 1990er Jahre, dass Integration überhaupt nur in den Bundesländern stattfinden kann, in denen zieldifferentes Lernen rechtlich möglich ist. Selbst unter den Voraussetzungen konnte sich bis zum damaligen Zeitpunkt die Integration von Schwerstbehinderten in das allgemeine Schulsystem nur in vier Großstädten entwickeln. Die Situation hat sich u. a. durch die Grundgesetzänderung sicherlich verändert, jedoch ist der Ausschluss von Schwerstbehinderten aus der allgemeinen Schule wohl immer noch der Regelfall.

[108] Eine Schule mit ähnlicher Entwicklung, zunächst Sonderschule, dann Integrative Schule, existiert in Berlin.

Kollegium, ein Elternbeirat, behinderte Erwachsene arbeiten im Betreuungsbe-
reich mit, tägliche gemeinsame Andacht, gemeinsame Spielpausen, Feste und
Feiern, gemeinsamer Unterricht in Form von täglicher gemeinsamer Freien Arbeit, Projekten, Vorlesezeiten, etc.) und zudem Inklusion als Ziel der Schulentwicklung formuliert.[109] Von besonderem Interesse ist die Tatsache, dass im ersten integrativen Jahr, die Sonderschüler die Mehrheit stellten und die Grundschüler die Minderheit.[110] Somit waren die Grundschüler (die Lehrerin, das Professi-
onsverständnis, die Pädagogik) zunächst Gäste, die integriert werden mussten.
An dieser Schule war es „normal, behindert zu sein" und Nichtbehinderung war
zunächst eine Abweichung von dieser Normalität. Daraus resultieren folgende
Fragen:

1.   Wie kann sich unter solchen schulischen und kulturellen Voraussetzungen
     Peerkultur entwickeln?
2.   Existieren zwei nach Schularten und demnach nach Behinderung und Nicht-
     behinderung getrennte Peerkulturen oder gibt es eine Peerkultur mit der Un-
     terscheidung von Erwachsenen ein zentrales Moment?
3.   Gibt es parallele Peerkulturen, die sich durch andere Kategorien unterschei-
     den als nach der Differenz zwischen Behinderung und Nichtbehinderung?

Auf die genannten Fragen gibt es nach etwa neun Monaten Erhebungszeitraum
mit einem Primat der teilnehmenden Beobachtung[111] noch keine Antworten.
Jedoch lassen sich auf der Grundlage von Feldnotizen, Protokollen, dichten Beschreibungen, ersten Kinderinterviews und Filmaufnahmen erste Tendenzen
formulieren.

5   Zwischen Peerkulturen und Peerkultur

Die Kinder nehmen während des gesamten Schultages auf vielfältige Art und
Weise Kontakt miteinander auf. Es gibt ein großes Spektrum, das sich hin-

---

[109] Die Schule wird wissenschaftlich von mir begleitet, u. a. in Form einer Indexgruppe, die mit dem
Index für Inklusion arbeitet.
[110] Bei den Erwachsenen war durch den hohen Betreuungsschlüssel der Sonderpädagogik das Gefälle
um vielfaches höher. Unter den Eltern ist die Frage nach dem Mehrheitsverhältnis zwischen den
Schularten ein Diskussionspunkt.
[111] Der Auftrag der Wissenschaftlichen Begleitung ist die Unterstützung von inklusiver Schulentwicklung. Die Frage nach der Peerkultur ist erst im Laufe der Erhebung entstanden. Sie hat zwei
Funktionen: zum einen enthält die Untersuchung der Peerkultur in der spezifischen schulischen
Ordnung Hinweise, die zur Weiterentwicklung von inklusiven Kulturen, Strukturen und Praktiken
beitragen können. Zum anderen verbindet sich damit Grundlagenforschung zum Peer-Begriff.

sichtlich Quantität, Qualität, Intensität und Bedeutung unterscheiden lässt. Nähe und Distanz zwischen Kindern finden sich innerhalb der verschiedenen Gruppen (Grundschul- und Sonderschulklassen) sowie zwischen den Gruppen (zwischen Sonderschulklassen, zwischen Sonderschulklassen und Grundschulklasse). Direkte und dauerhafte Kontakte werden im wesentlichen dadurch bestimmt, welche Art von Kommunikation möglich ist (viele behinderte Kinder verfügen nicht über die Lautsprache) und inwiefern die behinderten Kinder in der Lage dazu sind, an der gemeinsamen Spielpause draußen teilzunehmen.

Allerdings wird die Notwendigkeit, dass manche Kinder ihre Pause in den Fluren verbringen müssen (weil sie sich beispielsweise nur dort auf dem Boden selbständig bewegen können) von nicht behinderten Kindern durchaus als Entspannungs- und Rückzugsort genutzt. So legte sich ein nicht behindertes Mädchen während einer Hofpause lieber auf die Matratze zu einem anderen schwerst mehrfachbehinderten Mädchen und streichelte es. Für beide war der Körperkontakt angenehm und erholsam. Insofern handelt es sich hierbei nicht um eine Hilfeleistung, sondern um einen Moment der Gleichheit an Bedürfnissen, unabhängig von der Unterscheidung als behindert oder nicht behindert.

Die Kinder orientieren sich in ihren Kontaktmustern an den jeweiligen Stärken und nicht an den Defiziten. Innerhalb des Schulalltags entstehen somit unterschiedlich parallel zueinander existierende Peerkulturen, die zum Teil inklusiv und zum Teil getrennt sind, wobei die Trennung nur zum Teil institutionell und damit nicht primär am Behindertenbegriff orientiert ist. Die Grenzen präsentieren sich insgesamt fließend und die Peerkulturen sind in einem permanenten Aushandlungsprozess. Es gibt weder eine dauerhafte Inklusion noch eine dauerhafte Exklusion, weil keine dominante Kultur existiert, zu der andere ein hierarchisch geprägtes Verhältnis haben. Der jeweilige Status ist situationsgebunden. Wer laufen kann und gerne Fangen spielt, gehört selbstverständlich zum Fangspiel dazu, auch wenn er sich sprachlich gar nicht verständigen kann, weil die Lautsprache hierbei nicht entscheidend ist für die Partizipation. Somit haben die Kinder die Zwei-Gruppen-Theorie nicht in ihre peerkulturellen Praktiken übernommen, obwohl sowohl die kulturellen Traditionen als auch die schulischen Ordnung diese weitgehend vorgeben.

In der gemeinsamen Hofpause[112] zeigt sich keine offene Ablehnung bestimmter Gruppen, jedoch gibt es klare Distanzen, die sich jedoch nicht nach der Schwere der Behinderung richten, sondern von verschiedenen Faktoren beeinflusst werden. Im Prinzip ist jedes Kind bereit, mit jedem anderen Kind der schu-

---

[112] Die Hofpause ist eine schulische Veranstaltung, die in hohem Maße von der schulischen Ordnung bestimmt ist. Jedoch liegt sie mehr als andere Momente in der Regie der Kinder und erlaubt peerkulturelle Aktivitäten, die sich mit Referenz auf die schulische Ordnung entfalten. Dazu gehört das gesamte Spektrum von Anpassung und Widerstand.

lischen Gemeinschaft gemeinsam zu spielen und zusammenzuarbeiten[113]. Inwiefern es sich hierbei nur um sozial gewünschtes Verhalten handelt, lässt sich nicht eindeutig ermitteln. Jedoch legen die vielfältigen Bezüge der Kinder untereinander nahe, dass eine hohe Akzeptanz vorherrscht. Wiederum ist die Kategorie Behinderung nur bedingt entscheidend. Alter, Geschlecht, Größe, Aussehen und Beziehungsverhalten sind Faktoren, die situativ einen höheren Stellenwert haben können. Dass diese auch von Dauer sein können, dafür bietet Bobans Befragung von Kindern und Jugendlichen einen Hinweis. Ein nicht behinderter Junge kommentierte nach dem Wegzug eines Klassenkameraden mit Down-Syndrom seine sichtbaren Verlustgefühle: „'So einen Freund wie den Axel find ich nie mehr wieder! Axel kann ja nicht lügen, der meint es immer so ganz ehrlich mit mir!'" (Boban, 1996, 3) Wiederum bestätigt dieses Beispiel auch den Blick der Kinder auf die Stärken.

Gleichzeitig werden von allen Kindern, behinderten wie nichtbehinderten, Identitäten ermittelt und Territorien verteidigt. Die eigene Klasse und der eigene Klassenraum sowie die erwachsenen Bezugspersonen sind dabei zentrale Referenzpunkte, auch für eine jeweilige Peerkultur. Die Tatsache, dass sich die Klassen nach Schulform unterscheiden und nicht integrativ geführt sind, führt dazu, dass solche Aushandlungsprozesse entlang der Einteilung in Grund- und Sonderschule verlaufen. Dieses gilt auf allen Ebenen der Schulgemeinschaft[114], so auch unter den Grundschülern. Inwieweit die behinderten Kinder diese strukturelle Differenz wahrnehmen und realisieren, lässt sich kaum erfassen. Für die nicht behinderten Kinder bedeutet diese Differenz ein kulturelles Muster von Erwachsenen im Allgemeinen sowie der schulischen Ordnung im Besonderen[115], mit dem sie sich auseinandersetzen müssen und das peerkulturell bearbeitet werden muss. Damit ist nicht gemeint, dass Kinder Behinderung nicht wahrnehmen. Während geistige Behinderung von jungen Kindern zunächst kaum erkannt wird, erwecken körperliche Behinderungen große Aufmerksamkeit (vgl. Diamond/ Hestenes 2004). Im vorliegenden Fall haben manche Kinder in den ersten Schulwochen zu Hause Rollstuhlfahren gespielt. Insgesamt unterscheiden sie sich in ihrer Konzeptualisierung von Behinderung klar von Erwachsenen, wobei erst wenige Studien die Bedeutungsdimensionen herausgearbeitet haben (siehe

---

[113] Eine Ausnahme bildet ein aggressives Kind, dessen Kontaktaufnahme mit anderen vor allem aus überraschendem Kneifen und Haareziehen besteht. Die Distanz der anderen ist in diesem Falle eine sinnvolle eigene Schutzmaßnahme, die aber nicht zu einer kompletten Ablehnung des Schülers führt.
[114] An einer Veränderung in Richtung inklusiver Kulturen, Strukturen und Praktiken wird kontinuierlich gearbeitet. Dazu gehört auch die Sprache. Aktuell wurde ausführlich die Bezeichnung der Klassen diskutiert, um die Differenz zwischen Grund- und Sonderschule genau an diesem Punkt aufzuheben.
[115] Ohne die institutionelle Trennung würden die Aushandlungsprozesse um Differenz und Gleichheit entlang anderer Kriterien stattfinden.

beispielsweise Naraian 2006). An zwei Beispielen möchte ich auf das vorliegende Spektrum aufmerksam machen:

> Laura ist ein Mädchen[116], das vielfach und spontan mit verschiedenen behinderten
> Kindern aufnimmt, jederzeit zur Zusammenarbeit bereit ist und mit sehr viel Behar-
> rungsvermögen, diese versucht möglich zu machen (zum Beispiel mit autistischen
> Kindern über die Aufgabenstellung zu kommunizieren), plant ihren Geburtstag. Sie
> macht eine Liste der Kinder, die sie einladen möchte. Es sind Kinder aus Grund- und
> Sonderschule. Sie kommentiert: „Ich lade zum Sonder-Geburtstag ein".

Ich interpretiere diesen Kommentar als einen Umgang mit der kulturellen Ordnung von Behinderung, die sich Laura insbesondere über die Schule präsentiert.
Aus ihrer Sicht geht sie jetzt in die Schule, in der sie auf viele neue Kinder trifft.
Die, die sie sympathisch findet, möchte sie gerne zu ihrem Geburtstag einladen.
Dabei unterscheidet sie die anderen Kindern entlang der Kategorie Sympathie
und nicht nach Behinderung.[117] Sie schließt bestimmte Kinder ein und andere
aus.[118] Geburtstage haben eine große Bedeutung in den peerkulturellen Aushand-
lungssituationen. Für Laura scheint es eine Peerkultur zu geben, zu der alle Kinder der Schule gehören. Allerdings erlebt sie gleichzeitig ein Spannungsverhältnis zwischen ihrer Konzeptualisierung von Peerkultur und der schulischen Ordnung, die die Kinder institutionell eindeutig nach „Normalität und Abweichung"
trennt. Um ihr peerkulturelles Verständnis mit der schulischen Ordnung in Einklang zu bringen, gibt sie ihrer Feier einen neuen Namen: „Sonder-Geburtstag".
Sie erkennt die schulische Ordnung als Referenz an, indem sie ihre Sprache
„Sonderschule- Sonderschüler" übernimmt. Allerdings gibt sie ihr peerkulturelles Verständnis dadurch nicht auf. Alle, die sie sympathisch findet, werden ein-
geladen. Sie schafft lediglich einen Rahmen, der ihr Verhalten aus ihrer Sicht
legitimiert. Sie positioniert sich zwischen Peerkultur und schulischer Ordnung.
    Tobias ist ein Junge der Grundschulklasse, der mit Kindern und Lehrern er-
hebliche Konflikte hat und schon zweimal aus Schulen ausgeschlossen wurde.[119]

---

[116] Der Genderaspekt scheint in inklusiven Settings eine Rolle zu spielen. Es wird wiederholt bemerkt, dass mehr Mädchen aktiv auf die behinderten Kinder zugehen und sich um sie kümmern.
Allerdings folgen solche Beobachtungen wiederum einem verengten Blick auf die Interaktion zwischen Behinderten und Nicht Behinderten entlang der Kategorie Behinderung.
[117] Sie macht sich beispielsweise viele Gedanken darüber, wie sie ihr Zuhause verändern muss, damit
ein Kind im Rollstuhl an der Feier teilnehmen kann. Das heißt, sie entscheidet zunächst über die
Frage, wen sie sympathisch findet und überlegt dann das selbstverständliche Dazugehören
praktisch realisiert. Ein nicht-inklusiver Umgang wäre ein gegenteiliger.
[118] Geburtstagsfeiern sowie das gesamte Ritual sind eng mit kulturellen In- und Exklusionsprozessen
verknüpft, wie ich an anderer Stelle ausgeführt habe (Deckert-Peaceman 2004-2005)
[119] Tobias nimmt am Regelunterricht teil und ist nicht als Sonderschüler diagnostiziert, obwohl er
großer Unterstützung bedarf, um sein Verhalten zu regulieren. Vermutet wird eine depressive Er-

Bezugnehmend auf Messiou (2005a) könnte man festhalten, dass Tobias viel stärker als die meisten behinderten Kinder marginalisiert ist. Tobias ist mit Abstand das größte Kind der Schule, obwohl er erst 7 Jahre alt ist (das älteste Mädchen ist schon 14). Für ihn ist es besonders wichtig, stark und erfolgreich zu sein. Nach dem Eindruck von Lehrenden und Betreuern zeigt Tobias kein Interesse an den behinderten Kindern, aber auch keine Aggression gegen sie. Möglicherweise möchte er sich deutlich von deren Schwäche abgrenzen. In der Nachmittagsbetreuung, die wiederum teilweise getrennt und teilweise inklusiv verläuft, ereignet sich während der gemeinsamen Pause auf dem Hof folgende Szene:

> Die Betreuerin malt mit Kreide einen Parkplatz für Roller auf, der dem Spiel der Kinder dient. Tobias nimmt die Kreide und malt einen Rollstuhl dazu, das Zeichen für den Behindertenparkplatz. Er kommentiert: „Damit der Andi (ein schwerstbehinderter Junge im Rollstuhl) auch mitmachen kann."

Auch für Tobias gehören alle Kinder selbstverständlich dazu. Er empfindet sich und alle anderen trotz erheblicher körperlicher (und geistiger) Unterschiede als gleichartig, wohl auch im Gegensatz zu den Erwachsenen. Alle sind Teil einer Peerkultur in der Schule. Jedoch drückt sich dieses bei ihm in der Regel nicht in direkten Interaktionen aus. Aber er sorgt im konkreten Fall für Bedingungen, die gemeinsame Interaktionen ermöglichen. Seine Handlung verweist nicht nur auf die Peerkultur, sondern reflektiert die konkrete schulische Ordnung. Diese unterscheidet zwischen Behinderung und Nichtbehinderung, inkludiert jedoch an vielen Stellen. Tobias inkludierende Handlung ist möglicherweise weder seinem kindlichen Status geschuldet (denn die Annahme, dass Kinder quasi von Natur aus vorurteilsfrei mit Behinderung umgingen, ist auch eine normativ aufgeladene Kindheitskonstruktion von Erwachsenen), noch in den peerkulturellen Mustern zu verorten, sondern Ergebnis eines schulischen Lernprozesses, der Peerkultur verändert.[120]

Erste Interviews mit den nicht behinderten Kindern zum Thema Freundschaft sowie eine entsprechende Unterrichtsreihe machen deutlich, dass diese Erstklässler auf direkte Ansprache hin ihre behinderten Mitschüler nicht oder kaum als mögliche Freunde ansehen. Dafür gibt es viele Gründe, die nicht nur mit der Differenz Behinderung zusammenhängen. Sie sind u. a. auch sehr damit

---

krankung. An diesem Fall wird wiederum die Problematik eines hochdifferenzierten Schulsystems deutlich, das auch im Sonderschulbereich vielfältig nach Behinderung trennt. Tobias müsste bei offizieller Feststellung seines Förderbedarfs die Schule verlassen, weil seine „Behinderungskategorie" dort im Moment noch nicht „bedient" werden kann.

[120] Dieses gilt letztlich auch für Laura, die in der Schule gelernt hat, dass Inklusion zwar anforderungsreich, aber möglich ist. Somit ist nicht eindeutig zu klären, ob sie ohne die spezifische schulische Ordnung so inklusiv gehandelt hätte.

beschäftigt, dieses Thema innerhalb ihrer Klassenpeerkultur auszuhandeln. Zudem ist die Interaktion zwischen nicht behinderten und behinderten Kindern auf der einen Seite erheblich von der Unterstützung der Erwachsenen abhängig, beispielsweise im richtigen Umgang mit Berührungen oder in der Interpretation des Ausdrucks bei fehlender Sprache. Auf der anderen Seite schafft der hohe Betreuungsschlüssel bei Schwerstbehinderten eine schwierige Proportion von Erwachsenen zu Kindern. Eine inklusive Peerkultur benötigt zwar der konkreten Unterstützung durch Erwachsene, aber auch in Form von Zurückhaltung, selbst wenn dadurch die sonderpädagogische Schutzhaltung aufgebrochen wird und manche Kinder möglicherweise mehr Stress ausgesetzt sind.

Eine inklusive schulische Ordnung bedarf somit eines veränderten Verhältnisses zwischen Kindern und Erwachsenen, das sich notwendigerweise zwischen den professionellen Traditionen der Sonderpädagogik und der Allgemeinen Pädagogik bewegen muss. Die Peerkultur kann zu ihr nur in einem Spannungsverhältnis stehen, wie sich an einer Szene aus dem Schulalltag auf dem Weg von der Pause in den Unterricht verdeutlichen lässt:

> „Sandra sitzt vor Jonny und möchte ihm die Hausschuhe anziehen. Schließlich kommt eine Kind: ‚Das macht doch die Frau Schlitt!' Diese kommt gerade aus dem Klassenzimmer und übernimmt die Aufgabe. Sandra geht in das [ihr] Klassenzimmer."[121]

Für die Entwicklung von inklusiver Peerkultur sind solche Momente Gelegenheiten. Allerdings unterbindet das andere Kind diese Chance mit dem Hinweis auf die schulische Ordnung, die hier eine klare sonderpädagogische Prägung hat. Hierbei zeigt sich die wechselseitige Verflechtung von schulischer Ordnung und Peerkultur. Eine solche Szene systematisch in die schulische Ordnung zu integrieren (Schuhe binden als Aufgabe der nicht behinderten Kinder), im Sinne einer positiven Nutzung von Peerkultur (Opp/Teichmann 2008), würde jedoch das Potenzial einer solchen Situation gefährden. Sicherlich sind Aufgaben- und Verantwortungsverteilung pädagogisch sinnvoll. Jedoch hat die Szene zwischen Sandra und Jonny neben der Hilfeleistung einen Moment der Gleichheit zwischen den Peers, sich bei zu starker schulischer Überformung möglicherweise nicht entfalten kann. Es ist der Moment, in dem man sich gemeinsam als Kinder und damit zu einer Peerkultur zugehörig identifiziert. Das geht nur in Abgrenzung zu den Erwachsenen und zu den Anforderungen der schulischen Ordnung. Aufgabe von Erwachsenen und schulischer Ordnung ist, im Sinne inklusionspädagogischer Intentionen dafür zu sorgen, dass sich Jonny und Sandra treffen.

---

[121] Protokollauszug

Wie sie solche Zusammentreffen gestalten und welchen Sinn sie sich davon machen, da sollte man ihnen mehr als an dieser Schule bisher üblich zutrauen. Offen bleiben viele Fragen zu Peerkulturen in inklusiven Settings. Beispielsweise ist unklar, welche Sicht Jonny auf die beschriebene Situation hat, u. a. weil er nicht sprechen kann. Eine inklusive Methodologie ist eine Entwicklungsaufgabe, die mit einem Ausbau von inklusiven Strukturen und Praktiken Fortschritte machen kann. Jedoch kann ihr das erst gelingen, wenn sie kulturelle Behinderungs- und Kindheitsmuster aufbricht und den Blick für die Sinnkonstruktion von Peerkulturen öffnet.

6   Literatur

Alaanen, L. (1994): Zur Theorie der Kindheit. In: Sozialwissenschaftliche Literatur Rundschau 1994. H.28. 93-112.

Berger, P. A./Kahlert, H. (Hrsg.) (2005): Institutionalisierte Ungleichheiten. Wie das Bildungswesen Chancen blockiert. Weinheim und München: Juventa.

Boban, I. (1996): „Voll peacy!?!" Integration aus der Sicht von SchülerInnnen. Vortrag beim 11. Österreichischen Symposium für die Integration behinderter Menschen 1996 in Innsbruck. (http://bidok.uibk.ac.at/library/boban-peacy.html, 12 Seiten, 25.4.2008).

Corsaro, W. A./Eder, D. (1990): Children's Peer Cultures. In: Annual Reviews Sociology 1990.16. 197-220.

Deckert-Peaceman, H. (2004-2005): Cultural Meaning of Birthday Rituals and Its Interrelation with the Construction of Age. In: The International Journal of Learning Volume 11/2004-2005 (double blind peer-review): 117-121.

Dederich, M. (2007): Körper, Kultur und Behinderung. Eine Einführung in die Disability Studies. Bielefeld: transkript.

Deppe- Wolfinger, H./Prengel, A./Reiser, H. (1990): Integrative Pädagogik in der Grundschule. Bilanz und Perspektiven der Integration behinderter Kinder in der Bundesrepublik Deutschland 1976-1988. DJI-Materialien: Reihe Integration behinderter Kinder. Weinheim und München: Juventa.

Diamond, K. E./Hestenes, L. L.(2004): Vorstellungen von Vorschulkindern in Bezug auf Behinderungen. Der Stellenwert von Behinderungen in den Ansichten von Kindern über andere Kinder. In: Fried, L./Büttner, G. (Hrsg.) (2004): 183-200.

Denner, M. (2007): PISA-Schock – PISA-Show. Selektion bleibt die Gretchenfrage des deutschen Schulsystems. In: Erziehung und Wissenschaft 11/2007, pp. 36-37.

Diefenbach, H. (2002): Relative-Risiko-Indizes für die Über- bzw. Unterrepräsentation von ausländischen Schülern an allgemein bildenden Schulen des gegliederten Schulsystems im Bundesgebiet und in den einzelnen Bundesländern im Jahre 2002. pp. 1-31. (http://bildungsklick.de/datei-archiv/398/Relative-Risiko-Indizes.pdf, 10.10.07).

Downing, J. E./Eichinger, J. (2008³): The Important Role of Peers in Inclusive Education. In: Downing, J. E. (with invited contributors) (2008): 213-234.

Downing, J. E. (with invited contributors) (2008): Including Students with Severe and Multiple Disabilities in Typical Classrooms. Practical Strategies for Teachers. Baltimore: Paul H. Brookes Publishing.

Dumke, D. (Hrsg.) (1993²): Integrativer Unterricht. Gemeinsames Lernen von Behinderten und Nichtbehinderten. Weinheim: Deutscher Studienverlag.

Eberwein, H. (Hrsg.) (1994³): Behinderte und Nichtbehinderte lernen gemeinsam. Handbuch der Integrationspädagogik. Weinheim und Basel: Beltz.

Erzmann, T. (2003): Konstitutive Elemente einer Allgemeinen (integrativen) Pädagogik und eines veränderten Verständnisses von Behinderung. Eine hermeneutische Arbeit zur Frage eines Paradigmen- oder Perspektivenwechsels durch den gemeinsamen Unterricht von behinderten und nichtbehinderten Kindern und Jugendlichen. Frankfurt/Main u. a.: Peter Lang Verlag.

Exner, K. (2007): Kritik am Integrationsparadigma im ‚Behindertenbereich'. Von der Notwendigkeit soziologischer Theoriebildung. Bad Heilbrunn: Klinkhardt.

Fried, L./Büttner, G. (Hrsg.) (2004): Weltwissen von Kindern. Zum Forschungsstand über die Aneignung sozialen Wissens bei Krippen- und Kindergartenkindern. Weinheim und München: Juventa.

Fritzsche, B. u. a. (Hrsg.) (2001): Dekonstruktive Pädagogik. Erziehungswissenschaftliche Debatten unter poststrukturalistischer Perspektiven. Opladen: Leske & Budrich.

Geiling, U./Hinz, A. (Hrsg.) (2005): Integrationspädagogik im Diskurs. Auf dem Weg zu einer inklusiven Pädagogik? Bad Heilbrunn: Klinkhardt.

Gomolla, M./Radtke, F.-O. (2002): Institutionelle Diskriminierung. Die Herstellung ethnischer Differenz in der Schule. Opladen: Leske & Budrich.

Goodenough, E./Heberle, M. A./Sokoloff, N. (Hrsg.) (1994): Infant Tongues. The Voice of the Child in Literature. Detroit: Wayne State University Press.

Hengst, H./Kelle, H. (Hrsg.) (2003): Kinder, Körper, Identitäten. Theoretische und empirische Annäherungen an kulturelle Praxis und sozialen Wandel. Weinheim und München: Juventa.

Heyer, P./Preuss-Lausitz, U./Schöler, J. (1997): „Behinderte sind doch Kinder wie wir!": Gemeinsame Erziehung in einem neuen Bundesland. Berlin: Wissenschaft und Technik.

Hinz, A. u. a. (1998): Die Entwicklung der Kinder in der integrativen Grundschule. Hamburg: Hamburger Buchwerkstatt.

Hinz, A. (2005): Zur disziplinären Verortung der Integrationspädagogik – sieben Thesen. In: Geiling, U./Hinz, A. (Hrsg.) (2005): 75-78.

Index für Inklusion. Lernen und Teilhabe in Schulen der Vielfalt entwickeln. (2003) Entwickelt von Tony Booth und Mel Ainscow, übersetzt, für deutschsprachige Verhältnisse bearbeitet und herausgegeben von Ines Boban und Andreas Hinz. Universität Halle (http://www.eenet.org.uk/index_inclusion/Index%20German.pdf, 10.9.07).

Köbsell, S. (2006): „Peers" und Integration. Behindertenbewegung und Bildungsdiskussion. Vortragsmanuskript. Hamburg 7.6.2007. (http://www.zedis.uni-hamburg.de/wp-content/uploads/2007/06/koebsell_peers_und_integration_070607.pdf, 29.6.2008).

Kornmann, R./Schnattinger, C. (1989): Sonderschulüberweisungen ausländischer Kinder. Bevölkerungsstruktur und Arbeitsmarktlage. Oder: Sind Ausländerkinder in Baden-

Württemberg „dümmer" als sonst wo? In: Zeitschrift für Sozialisationsforschung und Erziehungssoziologie 9/1989. 195-203.

Lemler, K. (2005): Integration von schwerst mehrfachbehinderten Schülern. In: Gewerkschaft Erziehung und Wissenschaft (Hrsg.): Von der Integration zur Inklusion. Kinder und Jugendliche mit Behinderung gehören auch in der Schule dazu. Tagungsband der gleichnamigen Tagung am 12.11.2005 Berlin. (http://www.gew-berlin.de/documents_public/tagung_inklusion.pdf, 13.1.2008).

Messiou, K. (2005a): Conceptualising Marginalisation through Children's Voices: Implications for Inclusive Education. Vortragsmanuskript "Inclusive and Supportive Education Congress/International Special Education Conference/Inclusion: Celebrating Diversity?" Glasgow 1.-4.8.2005. (http://www.isec2005.org.uk/isec/abstracts/papers_m/messiou_k.shtml, 20.6.2008).

Messiou, K. (2005b): Conversations with children: making sense of marginalization in primary school settings. In: European Journal of Special Needs Education, Vol. 21. No. 1. February 2006. 39-54.

Mitchell, D. T./Snyder, S. L. (Hrsg.) (1997): The Body and Physical Difference. Discourses of Disability. Ann Arbor: The University of Michigan Press.

Naraian, S. (2006): Of „Illustrators," „Narrators," „Editors," and Readers": Describing relations between significantly disabled students and their peers. (unveröffentlichte Dissertation, University of Missouri, St. Louis) (https://tomsawyer.umsl.edu/webapps/weboffice/ETD/query.cfm?id=r1701, 13.6.07)

Powell, J. J. W. (2007): Die Behinderung in der Schule, behindert durch Schule? Die Institutionalisierung der „schulischen Behinderung". In: Waldschmidt, A./Schneider, W. (Hrsg.) (2007): 21-343.

Preuss-Lausitz, U. (1997): Integration und Toleranz. Erfahrungen und Meinungen von Kindern innerhalb und außerhalb von Integrationsklassen. In: Heyer, P./Preuss-Lausitz, U./Schöler, J. (1997): 171-204.

Preuss-Lausitz, U. (2003): Kinderkörper zwischen Selbstkonstruktion und ambivalenten Modernitätsanforderungen. In: Hengst, H./Kelle, H. (Hrsg.) (2003): 15 – 32.

Schnell, I. (2003): Geschichte schulischer Integration. Gemeinsames Lernen von SchülerInnen mit und ohne Behinderung in der BRD seit 1970. Weinheim und München: Juventa.

Schönwiese, V. (2005): Disability Studies und die Frage nach der Produktion von Behinderung. In: Geiling, U./Hinz, A. (Hrsg.) (2005): 53-69.

Schwarz-Jung, S. (2006): Wenn besondere Förderung notwendig ist. Sonderschulen und sonderpädagogische Förderung in Baden-Württemberg. In: Statistisches Monatsheft Baden-Württemberg 7/2006, pp. 22-25.

Snyder, S. L./Mitchel, D. T. (2006): Cultural locations of Disability. Chicago and London: The University of Chicago Press.

Sokoloff, N. B. (1992): Imagining the Child in Modern Jewish Fiction. Baltimore/London: The John Hopkins University Press.

Sokoloff, N. B. (1994): Childhood Lost. Children's Voices in Holocaust Literature. In: Goodenough, E./Heberle, M. A./Sokoloff, N. (Hrsg.) (1994): 259-274.

Tervooren, A. (2001): Pädagogik der Differenz oder differenzierte Pädagogik? Die Kategorie Behinderung als integraler Bestandteil von Bildung. In: Fritzsche, B. u. a. (Hrsg.) (2001): 201-216.

United Nations/Human Rights Council: Implementation of General Assemlby Resolution 60/251 of 15 March 2006 Entitled "Human Rights Council". Report of the Special Rapporteur on the right to education, Vernor Munoz. Addendum Mission to Germany (13-21.12.2006). 9.3.2007. (www.netzwerk-bildungsfreiheit.de/pdf/Munoz_ Mission_on_Germany.pdf, 10.10.2007).

Waldschmidt, A./Schneider, W. (Hrsg.) (2007): Disability Studies, Kultursoziologie und Soziologie der Behinderung. Erkundigungen in einem neuen Forschungsfeld. Bielefeld: transkript.

Wolfberg, P. J. u. a. (1999): „Can I Play With You?" Peer Culture in Inclusive Preschool Programs. In: JASH 1999, Vol. 24. No. 2. 69-84.

Schulische Selektionsprozesse aus Kindersicht

Maren Zschach

Die Untersuchung der Wahrnehmung und Verarbeitung schulischer Selektions-prozesse durch Kinder und Jugendliche ist eines der Hauptanliegen des DFG-Projektes „Peergroups und schulische Selektion – Interdependenzen und Bear-beitungsformen", dessen Analysen Gegenstand der folgenden Betrachtung sein sollen. Neben einem knappen Überblick über die auf diesem Gebiet in letzter Zeit entstandenen empirischen Arbeiten zum Thema des Beitrages sollen daher einige Angaben zur Anlage unserer Studie am Beginn stehen. Die daran an-schließenden Ausführungen beziehen sich in starkem Maße auf die mit dem Übergang in weiterführende Schulen verbundenen Erfahrungen der Befragten. Im Mittelpunkt des Interesses stehen die Vorstellungen zweier Gruppen von Gymnasiastinnen zur Bedeutung von Bildungsprozessen. Diese enthalten sowohl Haltungen zum Wissenserwerb als auch Positionen zur Schulorganisation sowie Zukunftsvorstellungen, welche als kindliche Eigentheorien gefasst werden könnten, die gemessen am Alter der Befragten bereits erstaunlich pointiert sind.

1 Forschungsbezüge zu schulischer Selektion

Vergleichshorizonte und Anregungspotentiale für unsere Untersuchungen bieten sich in Studien zum Schulübergang in vielfältiger Weise. Den meisten Analysen gemeinsam ist die Feststellung, dass die Lernfreude der Kinder am Ende ihrer Grundschulzeit (Sirsch 2000; Leffelsend/Harazd 2004; van Ophuysen 2006) sowie unmittelbar nach dem Wechsel überwiegt (Harazd/Schürer 2006) und erst im Verlauf der weiteren Schullaufbahn abnimmt (Büchner/Koch 2001, 2002). Bezogen auf die emotionale Einstellung zur weiterführenden Schule stellt der Übergang für die Kinder in weitaus stärkerem Maße eine Herausforderung als eine Bedrohung dar (Sirsch 2000) bzw. überwiegt die Vorfreude gegenüber der Besorgnis (Leffelsend/Harazd 2004).

Betrachtet man speziell das Segment jener Kinder, welche auf ein Gymna-sium wechseln, so werden Statusgruppeneffekte deutlich. Während vor dem Übergang künftige Lernende an Gymnasien den eben genannten Autoren zufolge ein vergleichsweise hohes Fähigkeitsselbstkonzept aufwiesen und positivere Emotionen als andere mit dem Wechsel verbinden (van Ophuysen 2006), sinkt dieses nach dem Schulwechsel entsprechend stärker, da bei jenen Kindern nun der Bezugsgruppeneffekt ähnlich leistungsambitionierter Lernender und vergleichsweise höherer Anforderungen wirksam wird (Helmke 1998).

Bezogen auf die Fragestellung, wie Kinder in ihren Freundesgruppen schulische Selektionsprozesse wahrnehmen, liegen im Gegensatz zur Behandlung individueller Übergangsorientierungen nur wenige Beiträge vor, wie z.b. jener von Krüger/Pfaff/Fritzsche (2008), was auf Aspekte von Distinktionsbestrebungen im schulischen Bereich in noch stärkerem Maße zutrifft. Verantwortlich dafür ist die momentan noch vorhandene Trennung zwischen Kindheits-, Jugend- und Schulforschung. Untersuchungen, welche diese verschiedenen Forschungsfelder verbinden, verstehen Peers als Altersgleiche, die gemeinsam in einer Schulklasse agieren (Breidenstein/Kelle 1998, 2002; Wagner-Willi 2005; Göhlich/Wagner-Willi 2001) und nicht im engeren Sinne als Freundesgruppen. Der Blick auf die Peers folgt dabei zum einen nicht selten Fragestellungen, welche die Position des Individuums im Verhältnis zur Gruppe beschreiben, indem z.B. die Beliebtheit und Akzeptanz in der Schulklasse analysiert wird (Stöckli 2005; Krappmann 2004). Zum anderen wird die Wirkung, welche Peers auf individuelle Schulleistungen und Schulkarriere ausüben, fokussiert. So stellen z.B. Tillmann und Meier (2001) sowie Meier (2004) innerhalb von PISA aggressiven Peers mit einer schuldistanzierten Haltung leseorientierte, schulleistungskonforme Gymnasiastinnen gegenüber und bestätigen damit Resultate aus Untersuchungen Fends (1997, 2005). In diesem Zusammenhang wird eine Schulformabhängigkeit betont und behauptet, dass aggressive Peers vorwiegend aus Lernenden an Hauptschulen bestehen, wobei eine Schichtspezifik den Forschenden zufolge keine Rolle spielt.

Daneben spielt in einigen Studien Schule als wichtiger Ort der Peerinteraktion und -kommunikation eine Rolle, wobei der Schwerpunkt u. a. auf performativen Herstellungspraxen oder Aushandlungsprozessen in der Aneignung und Zuweisung sozialer Rollen liegt (Krappmann/Oswald 1995), wobei in den letzten Jahren zahlreiche Arbeiten insbesondere zum Geschlechterverhältnis entstanden sind (Budde/Faulstich-Wieland 2005; Breidenstein/Kelle 1998; Tervooren 2006; Hackmann 2003). Vielen dieser Untersuchungen ist gemeinsam, dass sie sich weniger auf die Institution Schule als Sozialisationsinstanz beziehen und somit eher als ethnographische Peerkulturforschung betrachtet werden können. Ebenfalls bedeutungsvoll für die Thematik schulischer Selektion aus Kindersicht ist die Problematik sozialer Ungleichheit, wie sie von Oswald und Krappmann (2004), Marbach (2005), Ditton und Krüsken (2006) sowie Chassé und Rahn (2005) im Hinblick auf Fragen nach dem Sozialkapital oder von Armut gestellt wurden sowie der Zusammenhang zwischen Schule, Peers und Familie, wie er von Grundmann u. a. (2003) oder im Sammelband von Büchner/Brake (2006) bearbeitet wurde.

2   Methodisches Design des Forschungsprojektes „Peergroups und schulische Selektion"

In unserer über sechs Jahre hinweg angelegten qualitativen Längsschnittuntersuchung begleiten wir in drei Erhebungswellen Kinder und Jugendliche in Sachsen-Anhalt sowie Nordrhein-Westfalen innerhalb der Sekundarstufe I. Ausgewählt wurden Untersuchungszeitpunkte, in denen Mechanismen schulischer Selektion besonders deutlich zu Tage treten. So begannen wir unsere Studie 2005 mit Kindern der fünften Klasse, die den Übergang in weiterführende Schulen gerade vollzogen und wählten den siebenten und neunten Jahrgang für weitere Erhebungen aus, da zu diesen Zeitpunkten nochmals Differenzierungen sowie Wechselmöglichkeiten vorgesehen sind bzw. die Jugendlichen in der letzten Untersuchungswelle teilweise kurz vor dem Abschluss ihrer Schulkarriere stehen.

Unseren Blick richteten wir dabei einerseits anhand von biographischen Interviews auf die individuellen Orientierungen der befragten Kinder zur Schule, ihrer Familie sowie ihren Peers, die wir in erster Linie narrationsanalytisch bearbeiten (Schütze 1983, 1987). Andererseits interessierten wir uns für das Spannungsverhältnis zwischen diesen individuellen Orientierungen und den kollektiven Orientierungen der Peers. Letzteren näherten wir uns durch die Rekonstruktion von Gruppendiskussionen mithilfe der Dokumentarischen Methode (Bohnsack, 2003; Mannheim 1923, 1926). Dabei ist es unser Anliegen, unterschiedliche Passungsverhältnisse zwischen diesen Orientierungen sichtbar zu machen (vgl. dazu ausf. Krüger/Pfaff 2008).

3   Bildungsorientierungen und Exklusivitätsanspruch als Deutungsmuster zweier Peergroups im Prozess schulischer Selektion

Anhand von Auswertungsergebnissen unserer ersten Projektphase von 2005 bis 2007 sollen in diesem Beitrag schulische Selektionsprozesse betrachtet werden, die unmittelbar an die Erfahrung der Befragten mit dem Übergang in verschiedene weiterführende Schulen anknüpfen. Dabei sollen im Sinne eines minimalen Kontrasts die jeweiligen Peers zweier Schülerinnen eines Gymnasiums mit besonderem Bildungsanspruch im Mittelpunkt stehen. Neben gemeinsamen und

individuellen Erlebnissen und Vorstellungen, die den Schulübergang als eine
erste Selektionsentscheidung betreffen, kommen in den Gruppenerzählungen der
Kinder ebenso kollektive sowie persönliche Bildungsorientierungen zum Ausdruck. Diese kindlichen Eigentheorien zu Wissenserwerb, Leistungsorientierung
sowie zum Zusammenhang von Bildung und persönlicher Zukunft weisen in
dem von uns analysierten Material ein breites Spannungsfeld auf, welches von
naiven über traditionelle, herkömmliche bis zu ambitionierten, leistungsorientier-
ten Betrachtungen zum Thema schulischer Bildung reicht. Im Bezug auf den
Wechsel auf eine weiterführende Schule ist z.B. bei den Peers der Gymnasiastinnen Melanie und Nadja[122] nicht nur eine hohe Leistungsorientierung, sondern
ebenso ein gewisses Abgrenzungsbestreben gegenüber anderen und ein rational-
kritisches Verhältnis zu Bildungsverläufen festzustellen.

In der Freundinnengruppe Melanies, erstreckt sich die Bereitschaft,
Höchstleistungen zu erbringen, nicht nur auf den schulischen Bereich. Bei dieser
außerschulischen Peergroup[123] handelt es sich um Mädchen, die gemeinsam
Rhythmische Sportgymnastik als Leistungssport betreiben. Während Melanie
und ihre Freundin Jasmin den Wechsel auf weiterführende Schulen bereits vollzogen haben und Gymnasien mit einem besonderen Profil besuchen, steht bei der
Grundschülerin Eva der Übergang auf eine solche Schule kurz bevor. Neben
diesen drei Gymnastinnen gehört ein weiteres Mädchen zur Gruppe, welche weit
außerhalb wohnt und daher das Sportinternat und -gymnasium besucht. Für
Christiane ist aufgrund dieses Umstandes die Teilnahme an gemeinsamen Aktivitäten nur eingeschränkt möglich. Dies beschreibt sie zu Beginn der Diskussion
selbst: *„naja ich bin eignklich nich so mit in diesn Gruppn weil ich bin ja mehr
also aus Torgau so in der Richtung"* (GD Melanie, 67f.), während Melanie im
Anschluss daran die Schwierigkeit der Konstellation bestätigt. Diese Problematik
traf auch auf das Gruppengespräch zu, welches Christiane zum Zeitpunkt der im
Folgenden zu betrachtenden Passagen bereits verlassen hatte. Der familiäre so-
zioökonomische Status der Gymnastinnen ist different. Ihnen gemeinsam ist

---

[122] Zur Beantwortung unserer Forschungsfrage erstellten wir zu einigen Kindern umfassende Fall-
portraits. Sie geben einen umfassenderen Einblick in biographische Hintergrunddaten und individuelle Orientierungen der einzelnen Kinder und der kollektiven Orientierungen ihrer Gruppen als dies
hier möglich ist (zu Melanie Pfeiffer vgl. Köhler 2008; zu Nadja Tafel vgl. Deppe 2008). Alle Namen, Orte sowie Institutionsbezeichnungen wurden anonymisiert.
[123] Unser Untersuchungsdesign sieht vor, dass einige der in Interviews befragten Kinder, unsere so
genannten Ankerfälle, eine oder mehrere ihrer Peergroups auswählen, mit denen Gruppendiskussionen realisiert werden. Diese können sowohl aus dem schulischen als auch Freizeit- oder Vereinskon-
text stammen. So existiert z. B. im Falle von Melanie eine Gesprächsrunde mit ihrer besten Freundin,
welche zugleich eine Schulkameradin ist sowie eine Diskussion mit ihren Trainingskameradinnen.
Von letzterer wird an dieser Stelle berichtet.

lediglich der Umstand, dass für die von den Eltern ausgeübten Tätigkeiten ein akademischer Abschluss nicht erforderlich ist.

In der Konstituierung ihrer Bildungsorientierungen können sie z.b. auf das Vorbild älterer Trainingskameradinnen zurückgreifen, welche ihnen bereits entsprechende Schulerfahrungen voraushaben. Eine Reihe von ihnen besucht Gymnasien, die spezifische Leistungsanforderungen stellen. Vermittelt durch den alltäglichen Kontakt zu älteren Sportlerinnen verfügt die Gruppe über ein gewisses Organisationswissen zu Schulformdifferenzen, aus dem sie eine Kompetenz, bezogen auf schulische Selektionsentscheidungen, ableitet. Dieses Wissen ist jedoch in starkem Maße begleitet von einer distinguierten Haltung, in der Abgrenzungsbestrebungen zu anderen Kindern und Jugendlichen zu Tage treten. Diese Schulkarriereorientierung der Gymnastinnen innerhalb und außerhalb der Peergroup Melanies steht dabei in einem diskrepanten Verhältnis zu den Vorstellungen der Trainerinnen, die ihre Leistungsanforderungen vorrangig auf das sportliche Terrain beziehen und Rückschritte auf diesem Gebiet vermeiden möchten. Daher nehmen sie den ambitionierten Bildungsaspirationen der Sportlerinnen gegenüber eine ablehnende Haltung ein und favorisieren Alternativen, wie die folgende Passage aus einer längeren Diskussion der Mädchen zu diesem Thema zeigt, in der Anja anmerkt: *„und die Trainer wolln uns sag ich ma dazu zswing immer dazu ermuntern dass wir auf die Sportschule gehen obwohl wir das gar nich wolln"* bzw. eine Trainerin insistiert auf den Besuch eines Gymnasiums in der Nähe des Trainingsortes. Dieses Humboldt-Gymnasium *„is halt so die Facho-Favoritn Schule für die Trainer"* (GD Melanie, 776f, 827).

Die Gymnastinnen setzen jedoch der Forderung der Trainerinnen nach Unterordnung des schulischen Bildungsniveaus unter die Prämissen des Sports ihre eigenen Schulkarriereorientierungen entgegen und überbieten dabei die ansonsten für Training und Wettkampf geltenden hohen Ansprüche, so dass sich in dieser Hinsicht beide Leistungsorientierungen diametral gegenüberstehen. In ihrer Haltung werden sie zudem durch ihre Eltern unterstützt, denen langfristige Zukunftsperspektiven für ihre Töchter ebenfalls wichtiger sind als sportlicher Erfolg, wie durch Anjas Aussage deutlich wird: *„unsre Eltern sag ich ma hauptsächlich blickn ja auch nach vorn und wenn wir dann jetz immer nur Training ham mit Training kann man kein Geld verdien"* (GD Melanie, 847f). Durch die Orientierung der Familien an einer beruflichen und nicht an einer sportlichen Karriere hat die Position der Trainerinnen gegenüber den eigenen Vorstellungen der Mädchen sowie insbesondere der Eltern nur eine marginale Bedeutung. Hier wird die starke Leistungs- und Disziplinorientierung des Leistungssportes nicht weitergeführt, da diese Sportart keine Aussicht auf die Absicherung eines zukünftigen Lebensunterhaltes bietet. Der Sport ist in diesem Sinne zu unattraktiv, um der auf Zukunftssicherung gerichteten Leistungsorientierung gerecht zu werden. In diesem Sinne setzt sich die Grundschülerin Eva mit den divergierenden Ansprüchen von sportlicher und schulischer Karriere auseinander und nimmt Bezug auf die an sie gerichteten Forderungen:

> „naja ich will eigntlich gar nich aufs Humboldt ähm na ja die wolln aso die Trainer möchtn auch wei- ich wohne hier wohn ich un da is die Schule ich kann die Schule vom Fenster aus beobachtn abr ich will da gar nich hingehn weijl ich find die is irgend bissl zu einfach ich hab ja die Prüfung schon bestandn un da will ich jetz auf die Thomasschule gehen" (GD Melanie, 835-839).

Anhand des Verweises *„zu einfach"* entwickelt sie ein Szenario der Unterforderung, das sie aufgrund des erfolgreichen Absolvierens der Zugangsberechtigung auf das Gymnasium mit sprachlich-musikalischer Prägung für sich geltend macht. Die Metapher des *„einfachen"* (Z. 862) oder *„normalen" Gymnasiums* (Z. 842) wird im Diskursverlauf wiederholt eingebracht. Demgegenüber gestellt wird *„ein spezielles"* (Z. 863), welches nach Ansicht der Mädchen einen entsprechenden *„Spezialgymnasiumabschluss"* (Z. 853) verleiht. Während an dieser Stelle dem Begriff des Einfachen, Normalen jener des Spezifischen, Besonderen gegenübergestellt wird, erfolgt anschließend eine Zuspitzung der Diskussion, in der zunächst Melanie das von ihr besuchte Gymnasium mit besonderer Prägung mit jenem vergleicht, welches Eva zu besuchen angeraten wurde. Im Verlauf des folgenden Diskurses werden Elemente der Distinktion zum Ausdruck gebracht und es erfolgt eine Beschreibung des Schulalltages des *„normalen"* Gymnasiums, welcher dieses Evas Ansicht nach diskreditiert:

> „Mw: s-is jetz zwar aufm Humboldt auchnnn Gymnasium abr es is halt . unser °Gymnasium°
> Aw: └ jaa aso des is auch nurn Einfaches un
> Mw: die sin halt so mehr spezialisiert
> Aw: └ ein Dummgymnasium ☺
> Ew: und ich hab keine Ahnung wie die anfang die komm ungefähr so keine Ahnung wie viel Uhr rein gehen dann gleich wieder raus gehen dann wieder rein un gehn dann raus die ham äh nich wirklich ne Ordnung glaub ich" (GD Melanie, 859-867)

Zusammenfassend ist für Melanies Freundinnengruppe festzustellen, dass die Frage nach der Schulwahl nicht nur auf eine gemeinsame kollektive Bildungsorientierung hinweist, die auf einer habituellen Übereinstimmung der Gruppe beruht. Durch die Abgrenzung gegenüber anderen Einrichtungen gleicher Schulform wird zusätzlich ein ideeller Zusammenhalt hergestellt, der nicht für alle Trainingskameradinnen aus dem Sportclub gleichermaßen zutrifft. Insofern fördert dieser Schließungsprozess hinsichtlich der Schulkarriere eine umfassende

Gruppenhomogenität der vorgestellten Peergroup. Entsprechend unterschiedlich fiel daher die Thematisierung verschiedener Gymnasien aus. Während eine generelle Ablehnung der Humboldtschule erfolgte, welche einige Gymnastinnen besuchen, die nicht zur Freundinnengruppe gehören, werden im Bezug zur Sportschule, welche die zur Peergroup gehörende Christiane besucht, keine abwertenden Argumentationen vorgebracht. In diesem Fall werden von den Gymnastinnen stattdessen organisatorische Nachteile geltend gemacht, welche aus zeitlich differierenden Trainingseinheiten resultieren.

In der Peergroup Nadjas kommt eine anspruchsvolle Bildungsorientierung noch deutlicher zum Ausdruck. Bei diesen fünf Mädchen handelt es sich ebenfalls um eine vorrangig außerschulisch konstituierte Peergroup, deren Mitglieder jedoch gemeinsam die fünfte Klassenstufe eines Gymnasiums christlicher Prägung besuchen. In ihrer Freizeit verbindet die Gruppe das gemeinsame Musizieren im Orchester einer Kirchengemeinde. Nadja und ihre Freundinnen Samia und Patricia-Victoria sind Klassenkameradinnen, während Olivia und Theodora gemeinsam eine Parallelklasse besuchen. Bis auf ein Mädchen stammen alle Gruppenmitglieder aus recht gut situierten akademischen Elternhäusern, gehören der evangelischen Konfession an und besuchten gemeinsam eine reformpädagogisch ausgerichtete Grundschule. Alle diese Merkmale treffen auf Patricia-Victoria nicht zu. Sie ist katholisch getauft und ihre Eltern absolvierten kein Studium. Im Verlauf der Gruppendiskussion lösen diese divergenten Faktoren bei den übrigen Mädchen häufig Befremden aus bzw. geben Anlass zu Verweisen auf diese Besonderheiten, sowohl von Seiten Patricia-Victorias selbst als auch der anderen. Besonders deutlich wird diese Inhomogenität anhand der Fragestellung nach der Unterscheidung von anderen Gruppen. Die Herkunft aus einem akademischen Bildungsmilieu wird in diesem Zusammenhang neben der Berufstätigkeit aller Eltern als Selbstverständlichkeit dargestellt:

„Tw: ja, alle unsere Eltern arbeiten. [zu Patrizia-Victoria] arbeiten deine Eltern? ja
  deine Eltern arbeiten.
Fw: meine Eltern haben sogar Abitur und haben studiert.
Ow: ⌊Meine auch.
Tw: ⌊Genau, meine Eltern
  haben auch studiert
Fw: deine auch? [an Patrizia-Victoria gewandt]
Ow: ⌊mein Vater hat Sprachen studiert
Pw: ⌊Meine Eltern haben nich studiert
Tw: deine Eltern haben nicht studiert?
Pw: ⌊die haben kein Abi
Tw: ⌊ach so die haben kein Abi
Nw: ⌊meine Eltern haben beide Abi und   beide studiert

Ow: ⌊meine auch
Tw: ⌊meine auch" (GD Nadja, 89-
    103)

Die sehr aktive, selbstbewusste Auseinandersetzung der Gruppe mit dem Thema
Schule ist getragen von einer anspruchsvollen Konsumentinnenhaltung, welche
die Forderung nach einer qualitativ hochwertigen Wissensvermittlung stellt und
zugleich eine Haltung aktiver Mitbestimmung postuliert, wie u. a. an folgendem
Beispiel deutlich wird:

„Tw: unser Geo- und Geschichts- und Relilehrer
Ow: ⌊Geschichts- und Relilehrer
Tw: ⌊den für den haben wir mal Un-
    terschriften gesammelt weil sein Vertrag der läuft nämlich jetzt im Sommer
    aus. Und die Unterschriften haben wir alle unserem Schulleiter Herrn Ahrends
    gegeben
Sw: ⌊Das ist ja cool
Pw: ⌊Und?
Sw: ⌊also wir sollten mal protestieren dafür das Frau Horst
    besseren Unterricht machen soll" (GD Nadja, 253-262)

Die Mädchen handeln hier also zum einen eigenständig und treten für die Wei-
terbeschäftigung eines beliebten Lehrers ein, andererseits fordern sie von der
kritisierten Lehrerin eine höhere Unterrichtsqualität, die sie momentan nicht als
gegeben sehen. Ihrer Kritik fügen sie Änderungsideen bzw. Lösungsvorschläge
hinzu und diskutieren diese Ansätze oft kontrovers. Auffällig ist dabei die ausgeprägte Verwendung von Begriffen aus aktuellen gesellschaftspolitischen Diskursen. Die 11-jährigen nehmen die entsprechenden Kontroversen in der Schule
selbst, aber vermutlich ebenso in weiteren Kontexten wie Familie und Medien
auf und verarbeiten diese auf ihre eigene Weise. So erfolgt z.B. auf die recht
allgemein gehaltene Frage der Interviewerin *„wie geht ihr mit dem Thema Schule um" (GD÷ Nadja, 215f)* nach einer kurzen Reflexion eigener Probleme und
Befindlichkeiten von Theodora seitens Olivias sofort die Überleitung zu einer
Abstraktion, welche über den eigenen Lebenskontext hinausgeht und das Thema
verallgemeinert:

„Tw: Wir gehen mit dem Thema Schule um, das wir es scheiße finden acht Stunden
    zu haben (.) Anti acht Stunden (.) also wir haben da ein Tag mit acht Stunden
Ow: ⌊irgendjemand
    will immer über Ganztags äh Ganztagsschule reden
Tw: ⌊Genau das wäre gut.

Sw: ⌊Verhext" (GD: Nadja, 217-221)

Diese Art des Diskurses erweist sich im weiteren Verlauf jedoch als brüchig, denn die verwendeten Begriffe und nur fragmentarisch dargestellten Informationen werden oft nicht in einen umfassenden Zusammenhang gestellt bzw. argumentativ von der Impulsgeberin Theodora so ausgestaltet, dass deren Position von den übrigen Gesprächsteilnehmerinnen akzeptiert wird:

„Tw: wir hätten gerne das finnische Schulsystem
Sw: ⌊Echt? Hätten wir das gern? ch'kenn
das gar nicht.
Tw: ⌊Ja weil die nämlich
    die ersten in der PISA-Studie waren. (.) Ja deshalb hätten wir gerne an- also-
Sw: ⌊Was
hätten haben die denn?
Tw: ⌊Also die waren die ersten (.) die haben es irgendwie (.) voll
    cool irgendwie so" (GD: Nadja, 227-234)

Auf eine Nachfrage Samias hin erläutert Theodora den Mädchen, dass der Ablauf des schulischen Alltages mit jener reformpädagogisch orientierten Grundschule in freier Trägerschaft vergleichbar wäre, welche bis auf Patricia-Victoria alle Diskussionsteilnehmerinnen besucht hatten. Neben der Erwähnung der Möglichkeit, den Unterricht selbst gestalten zu können und eines größeren Freiraumes für Lehrer und Schulleiter wird von ihr einschränkend eingeführt, dass in diesem Fall „aber tro- trotzdem noch (.) Frontal(.)unterricht" (GD: Nadja, 237f) erteilt werden würde. Als einen Vorteil beschreibt sie zudem die für die Lehrenden dort geltenden befristeten bzw. kündbaren Arbeitsverträge, womit sie bei Olivia und Samia Verwunderung auslöst:

„Tw: das heißt wenn ein Lehrer nicht gefällt können sie dann den trotzdem noch
Ow: ⌊Raus-
schmeissen?
Tw: ⌊Rausschmeissen (.) ja
Sw: ⌊Hä was soll daran jetzt so cool sein" (GD: Nadja, 245).

Prägnant ist an dieser Konstellation das Bestreben Theodoras, sich mit ihren Informationen, die sie in entsprechende Fachtermini kleidet, zu exponieren. Dies bringt sie im weiteren Diskursverlauf dazu, das schlagwortartig Vorgetragene den anderen Mädchen umfassend zu erläutern, stellt jedoch gleichermaßen eine Erklärungsnot dar, in welche sie von den übrigen Diskursteilnehmerinnen durch deren konträre Haltung gebracht wird. In dieser Gesprächspassage von hoher interaktiver Dichte insistiert Olivia zudem im unmittelbaren Anschluss auf die

Einhaltung oder Rückkehr zur Ursprungsfrage des Umganges mit dem Thema
Schule. Sie reglementiert damit zum einen Theodoras dominante Ausführungen
und verweist zugleich auf die Entfernung zur ursprünglichen Fragestellung und
damit zur Diskursaufgabe:

> „Ow: Und wie gehen die mit dem Thema Schule um?
> Nw: ⌊*Dass wir Frau Horst ankündigen können (.)*
> *beim Schul (.) Leitsystem oder wie auch immer*
> Sw: ⌊Wir sollten nach Finn-land ziehen mit unserer Schule" (GD
> Nadja, 241-251)

In Form individueller Einzelerzählungen entsteht hier eine interessante Art von
kollektiver Fokussierung auf das gemeinsame Credo, den eigenen Schulalltag
qualitativ im Sinne einer besseren Ausbildung im Maßstab eines internationalen
Vergleichs zu ändern. Während Nadja den Diskurs an den anfangs erwähnten
Protest zurückbindet, welcher gegen den Unterricht von Frau Horst anvisiert
wird, ist es Samias Vision, die eigene Schule in das bildungserfolgreiche finn-
ländische System zu integrieren. Sie schließt damit Theodoras Gedankengang,
den diese mit dem Bezug zu Finnland und PISA begonnen hatte, in einer Art
phantastischen Traumreise ab, deren Ergebnis es wäre, als Schülerinnen zu ihrer
Ansicht nach führenden Bildungselite weltweit zu gehören.

Der Gegenhorizont kollektiver Bildungsorientierungen ist ähnlich vage und
in noch stärkerem Maße von einer distinguierenden Ablehnung geprägt, als dies
in Melanies Freundinnengruppe der Fall ist. Die Negativfolie bildet eine Peergroup aus der Nachbarschaft, welche von Nadja und ihren Freundinnen ausschließlich als „die Reudnitzer" bezeichnet wird. Diese, nach einem Arbeiter-
viertel und sozialen Brennpunkt benannten Kinder werden dabei u. a. folgendermaßen charakterisiert: *„Tw: die Reudnitzer [alle: ☺ 2 ☺] sind (.) eigentlich
dumm Nw: dumm ist gar kein Ausdruck"* (GD÷ Nadja, 84-87).

Fasst man die Aussagen von Nadja und ihren Freundinnen zusammen und
setzt sie gleichzeitig in Verbindung zu Melanies Peergroup, so lässt sich feststellen, dass hier der mit distinguierenden Argumentationen verbundene Anspruch,
zur kindlichen Bildungselite der Stadt Leipzig zu gehören, überboten wird. Mit
Bezügen in ihrer Diskussion auf Ergebnisse der PISA-Studie und das zum Zeitpunkt des Gruppengesprächs den Spitzenplatz innehabende finnische Schulsystem erweitern sie regionale Ansprüche, wie sie in Melanies Gruppe thematisiert
wurden, um internationale Aspekte des Leistungsvergleichs. In ihrer Reflexion
über die Struktur und Organisation von Schule und einer vielfältigen Kritik an
der Unterrichtsgestaltung sowie Bezügen zur Ganztagsschuldiskussion, didaktischen Unterrichtsmodellen wie dem Frontalunterricht bis hin zu schulorganisato-
rischen Belangen der Selbstverwaltung der Bildungseinrichtungen inklusive von

Personalentscheidungen gehen diese Mädchen in ihrer Themensetzung weit über den kollektiven Orientierungsrahmen der Sportlerinnen zu schulischen Belangen hinaus.

Deutlich wird an dieser Stelle jedoch eine antithetische Diskursorganisation, in der eine allgemein kritische und hoch reflexive Einstellung nicht nur gegenüber dem deutschen Schulsystem in vielen Details zum Ausdruck gebracht wird, sondern ebenso die Positionen einzelner Gruppenmitglieder, wie jene von Theodora, rational hinterfragt werden. Eine habituelle Übereinstimmung wird erst in der von Samia initiierten Konklusion des Schulumzuges nach Finnland hergestellt und damit versucht, ein Wir-Gefühl ansatzweise zu erzeugen, während sich viele der übrigen Diskurse auf Dritte, wie z.B. ihre Lehrerinnen und Lehrer bezogen. Jene, sich in diesem Zusammenhang andeutende viel geringere habituelle Übereinstimmung der Gruppe von Nadja im Vergleich zu Melanies Sportfreundinnen erzeugt als Folge Distinktionsargumentationen, die dazu dienen sollen, eine kollektive Übereinstimmung erst herzustellen.

4 Resümee

Die Diskurse der hier vorgestellten Gruppen von 11-jährigen und jüngeren Mädchen verdeutlichen die bewusste Wahrnehmung schulischer Übergangsentscheidungen bereits in dieser Altersgruppe. In besonders starker Ausprägung erfolgt zudem eine kritische Reflexion dieser Selektionsprozesse. Innerhalb der beiden Peers werden keine bildungsbezogenen Differenzen konflikthaft ausgetragen, um den Gruppenzusammenhalt nicht zu gefährden. Je inhomogener jedoch die Gruppen in ihrer Zusammensetzung selbst sind, umso problematischer ist eine Abgrenzung gegenüber Dritten, da Argumentationen, welche die Freundinnen gleichermaßen betreffen könnten, vermieden werden müssen. Die Herstellung einer möglichst umfassenden habituellen Übereinstimmung erfolgt dabei jedoch nicht weniger distinguierend. Die Mädchen sind ganz im Gegenteil noch stärker darauf verwiesen, mithilfe recht diffuser bzw. stigmatisierender Aussagen eine bildungsbezogene Gruppenidentität zu erzeugen. Während sich Melanie und ihre Freundinnen gegenüber ihnen unbekannten Peers ähnlicher Bildungsorientierung abgrenzen, vollzieht Nadjas Gruppe eine Trennung gegenüber einem ihnen fremden sozioökonomischen und kulturellen Milieu.

Beiden Gruppen gemeinsam ist die Stilisierung eines Gegenhorizontes von „fernen Anderen", deren Bildungsorientierung nicht geteilt wird. Ausgehend von dieser Fremdheit und Distanz ist eine inhaltlich differenzierte Abgrenzung jedoch nicht möglich, da die Mädchen jenen für sie fremden konjunktiven Erfahrungsraum nicht teilen. In beiden Peers besitzen Distinktionshaltungen hierbei die Funktion, gemeinsame kollektive Bildungsorientierungen herzustellen bzw. zu festigen, indem das Bild einer Bildungselite konstruiert wird, die sich von Dritten abhebt und einen Anspruch auf exklusive bzw. hochwertige Bildung einfordert.

5 Literatur

Alt, C. (Hrsg.) (2005): Kinderleben. Aufwachsen zwischen Familie, Freunden und Institutionen. Bd 2. Wiesbaden: VS Verlag für Sozialwissenschaften.

Alt, C. (Hrsg.) (2008): Kinderleben. Aufwachsen zwischen Familie, Freunden und Institutionen. Bd. 4, Wiesbaden: VS Verlag für Sozialwissenschaften. (im Erscheinen)

Baumert, J./Klieme, E./Neubrand, M./Prenzel, M./Schiefele, U./Schneider, W./Stanat, P./Tillmann, K.-J. (Hrsg.) (2001): PISA 2000. Basiskompetenzen von Schülerinnen und Schülern im internationalen Vergleich. Opladen: Leske & Budrich.

Bohnsack, R. (2008): Rekonstruktive Sozialforschung. Einführung in die Methodologie und Praxis qualitativer Forschung. 7. überarb. u. erw. Aufl., Opladen/Farmington Hills: Verlag Barbara Budrich.

Breidenstein, G./Kelle, H. (1998): Geschlechteralltag in der Schulklasse. Ethnographische Studien der Gleichaltrigen-Kultur. Weinheim/München: Juventa-Verlag.

Breidenstein, G./Kelle, H. (2002): Die Schulklasse als Publikum. Zum Verhältnis von Peer Culture und Unterricht. In: Die Deutsche Schule. 94. Jg. H. 3. 318-329.

Büchner, P./Brake, A. (Hrsg.) (2006): Bildungsort Familie. Transmission von Bildung und Kultur im Alltag von Mehrgenerationenfamilien. Wiesbaden: VS Verlag für Sozialwissenschaften.

Büchner, P./Koch, K. (2001): Von der Grundschule in die Sekundarschule. Bd. 1, Opladen: Leske & Budrich.

Büchner, P./Koch, K. (2002): Von der Grundschule in die Sekundarschule. Übergangsprozesse aus der Sicht von SchülerInnen und Eltern. In: Die Deutsche Schule. 94. Jg. H. 2. 234-246.

Budde, J./ Faulstich-Wieland, H. (2005): Jungen zwischen Männlichkeit und Schule. In: King, V. et.al. (Hrsg.) (2005): 37-53.

Chassé, K. A./Rahn, P. (2005): Bewältigung durch Peer-Integration im Übergang zu weiterführenden Schulen – Eine Perspektive moralischer Ökonomie benachteiligter Kinder. In: Zander, M. (Hrsg.) (2005): 142-160.

Deppe, U.: Nadja Tafel – erfolgreiche Schülerin mit musikalischer Freundesgruppe im christlich-akademischen Milieu. In: Krüger, H.-H. et.al. (2008): 37-56.

Ditton, H./Krüksen, J. (2006): Sozialer Kontext und schulische Leistungen. Zur Bildungsrelevanz segregierter Armut. In: Zeitschrift für Soziologie der Erziehung und Sozialisation. 26. Jg. H. 2. 135-157.

Fend, H. (1997): Der Umgang mit der Schule in der Adoleszenz. Aufbau und Verlust von Lernmotivation, Selbstachtung und Empathie. Bern/Göttingen/Toronto/Seattle: Verlag Hans Huber.

Fend, H. (2005): Entwicklungspsychologie des Jugendalters. 3. durchg. Aufl., Wiesbaden: VS Verlag für Sozialwissenschaften.

Geulen, D./Veith, H. (Hrsg.) (2004): Sozialisationstheorie interdisziplinär. Aktuelle Perspektiven. Stuttgart: Lucius&Lucius Verlagsgesellschaft.

Göhlich, M./Wagner-Willi, M. (2001): Rituelle Übergänge im Schulalltag. In: Wulf, C. et.al. (2001): 119-204.

Grundmann, M./Groh-Samberg, O./Bittlingmayer, U. H./Bauer, U. (2003): Milieuspezifische Bildungsstrategien in Familie und Gleichaltrigengruppe. In: Zeitschrift für Erziehungswissenschaft 6. Jg. H. 1. 25-45.

Hackmann, K. (2003): Adoleszenz, Geschlecht und sexuelle Orientierungen. Eine empirische Studie mit Schülerinnen. Opladen: Leske & Budrich.

Harazd, B./Schürer, S.: Veränderungen der Schulfreude von der Grundschule zur weiterführenden Schule. In: Schründer- Lenzen, A. (Hrsg.) (2006): 208-222.

Helmke, A. (1993): Die Entwicklung der Lernfreude vom Kindergarten bis zur 5. Klassenstufe. In: Zeitschrift für Pädagogische Psychologie. 7. Jg. H. 2/3. 77-86.

Helmke, A. (1998): Vom Optimisten zum Realisten? Zur Entwicklung des Fähigkeitsselbstkonzeptes vom Kindergarten bis zur 6. Klassenstufe. In: Weinert, F. E. (Hrsg.) (1998): 115- 132.

King, V./Flaake, K. (Hrsg.) (2005): Männliche Adoleszenz. Sozialisation und Bildungsprozesse zwischen Kindheit und Erwachsensein. Frankfurt a. M.: Campus Verlag.

Köhler, S.-M. (2008): Melanie Pfeiffer. Im Spagat zwischen Hochleistungssport und Schulkarriere. In: Krüger, H.-H. et. al. (2008): 57-77.

Krappmann, L. (2004): Sozialisation in Interaktionen und Beziehungen unter Gleichaltrigen in der Schulklasse. In: Geulen, D. et.al. (Hrsg.) (2004): 253-271.

Krappmann, L./Oswald, H. (1995): Alltag der Schulkinder. Weinheim/München: Juventa-Verlag.

Krappmann, L./Oswald, H. (2004): Soziale Ungleichheit in der Schulklasse und Schulerfolg. Eine Untersuchung in dritten und fünften Klassen Berliner Grundschulen. In: Zeitschrift für Erziehungswissenschaft. 7. Jg. H. 4. 479- 496.

Krüger, H.-H./Köhler, S.-M./Zschach, M./Pfaff, N. (2008): Kinder und ihre Peers. Freundschaftsbeziehungen und schulische Bildungsbiographien. Opladen/Farminton Hills: Verlag Barbara Budrich.

Krüger, H.-H./Pfaff, N.: Peerbeziehungen und schulische Bildungsbiographien. Einleitung. In: Krüger, H.-H. et. al. (2008): 11-31.

Krüger, H.-H./Fritzsche, S./Pfaff, N. (2008): Zur Entwicklung von Kinderfreundschaften im Verlauf der Grundschule und am Übergang in die Sekundarstufe. In: Alt, C. (Hrsg.) (2008): o.S. (im Erscheinen)

Leffelsend, S./Harazd, B. (2004): Erwartungen an die weiterführende Schule. Empirische Untersuchung zu den Übergangserwartungen von Grundschülern. In: Empirische Pädagogik. 18. Jg. H. 2. 252-272.

Mannheim, K. (1923): Beiträge zur Theorie der Weltanschauungs-Interpretation. In: Jahrbuch für Kunstgeschichte. Wien: Österreichische Verlagsgesellschaft Eduard Hölzel&Co.: 236-274.

Mannheim, K. (1926): Ideologische und soziologische Interpretation der geistigen Gebilde. In: Salomon, G. (Hrsg.) (1926): 388-400.

Marbach, J. H. (2005): Soziale Netzwerke von 8- bis 9-Jährigen. Die Rolle von Sozialkapital in der Sozialisation von Kindern im Grundschulalter. In: Alt, C. (Hrsg.) (2005): 84-124.

Meier, U. (2004): Familie, Freundesgruppe, Schülerverhalten und Kompetenzerwerb. In: Schümer, Gundel et. al. (Hrsg.) (2004): 187-216.

Ophuysen, S. van (2006): Erlebte Unterstützung im Elternhaus und die emotionale Qualität der Übergangserwartungen von Grundschulkindern. In: Schründer-Lenzen, A. (Hrsg.) (2006): 223-239.

Salomon, G. (Hrsg.): Jahrbuch für Soziologie. Eine internationale Sammlung. Bd. 2, Karlsruhe: Verlag G. Braun.

Schründer-Lenzen, A. (Hrsg.) (2006): Risikofaktoren kindlicher Entwicklung. Migration, Leistungsangst und Schulübergang. Wiesbaden: VS Verlag für Sozialwissenschaften.

Schümer, G./Tillmann, K.-J./Weiß, M. (Hrsg.) (2004): Die Institution Schule und die Lebenswelt der Schüler: vertiefende Analysen der PISA-2000-Daten zum Kontext von Schülerleistungen. Wiesbaden: VS Verlag für Sozialwissenschaften.

Schütze, F. (1983): Biographieforschung und narratives Interview. Neue Praxis. 13. Jg. H. 3. 283-293.

Schütze, F. (1987): Das narrative Interview in Interaktionsfeldstudien. Studienbrief der Fernuniversität Hagen. Teil 1. Hagen.

Köhler, S.-M./Pfaff, N./Zschach, M./Deinert, A./Deppe, U./Hoffmann, N. F. (2008): Bildungsbiographien und Peerkontexte von Kindern: Fallporträts. In: Krüger, H.-H. et.al. (2008): 35-366.

Sirsch, U. (2000): Probleme beim Schulwechsel. Die subjektive Bedeutung des bevorstehenden Wechsels von der Grundschule in die weiterführende Schule. Münster/New York/München/Berlin: Waxmann.

Stöckli, G. (2005): Beliebtheit jenseits der Geschlechtergrenze. In: Zeitschrift für Soziologie der Erziehung und Sozialisation 25. Jg. H. 3. 297-314.

Tervooren, A. (2006): Im Spielraum von Geschlecht und Begehren. Ethnographie der ausgehenden Kindheit. Weinheim: Juventa.

Tillmann, K.-J./Meier, U. (2001): Schule, Familie und Freunde. Erfahrungen von Schülerinnen und Schülern in Deutschland. In: Baumert, J. et. al. (2001): 468-509.

Wagner-Willi, M. (2005): Kinder-Rituale zwischen Vorder- und Hinterbühne. Der Übergang von der Pause zum Unterricht. Wiesbaden: VS Verlag für Sozialwissenschaften.

Weinert, F. E. (Hrsg.) (1998): Entwicklung im Kindesalter. Weinheim: Beltz Verlag.

Wulf, C./Althans, B./Audehm, K./Bausch, C./Göhlich, M./Sting, S./Tervooren, A./Wagner-Willi, M./Zirfas, J. (2001): Das Soziale als Ritual. Zur performativen Bildung von Gemeinschaften. Opladen/Farmington Hills: Leske & Budrich.

Zander, M. (Hrsg.) (2005): Kinderarmut. Ein einführendes Handbuch für Forschung und soziale Praxis. Wiesbaden: VS Verlag für Sozialwissenschaften.

Schule von innen: SchülerInnen-Strategien zwischen Anpassung und Selbstbehauptung

Sabine Maschke/Ludwig Stecher

1   Einleitung

Spätestens seit der Veröffentlichung der ersten PISA-Ergebnisse scheint für viele unbestritten, dass das deutsche Bildungssystem in seiner jetzigen Form international nur wenig konkurrenzfähig ist und einer durchgreifenden Reform bedarf. In den Kommentaren und Empfehlungen zur Verbesserung des Schul- und Bildungssystems wurden u. a. der verstärkte Ausbau der Ganztagsbetreuung und -bildung, eine frühere Einschulung oder schul- und lernvorbereitende Förderungsmaßnahmen im Kindergarten vorgeschlagen. Wenngleich diese Diskussion um die Reform des Bildungssystems aus gesellschafts- und bildungspolitischer Sicht grundsätzlich zu begrüßen ist, bleibt aus erziehungswissenschaftlicher Sicht daran häufig unbefriedigend, dass die Schüler und Schülerinnen und ihre Perspektive auf die Institution Schule dabei nur selten einbezogen bzw. zum Ausgangspunkt gemacht werden. Für viele Kommentatoren scheinen die Schüler und Schülerinnen eher zu den „Randbedingungen" des Bildungssystems zu gehören – nach dem Motto: je besser das Management und das Controlling, desto besser die (Lern-) Leistung (vgl. Oelkers 2004, 10).

Die gegenwärtige Vernachlässigung der Perspektive der Schülerinnen und Schüler muss im Grunde verwundern, da sich spätestens mit Beginn der 1970er-Jahre in Deutschland eine eigenständige und kritische Forschungstradition, die das subjektive Erleben der Schülerinnen und Schüler in den Fokus rückte und mit dem Begriff der ‚reflexiven Wende in der Erziehungswissenschaft' verbunden ist, gründete (Petillon 1987, 3; Calvert 1976; Haecker/Werres 1983; Werres 1996; Haselbeck 1999; Reinert/Zinnecker 1978; Reinert/Heyder 1983). Unterstützung hat die Erforschung der subjektiven Sichtweise der Schüler und Schülerinnen in den letzten etwa zwei Jahrzehnten auch vonseiten der soziologisch und ethnografisch orientierten Kindheits- und Schulforschung erhalten (Kelle/Breidenstein 1996; Leu/Krappmann 1999; siehe aktuell etwa den Schwerpunkt zur Qualitativen Schulforschung im Jahrbuch Jugendforschung 2007). Insgesamt scheint der öffentliche Einfluss dieser Ansätze jedoch nicht stark und nachhaltig genug, um die Perspektive der Schülerinnen und Schüler zum selbstverständlichen Bestandteil bildungspolitischer Debatten werden zu lassen.

Innerhalb der an der Subjekt-Perspektive der Schülerinnen und Schüler orientierten Forschung lassen sich ihrerseits verschiedene Ansätze ausmachen, die sich u. a. danach unterscheiden, welcher methodische Zugang für die Herausarbeitung der Sicht der Schülerinnen und Schüler gewählt wurde. Einer dieser Ansätze ist verbunden mit dem Begriff der so genannten *SchülerInnenstrategien*. Dieser Ansatz steht im Mittelpunkt des vorliegenden Beitrags. Einflussreiche Arbeiten wurden hierzu u. a. von Hoferichter (1980) bereits zu Beginn der 1980er-Jahre vorgelegt (siehe auch Eder 1987). Hoferichter fragte Kinder und Jugendliche, welche Tipps sie ihren jüngeren Geschwistern geben würden, „damit diese gut durch die Schule kommen" (Hoferichter 1980, 418).

Diese Frage zielt *inhaltlich* auf das schulische *Organisations-* oder *Betriebswissen* der Schülerinnen und Schüler, in dem sich die Erwartungen und hierarchischen Strukturen, die die Schule konstituieren, spiegeln. Dieses Wissen verbindet sich zu (relativ) konsistenten Theorien über das Funktionieren der Schule und die *eigene Stellung und Rolle* innerhalb des institutionell strukturierten Interaktionszusammenhangs. Hoferichter geht es darum, aus den Angaben der SchülerInnen Aussagen über die Qualität der Institution Schule und u. a. sich daraus ergebende didaktische Konsequenzen für die pädagogische Profession abzuleiten. Möglich werden über die schulischen Innen-Ansichten der Schülerinnen und Schüler institutionenbezogene Einblicke. Eine grundlegende Annahme dabei ist, dass die Strategien der SchülerInnen in realen Interaktions*erfahrungen* gründen, die sie im Laufe ihrer schulischen Laufbahn im Rahmen des hierarchisch gegliederten Systems der Schule sammeln. Zu diesen Erfahrungen zählt nicht nur das vordergründige, von den Erwachsenen intendierte schulische Geschehen, sondern auch das nicht-intendierte wie es etwa Zinnecker (1975; 1978) unter dem Stichwort des heimlichen Lehrplans beschreibt (vgl. Nittel 2001, 447f.). Dabei sind diese Erfahrungen nicht einfach als kognitive Repräsentationen im Gedächtnis des Einzelnen zu verstehen. In dem Maße, in dem die Schule Erfolg und Misserfolg, Anerkennung und Zurückweisung verteilt, und damit tief in die Entwicklung des Selbst der SchülerInnen und deren Identität hineinreicht (Fend 1997; Pekrun/Fend 1991), sind die Erfahrungen stark affektiv besetzt und in den Tiefenstrukturen[124] der SchülerInnenpersönlichkeit abgespeichert (Eder 1987, 101). Darüber hinaus ist das schulisch Erfahrbare nicht auf das

---

[124] Den Akteuren ist die eigene Handlungspraxis, Regeln, Muster und Orientierungen „zwar wissensmäßig verfügbar", allerdings können sie „je tiefer diese in ihrer habitualisierten, routinemäßigen Handlungspraxis verankert sind – [diese, dV] umso weniger selbst (…) explizieren" (Bohnsack 2003, 198).

einzelne Subjekt allein beschränkt, sondern dort, wo es eine ganze Gruppe betrifft – wie etwa die Schulklasse –, entsteht ein gemeinsam geteilter, ein kollektiver Erfahrungsraum[125] (Bohnsack 2003; Maschke und Stecher 2006).

Um einen möglichst breiten Zugang zu den SchülerInnenstrategien zu eröffnen, kombinieren wir im vorliegenden Beitrag eine quantitative schriftliche Befragung mit qualitativen Daten aus Gruppendiskussionen.[126]

2 Die Studie

Datengrundlage für die vorliegenden Auswertungen bildet die Studie LERNen und BILDung (LernBild), die vom Siegener Zentrum für Kindheits-, Jugend- und Biografieforschung und ProKids Herten 2003/2004 im Rahmen des 8. Kinder- und Jugendberichts des Landes Nordrhein-Westfalen durchgeführt wurde (vgl. Behnken u. a. 2004). Dabei kamen zum einen knapp 2.000 Schüler und Schülerinnen der 4. bis 12. Schuljahrgänge (10- bis 18-Jährige) allgemein bildender und beruflicher Schulen in Nordrhein-Westfalen in einer standardisierten schriftlichen Befragung zu Wort, zum anderen wurden 20 Gruppendiskussionen mit Kindern und Jugendlichen zu den Themen Lern- und Bildungserfahrungen durchgeführt. Bei der Gruppendiskussion handelt es sich um ein offenes Erhebungsverfahren, das thematische Vorgaben und Interventionen vermeidet und den Relevanzthemata der Befragten folgt (Bohnsack 2003; Maschke/Schittenhelm 2005). Eine selbstläufige Diskussion kommt vor allem in den Gruppen zustande, die über eine gemeinsame und kollektiv geteilte Erfahrungsbasis verfügen (Loos/Schäffer 2002, 44), in so genannten Realgruppen (Cliquen etc.; in unserem Fall eine Gruppe von SchülerInnen aus einer Klasse).

Zur Analyse von Gruppendiskussionen hat sich in der Forschung das rekonstruktive Verfahren der Dokumentarischen Methode, das in der Tradition der Wissenssoziologie Karl Mannheims (1964; zuerst 1921) steht, etabliert.

---

[125] Unsere Fragestellung in diesem Aufsatz zielt nicht darauf, das „Wie" der kollektiven Herstellung und Ausübung einer schulischen Handlungspraxis oder einer Strategie nachzuvollziehen, als vielmehr den Fokus auf die Klärung von Zusammenhängen zwischen schulischen und individuellen Merkmalen und Erfahrungen mit dem Sichtbarwerden verschiedener Strategien zu richten (siehe zur kollektiven Perspektive ausführlich Maschke/Stecher 2006.).

[126] Die Notwendigkeit eines integrativen Forschungshandelns, das sich um die Kombination und Vereinbarkeit quantitativer und qualitativer Methoden und -ergebnisse bemüht, wird vielfach in der Forschung betont (vgl. u. a. Aram/Tamke/Wilke 2004; Erzberger 1998; Kelle/Erzberger 1999; Kluge/Kelle 2001; Seipel/Rieker 2003).

3 SchülerInnen-Strategien – das quantitative Instrument

Das standardisierte Instrument zu den SchülerInnenstrategien wurde in Anlehnung an Eder (1987)[127] konstruiert. Auf die Einleitung „Damit du gut durch die Schule kommst, musst du (...)" folgen 16 einzelne Strategien, die von 1 „stimmt nicht" bis 5 „stimmt völlig" bewertet werden konnten.

Exploratorische Hauptkomponentenanalysen[128] zeigen, dass sich 12 der 16 Strategien drei inhaltlichen Dimensionen, das heißt inhaltlich zusammengehörenden Strategiebündeln, zuordnen lassen, die wir mit *Lernarbeit*, *Beziehungsarbeit* und *Selbstbehauptung* bezeichnen.

Tabelle 1:   *Tipps, um gut durch die Schule zu kommen – 4. bis 12. Jahrgangsstufe*

	Zustimmung:	
Damit du gut durch die Schule kommst, musst du …	stimmt ziemlich/ stimmt völlig	Mittelwert (Standard- abweichung)
Faktor 1: „Lernarbeit"		*4,3 (0,63)*
1 … regelmäßig lernen.	78 %	4,1 (0,90)
2 … im Unterricht aufpassen und ständig mitarbeiten.	82 %	4,3 (0,81)
3 … die Schule ernst nehmen.	86 %	4,4 (0,83)
4 … immer die Hausaufgaben machen.	84 %	4,4 (0,88)
Faktor 2: „Beziehungsarbeit"		*3,7 (0,72)*
5 … ein gutes Verhältnis zu den Lehrern/Lehrerinnen suchen.	58 %	3,7 (1,02)
6 … mit den Lehrern/Lehrerinnen zusammenarbeiten.	47 %	3,4 (1,13)

---

[127] Das Instrument wurde wie in der Quellliteratur mit folgender Frage eingeleitet: Würdest du deiner jüngeren Schwester oder deinem jüngeren Bruder, wenn sie neu zur Schule kommen, die folgenden Tipps und Ratschläge geben? (Wenn du keine jüngeren Geschwister hast, stell dir vor, du hättest einen Bruder oder eine Schwester.)

[128] Hauptkomponentenanalyse mit rechtwinkliger Varimaxrotation. Die Varianzaufklärung der Faktoren beträgt: Faktor Lernarbeit 16,4 %, Faktor Beziehungsarbeit 13,2 % und Faktor Selbstbehauptung 11,6 %. Damit erklären die drei Faktoren zusammen 40,2 % der Gesamtvarianz auf.

7 ... gegenüber den Lehrern/ Lehrerinnen immer freundlich sein.	72 %	4,1 (0,99)
8 ... dich für die Rechte der Mitschüler/ Mitschülerinnen einsetzen.	51 %	3,5 (1,12)
Faktor 3: „Selbstbehauptung"		*4,0 (0,68)*
9 ... dir nicht alles gefallen lassen.	61 %	3,8 (1,10)
10 ... den Lehrern/ Lehrerinnen immer Recht geben. (-)[1]	19 %	2,5 (1,24)
11 ... dich nicht wehren. (-)[1]	7 %	1,6 (1,02)
12 ... deine eigene Meinung vertreten.	85 %	4,4 (0,93)
Keinem Faktor zuordenbare Items		
13 ... bei Klassenarbeiten ruhig mal schummeln	14 %	2,1 (1,29)
14 ... dem Lehrer zeigen, dass du ein fleißiger Schüler bist	70 %	4,0 (0,97)
15 ... dich im Unterricht nicht erwischen lassen	66 %	3,8 (1,44)
16 ... den Lehrern aus dem Weg gehen	9 %	2,0 (1,10)

Legende: N_{min}=1.925. Die Reihenfolge der Fragen in Tabelle 1 entspricht nicht der Reihung der Fragen im Fragebogen. 1) Bei den mit einem Minuszeichen (-) gekennzeichneten Fragen werden die Antwortvorgaben für die Summenbildung je Faktor/Dimension invertiert (d. h. stimmt völlig erhält den Wert 1 statt den Wert 5 und umgekehrt).

Tabelle 1 zeigt, dass die *Strategien der Lernarbeit* (Fragenr. 1 – 4) insgesamt eine hohe Zustimmung erfahren. Geraten wird, die Schule ernst zu nehmen (86%), immer die Hausaufgaben zu machen (84%), im Unterricht aufzupassen und ständig mitzuarbeiten (82%) sowie regelmäßig zu lernen (78%).

Im Durchschnitt sichtlich geringer fällt die Zustimmung zu *Strategien der Beziehungspflege* gegenüber den LehrerInnen aus. 58 Prozent sind der Meinung, die Geschwister sollten ein gutes Verhältnis zu den LehrerInnen suchen und nur 47 Prozent, dass sie mit den LehrerInnen zusammenarbeiten sollten. Etwas positiver wird die Strategie bewertet, gegenüber den LehrerInnen immer freundlich zu sein, 72 Prozent der Befragten würden dies ihren Geschwistern raten.

Gut durch die Schule zu kommen, reduziert sich aus der Perspektive der SchülerInnen nicht nur darauf, den institutionellen Anforderungen nachzukommen, sondern offensichtlich auch, im ‚aufrechten Gang' durch die Schulzeit zu gehen und sich *als Person zu behaupten*. Sich nicht alles gefallen zu lassen, befürworten 61 Prozent der Befragten, 85 Prozent, die eigene Meinung zu vertreten. Deutlich abgelehnt werden dagegen die Aussagen, sich nicht zu wehren (81 % lehnen dies ab) und den LehrerInnen immer Recht zu geben (50 % lehnen dies ab). In der Einleitung wiesen wir auf den Zusammenhang zwischen institutionellem Erfahrungswissen und Strategieempfehlung hin. Dies beinhaltet offensichtlich auch, dass die Schule von den SchülerInnen als ein Ort erlebt wird, der Strategien der Selbstbehauptung erfordert, um die Schulzeit „gut" durchlaufen zu können.

Die Einzelstatements in Tabelle 1, die sich keinem (statistischen) Faktor zuordnen lassen, zeigen zum einen, dass das Schummeln bei Klassenarbeiten und den Lehrern aus dem Weg zu gehen nur von einer Minderheit der Schülerinnen und Schüler (von 14 bzw. 9 %) als Erfolg versprechende Strategie gesehen werden. Diese Strategien, die für eine weitgehende Abkehr und Ablehnung der grundlegenden Prinzipien der Schule – Lernleistung und Zusammenarbeit mit den Lehrkräften – stehen, kommen für die meisten also nicht in Frage und repräsentieren nicht das Schul-Bild der Mehrheit der SchülerInnen.

Eder hat in seiner Studie zu den SchülerInnenstrategien darauf hingewiesen, dass es auch Strategien gibt, die darauf zielen, bei den Lehrkräften (zumindest) den *Eindruck* entstehen zu lassen, man sei bei der Sache und ein fleißiger Schüler. Hinweise auf eine hohe Zustimmung zu solchen *demonstrativen* Strategien, wie Eder sie nennt („Image-Pflege" bei Hoferichter), finden sich auch in unseren Daten. 70 Prozent der befragten 10- bis 18-Jährigen sind der Meinung, dass man den Lehrern zeigen muss, dass man fleißig ist. Das heißt, es kommt nicht nur darauf an, zu lernen und die Schule ernst zu nehmen – wie dies die Statements des ersten Faktors zusammenfassen –, sondern es kommt u. a. auch darauf an, diese Bemühungen für die Lehrkräfte sichtbar werden zu lassen. In diesen Kontext gehört auch das Statement, sich nicht erwischen zu lassen (die für die meisten eine akzeptable Strategie darstellt) – also den äußeren Schein eines angepassten Schülers aufrecht zu erhalten. Die vergleichsweise hohe Standardabweichung von 1,44 jedoch weist darauf hin, dass sich die Schülerinnen und Schüler in der ‚Erfolgs'-Bewertung dieser Strategie ziemlich ‚uneins' sind. Dies gilt im Übrigen auch für die Bewertung des Schummelns als schulische Strategie. Auch hier ist die Standardabweichung mit 1,29 verhältnismäßig hoch.

Betrachten wir im Folgenden – anhand des Pearson-Korrelationskoeffizienten – die drei Strategiebündel im Zusammenhang.

Tabelle 2: Korrelationen zwischen den drei Strategiebündeln – nach Jahrgangsstufen (Pearson Korrelationskoeffizienten)

Jahrgangsstufe		Beziehungsarbeit	Selbstbehauptung
4.	Lernarbeit	.35	ns
5./6.		.38	-.21
7./8.		.42	-.15
9./10.		.43	-.12
11./12.		.46	-.11

Anmerkung: Alle Koeffizienten mindestens auf dem 5-%-Niveau signifikant.

Zwischen den Strategien der Lernarbeit und der Beziehungspflege gegenüber den Lehrkräften besteht ein vergleichsweise starker statistischer Zusammenhang ($.34 < r < .47$). Je stärker die Lernarbeit als Erfolg versprechende Strategie bevorzugt wird, desto stärker wird auch in der Beziehungspflege zu den Lehrkräften eine solche Wirkung gesehen. Dieser Zusammenhang verfestigt sich sichtlich im Laufe der schulischen Biografie.[129] Während die Korrelation zwischen Lern- und Beziehungsarbeit in der 4. Jahrgangsstufe .35 beträgt, steigt diese bis zur 11./12. Jahrgangsstufe nahezu linear auf .46 an.

Zu den Selbstbehauptungsstrategien besteht seitens der Lernarbeit ein deutlich geringerer und zudem negativ gerichteter Zusammenhang. Das heißt, dass mit einer starken Betonung der Lernarbeit die Bedeutung der Selbstbehauptungsstrategien zurückgeht – und umgekehrt. Wie der sinkende Korrelationskoeffizient zeigt, nimmt dabei die Enge des Zusammenhangs ab, wenn die SchülerInnen älter werden. In etwas geringerem Maß gilt dies auch für den Zusammenhang zwischen den Beziehungsstrategien und den Selbstbehauptungsstrategien (ohne Darstellung).

4   Womit hängt die „Wahl" einer bestimmten Strategie zusammen?

Das im vorangegangenen Abschnitt vorgestellte standardisierte Frageinstrument zielt auf eine Einschätzung *und* Empfehlung in einem; es richtet den Blick des

---

[129] Eine solche längsschnittliche Interpretation querschnittlicher Daten gilt nur, wenn davon auszugehen ist, dass sich die Schülerinnen und Schüler der heute jüngeren Jahrgänge in späteren Jahren ähnlich verhalten werden wie die heute älteren Jahrgänge. Auf die Grenzen und Vorbehalte gegenüber einer solchen Annahme können wir hier nur hinweisen.

Einzelnen auf (imaginierte) Handlungen jüngerer SchülerInnen aus der (familia-len) Nahwelt. In eine solche Einschätzung und Empfehlung fließen persönliche, bereits erlebte, aktuelle oder vorstellbare Handlungen aus der eigenen schuli-schen Erfahrungswelt ein, der Einzelne unterzieht sie auch einem ‚mit-sich-selbst-vergleichenden' (schul)biografischen Blick. Dieser Hintergrund wird jedoch im standardisierten Abfragemodus nur unzureichend sichtbar, da dem Einzelnen die eigenen Erfahrungshintergründe teilweise gar nicht bewusst sind; damit kann sich in der standardisierten Erhebung der entsprechende individuelle Referenz- und Orientierungsrahmen der jeweils gegebenen Strategieempfehlun-gen nur wenig entfalten.

Um diesen Rahmen zu rekonstruieren, haben wir Gruppendiskussionen aus-gewertet, die wir im Folgenden mit einbeziehen und mit den Befunden weiterer quantitativer Analysen verbinden. Von welchen Merkmalen, so die zentrale Frage, der wir uns damit in diesem Abschnitt zuwenden wollen, hängt die Be-vorzugung oder Ablehnung einer Strategie ab?

Wir haben die Strategien in Abhängigkeit verschiedener gruppenbezogener SchülerInnenmerkmale wie Alter, Geschlecht, sozioökonomischer Status der Familie und Migrationshintergrund statistisch analysiert (simultane Regressions-analyse). Es zeigt sich darin, dass die SchülerInnenstrategien vor allem stark altersabhängig, alle anderen Merkmale jedoch nicht von durchgängiger Relevanz sind. So wenden jüngere SchülerInnen insbesondere Strategien der Lernarbeit[130] und der Beziehungspflege an. Dies lässt sich anhand eines Auszuges aus einer Gruppendiskussion mit SchülerInnen der 6. Klasse einer Realschule exemplifi-zieren – und darüber hinaus in einem wichtigen Aspekt differenzieren:

> T3: Also ich würd (u) zum Beispiel nem kleinen Bruder der dann in die Schule käm (.) ähm dem würd ich sagen (…)
> T5: Ja (u) bei den Lehrern erst mal voll einzuschleimen
> M1: Äh wie wie machste das?
> T5: (u) keine Ahnung immer aufzeigen und so
> […]
> T3: Oder wenn ähm (u) zum Beispiel wenn Lehrer (.) dann würd ich auch (.) wenn wir das aufhätten dann würd ich noch mehr dafür tun dann also (.) noch mehr schreiben (u) dem das dann extra so vorlegen so (u)

---

[130] Die Strategie der Lernarbeit bleibt ohne Beispiele aus den Gruppendiskussionen. Die vergleichen-de Analyse zeigt jedoch, dass sich Lernarbeit zwischen einer Anpassung („aufpassen") an schulische Standards und einer selbstbestimmten Lernarbeit oder -praxis bewegt. Bei älteren SchülerInnen (ca. ab 8. Klasse) wird der Aspekt der Eigenverantwortung und der Eigenmotivation (Lerneinstellung) betont, beispielsweise ist etwa ab der 9./10. Klasse von der Notwendigkeit einer veränderten „Grund-einstellung" die Rede; davon, „seinen inneren Schweinehund zu besiegen" etc.

Geraten wird, sich beim Lehrer „erst mal voll einzuschleimen". In der Anfangs-
zeit („erst mal") geht es vor allem darum, sich als SchülerIn möglichst günstig
dem Lehrer gegenüber zu präsentieren, sich u. a. aufgesetzt freundlich, ein-
schmeichelnd zu verhalten, es dem Lehrer recht zu machen. Auf Nachfrage der
Interviewerin hin wird „einschleimen" weiter spezifiziert. In die alltägliche un-
terrichtsbezogene Handlungspraxis übersetzt bedeutet dies „immer aufzeigen",
sich also als vordergründig präsent, mitwirkend und dem Unterricht folgend zu
verhalten. Über die bloße Einhaltung der Regeln hinaus (etwa: ‚In der Schule
muss man aufzeigen, wenn man etwas sagen will') wird ein „immer aufzeigen"
empfohlen, das dem Lehrer/der Lehrerin suggeriert, der Schüler sei permanent
konzentriert und präsent. Zudem wird in einer weiteren Exemplifizierung geraten, über das übliche Maß der Anforderung hinaus „noch mehr" zu arbeiten und
dies auch sichtbar zu machen („extra so vorlegen"). Verhaltensweisen, die als
„demonstrative Strategie" im Sinne Eders (s. oben) gelten können. Die Bewältigung des Schulalltags bedarf somit aus der Perspektive der SchülerInnen eines
zur Schau gestellten Verhaltens, das eine Beziehungsrichtung vom Schüler zum
Lehrer vorgibt und diese stark funktionalisiert. Die Verhaltensempfehlungen
haben leistungsbezogene Kriterien zum Thema, deren Funktion darin besteht,
Leistungsbereitschaft zu *suggerieren*. In Ergänzung zu den Ergebnissen im quantitativen Teil zeigt sich hier, dass solche Strategien der Beziehungsarbeit vor
allem bei den jüngeren SchülerInnen Anwendung finden. Dies könnte als Hinweis darauf gedeutet werden, dass diese Strategie, trotz ihres demonstrativen und
aufgesetzten Charakters, nicht per se als Ausdruck einer distanzierten Haltung
des Schülers/der Schülerin gegenüber der Schule zu verstehen ist, sondern vielmehr als *Versuch*, den schulischen Alltag über ein (teilweise) *kontrolliert angepasstes Verhalten* zu bewältigen.

Eine weitere Gruppendiskussion (HauptschülerInnen, 12 bis 14 Jahre alt,
teils mit Migrationshintergrund) geht vertiefend auf den Aspekt eines solchen
anpassenden Verhaltens als Teil der Beziehungsarbeit ein:

T6.: Mit den Lehrern
T1.: Dat die-dat die sich mit denen gut verstehen müssen
(…)
T1.: Also
T6.: Immer zuhören nicht ehm dazwischenreden nicht irgendwas in die Klasse reden
T4.: ?Aussprache? (.) wie man mit denen redet

Transportiert wird ein Bild einer Schüler-Lehrer-Beziehung, die von den SchülerInnen fordert, „sich mit denen gut verstehen [zu, dV] müssen". Das „Verstehen" wird exemplifiziert; empfohlen wird am Beispiel einer Unterrichtssituation:
„immer zuhören", nicht „dazwischenreden", nicht „irgendwas in die Klasse re-

den". Eine Regel, die, ohne Ausnahmen zuzulassen („immer"), eine Art schulischen Verhaltensstandard darstellt. In einem weiteren Beispiel, das von T4 eingebracht wird, erhält ,Verstehen' noch eine andere Bedeutung: im wörtlichen Sinne auch das Verstanden-Werden, um das sich der Schüler durch seine „Aussprache", in dem, „wie man mit denen redet" zu bemühen hat. Eine Interpretationsmöglichkeit bezieht sich auf den Erfahrungshintergund ,Migration' in dieser Diskussionsgruppe, aus dem heraus sich die Bedeutung der sprachlichen Verständigung zwischen Schüler und Lehrer ableitet. Beziehungsarbeit ist auch in diesem Beispiel eine einseitige, vom Schüler/der Schülerin ausgehende, eine auf den Lehrer zentrierte. In den Verantwortungsbereich des Schülers fällt es – will er „gut durch die Schule kommen" –, sich den (sprachlichen) Standards, die durch den Lehrer gesetzt werden, anzupassen. Betont wird die existenzielle Notwendigkeit der Schaffung einer Beziehungs*basis*, angelegt vom Schüler. Sie stellt einen Versuch dar, möglichst unbehelligt von schulischen ,Eingriffen', ohne negativ aufzufallen etc., den schulischen Alltag zu meistern.

Je älter die Befragten sind, so die Ergebnisse der statistischen Analyse, desto weniger sind sie der Meinung, dass man mit Lernarbeit und einer intensiven Beziehungspflege gegenüber der Lehrerschaft gut durch die Schule kommt. Demgegenüber kommt es aus der Sicht der Schülerinnen und Schüler mehr und mehr darauf an, sich selbst zu behaupten. Diese Entwicklung führt dazu, dass den Heranwachsenden ab etwa der 9. Jahrgangsstufe die Selbstbehauptungsstrategien – im Durchschnitt – sogar wichtiger sind als Lern- und Beziehungsarbeit.

Auch zur Selbstbehauptung ein Beispiel aus den Gruppendiskussionen (es handelt sich um GymnasiastInnen 11. Klasse; 16 und 17 Jahre alt). Sie beschreiben darin eine spezifische Form der ,Unterrichtsvermeidung':

> T2.: Ja? das ist wie ´ne Kettenreaktion im Unterricht(.) Nehmen wir ein gutes Beispiel? Frau C.(.) Also ich weiß nicht wo die Frau so ihr Gedächtnis hat aber(.) wir hab'n? also es war in eine der Anfangsstunden letztes? vorletztes Jahr(.) Da haben wir mit ihr? haben wir keine Lust gehabt Unterricht zu machen und da haben wir gesagt? liebe Frau C. können wir nicht spielen? und dann meint sie? och ja liebe Kinder(.) die ist wie alt ist die (.) 30, 32
> T3.: ja?, und wir haben Wahrheit oder Pflicht gespielt?
> T4.: und sind dann alle? dann hab' ich so gemeint?, ja Frau C. entweder sie gehen diese Stunde raus (.) nächste oder übernächste(.) Hielt die sich noch total für schlau und meinte? sie geht diese Stunde raus.
> T2.: @(.)@ Dann ist sie die ganze Stunde rausgegangen(.)
> T4.: Ist sie die ganze Stunde rausgegangen und wir sind alle aus dem Fenster geklettert?
> Mehrere: @(.)@
> T5.: Voll die Anarchie eh?

Rückblickend (Klasse 9) wird ein Ereignis beschrieben, das auf den ersten Blick wie ein Streich wirkt, den die SchülerInnen der Lehrerin spielen. Schauen wir näher hin, erkennen wir eine Strategie, die sich mit dem Bemühen um ‚Selbstbehauptung' verknüpft. An den in die Diskussion eingebrachten Begriff der ‚Kettenreaktion', der eine Art Automatismus kennzeichnet, ein Reiz-Reaktions-Gefüge beschreibt, wird „ein gutes Beispiel" angehängt. Die SchülerInnen ironisieren ein Schüler-Lehrer-Verhältnis in klar verteilten Rollen: auf der einen Seite (vermeintlich) „liebe Kinder", die „spielen" wollen und auf der anderen Seite eine junge Lehrerin, die „sich noch für total schlau" hält und doch nicht durchblickt, dass es um das Bemühen geht, Unterricht (mit ihr) zu vermeiden. T5 fasst das, was dort geschieht, mit dem Begriff der „Anarchie" zusammen, eine Form der Lehrer-‚Entmachtung', in der schulische Regeln außer kraft gesetzt werden. Dabei ist diese Strategie nicht als Verhalten identifizierbar, das eindeutig gegen schulische Normen verstößt und damit eindeutig zu sanktionieren ist. Vielmehr ist sie in einer „Grauzone" zwischen offizieller schulischer (Unterrichts-) Situation und „Hinterbühnengeschehen" anzusiedeln.

Ein Motiv, das sich in diesem Auszug andeutet, ist eines des wechselseitigen Nicht-Ernst-Nehmens. Die SchülerInnen bringen ihren Wunsch ein, „spielen" zu wollen, was dem geregelten Unterrichtsalltag widerspricht, und die Lehrerin geht darauf mit „och ja liebe Kinder" ein. In einer weiteren Interviewpassage erfahren wir einiges über spezifische schulische Erfahrungshintergründe, die Erklärungsansätze für diese Motiv des Nicht-Ernst-Nehmens bieten.

> T2.: Wir fühlen uns nicht so wichtig für die Lehrer? ich find man muss sich für den Lehrer wichtig fühlen? dass man weiß? dass man durch seine eigene Leistung etwas erreichen kann (.) Dass der Lehrer das wahrnimmt (.) wenn man denkt? dem Lehrer ist das eh scheißegal (.) kann mir das auch scheißegal sein (.)
> T5.: Das ist unheimlich motivierend auch wenn mal gesagt wird dass man irgendwas gut kann oder so? (.) dann sagt man ? ja cool?dann machen wir weiter damit (.)

Betont wird, dass sich die SchülerInnen als „nicht so wichtig für die Lehrer" empfinden, dass sie nicht wahrgenommen werden. Ableiten lässt sich daraus eine Wechselwirkung: „dem Lehrer ist das eh scheißegal (.) kann mir das auch scheißegal sein", die – im vorherigen Beispiel – dazu führt, dass schulische Regeln strategisch (temporär) außer Kraft gesetzt werden.

Am deutlichsten grenzt sich diese Strategie gegenüber der Beziehungsarbeit ab, die das eigene (vordergründig) angepasste Verhalten auf den Lehrer/die Lehrerin zentriert, und zwar vor allem über eine (Über-)Befolgung schulischer Regeln. Hier geht es hingegen gerade darum, die schulischen Regeln zumindest für eine begrenzte Zeit außer Kraft zu setzen.

5   Resümee

In der Frage nach den Tipps, die den jüngeren Geschwistern dazu verhelfen sollen, „gut durch die Schule zu kommen", kumuliert sich das im Laufe der schulischen Jahre gesammelte Expertenwissen der Kinder und Jugendlichen zu grundlegenden Strategien im Umgang mit der Institution Schule. Über diese Strategien lässt sich einiges über die Schule und deren innere Verfasstheit ableiten (Hoferichter 1980).

Auf der einen Seite finden wir Strategien, die für ein Einpassen- und Anpassen-Müssen der SchülerInnen an institutionelle Vorgaben sprechen. Inhaltlich beziehen sich solche Strategien auf die Beziehungs- und Lernarbeit. Beschrieben werden diese Strategien vor allem von jüngeren SchülerInnen. Vor diesem Hintergrund bildet sich ein Schulalltag ab, der (teils starke) Anpassung voraussetzt. Schule, so Popp (2007, 19f.) befördert geradezu „die Produktion ‚nicht flexibler' Identitäten" und entwickelt SchülerInnenidentitäten, die, aufgrund schulischer „Entfremdungs-, Anpassungs- und Normierungszwänge" Strategien ausbilden, „die Schule mit möglichst geringem Aufwand unbeschadet zu überstehen." Wir gehen zudem davon aus, dass der Einsatz solcher Anpassungsstrategien teils mit erheblichem Aufwand bzw. biografischen Kosten verbunden ist, insbesondere in den Fällen, in denen die Beziehungsarbeit für die SchülerInnen von existenzieller Bedeutung ist.

Wenn also die Schule bei den SchülerInnen „Selbstständigkeit, Selbstgestaltungsfähigkeit und Selbstkontrolle" (Popp 2007, 21) nicht nur nicht fördert, sondern geradezu unterbindet, scheint bei den jüngeren SchülerInnen die (demonstrative) Strategie der Anpassung die einzig mögliche. Diese ist unserer Einschätzung nach nicht im Sinne einer Abwehrhaltung bzw. als Versuch einer Distanzierung von Schule zu interpretieren, sondern vielmehr als ein Bemühen um Anpassung an einen schulischen Alltag, der u. a. von asymmetrischen Beziehungen zwischen LehrerInnen und SchülerInnen, Fremdbestimmung und der Angst, in diesem undurchschaubaren und geschlossenen System Schule zu versagen, geprägt ist. Wenn der Lehrer/die Lehrerin den Schüler nicht in seiner Persönlichkeit wahrnimmt, die Stärken und Schwächen nicht erkennt etc., muss er zumindest formal die schulischen Spielregeln einhalten oder gar überpointieren.[131] Signalisiert wird so vom Einzelnen, dass er (zumindest) als Schüler oder Schülerin *existiert* und für sich beansprucht, anerkannt und wahrgenommen zu werden – auch wenn dies nur im formal-schulischen Kontext geschieht.

---

[131] Auch um den Preis, Aspekte der Persönlichkeit, die schulisch nicht relevant erscheinen, unterdrücken zu müssen – mit der Prognose eine SchülerInnenpersönlichkeit auszubilden, die (Selbst-) Entfremdungstendenzen aufweist.

Unseren (quantitativen wie qualitativen) Befunden nach werden Abwehrhaltungen, in Form der Selbstbehauptung, umso bedeutsamer, je älter die SchülerInnen sind. Sie bringen auch das Bemühen um Distanzierung von Schule zum Ausdruck. Wie in den beiden letzten Gruppendiskussionsbeispielen der GymnasiastInnen zu sehen war, gehen mit der Selbstbehauptung (teils langfristige) schulische Erfahrungen einher, in unserem Beispiel, als SchülerIn vom Lehrer nicht ernst genommen zu werden. Solche Erfahrungen kumulieren sich über die Schulzeit und provozieren, mangels alternativer Möglichkeiten der Selbstpräsentation, Strategien, die darauf abzielen, die eigene Persönlichkeit behaupten zu wollen (vgl. Maschke/Stecher 2006).

6   Literatur

Aram, E./Tamke, F./Wilke, F. (2004): Idiografische und personenorientierte Analysen zur Validierung bzw. Ergänzung nomothetischer Ergebnisse. In: Merkens, H./Zinnecker, J. (Hrsg.): 179-294.

Behnken, I./Beisenkamp, A./Hunsmann, M./Kenn, S./Klöckner, Ch./Kühn, D./Maschke, S./Stecher, L./Wenzel, L./Zimmermann, M./Zinnecker, J. (2004): Lernen, Bildung, Partizipation. Die Perspektive der Kinder und Jugendlichen. Abschlussbericht des Projektes Lernen und Bildung. Siegen.

Behnken, I./Zinnecker, J. (Hrsg.) (2001): Kinder – Kindheit – Lebensgeschichte. Seelze-Velber: Friedrich Verlag.

Bohnsack, R. (2003): Rekonstruktive Sozialforschung. Opladen: Leske & Budrich.

Calvert, B. (1976): Die Schülerrolle – Erwartungen und Beziehungen. Ravensburg: Otto Maier Verlag.

Eder, F. (1987): Schulische Umwelt und Strategien zur Bewältigung von Schule. In: Psych., Erz., Unterr. 34. 100-110.

Erzberger, Ch. (1998): Zahlen und Wörter. Die Verbindung quantitativer und qualitativer Daten und Methoden im Forschungsprozeß. Weinheim: Beltz Verlag.

Fend, H. (1997): Der Umgang mit Schule in der Adoleszenz. Bern u. a.: Hans Huber Verlag.

Haecker, H./Werres, W. (1983): Schule und Unterricht im Urteil der Schüler. Frankfurt/Bern/New York: Peter Lang Verlag.

Haselbeck, F. (1999): Lebenswelt Schule. Der Schulalltag im Blickwinkel jugendlicher Hauptschülerinnen und Hauptschüler. Passau: Wissenschaftsverlag Richard Rothe.

Hoferichter, H. U. (1980): Schülerrezepte – Strategien zum Umgang mit Schule und Lehrern. In: Westermanns Pädagogische Beiträge. 32. 416-421.

Kahlert, H./Mansel, J. (Hrsg.) (2007): Bildung und Berufsorientierung. Der Einfluss von Schule und informellen Kontexten auf die berufliche Identitätsentwicklung. Weinheim/München: Juventa.

Kelle, H./Breidenstein, G. (1996): Kinder als Akteure: Ethnographische Ansätze in der Kindheitsforschung. In: Zeitschrift für Erziehungssoziologie und Sozialisationsforschung, 16/1. 47-67.

Kelle, U./Erzberger, Ch. (1999): Integration qualitativer und quantitativer Methoden. Kölner Zeitschrift für Soziologie und Sozialpsychologie. 51. 509-531.

Kluge, S./Kelle, U. (Hrsg.) (2001): Methodeninnovation in der Lebenslaufforschung. Integration qualitativer und quantitativer Verfahren in der Lebenslauf- und Biographieforschung. Weinheim/München: Juventa Verlag.

Krappmann, L./Oswald, H. (1995): Alltag der Schulkinder. Weinheim/München: Juventa.

Leu, H. R./ Krappmann, Lothar (Hrsg.) (1999): Zwischen Autonomie und Verbundenheit – Bedingungen und Formen der Behauptung von Subjektivität. Frankfurt: Suhrkamp.

Loos, P./Schäffer, B. (2001): Das Gruppendiskussionsverfahren (Band 5 aus der Reihe Qualitative Sozialforschung). Opladen: Leske & Budrich.

Mannheim, K. (1964): Wissenssoziologie. Neuwied/Berlin: Luchterhand.

Maschke, S./Schittenhelm, K. (2005): Integratives qualitatives Forschungshandeln: Kombinierte Anwendungsformen der dokumentarischen Methode in den Sozial- und Erziehungswissenschaften. Zeitschrift für Soziologie der Erziehung und Sozialisation. 26/3. 325-335.

Maschke, S./Stecher, L. (2006): Strategie und Struktur, oder Wie kommt man gut durch die Schule? In: Diskurs Kindheits- und Jugendforschung, 1/4. 497-516.

Merkens, H./Zinnecker, J. (Hrsg.) (2004): Jahrbuch Jugendforschung (Band 4). Wiesbaden: VS Verlag für Sozialwissenschaften.

Nittel, D. (2001): Kindliches Erleben und heimlicher Lehrplan des Schuleintritts. In: Behnken, I./Zinnecker, J. (Hrsg.): 444-457.

Oelkers, J. (2004): Bildungsforschung, Schulentwicklung und Weiterbildung: Konsequenzen aus PISA. Vortrag gehalten auf der grenzüberschreitenden Fachtagung Lehrerinnen- und Lehrerbildung im Bodenseeraum am 6. Mai 2004 in der Pädagogischen Hochschule Thurgau Kreuzlingen.

Pekrun, R./Fend, H. (Hrsg.) (1991): Schule u. Persönlichkeitsentwicklung. Stuttgart: Enke.

Petillon, H. (1987): Der Schüler. Rekonstruktion der Schule aus der Perspektive von Kindern und Jugendlichen. Darmstadt: Wissenschaftliche Buchgesellschaft.

Popp, U. (2007): Widersprüche zwischen schulischer Sozialisation und jugendlichen Identitätskonstruktionen. In: Kahlert, H./Mansel, J. (Hrsg.): 19-35.

Reinert, G.-B./Heyder, S. (1983): Lebensort: Schule. Weinheim/Basel: Beltz.

Reinert, G.-B./Zinnecker, J. (Hrsg.) (1978): Schüler im Schulbetrieb. Reinbek bei Hamburg: Rowohlt.

Reinert, G.-B./Zinnecker, J. (Hrsg.) (1978): Schüler im Schulbetrieb. Reinbek: Rowohlt.

Seipel, Ch./Rieker, P. (2003): Integrative Sozialforschung. Konzepte und Methoden der qualitativen und quantitativen empirischen Forschung. Weinhem/München: Juventa.

Werres, W. (Hrsg.) (1996): Schüler in Schule und Unterricht. Berichte und Untersuchungsverfahren. Frankfurt u. a.: Peter Lang Verlag.

Zinnecker, J. (1975): Der heimliche Lehrplan. Weinheim/Basel: Beltz.

Zinnecker, J. (1978): Die Schule als Hinterbühne oder Nachrichten aus dem Unterleben der Schüler. In: Reinert, G.-B./Zinnecker, J. (Hrsg.): 29-121.

Zuhören und Macht im Unterricht

Roswitha Lehmann-Rommel

Narrationen über Schüler-Lehrer-Interaktionen im familiären Rahmen in den Blick zu nehmen, ermöglicht eine Befremdung der alltäglichen schulischen Prozesse. Durch elterliches Zuhören und Nachfragen geraten scheinbar nebensächliche alltägliche Schülerreaktionen auf Lehrerhandlungen und Eigendynamiken schulischer Situationen in den Blick. Mutter-Tochter-Gespräche über peerkulturelle Prozesse im Umgang mit unterschiedlichen Lehrpersonen wurden zu diesem Zweck transkribiert und stellen die empirische Basis der folgenden Überlegungen dar.[132]

Der familiäre Kontext kann einerseits einen – von schulischen Ordnungskonstellationen entlasteten – Rahmen darstellen. Insofern ermöglicht er eine gewisse Distanz und lässt Deutungen und Denkmuster der Schülerin expliziter erkennbar werden. Andererseits sind die Äußerungen der Schülerin auch zu lesen als Ko-Konstruktionen in Mutter-Tochter-Kommunikationen. Ein Merkmal des vorliegenden Textmaterials ist, dass der Mutter offensichtlich eine zuhörende, nachfragende Haltung gegenüber der Perspektive ihrer Tochter vertraut ist. Vermutlich wirkt diese familiäre Gesprächskultur in Deutungen der Tochter von schulischen Interaktionen hinein.

---

[132] Die Gespräche sind im Kontext einer Lehrveranstaltung zu pädagogischer Gesprächsführung entstanden. Die Studierenden hatten den Auftrag, im Familien- oder Bekanntenkreis Gespräche mit SchülerInnen zu führen und aufzuzeichnen. Sie hatten die Instruktion bekommen, situationsbezogene Beobachtungen sowie explizite Deutungen und Bewertungen der Kinder nachzufragen und gegebenenfalls zu vertiefen, ohne sie selbst zu kommentieren. Ich habe die hier vorliegenden Gespräche einer Mutter mit ihrer Tochter ausgewählt, weil die Interventionen der Mutter weitgehend den Instruktionen entsprachen und darauf ausgerichtet sind, die Perspektive der Tochter zu explorieren, ohne mit schulischen (oder peerkulturellen) Normen identifiziert zu sein und Partei zu ergreifen. Die Gespräche wurden im Zeitraum Oktober 2007 - Januar 2008 von der Mutter selbst aufgezeichnet. Sie fanden in häuslicher Umgebung statt, meistens direkt im Anschluss an die Schule. Teilweise beginnt die Tochter von sich aus die Gespräche, teilweise wurden sie von der Mutter eröffnet mit einer allgemeinen Frage – wie z. B. ‚Was gab's in der Schule heute?'.
Aus Gründen der Lesbarkeit habe ich die vorliegende Form der Transkription gewählt und deutsche Satzzeichen sinngemäß eingefügt, da dies für die hier beabsichtigte Auswertung geeignet ist. Sämtliche Namen und Orte wurden anonymisiert.

Der Fokus ‚Zuhören' legt es nahe, Fragen danach zu stellen, wer wem wie unter welchen Bedingungen und mit welchen Wirkungen zuhört. Dabei werden Bezüge zu theoretischen Überlegungen zum Thema Macht, Anerkennung und Normierung hergestellt. Ziel dieser Untersuchung ist es, die Arten von Aufmerksamkeit, das Setzen von Bedingungen fürs Zuhören und damit die Verteilung von Macht und Einflussnahme sowie von Normierungsprozessen im Unterricht aus der Sicht der Schülerin genauer zu betrachten. In Auseinandersetzung mit dem Material habe ich einige Unterscheidungen und Thesen zur Gestaltung von Einflussnahme und Anerkennungsbedingungen im Unterricht erarbeitet. Im Folgenden werde ich diese Thesen auf dem Hintergrund von theoretischen Überlegungen an den Anfang stellen und sie dann anhand von Beispielen aus dem Textmaterial erläutern.

1   Theoretische Überlegungen

Zuhören und implizite Konstruktionen

Zuhören umfasst die rezeptive Seite in Kommunikationen: die Art der Aufmerksamkeit für sich, andere und Situationen, die Weise der Anerkennung der anderen als Gegenüber, den Umgang mit dem Wahrgenommenen (subsumierend, bewertend, forschend, fragend etc.). Gemeinsam ist unterschiedlichen aktuellen Theorieentwicklungen (in Dialog-, Interaktions-, Kognitions- und Kommunikationstheorien), dass diese Rezeptivität durch ein hohes Maß an nicht bewussten Aktivitäten im Hintergrund bestimmt wird: stillschweigenden Schlussfolgerungen, Deutungen, Bewertungen, Selektionen etc. (vgl. z. B. Leiter der Schlussfolgerungen, Hartkemeyer 1999, 86f.). Diese kognitiven Konstruktionsprozesse beim ‚Zuhören' sind dem Zuhörenden selbst in hohem Maße nicht transparent und dem intentionalen Zugriff (zunächst) entzogen. Sie sind weitgehend bedingt durch früher erfahrene Interaktionen und nehmen institutionsspezifische Muster- und Routinenbildung in sich auf. In den ans Zuhören anschließenden Reaktionen und Handlungen finden sie aber einen sichtbaren Niederschlag, so dass Beobachtungen partielle und versuchsweise Rekonstruktionen ihrer ‚Tiefengrammatik' erlauben.

Unterricht als doppelt strukturiertes Feld

Zuhören im Klassenzimmer erfolgt – so die zurzeit gängige Unterscheidung in der ethnographischen Peer-Culture-Forschung – im Wesentlichen in zwei Referenzsystemen (vgl. de Boer 2007, 1f.). Sinn wird im Rahmen zumindest zweier strukturell unterschiedlicher Ordnungen generiert: einerseits sollen Lehrerhandlungen dafür sorgen, dass Lehren und Lernen im schulischen Ordnungsrahmen möglichst effektiv funktioniert; andererseits konstituiert sich zugleich eine spezifische Gleichaltrigenkultur, in der die SchülerInnen Schule vor allem hinsichtlich der Kontakte mit Peers schätzen. Beide Ebenen greifen fortwährend ineinander und erfordern „dynamische Aushandlungen und Grenzziehungen je im Kontext" (Breidenstein/Kelle 2002, 322). Daraus ergeben sich strukturelle Merkmale für Interaktionen im Rahmen des Klassenverbandes.

Die Unterrichtssituation, die wesentlich durch Normierungen, Bewertungen, Gehorsamsforderungen und schulische Leistungsanforderungen gekennzeichnet ist, fordert aus Schülersicht zur *Demonstration von Souveränität und Eigenständigkeit* heraus. In der Auseinandersetzung mit der *Autorität der Lehrpersonen* bildet sich das eigene Selbstverständnis und der Selbstausdruck als Schüler. „Will man als Schüler unter Schülern bestehen, muss man die Differenz zu den Lehrkräften fortlaufend und immer wieder neu herstellen" (Breidenstein/Kelle 2002, 322). Dabei etablieren sich in Gruppierungen innerhalb der Klasse (bzw. auch in der gesamten Klasse) ein kollektiver Habitus und klassenspezifische Gefüge von Bedingungen, Normen und Regeln für Anerkennung und Ausgrenzung sowohl von Lehrer- als auch von Schülerverhalten. Unterricht ist damit immer auch Bühne für Inszenierungen, in welchen – u. a. durch verfremdende und herausfordernde Bezugnahmen auf Unterrichtsinhalte oder kollektive Abgrenzungen und gemeinsame Urteile gegenüber Lehrpersonen – Peer Culture gestiftet wird.

Es bilden sich identitätsstiftende Schülerpraktiken der *Vergemeinschaftung, Solidarisierung und Abgrenzung* gegenüber SchülerInnen. Mitglied einer Schulklasse zu sein, fordert die einzelnen Schüler heraus, sich individuell zu profilieren, und gleichzeitig, die Zugehörigkeit zu Gruppen zu gestalten. Das führt dazu, dass SchülerInnen sich mit ihren Äußerungen an eine *doppelte Adressatenschaft* wenden und oft gleichzeitig Anforderungen der Lehrperson und Erwartungen der Peers (Klasse, Clique, Freundin) gerecht werden wollen. (Breidenstein/Jergus 2005, 190). Sie investieren z. B. Mühe, damit sich gute Schulleistungen und Engagement im Unterricht nicht auf die soziale Akzeptanz auswirken (Breidenstein 2004, 531) und verhalten sich – vermutlich aufgrund der heiklen Doppeldeutung ihrer Äußerungen – „sehr reserviert gegenüber Versuchen von Lehrpersonen, im Unterricht an ihre (vermeintlichen) Interessen oder lebensweltlichen Probleme anzuknüpfen" (Breidenstein/Jergus 2005, 181). Die Balance zwischen der Anerkennung aus beiden Referenzsystemen zu halten, kann eine Belastung darstellen, kann aber auch Anlass zu befriedigenden kreativen Bewältigungen werden. Diesen differenten Logiken verdanken sich viele schulische Interaktionsdynamiken und -schwierigkeiten, die sich allein aus der schulischen Ordnungslogik nicht erklären ließen. Ein entspanntes Verhältnis zur Unterrichtssituation fordert SchülerInnen ein immer wieder neues Austarieren dieser Doppelstruktur ab.

Praktiken der Anerkennung und Normierung in Schulklassen

Schülerbeziehungen und die Formen der Anerkennung in der Schulklasse werden „wesentlich durch die pädagogischen Interaktionen und die *Anerkennungsbeziehungen zwischen Lehrern und Schülern* strukturiert" (Helsper 2006, 297, herv. rlr). Sie sind jedoch nicht nur ein Ergebnis der Lehrer und der Schulkultur, sondern die Schulklasse entwickelt eigene Regeln und „eine Eigenlogik der Peer-Praktiken und Interaktionsformen" (Helsper 2006, 297). Wenn LehrerInnen in hohem Maß auf schulischer Ordnung insistieren, Anerkennung an Normerfüllung, Regelgehorsam, Aufmerksamkeit und Leistungsbereitschaft binden und nicht-regelkonformes Schülerverhalten ausgrenzen, dient schulische Anerkennung im Wesentlichen der Konstruktion eines ‚Normalschülers'. Welche Wirkungen unterschiedliche Weisen dieser Normalisierung im Lehrerhandeln auf Peer Culture haben, ist bislang ein offenes Forschungsfeld (de Boer 2008 in diesem Band).

Die Frage danach hat jedoch einige Relevanz für schulische Bildungsprozesse. Ausgehend von der sozialanthropologischen Annahme, dass jede Identität sich allererst in Anerkennungsverhältnissen mit anderen konstituiert (Todorov 1996, 75), gewinnen Prozesse, wie anerkennbare Subjekte im schulischen Kontext konstruiert werden, eine hohe Bedeutung. Ich gehe mit Butler davon aus, dass Ordnung und Normen den „Rahmen für den Schauplatz der Anerkennung" bilden (Butler 2003, 32) und Anerkennungshandlungen immer schon verstrickt sind in Macht und Unterwerfung. Normen, denen die Einzelnen fortwährend ausgesetzt sind und die als weitgehend unbefragte Bedingungen für Anerkennung fungieren, formen nicht nur das Verhalten zum anderen, sondern bedingen auch die Entstehung und Möglichkeit von Identität. Sie geben sowohl dem (normierenden) Selbst als auch den (normierten) Anderen ein Verständnis für das, was sie sind. Diese Bindung ihrer Lebensführung an soziale Erwartungen (Butler 2003, 37) erfolgt unabhängig, ob jemand den Normen gehorcht oder gegen sie opponiert. Die erfahrenen Praktiken des Normierens – qua Anerkennung – etablieren Wirkungen im Kern individueller Identität.

Aus dieser Perspektive stellen sich einerseits Fragen danach, *welche Normen* in konkreten Interaktionen die Macht haben, anerkennbare Subjekte zu konstruieren. Andererseits wird interessant, *wie diese Normen* als Bedingungen für Aufmerksamkeit und Anerkennung kommuniziert werden, welche Freiheiten die Beteiligten zu ihrem jeweiligen Regelrahmen haben (u. a. wie automatisch Bewertungen und Ausgrenzungen einsetzen) und wie/ob sich die Anderen jenseits normativer Bezugsrahmen – insbesondere für den Lehrerblick – zeigen.

Ich nehme an, dass die Schüler- und Lehrerperspektiven sich in wechselseitiger Abhängigkeit voneinander während der laufenden Interaktionen immer wieder neu konstituieren.[133] Arten und Bedingungen des Zuhörens sind dann einerseits ein zentrales Instrument zur Herstellung der kommunikativen und inhaltlichen Ordnung im Unterricht, andererseits markieren sie die freien Spielräume sozialen Handelns bei der Ausgestaltung der einschlägigen Rollen. Ich gehe mit dieser Unterscheidung davon aus, dass Schulen eine „Mischform" (Vogt 2002, 79) als Rahmen für Interaktionen darstellen: zahlreiche Aspekte sind determiniert (Zeit, Raum, Zweck, institutionelle Muster und organisationelle Strukturen), jedoch gibt es gerade bei der performativen Ausgestaltung des formalisierten Rahmens entscheidende Differenzen und Möglichkeiten, nichtformalisiertes soziales Handeln zu entwickeln.

Macht, Freiheiten und wechselseitige Einflussnahmen

Lehrer können ihre Rolle als Vertreter der hierarchischen, bewertenden, normalisierenden offiziellen Ordnung der Schule unterschiedlich ausfüllen. Sie können sich von ihrer Aufgabe, für schulische Ordnung und reibungslose Lehr-Lernprozesse zu sorgen, *gleichzeitig* immer auch distanzieren (ohne sie dabei zu vernachlässigen). Ebenso wenig sind Schüler der schulischen Ordnung – in der Alternative von Gehorsam oder Opposition (Subkultur/Hinterbühne) – ausgeliefert, sondern können eine Vielfalt an kreativen Umgangsformen entwickeln. Die vorliegenden Narrationen deuten darauf hin, dass die SchülerInnen immer wieder Angebote an LehrerInnen machen, wechselseitig das Interaktionsgeschehen im Unterricht zu gestalten – möglicherweise bevor und sofern es (noch?) nicht zu einer Verhärtung der Fronten gekommen ist.

Ich gehe davon aus, dass Anerkennungsbedingungen, welche im Unterricht u. a. für Aufmerksamkeit und Zuhören kommuniziert werden, wesentlich dazu beitragen, ob und wie die beiden Referenzsysteme als Spannungspole bzw. Ge-

---

[133] In diesem Zusammenhang wird derzeit die Forderung erhoben, eine komplexere Verzahnung beider Felder von Unterrichts- und Peer-culture-Forschung zu konzeptionalisieren und empirisch zu rekonstruieren (u. a. Breidenstein/Kelle 2002), ohne Peer Culture nur als Gegenreaktion auf hierarchische Unterrichtsordnung („Subkultur", „Hinterbühne" , als oppositionelle Reaktion auf die „offizielle" Unterrichtungsordnung und die Machtposition der Lehrer) oder als etwas dem Unterricht Äußerliches (ethnografische Kindheitsforschung) zu deuten.

gensätze fixiert oder aufeinander bezogen werden. Sobald Zuhören bedeutet, die eigenen Konzepte, Erwartungen, Deutungen partiell zu suspendieren und die Äußerungen anderer nicht ausschließlich unter eigene Ordnungskategorien zu subsumieren, wird Anerkennung nicht vollständig an die Bestätigung der eigenen Normen gebunden, und es kann Anschlussfähigkeit an ein anderes Referenzsystem erzeugt werden.

Damit nehme ich Foucaults Unterscheidung von Macht und Herrschaft auf. Er geht davon aus, dass fortwährend in Interaktionen versucht wird, Einfluss auf das Handeln anderer zu nehmen. Der entscheidende Unterschied liegt darin, ob die Weisen des Einflussnehmens fixierend oder freilassend erfolgen. Machtbeziehungen in Abgrenzung zu Gewaltverhältnissen sind nur in dem Maße gegeben, wie die Subjekte frei sind und frei gelassen werden.

> „Ein Machtverhältnis errichtet sich auf zwei Elementen (...): so daß der ‚andere‘ [auf den es einwirkt] als Subjekt des Handelns bis zuletzt anerkannt und erhalten bleibt und sich vor dem Machtverhältnis ein ganzes Feld von möglichen Antworten, Reaktionen, Wirkungen, Erfindungen eröffnet. (…) Machtausübung (...) ist von sich aus weder eine Gewalt, die sich bisweilen zu verstecken weiß, noch ein Konsens, der sich aus sich selbst erneuert. Sie ist ein Ensemble von Handlungen in Hinsicht auf mögliche Handlungen; sie operiert auf dem Möglichkeitsfeld, in das sich das Verhalten der handelnden Subjekte eingeschrieben hat" (Foucault 1996, 35ff.).

In Machtbeziehungen gibt es Widerstandsmöglichkeiten, sie zeichnen sich dadurch aus, dass die Beteiligten ihre Steuerungsbemühungen in Kommunikationen nicht reduzieren, aber immer wieder suspendieren, so dass das Einflussnehmen aufeinander wechseln kann. Den Anderen als unabhängig von sich zu erfahren und sich dem Anderen und seinen Erwartungen entziehen zu können, wird dann konstitutiv für Aufmerksamkeit und Anerkennung. Wenn Machtbeziehungen dauerhaft unsymmetrisch und damit zu Herrschaft werden, werden Freiheits- und zugleich Machtspielräume eingeschränkt: der eine versucht das Verhalten des anderen zu lenken, ohne ihm Gestaltungs- und Einflussmöglichkeiten in der Beziehung einzuräumen. In diesem Sinn umfasst Herrschaft bei Foucault immer ein Gewaltmoment und bedeutet – im Unterschied zu Macht – dass die beweglichen Machtbeziehungen blockiert oder erstarrt sind, Umkehrbarkeit verhindert wird und Gestaltungsfreiheiten deutlich und nicht nur temporär eingeschränkt oder begrenzt sind.

These und Fragen der Untersuchung

Meine zentrale These ist nun, dass entscheidende Unterschiede für die Peerkultur darin liegen, *wie* LehrerInnen beim Zuhören Anerkennungsbedingungen setzen (Ausmaß der Identifizierung, Rigidität der Normalisierung, defensive Reaktionstendenzen etc.), wie sie Wechsel und Freiheitsgrade bei der Gestaltung von Unterrichtsinteraktionen inszenieren, wie sie Angriffe auf ihre Dominanz bei der Herstellung schulischer Ordnung rahmen, ob sie Interaktionsangeboten von SchülerInnen wahrnehmen und wie sie damit umgehen. Dabei spielen ihr Selbstverständnis und ihre Konzeptualisierungen von Führung, Hierarchie und Macht eine wesentliche Rolle und beeinflussen, ob und wie sie die Schüler anerkennen in ihrem Bestreben, selbst Unterrichtsordnung aus peerkultureller Logik mit zu gestalten.[134]

Weisen des Zuhörens sind ein Indikator dafür, wie das wechselseitige Spiel der Macht und Einflussnahme zwischen Kommunikationsbeteiligten sich aufbaut und wie es zu Herrschaft als einseitiger Fixierung von Einflussnahmen und Normierungen kommt. Sie werden zu folgenden Fragenkomplexen untersucht:

a. Wie etikettieren und konstruieren die Beteiligten sich jeweils? Welche Praktiken werden beschrieben, Anerkennung zu verteilen, Normalschüler zu konstruieren und bestimmte Verhaltensweisen als außerhalb der schulischen Ordnung zu positionieren?
b. Wie kommt es zu einer (wechselseitigen?) Konstruktion von Ordnung im Klassenzimmer? Wie erfolgt das Spiel der Macht? Gibt es Versuche der Gestaltung und Einflussnahme auf beiden Seiten und wie werden diese jeweils aufgenommen? Welche Weisen der Fixierung und Blockierung dieses Spiels sind zu beobachten?
c. Welche Hinweise gibt es auf Wirkungen und Einflussnahmen – insbesondere von Lehrerhandeln auf Peer-Praktiken?

Im Folgenden habe ich Narrationen der Schülerin Anna im Gespräch mit ihrer Mutter zu folgenden Aspekten gesammelt und hinsichtlich der beobachteten Prozesse, Deutungsmuster und (vermuteten) Wirkungen ausgewertet:

---

[134] Mit dieser These greife ich die Frage von Combe und Helsper auf: „Welcher Einfluss und welche Interventionsmöglichkeiten bleiben Lehrkräften und Pädagogen angesichts der Tatsache, dass sich ein gut Teil der moralischen Entwicklung von Kindern und Jugendlichen in der Binnenkultur des Gleichaltrigenkollektivs vollzieht?" Combe/Helsper in: Breidenstein/Jergus 2005, 179) und widerspreche der verbreiteten (tendenziell) deterministischen Vorstellung, dass zwischen dem 7. und 9. Schuljahr der Einfluss von LehrerInnen auf SchülerInnen gegenüber dem „Sog-Effekt der sozialen Welt der informellen Schülerkultur" (Nittel in: a.a.O.) schwindend gering wird.

1. SchülerInnen machen Angebote und LehrerInnen lassen zu, dass SchülerInnen die Unterrichtsordnung mitgestalten (Transkripte 1-2, Kap.2).
2. Lehrer setzen Bedingungen, hören selektiv zu und positionieren Schülerideen als außerhalb der Unterrichtsordnung (Transkripte 3-4, Kap.3).
3. Es kommt zu Kollisionen und Kämpfen um die Durchsetzung von Deutungen und Interessen (Transkripte 5-6, Kap.4).

2 Mitgestalten der Unterrichtsordnung durch die Schülerperspektive

Ein Schülerspiel im Unterricht (T1)

Anna: Manchmal machen wir so ein Spiel. Unter uns kündigen wird es an. Da schreibt jeder aus der Klasse sich 10 Wörter auf, die der Lehrer wahrscheinlich sagen wird. Und wenn der Lehrer die gesagt hat, dann steht der erste, der alle zehn durchgestrichen hat, auf und sagt ‚quatsch quatsch bingo'. Und dann müssen alle anderen in die Hände klatschen. Die Frau Saal fand das Spiel gar nicht so blöd. Aber der Zahn und die Bari die fanden das ganz doof. Obwohl ich's gar nicht so schlecht finde, weil die Kinder müssen dann ja zuhören und hören ganz angestrengt, was der Lehrer da sagt.

Mutter: Vielleicht hören die ja ein bisschen anders zu als sie sollen?

Anna: Das Andere machen sie aber nicht. Besser so als gar nicht, sollten die Lehrer denken. Man kriegt schon was mit dabei.

Mutter: Macht das Spiel denn Spaß? Was daran?

Anna: Naja, was zu spielen und gleichzeitig nicht wirklich was richtig Verbotenes zu machen.

Mutter: Irgendwie muss man ja ganz schön mutig sein, um da aufzustehen, oder?

Anna: Ja, das Aufstehen machen auch nicht alle, nur bestimmte Kinder, aber doch einige – man muss halt auch als erste fertig sein.

Mutter: Was muss man können, um als erster fertig zu sein?

Anna: Am besten überlegen, was der Lehrer wohl sagen wird. Es ist gut zu wissen, was in der letzten Stunde passiert ist – davon labert der Lehrer meistens am Anfang, aber auch so was wie ‚guten Morgen'.

Mutter: Was findst Du das Gute an dem Spiel?

Anna: Dass man n Spiel macht und dabei im Unterricht aufpasst. Die meisten Lehrer mögen's aber nicht. Nur der Mey, der spielt richtig mit.

Mutter: Z. B.?

Anna: Er wählt dann immer so Worte, so gewählte Worte, die er sonst nicht so sagen würde, immer in ganz feinem und richtigem Deutsch. z. B. statt: habt Ihr dieses Lied auch schon aufgeschrieben? Hattet Ihr in der Vergangenheit diese melodiöse Wortfolge bereits in Eure Hefte übertragen? Und irgendwann hat doch jemand von uns Quatsch Quatsch Bingo und dann schaut er

auf die Uhr und wenn es lang gedauert hat, freut er sich und wenn's nur
kurz gedauert hat, ärgert er sich, aber nicht richtig!
Mutter: Hat der Spaß mit ihm dann eine Wirkung auf Euer Arbeiten im Unterricht?
Anna: Es entsteht halt eine gute Verbindung zwischen Lehrer und Schüler.
Mutter: Wie zeigt sich das?
Anna: Dass wir Vertrauen zum Lehrer haben.
Mutter: Hat das auch Wirkungen aufs fachliche Lernen?
Anna: Wir lernen halt lieber. Aber der Unterricht macht bei ihm sowieso Spaß.

Mit ihrer Spielidee unterziehen die SchülerInnen das Unterrichtsgeschehen einer
anderen Logik: Es gewinnt derjenige, der die Normalität, das Vorwegnehmbare
in den kleinen Details unterrichtlicher Lehreräußerungen entziffern, erinnern und
benennen kann. Die Genauigkeit im Zuhören hat in dieser – von den Peers konstruierten – Ordnung den Sinn, sowohl Eigenarten von Lehreräußerungen zu beobachten als auch eigene Vermutungen und Typisierungen mit den realen Äußerungen abzugleichen. Zusätzlich ist dann der Mut gefordert, im Unterrichtsgeschehen öffentlich für die Schülerlogik einzustehen entgegen einer offiziellen
Lehrerordnung, die am problemlosen, ökonomischen Ablauf und an der Sicherung und Durchsetzung der Unterrichtsziele interessiert ist. Im zweiten Abschnitt
beschreibt Anna, dass die Lehrer das Spiel zumeist als Störung betrachten und
abwehrend reagieren. Wenn sie dann selbst Stellung bezieht, spricht sie von ,den
Kindern' und wechselt damit die Perspektive (vgl. auch ihre drittletzte Äußerung). Sie verlässt die Peer-Perspektive und begibt sich in ein drittes – den Unterricht distanzierendes – Referenzsystem: das der Ko-Konstruktion mit der
Mutter.

Annas Beurteilung macht deutlich, dass sie grundsätzlich die Erwartung akzeptiert, dass SchülerInnen den LehrerInnen zuhören. Der Lustgewinn für die
Schüler besteht in einem hohen Maß darin, dass sie bei diesem Spiel ihre Rollen
als Schüler und als Peers bei ihrem ,aktiven Zuhören' aufeinander beziehen
können, indem sie ,aufmerksame Schüler' spielen und dabei das Unterrichtsgeschehen selbst gesetzten (Peer-)Kriterien unterwerfen. Gegenüber der schulischen Ordnung bedeutet das Spiel in zweierlei Hinsicht eine Herausforderung:
einerseits die Verschiebung des Aufmerksamkeitsfokus (s.o. explizite Kritik der
Lehrer), andererseits wird mit dem Spiel das Ausmaß des Mechanischen, der
Redundanz und Routine im Unterricht demonstriert, welche für die Schüler häufig Auslöser von Langeweile sind.

Ein Lehrer lässt sich auf die Herausforderung ein und reagiert nicht abwehrend. Auch sein Unterricht ist offensichtlich durch Lehreraktivität dominiert,
doch scheint er die Situation anders zu rahmen als seine KollegInnen. Er reagiert
nicht defensiv, scheint weniger identifiziert ist mit seinen Ordnungskonzepten
von Unterricht und begegnet der Schüleraktivität offensichtlich mit einem Ver-

trauensvorschuss. Er übernimmt zeitweise Spielidee, Kriterien und Regeln der SchülerInnen und lässt sich – offenbar mit Neugier und eigenem Vergnügen – dazu anregen, die von ihm geplante Lehr- und Lerninteraktion auszusetzen und das unerwartete Schülerverhalten einzubinden in ein neu gestaltetes modifiziertes, ,ordentliches' Unterrichtsgeschehen, mit dem er durchaus wieder neue eigene Lehrerziele verfolgt. Indem er sichtbar Aufmerksamkeit und Ideen in überraschende (sprachliche) Wendungen investiert, antwortet er auf beide Herausforderungen. Performativ entkräftet er den Vorwurf des Mechanischen, Vorwegnehmbaren und ordnet seine Aktivitäten in dieser Phase ein in die Unterrichtsinszenierung der Schüler. Die Schüler deuten seinen spielerischen Umgang mit ihren Impulsen, die Unterrichtskommunikation zu gestalten, offensichtlich als Anerkennung und Ernstgenommenwerden. Die Situation hat nicht nur einen erhöhten Spaßfaktor, sondern sie honorieren diese Art von Kontakt (vermutlich nicht nur an dieser Stelle) mit Wertschätzung und Vertrauen für seine Person und möglicherweise erhöhter Motivation auch für seinen Fachunterricht. Zentral für diese Lehrerreaktion ist hier nicht nur die Bereitschaft, der Logik der Schülerspielregeln zuzuhören, sondern auch die Initiative zu honorieren, ohne jedoch die Steuerungsbereitschaft für die Unterrichtssequenz aufzugeben. Aus der Perspektive von Anna sichert er sich gerade durch den Verzicht auf Abwehr und das Aufgreifen von Gestaltungsimpulsen der Kinder weitere Anschluss- und Einflussmöglichkeiten auf das Handeln der SchülerInnen.

Solidarität – zur Logik des Zuhörens in der Gleichaltrigenkultur (T2)

> Anna: Nach meinem Referat heute hat der Debold zu mir gesagt: ,Wie hast Du das nur hingekriegt, dass die Schüler Dir alle so ruhig zuhören? Wenn ich vorne rede, ist es immer viel lauter!'
> Mutter: Und was meinst Du, woran es lag?
> Anna: Ich glaub nicht, dass die sich doll für das Thema interessiert habn und mein Referat so viel interessanter fanden als seinen Unterricht. Es war doch die erste GFS und die ganze Klasse wollte mir nur helfen, dass ich eine gute Note kriege.
> Mutter: Und was hast Du ihm gesagt?
> Anna: Ach nichts Richtiges, es war mehr so scherzhaft. Der hatte das schon längst kapiert, dass unsere Klasse so gut zusammenhält und dass alle deswegen immer genickt haben."

Aus der Sicht von Anna gehört das Zuhören der Schüler in dieser Situation einer anderen Logik an als der vom Lehrer nahe gelegten (Redekompetenzen, inhaltliches Interesse). Anna vermutet Solidarität unter Peers als ausschlaggebenden

Faktor, der in das Unterrichtsgeschehen hineinwirkt: Zuhören hat im Kontext eines Schülerreferats die Bedeutung, auf diese Weise Solidarität zu bekunden und Einfluss nehmen zu können auf die Beurteilung einer Schülerin (evtl. auch auf deren Befindlichkeit beim Vortragen). Da es sich um das erste GFS-Referat (GFS = gleichwertige Feststellung von Schülerleistungen) handelt, ist möglicherweise auch ein gewisser Respekt vor dieser neuartigen Prüfungssituation im Spiel, die jede(r) noch vor sich hat. Der Lehrer äußert Interesse daran zu verstehen, wie die disziplinierte Haltung der Klasse zustande kam. Damit erkennt er an, dass die vortragende Schülerin Zuhörbereitschaft und Aufmerksamkeit des Publikums gewonnen hat. Er konstruiert eine Parallele zwischen Lehrer- und Schülervortrag und unterstellt dabei, dass Vortragende die Situation dominieren und Zuhörverhalten steuern. Anna zeigt Befremden gegenüber diesem Konzept und denkt insofern in anderen Kategorien, als sie die unterstellte Parallele nicht akzeptiert, die Situation als Prüfung kategorisiert und die Solidarität der Klasse als wesentlichen Wirkfaktor angibt. Die Schülerin deutet deren Verhalten nicht entsprechend den Ordnungsvorstellungen des Lehrers zur effizienten Verfolgung bzw. Kontrolle von Lehr- und Lernzielen, sondern als solidarischen Akt in der Klassengemeinschaft, um die Lehrerbewertung zugunsten der Mitschülerin zu beeinflussen (über den sie sich möglicherweise mehr freut). Dabei nimmt sie an, dass der Lehrer sich der diskrepanten Rahmungen der angesprochenen Situation bewusst ist und seine Frage eine wertschätzende Akzeptanz dieses Unterschieds zum Ausdruck bringt. Insofern erkennt er aus Annas Sicht implizit an, dass die Schüler mit ihrem Verhalten einen gemeinschaftsorientierten Wert verfolgen und möglicherweise auch, dass sie damit Einfluss auf ihn ausüben (wollen). Auch wenn in diesem Beispiel wenig expliziert wird zum Thema differente Logiken, kann man vermuten, dass auf Schülerseite die Frage des Lehrers als Zeichen verstanden wird, dass er sich für die Schüler als – different strukturierenden – Kooperationspartner interessiert und sie respektiert.

3 Dominanz der schulischen Unterrichtsordnung: Normierung, Selektivität und Exklusion im Lehrerhandeln

Schnelligkeit und Aufgeben (T3)

> Anna (ziemlich erschöpft, demotiviert, niedergeschlagen aus der Schule kommend): Heute wars echt Scheiße mit Frau Bari. Sie hat mich Vokabeln abgefragt, ich hab 2 Formen nicht gewusst, das war okay. Aber dann hab ich bei einer Vokabel gesagt ‚weiß ich nicht', es fiel mir aber gleich darauf ein, und ich hab die Vokabel und die Formen gleich danach richtig gesagt. Dann hat sie nur gemeint ‚das zählt jetzt nicht mehr!' und mir die schlechtere No-

te gegeben. ‚Gib halt nicht so schnell auf das nächste Mal!' hat sie noch
gemeint.
Mutter: Was hast Du gedacht in der Situation?
Anna: Blöde Kuh! Die kann mich mal!

Hier werden explizit Rahmenbedingungen für die Anerkennung von Äußerungen
gesetzt, unter denen die Lehrerin bereit ist, dem Äußern von abgefragtem Wissen
zuzuhören. Einerseits wird die Reaktion auf Fragen einer binären Bewertung
(gewusst – nicht gewusst/falsch) unterworfen. Anna akzeptiert die negative Bewertung für nicht gewusste Vokabeln ohne weiteren emotionalen Kommentar
einigermaßen selbstverständlich (‚das war okay'). Andererseits setzt die Lehrerin
Bedingungen dafür, dass eine (richtige) Äußerung ‚zählt': wenn die Schülerin
die Abfragekommunikation ‚zu' schnell durch ein Eingeständnis von Nichtwissen abbricht, verweigert ihr die Lehrerin als Strafe die Anerkennung des Zuhörens für die verspätete richtige Äußerung. Sie deutet die Äußerung ‚ich weiß
nicht' als ‚zu schnelles Aufgeben' und als Abwehr weiter nachzudenken und
spricht der Schülerin das Recht ab, das Abfragen von sich aus zu beenden.
   Anna reagiert mit Abwehr und Unlust, für das Fach bzw. die Lehrerin weiter zu arbeiten. Die Störung konstruiert sie erst, als die Lehrerin ihr nicht mehr
selbstverständlich zuhört. Diese Kommunikation deutet Anna offenbar als Ver-
schärfung von Druck und starke Beeinträchtigung ihrer Freiheit, nachzudenken
oder nicht bzw. kleine Aspekte der Prüfungs-Kommunikation zu gestalten. Die
Subsumtion ihrer Äußerungen unter das bekannte richtig-falsch-Schema wird
offensichtlich nicht als Übergriff gesehen, erst die ‚erzieherische' Handlung, mit
der die Lehrerin ihr die Anerkennung im binären Schema verweigert, rekonstruiert Anna als Verletzung ihrer kommunikativen Eigenständigkeit. Damit erlebt
die Schülerin die ohnehin geringen Gestaltungsmöglichkeiten offenbar als emp-
findlich verengt und blockiert. Ob der von der Lehrerin scheinbar intendierte
Hinweis, die eigenen Ressourcen besser und selbstbewusster zu nutzen, aufgenommen wird, ist höchst fraglich, denn performativ wird das Gegenteil von Vertrauen und Selbstwirksamkeit erzeugt. Die Schülerin rekonstruiert die Situation –
auch mit deutlicher nachträglicher Wirkung – als entmutigende Bedrohung ihrer
Souveränität in der Lehrer-Schüler-Kommunikation.

Unterbrechen (T4)

> Anna kommentiert, dass es einen neuen Schüler in der Klasse gibt: Man merkt
> gleich, dass es ein paar Lehrer gibt, die den Ben nicht an der Schule haben
> wollten. Frau Lang z.B. mag ihn überhaupt nicht, sie ist so arrogant und so
> streng mit ihm: sie hat ihn immer wieder dran genommen am ersten Tag,

das fand ich noch okay. Aber dann ist er ihr mal ins Wort gefallen, und sie hat ihn gleich angefahren: ‚Also hier an unserer Schule wird nicht reingeredet, da kannst Du Dich gleich mal dran gewöhnen.' Es war eine Antwort mit zwei Teilen, er hatte nur einen Teil gesagt, sie dann den zweiten, und er fiel ihr ins Wort und meinte: ‚Ja, genau ... und wollte ergänzen."
Mutter: Was – meinst Du – hatte das für eine Wirkung auf den Schüler?
Anna: Wie auf die Fresse schlagen. Er hat sich dann nicht so drum gekümmert. Aber wenn das jemand anders gewesen wär, wär das ziemlich mies gewesen.

Beim Zuhören der Interaktion Lehrerin – neuer Schüler konstatiert die Schülerin Anna Unterschiede zu normalerweise geäußerten Anerkennungsbedingungen und vermutet Voreingenommenheiten gegenüber dem ‚Neuen' und dessen Vorgeschichte. In der Äußerung der Lehrerin wird die Schule konstruiert als eine, in der ‚nicht reingeredet wird'. Der Schüler, der dies tut, wird damit als Fremder, nicht Dazugehöriger markiert. Deutlich wird dabei, dass sie offensichtlich ein einseitiges Recht zu unterbrechen und Bedingungen zu setzen, auf Seiten der Lehrer annimmt (In Annas Schilderung bleibt offen, ob Ben den zweiten Teil der Antwort nicht wusste. Spätestens nach seinem ‚Ins-Wort-Fallen' unterbricht ihn die Lehrerin ihrerseits). Dass der Neue besonders häufig in (abfragende) Kommunikationen mit der Lehrerin eingebunden wird, ist zunächst noch kein Stein des Anstoßes (dabei ist sie sich aber offensichtlich unsicher, welche Kriterien Ben für akzeptables Lehrerverhalten hat). Anna deutet das Lehrerverhalten erst angesichts der Zurechtweisung gegenüber dem ‚Neuen' als heftigen Affront (‚wie auf die Fresse schlagen') und bewertet es als ‚ziemlich mies'. Ihre Kriterien sind dafür einerseits Misstrauen und eine defizitorientierte, von Anna als feindlich gedeutete Erwartungshaltung der Lehrerin, möglicherweise das rigide Insistieren auf der Anerkennungsbedingung ‚Nicht-Reinreden' als Normierung seines Redeverhaltens und möglicherweise ein fehlendes Interesse, dass – losgelöst von den Antworterwartungen und Normerfüllungen – sich ein Zuhören lohnen könnte.

In den beschriebenen Situationen setzen LehrerInnen Bedingungen dafür, dass sie den SchülerInnen zuhören. Für Anna besteht offensichtlich ein gewichtiger Unterschied zwischen den schultypischen Normierungen (binäre Bewertung der Leistung in der Abfrage-Kommunikation oder die Kontrolle und Überprüfung des neuen Schülers), die sie für selbstverständlich und unhintergehbar nimmt. Die hier wirksamen Anforderungen sind vermutlich bereits in dem Sinn Teil eigener Identitätsmuster geworden. In beiden Kommunikationen setzen die Lehrerinnen – aus einer Fixierung ihrer eigenen Erwartungen an Schülerhandeln heraus – aber auch Bedingungen, die Anna als inakzeptable Angriffe auf Schüler-Souveränität deutet. Offensichtlich hat diese Blockierung wechselseitiger

Gestaltungsräume gravierende Effekte hinsichtlich verringerter Anschlussmöglichkeiten der Lehrerin und Kooperationsbereitschaft der Schüler.

4 Kollisionen und Kämpfe um die Durchsetzung von Wahrnehmungen, Deutungen und Interessen

Ringen um Realitätswahrnehmung (T5)

> Anna: Also heute in der Pause hatte der Zahn Pausenaufsicht bei der Milchbar. und dann müssen wir uns da immer in die Schlange stellen, wenn wir etwas wollen und nicht drängeln. ... Und dann hat sich die Carola brav hinten angestellt und war dann irgendwann halt vorne. Als sie fast vorne war, hat sich die Lou zu ihr gestellt, um sie zu fragen, ob sie ihr was mitbringen konnte. Das hat der Zahn dann gesehen und in der Mathestunde dann, da hat er die Carola als Strafe woanderst hingesetzt. Und dann wollte die Lou sagen, dass die Carola das gar nicht war, sondern dass sie das war (die gegen eine Regel verstoßen hat, rlr). Dann hat er wirklich geschrieen und gegen die Tafel getreten und hat sie überhaupt nicht reden lassen. Dann hat die Lotta gesagt zu ihm – also die Lou konnte immer nur sagen ,ja aber' ,aber das war gar nicht...' dann ist er ihr ins Wort gefallen – ,Hey jetzt lassen Sie die Lou doch mal ausreden!' Dann hat er sie blöd angeguckt und hat sie gefragt, ob die Carola vorn gestanden hat. Und dann hat die Lotta ,Ja' gesagt, weil die Carola hatte(!!) ja vorn gestanden, weil sie sich angestellt hatte. Und dann hat die Lotta ,ja, aber' gesagt und dann hat er wieder angefangen von den neumodischen blöden Kindern zu labern. Die Lotta hat sich halt sehr aufgeregt. Und dann hat er sie angeschrieen: ,wenn sie sich noch einmal so aufregen würde, dass sie raus müsste. Und dann ist die Lotta aufgestanden und zur Tür gegangen. Und dann hat er sie angepflaumt, dass wir wieder nicht hören könnten und dass er gesagt hätte ,wenn sie sich noch einmal (!!) aufregen würde'. Und dann sie ihn blöd angeguckt und gesagt ,ja, ich reg mich gerade auf' und ist raus.
>
> Mutter: Mmm und was denkst Du dazu?
>
> Anna: Dass er sie hätte ausreden lassen können, weil wenn die Lou die Geschichte ganz erzählt hätte, hätte er sie ja auch verstanden. Dass er sich halt zum Depp gemacht hat, weil die Lotta ihn ja praktisch mit seinen eigenen Waffen geschlagen hat.

Die geschilderte Situation beschreibt die Bemühungen mehrerer Schülerinnen, dem Lehrer zu einer vollständigeren Sicht einer Pausensituation zu verhelfen. Der Unterricht beginnt damit, dass eine Schülerin für etwas (Vordrängeln) bestraft wird, das sie nicht getan hat. Es entsteht ein Konflikt zwischen dem Lehrer und einigen Schülerinnen dadurch, dass der Lehrer ihnen aus einer verengten

Antworterwartung heraus ins Wort fällt, ohne dass sie auch im weiteren Gesprächsverlauf ihre Beobachtungen und ihre Beschwerde ausdrücken ,dürfen'. Das Faktum, dass Schülerinnen ihm als Lehrer nicht widerspruchslos Folge leisten, rahmt er als unannehmbar – offensichtlich indem er ein Konzept widerspruchsbereiter,neumodischer, blöder Kinder' bemüht.

Die Verweigerung des Zuhörens geht Hand in Hand mit unbeherrschtem Körperverhalten (Tritt gegen die Tafel) und ,Anschreien'. Er kündigt eine weitere Sanktion gegen eine der Schülerinnen an, die an ihn appellieren, den Betroffenen zuzuhören. Diese Schülerin hat – vermutlich im Wissen um die Macht der partiellen Öffentlichkeit der Klasse – erneut den Mut, seine Befehlsgewalt zu unterlaufen, und rahmt seine ,geschriehene' Drohung für ihn unerwartet. Dabei greift sie zu einem anderen Mittel als dem expliziten Widersprechen: indem sie seine Äußerung wörtlich nimmt und dafür einsteht, dass sie sich über sein Verhalten ,aufregt', gestaltet sie die Situation mit den von ihm gelieferten Mitteln (wenn-dann-Logik, Separierung von der Klasse) so, dass sie als Souveräne, nicht als Unterworfene daraus hervorgeht. Dabei gibt sie das Anliegen auf, ihm zu einer adäquaten Situationswahrnehmung zu verhelfen. Anna quittiert dies mit der Einschätzung, dass der Lehrer einen Achtungsverlust erleidet und sich vor der Klassenöffentlichkeit durch seinen Habitus des Bescheidwissens und die Verweigerung des Zuhörens ,zum Depp' gemacht hat. Trotz seiner Sanktionsgewalt wurde ihm die Gestaltungsmacht für die Situation aus den Händen genommen, und er wird – mit seiner Konstruktion des gehorsamen Normalschülers – nicht (mehr?) anerkannt als einer, der nach Schülerkriterien angemessen Differenz in Kommunikationen bewältigen kann.

Versprechen einfordern (T6)

Anna: Die Frau Saal hat uns schon seit einem Monat versprochen, dass wir mal rausgehen, weil die Evangelischen gehen einmal im Monat raus und da laufen sie immer schön an unserm Klassenzimmer vorbei, dass auch jeder sie sieht. Es war der letzte richtige Schultag vor den Ferien und der 1. April und es war Superwetter. Wir hatten sie ja schon oft erinnert und dann haben wir halt gesagt, dass die Lou fragt: ,Dürfen wir rausgehen?' und dann rufen alle ,ja' und stehen auf und gehen raus, ohne dass Frau Saal etwas sagen kann. Und dann hatten wir eigentlich ausgemacht, dass wir nach kurzer Zeit wieder reinkommen, aber dann hatten einige Kinder gesehen, dass Frau Saal so eine Handbewegung gemacht hat, dass wir gehen *dürfen*. Und dann sind halt nur ein paar reingekommen und die anderen nicht. Und dann wurde sie halt immer ungemütlicher weil sie dachte, sie hätte das nicht gemacht. Aber sie war auch zu faul rauszugehen und die anderen reinzuholen. Weil die waren auf dem Sportplatz und das hat sie auch gewusst. Und die die reinge-

kommen sind, die mussten was abschreiben ja und dann hat die zur Susi gesagt. Hol die jetzt bitte, sonst passiert ein ganz großes Unglück, wenn es
nicht schon passiert ist. Und dann kamen die halt alle nach der Reihe rein
und alles war mucksmäuschenstill und Frau Saal geht da so lang – mit nem
Hüftschwung und die ist ja ziemlich fett (Anna streckt die Nase in die Luft)
und schaut die ja gar nicht an. Und dann waren erst 25 Minuten von 45 ver-
gangen, also hatten wir noch 20 Minuten. Und dann sagt sie halt. ‚Ihr könnt
jetzt drüber diskutieren! Was dabei rauskommt – bin ich mal gespannt. Ich
wird jetzt mit dem Rektor reden und die Strafarbeit macht ihr.'

Mutter: Was habt Ihr geredet?

Anna: Naja was von Zicke, nicht sehr nett über sie.

Mutter: Aber ihr hattet ein bisschen Schiss?

Anna: Naja wir wussten ja nicht, wie der Buchner das macht. Aber eigentlich nicht,
kennen unseren Schulleiter da schon zu gut. … Na und dann haben wir dann
erfahren, dass der Buchner ihr nicht erlaubt hat, die ganze Klasse nachsitzen
zu lassen. Weil seiner Ansicht nach – wir hatten uns entschuldigt, muss man
noch sagen – sie hatte uns das ja wirklich versprochen, dann musste sie damit rechnen, dass das mal passiert und sie hätte dann noch 20 Minuten machen können und sie sollte nicht so rumzicken… da sähe er überhaupt keinen Grund, die Klasse nachsitzen zu lassen.

Mutter: Woher wisst Ihr das?

Anna: Wir haben da so unsere Quellen… *(Anna hatte ihrer Mutter später erzählt,
dass die Klasse ‚Spione' an der Tür des Rektorats hatte lauschen lassen)*

Der Ausgangspunkt für diese Interaktion ist ein von der Lehrerin gegebenes
Versprechen, im katholischen Religionsunterricht ‚mal rauszugehen', wie es die
evangelischen Schüler offenbar regelmäßig tun. Nachdem sie einen Monat lang
vergeblich darauf warteten, dass die Lehrerin ihr Versprechen einlöst, ergreifen
sie selbst die Initiative. Sie gehen nicht einfach raus oder bleiben in der Pause,
sondern inszenieren das gängige Frage-Genehmigungsspiel mit neuen Rollen.
Offenbar fühlen sie sich moralisch so stark im Recht, dass die gesamte Klasse
die Lehrerrolle des Genehmigens übernimmt. Sie verweigern damit Zuhören und
Gehorsam gegenüber einer Antwort der Lehrerin, die damit ‚entmachtet' wird. In
der Folge teilt sich die Klasse in diejenigen, denen diese Entmachtung nicht so
geheuer ist und die die Ausbruchssituation zeitlich von sich aus begrenzen, und
diejenigen, welche sie ausreizen bzw. als potentiell nicht so gefährlich deuten (an
eine zustimmende Handbewegung der Lehrerin glauben).

Die Lehrerin erwartet normkonformes Verhalten und hat keine Initiative der
Schüler vorgesehen. Sie reagiert offensichtlich mit zunehmender Heftigkeit und
Empörung, dass Schüler eine Erlaubnisfrage stellen, sie selbst mit ihrem Verhalten beantworten und dem Unterricht fernbleiben. Vermutlich ist sie zunächst
etwas überrumpelt, aber dann setzt sich bei ihr die Deutung durch, dass „ein
großes Unglück" geschehe, welches sie wohl in dem inszenierten Rollenwechsel

bzw. der Unterrichtsverweigerung sieht – insbesondere bei den Schülerinnen, die nicht aus eigenem Antrieb wieder zurückkommen. Gegenüber diesem ‚großen Unglück' des ungehorsamen, nicht normkonformen Schülerverhaltens verblasst dann offensichtlich ihre Aufgabe, Unterricht abzuhalten.

Die Schülerin Anna vermerkt deutlich (negativ), dass sie keinen Kontakt mit den ‚MissetäterInnen' aufnimmt und einer Kommunikation über den Konflikt ausweicht. Sie ist offensichtlich nicht bereit, sich die Deutung der Situation durch die Schülerinnen anzuhören und sich mit ihr auseinanderzusetzen und fixiert ihre Deutung des Schülerverhaltens als Autoritätsbeleidigung bzw. Regelgehorsamsverweigerung. So gibt sie der Klasse den Auftrag, allein zu diskutieren, und wertet dies im selben Atemzug schon ab (‚was dabei rauskommt, bin ich mal gespannt'). Statt den von ihr selbst eingeforderten Unterricht zu halten, tritt sie den Weg zum Rektor an, möglicherweise um sich mit ihrer Strafentscheidung abzusichern oder sich verstärkte Sanktionsgewalt zu holen. Die Schülerinnen warten durchaus mit (An-)Spannung auf die erwartete normierende sanktionierende Reaktion der Lehrerin, über die sie sich vermutlich nicht einfach hinweg setzen würden. Auch hier wird deutlich: die Schülerinnen (insbesondere Anna) akzeptieren, dass die Überschreitung der Regeln schulischer Ordnung Sanktionen nach sich zieht. Doch – getrennt davon – registrieren sie die Verweigerung von Zuhören und Anerkennung als Gegenüber mit eigener, differenter Perspektive.

Der Schulleiter erscheint nun in der Darstellung Annas als (potentiell) Verbündeter der Schüler (‚unser Schulleiter'). In diesem Fall betrachtet er das Verhalten der Klasse als nicht sanktionserforderlich. Scheinbar haben die SchülerInnen schon öfter die Erfahrung gemacht, dass Regelkonformität als Anerkennungsprinzip bei ihm nicht das letzte Wort hatte und er wohlwollend und genau auch in Richtung der Schüler zuhört und sich für ihre Argumentationen und Interpretationen interessiert. Sie haben offensichtlich Vertrauen gewonnen, dass ihre Perspektive von ihm als zuhörenswert anerkannt wird, auch wenn sie sich nicht normkonform verhalten. Hier zeigt sich zweierlei: einerseits entstehen kommunikative Freiheiten und Vertrauen bei Schülern, wenn die automatisierten Rahmungen (Deutung der Verweigerung von Regelkonformität als Angriff auf Lehrersouveränität bzw. schulische Ordnung) suspendiert werden. Andererseits beeinflusst die Verteilung bzw. Verweigerung der Anerkennung für einen bestimmten Habitus bei Lehrern und Schülern durch den Schulleiter maßgeblich das Zusammenspiel beider Referenzsysteme, welche die Routinen der Interaktionsordnung im Klassenzimmer konstituieren (vgl. Helsper 2006, 298).

5   Abschließende Auswertung

Die Narrationen der Schülerin Anna im familiären Rahmen geben Hinweise auf
Verarbeitungsmuster und Wirkungen der unterrichtlichen Erfahrungen bei der
Schülerin. Da es sich um eine singuläre Perspektive handelt, kann die Auswertung keinen generalisierenden Charakter haben, wohl aber Hinweise für möglicherweise lohnenswerte weitere Studien geben sowie zur Überprüfung von Kon-
zepten der Lehrer-Schüler-Interaktionen anregen.

Bestätigen von Schüler-Souveränität im Interaktionsgeschehen bzw. Über-
griffe gegenüber den kommunikativen Freiräumen von SchülerInnen erscheinen
in diesen Fallbeispielen als ein hoch sensibler Punkt und als eine potentiell wichtige Ressource für gelingende Lehr-Lern-Prozesse. Die vorliegenden Beispiele
legen die These nahe, dass die Lehrer selbst Schülerverhalten maßgeblich dadurch beeinflussen, wie sie Anerkennung verteilen, wenn sie schulische Ord-
nungsschemata und Normierungen durchsetzen: ob sie selbst stark identifiziert
sind mit dem normierenden, hierarchischen Anteil der Lehrerrolle und Anerkennung ausschließlich an die auf Erfüllung ihrer Antworterwartungen bzw. an
Regelgehorsam knüpfen. Die vorliegenden Fallbeispiele legen die Annahme
nahe, dass eine wichtige Ressource für Lehrerhandeln darin liegen könnte, im
Wissen um die Differenz der Referenzsysteme und Balanceakte, welche die
Schüler vollbringen, immer wieder Gelegenheiten zu schaffen, die eigenen Ordnungsvorstellungen zu suspendieren und normentlastet zuzuhören.

Offensichtlich kann man herausfordernde Schüleraktionen auch deuten als
Angebote, gemeinsam Unterrichtsgeschehen als ein Wechselspiel der differenten
Referenzsysteme zu gestalten. In dem Maß, wie Lehrer das hören, sehen und
aufgreifen können, entsteht das Potential, ein Wechselspiel der Einflussnahmen
emergieren zu lassen, ohne selbst das Geschehen fortwährend zu kontrollieren.
Darin liegen – neben Risiken – möglicherweise Chancen, dass Unterrichtsgeschehen weniger vorhersehbar wird und durch das Erzeugen von Anschlüssen
beiden Seiten mehr Spaß, Vergnügen, Befriedigung verschafft. Außerdem entsteht die Möglichkeit, dass das Austarieren der beiden Logiken als Spiel erfahren
werden kann statt durch ein Gegeneinander in die unausweichlichen Konfliktdy-
namiken sich verstärkender Abschottung und Wahrnehmungsverzerrung zu geraten (Glasl 2004). Angesichts der institutionell gegebenen Differenz beider Ord-
nungssysteme scheinen Lehrer (und Schüler) Gestaltungs- und Einflussmöglichkeiten auf schulische Interaktionen kaum dadurch gewinnen zu können, dass sie
diese Differenz zu nivellieren versuchen, andere (angepasstere) Regeln aufstellen
oder bekämpfen, sondern eher durch eine Sensibilität für mögliche Wechsel und
Bezugnahmen beider. Systematische qualitative Untersuchungen zu diesem As-

pekt könnten zu diesem Ineinandergreifen weitere Differenzierungen und neue Unterscheidungen beitragen.

6 Literatur

de Boer, H. (2008): Von der Konstruktion des „normalen Schülers" zur Rekonstruktion der kindlichen Perspektive. In diesem Band.
de Boer, H. (2007): Lernen im Spannungsfeld von schulischer Ordnung und Gleichaltrigenkultur. In: www.widerstreit-sachunterricht.de/Ausgabe Nr.8/März 2007.
Breidenstein, G./Prengel, A. (Hrsg.) (2005): Schulforschung und Kindheitsforschung – ein Gegensatz? Wiesbaden: VS Verlag für Sozialwissenschaften.
Breidenstein, G./Jergus, K. (2005): Schule als ‚Job'? Beobachtungen aus der achten Klasse. In: Breidenstein, G./Prengel, A. (Hrsg.): 177-200.
Breidenstein, G./Kelle, H. (2002): Die Schulklasse als Publikum. Zum Verhältnis von peer culture und Unterricht. In: Die deutsche Schule (94).H.3. 318-329.
Breidenstein, G./Prengel, A. (Hrsg.) (2005): Schulforschung und Kindheitsforschung – ein Gegensatz? Wiesbaden: VS Verlag für Sozialwissenschaften.
Butler, J. (2003): Kritik der ethischen Gewalt. Frankfurt a. M.: Suhrkamp.
Foucault, M. (1996): Wie wird Macht ausgeübt? In: Foucault, Michel/Seitter, Walter: 29-47.
Foucault, M./Seitter, W. (1996): Das Spektrum der Genealogie. Bodenheim: philo Verlag.
Glasl, F. (2004): Konfliktmanagement: ein Handbuch für Führungskräfte, Beraterinnen und Berater. 8. akt. U. erg. Aufl. Bern/Stuttgart/Wien: Verl. Freies Geistesleben.
Hartkemeyer, M./Hartkemeyer, J. F./Dhority, L. (1999): Miteinander denken: das Geheimnis des Dialogs. 2. Aufl. Stuttgart: Klett-Cotta.
Helsper, W. (2006): Zwischen Gemeinschaft und Ausschluss – die schulischen Integrations- und Anerkennungsräume im Kontrast. In: Helsper, W. u. a. (Hrsg.): 293-318.
Helsper, W. u. a. (Hrsg.) (2006): Unpolitische Jugend? Eine Studie zum Verhältnis von Schule, Anerkennung und Politik. Wiesbaden: VS Verlag für Sozialwissenschaften.
Todorov, T. (1996): Abenteuer des Zusammenlebens: Versuch einer allgemeinen Anthropologie. Berlin: Wagenbach.
Vogt, R. (2002): Im Deutschunterricht diskutieren. Zur Linguistik und Didaktik einer kommunikativen Praktik. Tübingen: Max Niemeyer Verlag.

4 Schlussbetrachtung

Schulische Ordnung und Peerkultur

Heike de Boer/Heike Deckert-Peaceman

Tillmann spekuliert 1997 mit dem provokanten Titel „Ist die Schule ewig? Ein schultheoretisches Essay" über die Zukunft der Institution Schule. Ausgehend von ihrer historischen Entwicklung macht er auf zweierlei aufmerksam: auf die Zeitlichkeit und Fragilität dieser Institution im Wechselverhältnis mit der Gesellschaft sowie auf ihre Beständigkeit im 21. Jahrhundert angesichts der Tatsache, dass sie ihre maßgeblich Prägung als „öffentliche Pflichtschule" im 19. Jahrhundert erhielt. Letztlich sieht er genau diese „öffentliche Pflichtschule" im Zuge eines Verdrängungsprozesses durch Deregulierungsmaßnahmen und Orientierung an marktwirtschaftlichen Prinzipien in Gefahr – mit weitreichenden gesellschaftlichen Konsequenzen.

Auch wenn diese Fragen der vorliegende Band nicht klären kann, möchten wir in diesem Zusammenhang darauf aufmerksam machen, dass die Schule ihre klaren Konturen verloren hat. Dieses gilt sowohl für die schulische Kulturvermittlung[135] als auch für die Frage nach der schulischen Ordnung, nach dem Verhältnis von Institution und Akteur (Fend 2006, 178). Einerseits wird die öffentliche Pflichtschule in ihren traditionellen Funktionen und Aufgaben in Frage gestellt. Andererseits zeichnet sich bis heute nicht klar ab, inwiefern sich die Schule dadurch im Kern verändert oder ob solche Irritationen letztendlich nicht sogar zu einer verstärkten Verteidigung ihres traditionellen Selbstverständnisses führen.

Auf der Makroebene lässt sich beides gleichzeitig konstatieren, wofür die neuen Ganztagschulen beispielhaft stehen. Auf der einen Seite wird die Schule zunehmend zur Lebenswelt von Schüler/innen, in der sie einen erheblichen Teil ihrer Lebenszeit verbringen. Sie erhält neue Aufgaben und verändert ihre Strukturen. Sie integriert schulisches mit nicht-schulischem und definiert neue Grenzziehungen. Auf der anderen Seite bleibt die traditionelle Unterrichtsschule im Kern erhalten. Weder ändert sich durch die Ganztagsschulen das Curriculum,

---

[135]Nimmt man die Krise der Repräsentation und die Problematisierung des Subjektbegriffs ernst, dann müssten sich Curricula, Didaktik, Unterrichtsverständnis und Leistungsstandards neu bestimmen.

noch die Schulpflicht, noch die Arbeitszeit der Lehrer/innen. In diesem Spannungsfeld wird versucht, den ganztägigen Schulalltag pädagogisch zu gestalten und ihn als umfassendes Lern- und Erfahrungsfeld zu konzipieren. Aus der Perspektive von Schüler/innen ist jedoch bedeutsam, inwiefern die Schule offene und selbstbestimmte Formen der Freizeitbeschäftigung erlaubt.

Drei Viertel aller befragten Schüler/innen begründen ihre Teilnahme am Ganztagsbetrieb damit, dass es dort Kurse gibt, die ihnen Spaß machen, zwei Drittel geben an, dass sie dort noch etwas lernen können und dass sie dort ihre Freunde treffen können (vgl. Arnold/Stecher 2007, 43). Lernen, Spaß haben und Freunde treffen stehen fast gleichberechtigt nebeneinander. Gleichzeitig machen die ablehnenden Antworten der befragten Schüler/innen zum Nachmittagsbereich der Schule sichtbar, dass sie vor allem den Verlust der zur Verfügung stehenden freien Zeit befürchten (ebd., 44). Die ganztägige Schule bringt aus Schülersicht eben die Verschulung der freien Zeit mit sich und dringt damit in die für sie ehemals peerkulturellen, unbeaufsichtigten und unkontrollierten Räume ein. So verwundert es nicht, dass aus Schüler/innensicht die fächerübergreifenden Kurse und Ags am Nachmittag interessant sind, während aus Eltern- und Lehrersicht eher die Lern- und Leistungsförderung im Vordergrund steht (vgl. ebd.).

Mit dem Blick auf Schüler/innen und ihrem Verhältnis zu Erwachsenen richten wir in diesem Band unsere Aufmerksamkeit vor allem auf die Mikroebene der Schule. Die Beiträge des Buches zeigen mehrheitlich Rekonstruktionen von Alltagspraktiken im Detail und enthalten Hinweise auf eine schulische Ordnung als Ko-Konstruktion der Beteiligten im Spannungsfeld von Veränderung und Beständigkeit. Wir versuchen, die zentralen Erkenntnisse hier noch einmal zu bündeln und zu strukturieren.

1 Schule und die Übermacht der Erwachsenen

Die Schule und damit die durch sie wirksame generationale Ordnung, ist ein zentraler gesellschaftlicher Ort, an dem sich die Perspektive von Erwachsenen gegenüber der von Kindern durchsetzt. So zeigt die schulische Ordnung ein klares Machtverhältnis zugunsten der Erwachsenen, durch das die Autonomie von Kindern und Jugendlichen in vielerlei Hinsicht eingeschränkt wird. Letztlich ist die Schule ein Ort der gesellschaftlichen Auseinandersetzung von Kinder- und Erwachsenenkultur unter ungleichen Voraussetzungen. Dies wird sichtbar mit den von Stecher und Maschke in diesem Band herausgearbeiteten Anpassungsmechanismen der Schüler/innen an den schulischen Alltag und den von de Boer analysierten taktischen Verhaltensweisen der Schüler/innen im Klassenrat. Die verbreitete Strategie der Anpassung an das von Lehrern und Lehrerinnen erwartete Verhalten als Form der Selbstbehauptung einerseits und mit Versagensängsten umzugehen andererseits, zeigt, dass für Kinder und Jugendliche immer auch die Verletzung der Integrität der eigenen Person auf dem Spiel steht. Die strategische und taktische Anpassung an schulische Regelungen ermöglicht, die eigene Person zu schützen und sich zugleich von der Schule zu distanzieren. So weisen auch die Überlegungen von Zschach zur Diskussion von Übergangsentscheidungen zwischen Peers darauf hin, dass eine möglichst umfassende habituelle Übereinstimmung zwischen diesen hergestellt wird, die zugleich zu Aus- und Abgrenzungen führt.

Analysen zum Wohlbefinden von Kindern in der Schule machen sichtbar, dass es bereits eine tendenzielle Verschlechterung in den ersten vier Schuljahren gibt (vgl. Gisdakis 2006, 131). Neben individuellen und innerfamiliären Merkmalen beeinflusst aus innerschulischer Sicht das Wohlbefinden der Schüler/innen enorm, ob ihnen Partizipationsmöglichkeiten geboten werden und ob sie Leistungserfolge haben (Stecher/Maschke). Wohlbefinden ist damit auch deutlich abhängig davon, ob SchülerInnen individuelle und selbstbestimmte Lernmöglichkeiten haben und die Stigmatisierung und Bloßstellung einzelner vermieden wird. Schüler und Schülerinnen machen die Erfahrung, Beleidigungen und Demütigungen der Lehrenden ausgeliefert zu sein und der öffentlichen Etikettierung und Stigmatisierung am ehesten durch normkonformes Verhalten zu entgehen. So zeigt Lehmann-Rommel, wie eng das SchülerInnenverhalten an das Verhalten von LehrerInnen gekoppelt ist. Eine starke Identifizierung mit den normierenden und hierarchisierenden Anteilen der Lehrerrolle, mit der überwiegenden Verteilung von Anerkennung über normkonformes und regelgehöriges Verhalten, führt zur ausgeprägten Anpassung. Kinder und Jugendliche zeigen mit ihrem Verhalten, mit ihren Strategien und Taktiken, mit ihren Gesprächsangeboten und ihren Distanzierungsversuchen, wie sie das, was sie wahrnehmen, deuten und welche Konsequenzen sie daraus ziehen. Schülern und Schülerinnen genauer zuzuhören, länger zu warten, sie ausreden zu lassen und nach ihrer Meinung zu fragen oder ihnen zuzuschauen, sie zu beobachten und dabei zu versuchen, Irritierendes zu verstehen, ohne auf die eigenen bekannten Kategorisierungs- und Subsumtionshandlungen instrumentalisiert zurückzugreifen, scheint bedeutend für die Qualität der Lehrer-Schüler-Interaktion und damit für unterrichtlichen Erfolg. Die Steuerung von Unterrichtsprozessen lässt sich damit auch als Gratwanderung zwischen Lenken, Intervenieren, Aufeinanderbeziehen, Strukturieren und Regeln einerseits sowie Zeit geben, Bewertungen zurückstellen und Zuhören andererseits beschreiben. Ob der Unterricht zu einem Wechselspiel zwischen Lehrpersonen und Schülern und Schülerinnen wird, sich Partizipationschancen für Kinder und Jugendliche bieten, hängt entscheidend davon ab, ob Lehrende bereit sind, sich auf Kinder und Jugendliche und die ihnen eigenen

Perspektiven einzulassen. Das wiederholt konstatierte normierende Verhalten von Erwachsenen in der Schule zeigt sich bereits bei den noch in der Ausbildung befindlichen Studentinnen (de Boer), die den Blick auf Kinder in der Schule richten, mit der Erwartung normkonformes Verhalten zu sehen und entsprechende Abweichungen als Störungen und Defizite zu konstatieren. Der offene Blick auf Schüler/innen gepaart mit der Bereitschaft, ihre Interessen, und Fähigkeiten wahrzunehmen und kennen zu lernen, erweist sich als mühsamer und arbeitsreicher Weg, der auch die Konfrontation mit Normierungs- und Normalisierungspraktiken nach sich zieht. Die Asymmetrie zwischen Kindern und Erwachsenen, so hebt Scholz hervor, gehöre zu den Strukturmerkmalen unserer Kultur und zeige sich in der Vielfalt kaum kontrollierbarer, internalisierter kommunikativer Muster der Generationenbeziehung (Scholz). Eine gelungene Kommunikation zwischen Studierenden und Kindern beobachtete er dort, wo diese als Person ernst genommen wurden und ein Gespräch auf der Basis der Akzeptanz der Generationendifferenz möglich war.

Röhners Beobachtungen im Elementar- und Primarbereich machen sichtbar, dass es im Elementarbereich noch entscheidende Räume für Selbstbildungs- und Selbstsozialisierungsprozesse gibt, die sie in der Grundschule nicht mehr aufspüren konnte. Hier, so macht Röhner deutlich, werden durch eine Kultur der Anpassung in der Grundschule Möglichkeiten vertan, die zu einer Reduktion der sprachlichen und sozial-kognitiven Produktivität der Kinder führen. Ernüchtert konstatiert sie, dass die sprachliche Produktivität im Kindergarten höher ist als in der Grundschule, die sich in den von ihr beobachteten Klassen durch die Monostruktur des lehrerzentrierten Unterrichts auszeichnet. Auch Sujberts Ausführungen zur Produktion sozialer Ordnungen von Kindern im Kindergarten heben die Relevanz der Peers für ko-konstruktive Prozesse hervor.

Sunnens Analyse einer Szene zwischen Kindern im Elementarbereich zeigt, dass es von den Erwachsenen und ihrer Machtposition abhängt, ob sie eine nicht intendierte zwischen Kindern entstandene Peersituation zulassen, beobachten und versuchen zu verstehen. Erkennbar wird, dass die Intervention der Erzieherinnen aus den Kindern SchülerInnen macht und aus dem zufällig entstandenen Experiment eine didaktische Situation. Die Einschätzung der Erzieherin führt zur Bewertung des Lerngehalts der beobachteten Situation und damit auch zur stillen Erlaubnis des nicht eingeplanten Settings.

Auch Wiesemanns Beobachtungen beschreiben, wie Schüler und Schülerinnen mit ihren Handlungen die Differenz von Intention der Lehrerin und Praxis der Umsetzung nachvollziehbar machen und wichtige Hinweise geben, wie sie eine schulische Situation deuten. Die Lehrerin zeigt wiederum mit ihrer Reaktion, ob sie damit einverstanden ist oder nicht.

So wird sichtbar, dass Erwachsene in der Schule und auch im Kindergarten darüber entscheiden, was erlaubt wird und was nicht, wie viele Spielräume zugebilligt werden und wo Modifizierungen durch die Schüler/innen möglich sind. Die Perspektive vieler Erwachsenen in der Schule; so machen einige Beiträge sichtbar, scheint eher die der normierenden und nicht der verstehenden und zuhörenden Person zu sein. Hier deutet sich allerdings ein Unterschied zwischen Elementar- und Primarbereich an, der vermutlich u. a. an der weitgehend fehlenden Selektionspraxis im Kindergarten festzumachen ist.

Der Vergleich peerkultureller Handlungen in einer finnischen und einer deutschen Schulklasse (Kraus) führt zu der interessanten Feststellung, dass Kinder der deutschen Schulklasse eine ausgeprägte Bewertungspraxis des Unterrichts, der Lehrenden, auch der Mitschüler/innen zeigten, die bei den finnischen Kindern komplett fehlte. Dies könnte auch als Hinweis darauf gedeutet werden, dass sich die im deutschen Schulsystem etablierten ausgeprägten Selektions- und Bewertungsmechanismen in einer ebenso normierenden Perspektive der Schüler/innen im Umgang mit dem erlebten Unterricht, den Mitschülern/innen und den LehrerInnen ausdrücken. So liegt auch die Frage nahe, ob die unter „Spickmich.de" (Breidenstein) zu findenden LehrerInnenbewertungen durch Schüler/innen tatsächlich nur eine unterhaltsame Freizeitbeschäftigung darstellen oder nicht auch Ausdruck einer im Schulalltag erworbenen Perspektive sind, die davon zeugt, dass es in der Schule immer um Normerfüllung geht und sich dementsprechend auch die Lehrer/innen durch die Schüler/innen hinsichtlich ihres Unterrichts, ihres Auftretens und Aussehens normieren lassen müssen. Es ist die „Entmachtung der Mächtigen" (Breidenstein) und die Anwendung einer Praktik, die Schüler/innen am eigenen Leibe über Jahre erfahren haben.

2 SchülerInnen modifizieren die schulische Ordnung im Spannungsfeld zweier Referenzsysteme

Die hier im Buch versammelten empirischen Beispiele verweisen zum einen auf die Differenz von Vermittlung und Aneignung, Intention und Praxis. Der Versuch, zwischen Peerkultur und Schülerkultur analytisch zu unterscheiden und sie als unterschiedliche Referenzsysteme zu betrachten, macht zum anderen sichtbar, dass die aus peer- und schülerkultureller Sicht rekonstruierten Praktiken eine Unterscheidung der Handlungs- und Deutungsmuster alltäglicher schulischer Situationen aufweisen. Die rekonstruierbaren Deutungen der Kinder und Jugendlichen weisen darauf hin, dass zwischen Spaß und Ernst, zwischen Peerbezug und Unterrichtsbezug unterschieden und damit zugleich auf unterschiedliche Ordnungen zurückgegriffen wird bzw. mittels doppelter Adressierungen ein und dieselbe Aussage eines Schülers sowohl an die Lehrerin als auch an einen Schüler gerichtet sein kann. Die Kinder lernen als Schülerinnen und Schüler zwischen beiden Referenzsystemen hin und her zu springen und sich einerseits mittels Sprache der schulischen Ordnung unterzuordnen und sich andererseits zugleich mit Mimik und Gestik von derselben zu distanzieren. Sie distanzieren sich auch mittels strategischer Argumentationen davon, dass persönlich-private Themen z. B. im Klassenrat für pädagogische Zwecke instrumentalisiert werden und beweisen gleichzeitig, dass sie kreativ das entstandene Diskussions- und Moderationsforum (de Boer) nutzen. Sie probieren Gesprächs- und Verhaltenspraktiken aus, die sie im Unterricht den Lehrenden abgeschaut haben, positionieren sich damit als Wissende und zugleich Mächtige (Labede/Reh) solange wie sie keinen Widerspruch erhalten, um dann ihre Positionierungspraxis möglicherweise wieder zu modifizieren.

Schulkulturelles Wissen beeinflusst und modifiziert das Peerverhalten und umgekehrt. So zeigen die verschiedenen empirischen Beispiele zahlreiche Brüche und Distanzen zu der vorgegebenen schulischen Ordnung, die in der Auseinandersetzung mit Autonomie und Kontrolle transparent werden. Dabei wird auch der aktive Anteil von Kindern an der Aufrechterhaltung und Weiterentwicklung von schulischer Ordnung, die sich strukturell wie inhaltlich, gerade auch in vermeintlich peerkulturellen (Widerstands-) Praktiken, vollzieht, erkennbar. Schüler und Schülerinnen wünschen bereits in der Grundschule einen klaren berechenbaren schulischen Rahmen, in dem sie schulische Themen von persönlichen trennen (de Boer).

Schulische Ordnung umfasst demnach Fragen nach Machtverhältnissen, Status und Identität einerseits und die Generierung und Ko-Konstruktion von Wissen andererseits. Lehr- und Lernprozesse enthalten aus dieser Perspektive zwei Dimensionen, die wechselseitig miteinander verschränkt sind. Macht- und Statusfragen sind eingebunden in ein spezifisches Verhältnis, das Kinder und Erwachsene im Allgemeinen und im Speziellen in der Institution Schule verbindet. Ist das generationale Verhältnis grundsätzlich von Ungleichheit bestimmt, so ist in ihm dennoch die Perspektive zur Aufhebung der Ungleichheit enthalten. Gerade der spielerische Umgang der in der Ganztagsschule beobachteten Hausaufgabenpraktik einzelner Kinder (Deckert-Peaceman), die im Umgehen der festgelegten Hausaufgabenzeiten Lustgewinn und Autonomie zeigen, macht diesen Prozess erkennbar. Das paradoxe Spannungsfeld von erzwungener Ungleichheit und gleichzeitigem Streben nach seiner Aufhebung wird wesentlich durch die Erziehungsprozesse als gesellschaftliche Reaktion auf die Entwicklungstatsache konstituiert. Somit ist die Schule beides zugleich: Eine Manifestation des ungleichen Machtverhältnisses zwischen Kindern und Erwachsenen sowie ein Schonraum, dessen Aufgabe beinhaltet, Parität über die Erziehung zur

Mündigkeit herzustellen. Im Lehr- und Lernprozess ist das Ziel eingebettet, die Ungleichheit durch Entwicklung und Lernen zu überwinden. Auch wenn sich diese Intention institutionell als immer längeres Moratorium darstellt, so gilt doch für das Verhältnis von Kindern und Erwachsenen in Bildungsinstitutionen von Anfang an das normative Ziel, dass alle Vermittlungsprozesse letztlich auf Autonomie zielen. Beispielsweise könnte mit der Etablierung des Zeichensystems unser Schriftsprache von einer Durchsetzung der Erwachsenenkultur gegenüber den Symbolsystemen von Kindern gesprochen werden. Gleichzeitig ist die Beherrschung der Schriftsprachkonvention zentrale Voraussetzung für eine Partizipation an der Gesellschaft. Auch die Praktik des Zettelns (Bennewitz) zeigt, wie sich die Schülerinnen mittels erworbenen schriftkulturellen Wissens austauschen und über peerkulturelle Themen verständigen. Möglicherweise lernen sie in diesem Prozess mehr voneinander als in dem im Beispiel (Bennewitz) sie offensichtlich kaum tangierenden Biounterricht. Mit der Beherrschung der Schrift erlangen die Kinder den Autonomiestatus, der sie langfristig zu Parität gegenüber den Erwachsenen ermächtigt. Die Schule schränkt damit die Autonomie von Kindern maßgeblich vorübergehend ein, um ihnen – und zwar allen – nachhaltig Autonomie zu ermöglichen. Allerdings handelt es sich um eine relative Autonomie, denn Kinder werden durch die Schule nicht nur irgendwann zu Erwachsenen; sie sollen auch zum Staatsbürger erzogen werden. Die angestrebte Mündigkeit wird durch die Erziehung zur Anpassung und zur Erzeugung von politischer Loyalität zugleich eingeschränkt (Tillmann 1997).

In den z. T. widerständischen Auseinandersetzungen der Kinder mit der schulischen Ordnung spiegeln sich diese Paradoxien. Kinder verfügen ein implizites Wissen darüber, dass die vorübergehende Einschränkung ihrer Autonomie nicht nur ein zukünftiger Gewinn an Autonomie durch die Aufhebung der generationalen Ordnung bedeutet. Damit verbunden ist zugleich ein Verlust durch disziplinarische Anpassung an gesellschaftliche Normen und Bedingungen. Dieser Verlust kommt auch zum Ausdruck in den romantischen Kinderbildern von Erwachsenen, die als unüberwindbarer Gegensatz zur Institution Schule gezeichnet werden (de Boer/Deckert-Peaceman, 23)

Ein anderes Beispiel für die paradoxe Funktion von Schule bezogen auf Autonomiefragen ist der Beitrag von Deckert-Peaceman zur Integrationspädagogik. Dieses zeigt sich auf der theoretischen Ebene sowie in den vorgestellten Vignetten. Am Beispiel eines nicht entwickelten Peerbegriffs und der fehlenden Auseinandersetzung mit der Perspektive von Kindern in der Integrationspädagogik wird deutlich, dass die Fragen nach Macht, Kontrolle und Autonomie bezogen auf den gesellschaftliches Status einer Gruppe in der Institution eine besondere Verdichtung erhalten. Von Bedeutung sind hier die Leerstellen der pädagogischen Integrationsprogrammatik, deren normative Muster die gesellschaftliche

Unterscheidung in Behinderung und Nicht-Behinderung und die damit verbundenen Konsequenzen (Stereotypisierung, Abhängigkeiten) in Theorie und Praxis mit herstellen. Der Blick auf die Peerkulturen in der integrationspädagogischen Praxis macht transparent, wie viel durchdringender sich hier die Machtansprüche der Erwachsenen durchsetzen und wie dadurch die pädagogische Programmatik der Förderung und Integration gegenteilige Wirkung entfalten kann. Die peerkulturellen Auseinandersetzungen mit einer spezifischen schulischen Ordnung und ihrer Differenzherstellung verweisen sowohl auf die Herausforderung des Settings für Kinder, die eben nicht „natürlicherweise" inklusiv denken und handeln, als auch auf ein bislang nicht genutztes Potential im Sinne eines Autonomiegewinns für Kinder mit und ohne Behinderungen. Das Beispiel macht auch klar, inwieweit Ordnungsfragen und Kulturvermittlung in den Praktiken der Schule miteinander verschränkt sind. Der inhaltliche Lernprozess von Kindern in der Schule ist eingebettet in die Auseinandersetzung mit ihrem Status innerhalb und außerhalb der Institution, mit der generationalen Ordnung. Daraus resultieren methodologische Konsequenzen.

3   Methodologische Implikationen

Eine analytische Unterscheidung in Peer- und Schülerinnenkultur für die Interpretation schulischer Situationen erlaubt die Rekonstruktion der kindlichen Perspektive zwischen Peer- und SchülerInnensein im Kontext schulischer Ordnung am besonderen Ort Kindergarten/Schule. Erkennbar wird, dass sich beide Kulturen nicht immer klar voneinander abgrenzen lassen und es sich letztlich um Konstruktionsprozesse handelt, die die jeweilige Perspektive der Forschenden reflektieren. Jede Situation, jede Interaktion, jede Praktik lässt sich sowohl als Teil von Peer- oder SchülerInnenkultur rekonstruieren. Die Beiträge in diesem Band zeigen in diesem Kontext unterschiedliche Schwerpunktsetzungen. Mit dem Versuch einer analytischen Unterscheidung verbindet sich die Annäherung an die Momente von Übergang und Transformation. Auszugehen ist von einer Gleichzeitigkeit der Kulturen als Dimensionen oder Realitäten, in der Peerkultur eben auch als Teil der schulischen Ordnung und nicht primär als Gegenkultur begriffen werden kann. Die wechselseitige Konstitution von Peer- und Schüler/innenkultur lässt sich als dialektisches Verhältnis verstehen, das je nach Situation und ihrem didaktischen Setting unterschiedlich sein kann und folglich in seiner Spezifik herausgearbeitet werden muss. Die kindlichen/jugendlichen Akteure in Kindergarten und Schule sind aktiv an der Mitgestaltung, Modifizierung und Aufrechterhaltung des Lehr-Lernprozesses beteiligt, ihre Handlungs- und Deutungsmuster können als integraler Teil schulischer Lernprozesse gesehen werden und geben wichtige Hinweise auf unterrichtliche Modifizierungsprozesse. Schulische Ordnung als eine durch Kinder und Erwachsene ko-konstruierte und gemeinsam hergestellte, so deutet sich in verschiedenen Beiträgen an, wird allerdings diskrepant aufgefasst. Beispielsweise hinterfragt Scholz diesen Prozess und wertet ihn als Konstruktion von Erwachsenen.

In der Interaktion zwischen Lehrenden und Schülern und Schülerinnen zeigt sich die Bedeutung schulischer Anerkennungsprozesse in ihrer Verschränkung von Machtfragen mit Lehr-Lernprozessen.

Bedeutsam erscheint uns die Frage, in welchem Moment, welche Kultur den Vordergrund bildet – in welchem Moment positionieren sich Kinder eher als Peers, in welchem eher als Schüler? Wie sind beide miteinander verschränkt? Und was sagt die jeweilige Positionierung über die Deutung der Schüler und Schülerinnen über unterrichtlicher Situation aus? Inwieweit tragen beide Formen des Positionierens und des Herstellens von Positionen jeweils zur Aufrechterhaltung der schulischen Ordnung und zur Weiterentwicklung des Lernens bei oder wie modifizieren die sie? Mit dem Begriff des Positionierens (siehe dazu auch Labede/Reh) wird der Erkenntnis Rechnung getragen, dass es sich hierbei nicht um alleinige Entscheidungen von Subjekten handelt, sondern um kollektive Praktiken, die sich auf Anerkennungsfragen konzentrieren, also letztlich um Vergemeinschaftungsprozesse. Lokale und situativ entstehenden Vergemeinschaftungsformen verbinden Fragen der Status- und Identitätsaushandlung mit Aspekten inhaltlich ausgerichteter Lernprozesse. Die Peerkultur wird zur Teilkultur des Schüler/innenseins und umgekehrt.

Der vorliegende Band macht auf diese Zusammenhänge aufmerksam und kann zugleich auf Desiderata hinweisen. Von weiterer Relevanz wären Studien, die eine Untersuchung der unterrichtlichen Mikroebene vornehmen und explizit den Zusammenhang peerkultureller und lernprozessorientierter Fragen in unterschiedlichen didaktischen Settings fokussierten. Ferner müsste das Verhältnis dieser Prozesse auf der Mikroebene zu der sich wandelnden Ordnung und Kultur von Schule genauer untersucht werden.

So verweisen die Beiträge auf zahlreiche Momente einer Hervorbringung schulischer Ordnung durch Situationen, an denen alle Akteure beteiligt sind. Ob die schulische Ordnung letztlich in diesem Prozess bestätigt und reproduziert wird oder ob neue Entwicklungsräume entstehen, bedarf der Untersuchung und Klärung. Erkennbar wird die Relevanz des Bedeutungsaushandelns in der Schule und damit die Relevanz interaktiver Herstellungsprozesse, die die Differenz von Intention und Praxis, jenseits normativer Bestimmungsvorstellungen unterrichtlicher Prozesse, zeigen. Um Schule in ihrem Prozess von Veränderung und Beständigkeit angemessen erfassen zu können, wären Untersuchungen erforderlich, die beide Seiten des Bedeutungsaushandelns in den Blick nähmen: die inhaltliche und die strukturelle sowie deren Verschränkung. Dazu bedarf es z. B. eines kulturanalytischen Ansatzes der Schulforschung, der mikro- und makroanalytische Perspektiven verbindet. Zu klären wären auch das Verhältnis von innerschulischen und außerschulischen Prozessen vor dem Hintergrund fortschreitender Entgrenzungstendenzen sowie die Neubestimmung formalen Lernens angesichts zunehmender Bedeutung informeller Lernprozesse für das lebenslange Lernen. Hier zeigt sich, dass die Neubestimmung und Legitimation von Schule notwendig wird.

4   Literatur

Alt, Ch. (Hrsg.) (2007): Kinderleben – Start in die Grundschule. Band 3: Ergebnisse aus der zweiten Welle. VS Verlag für Sozialwissenschaften.

Arnold, B./Stecher, L. (2007): Ganztagsschule aus der Sicht von Schülerinnen und Schülern. In: Pädagogik 3, 42-45.

Fend, H. (2006): Neue Theorie der Schule. Einführung in das Verstehen von Bildungssystemen. Wiesbaden. VS Verlag für Sozialwissenschaften.

Gisdakis, B. (2007): Oh, wie wohl ist mir in der Schule. Schulisches Wohlbefinden – Veränderungen und Einflussfaktoren im Laufe der Grundschulzeit. In: Alt, Ch. (Hrsg.) (2007): 107-137.

Tillmann, K.-J. (1997): Ist die Schule ewig? Ein schultheoretisches Essay. In: Pädagogik 49, H. 6, 6-10.

Autorinnen und Autoren

Bennewitz, Hedda, Dr., Dipl. Päd., Studienrätin i. H., Institut für Erziehungswissenschaft/Abteilung I Schulpädagogik/Schul- und Unterrichtsforschung, Westfälische Wilhelms-Universität Münster.
E-Mail: hedda.bennewitz@uni-münster.de

Breidenstein, Georg, Dr., Professor, Philos. Fakultät III Erziehungswissenschaften/Institut für Schulpädagogik und Grundschuldidaktik, Martin-Luther-Universität Halle-Wittenberg.
E-Mail: georg.breidenstein@paedagogik.uni-halle.de

de Boer, Heike, Dr., Akademische Rätin, Institut für Erziehungswissenschaft/Abteilung Bildungsforschung und Schulentwicklung, Pädagogische Hochschule Freiburg.
E-Mail: heike.deboer@ph-freiburg.de

Deckert-Peaceman, Heike, Dr., Professorin, Institut für Erziehungswissenschaft/Abteilung Elementar- und Primarstufe, Pädagogische Hochschule Ludwigsburg.
E-Mail: deckertpeacem@ph-ludwigsburg.de

Kraus, Anja, Dr., Juniorprofessorin, Institut für Erziehungswissenschaft/Abteilung Schulpädagogik, Pädagogische Hochschule Ludwigsburg.
E-Mail: kraus@ph-ludwigsburg.de

Labede, Julia, stud. Hilfskraft, Fak. I Geisteswissenschaften/ Allgemeine und Historische Erziehungswissenschaft; Technische Universität Berlin.
E-mail: Julialabede@gmx.de

Lehmann-Rommel, Roswitha, Dr., Wissenschaftliche Mitarbeiterin, Institut für Erziehungswissenschaft/Abteilung Allgemeine Erziehungswissenschaft und Philosophie, Pädagogische Hochschule Freiburg.
E-Mail: lehmann-rommel@ph-freiburg.de

Maschke, Sabine, Dr., Dipl., Soz.-wiss., wissenschaftliche Mitarbeiterin, Institut für Erziehungswissenschaft/Psychologie, Universität Siegen.
E-Mail: maschke@paedagogik.uni-siegen.de

Reh, Sabine, Dr., Professorin, Fak. I Geisteswissenschaften/Allgemeine und Historische Erziehungswissenschaft, Technische Universität Berlin.
E-Mail: Sabine.reh@tu-berlin.de

Röhner, Charlotte, Dr., Professorin, Fb. Pädagogik/Pädagogik der frühen Kindheit und der Primarstufe, Bergische Universität Wuppertal.
E-Mail: roehner@uni-wuppertal.de

Scholz, Gerold, Dr., Professor, Fb. Erziehungswissenschaft/Institut für Pädagogik der Elementar- und Primarstufe, Johann Wolfgang Goethe-Universität Frankfurt am Main.
E-Mail: gerold.scholz@t-online.de

Stecher, Ludwig, Dr., Professor, Fb. für Sozial und Kulturwissenschaften/Institut für Erziehungswissenschaft/Empirische Bildungsforschung, Justus-Liebig-Universität Gießen.
E-Mail: Ludwig.Stecher@erziehung.uni-giessen.de

Sujbert, Monika, Dr., Akademische Rätin, Institut für Erziehungswissenschaft/ Abteilung Elementar- und Primarstufe, Pädagogische Hochschule Ludwigsburg.
E-Mail: sujbert@ph-ludwigsburg.de

Sunnen, Patrick, Dr., Assistenzprofessor, Erziehungswissenschaften/ Fakultät für Sprachwissenschaften und Literatur, Geisteswissenschaften, Kunst und Erziehungswissenschaften, Forschungseinheit LCMI (Language, Culture, Media, Identities), Universität Luxemburg.
E-Mail: patrick.sunnen@uni.lu

Wiesemann, Jutta, Dr., Professorin, Institut für Erziehungswissenschaft/Schul- und Unterrichtsentwicklung der Grundschule/Integrativer Sachunterricht, Universität Kassel.
E-Mail: jutta.wiesemann@uni-kassel.de

Zschach, Maren, Dipl. Päd., wissenschaftliche Mitarbeiterin im DFG-Projekt "Peergroups und schulische Selektion", Martin-Luther-Universität Halle-Wittenberg.
E-Mail: maren.zschach@paedagogik.uni-halle.de

Grundlagen Erziehungswissenschaft

Isabell van Ackeren / Klaus Klemm

Entstehung, Struktur und Steuerung des deutschen Schulsystems
Eine Einführung
2009. ca. 150 S. Br. ca. EUR 14,90
ISBN 978-3-531-16469-4

Ben Bachmair

Medienwissen für Pädagogen
Medienbildung in riskanten Erlebniswelten
2009. 375 S. Br. EUR 24,90
ISBN 978-3-531-16305-5

Helmut Fend

Entwicklungspsychologie des Jugendalters
Ein Lehrbuch für pädagogische und psychologische Berufe
3., durchges. Aufl. 2003. 520 S. Br. EUR 24,90
ISBN 978-3-8100-3904-0

Detlef Garz

Sozialpsychologische Entwicklungstheorien
Von Mead, Piaget und Kohlberg bis zur Gegenwart
4. Aufl. 2008. 189 S. Br. EUR 22,90
ISBN 978-3-531-16321-5

Jürgen Raithel / Bernd Dollinger / Georg Hörmann

Einführung Pädagogik
Begriffe – Strömungen – Klassiker – Fachrichtungen
3., durchges. Aufl. 2009. 357 S. Br. EUR 16,90
ISBN 978-3-531-16320-8

Christiane Schiersmann

Berufliche Weiterbildung
2007. 272 S. Br. EUR 19,90
ISBN 978-3-8100-3891-3

Bernhard Schlag

Lern- und Leistungsmotivation
3. Aufl. 2009. 173 S. Br. EUR 19,90
ISBN 978-3-531-16511-0

Agi Schründer-Lenzen

Schriftspracherwerb und Unterricht
Bausteine professionellen Handlungswissens
3. Aufl. 2008. 252 S. Br. EUR 19,90
ISBN 978-3-531-16168-6

Peter Zimmermann

Grundwissen Sozialisation
Einführung zur Sozialisation im Kindes- und Jugendalter
3., überarb. u. erw. Aufl. 2006. 232 S. Br. EUR 18,90
ISBN 978-3-531-15151-9

Erhältlich im Buchhandel oder beim Verlag.
Änderungen vorbehalten. Stand: Januar 2009.

www.vs-verlag.de

VS VERLAG FÜR SOZIALWISSENSCHAFTEN

Abraham-Lincoln-Straße 46
65189 Wiesbaden
Tel. 0611.7878 - 722
Fax 0611.7878 - 400

Thema Ganztagsbildung

Thomas Coelen / Hans-Uwe Otto (Hrsg.)

Grundbegriffe Ganztagsbildung
Das Handbuch
2008. 992 S. Geb. EUR 59,90
ISBN 978-3-531-15367-4

Ganztagsbildung ist zu einem Schlüsselbegriff in der gegenwärtigen Bildungsdebatte geworden, der neue Perspektiven auf ein umfassendes Bildungsverständnis in der Wissensgesellschaft eröffnet. Er kennzeichnet innovative Kooperationsformen zwischen Schule, Jugendhilfe und anderen soziokulturellen Einrichtungen, mit dem Ziel, allen Kindern und Jugendlichen eine ganzheitliche Erziehung und Bildung zu ermöglichen. Die Grundbegriffe bieten als Handbuch erstmalig einen umfassenden Gesamtüberblick, in dem das Handlungsfeld terminologisch geklärt und systematisch erörtert wird. In ihrer bildungstheoretischen Fundierung und empirischen Verankerung werden Entwicklungen der Ganztagsbildung mit neuen Strukturen einer Politik des gerechten Aufwachsens verbunden und in bildungs- und sozialpolitischen Forderungen konkretisiert.

Peter Bleckmann / Anja Durdel (Hrsg.)

Ganztagsbildung vor Ort gestalten
Ganztagsschulen und Kommunen: Auf dem Weg zu einer neuen Partnerschaft
2009. ca. 250 S. Br. ca. EUR 24,90
ISBN 978-3-531-16354-3

Helmut Fend

Schule gestalten
Systemsteuerung, Schulentwicklung und Unterrichtsqualität
2008. 395 S. Br. EUR 24,90
ISBN 978-3-531-15597-5

Angelika Henschel / Rolf Krüger / Christof Schmitt / Waldemar Stange (Hrsg.)

Jugendhilfe und Schule
Handbuch für eine gelingende Kooperation
2. Aufl. 2009. 780 S. Br. EUR 59,90
ISBN 978-3-531-16373-4

Hans-Uwe Otto / Thomas Rauschenbach (Hrsg.)

Die andere Seite der Bildung
Zum Verhältnis von formellen und informellen Bildungsprozessen
2., erw. Aufl. 2008. 257 S. Br. EUR 24,90
ISBN 978-3-531-15799-3

Anke Spies / Nicole Pötter

Soziale Arbeit in Schulen
Eine Einführung
2009. ca. 180 S. (Beiträge zur Sozialen Arbeit an Schulen Bd. 1) Br. ca. EUR 14,90
ISBN 978-3-531-16346-8

Erhältlich im Buchhandel oder beim Verlag.
Änderungen vorbehalten. Stand: Januar 2009.

www.vs-verlag.de

VS VERLAG FÜR SOZIALWISSENSCHAFTEN

Abraham-Lincoln-Straße 46
65189 Wiesbaden
Tel. 0611.7878 - 722
Fax 0611.7878 - 400